Sri Balasai Baba

Eine Girlande in Bildern

Ulrike Gadenne

Gott singt
Leben mit dem Avatar
Sri Balasai Baba

R.G. FISCHER VERLAG

Inhalt

11 Vorwort – Das Lied von Balasai
19 Einführung für den Leser
25 Die Farben von Balasai Baba
26 »Du bist bei Gott!«
31 Spiele und Lichtspiele mit Balasai Baba
33 Indische Reiseeindrücke
36 »Ich bin alles!«
41 Meditationsbilder
43 Wieder in Indien
45 Rosentage
48 Himmel und Hölle
49 Begegnung mit Ganesha
51 Bad im Tungabhadra
55 Federball
57 Busfahrt mit Crashkurs
60 Hörtraining
63 Die nickende Ente
65 Wie unten, so oben
67 Ganesha verflucht den Mond
71 Gott, ein Waisenkind auf der Erde
73 Friedenskonferenz
75 Augenoperationen
78 Durga oder der Anfang vom Ende
81 Zwischenzeit
83 Übung
84 Am anderen Ufer
88 Die Friedensrede
91 Indische Osterwoche
93 Nächtliches Sitzen mit Baba

95	Sehübungen	149	Babas Name
97	Ostern	153	Überfüttert
100	Osterrückflug	155	Künstlerdrama
102	Als Permanente im Ashram von Balasai Baba	160	Das eifersüchtige Radio
104	Der Vollmond des Gurus	161	Wenn man eine Kuh melkt
107	Spirituelles Carromboard	163	Paartherapie
109	Von wahren und falschen Gurus	165	Krankheitsdrama
		168	Heimkehr
113	Ganesha und Subramanyam	171	Terroristen
		174	Frühschoppen mit Baba
114	Ganeshas Versenkung	175	Babas Leben – ein offenes Buch
116	Grundsteinlegung		
117	Feuerzauber mit Shiva	177	Nur die Sehnsucht bleibt übrig (2)
120	Mahashivaratri 2000	181	Der Verstand – Freund oder Feind
126	Der Tee und die Tasse	185	Mehr Liebe auf Erden
130	Verhinderte Busfahrt	186	Babas Schönheits- und Schlangenfarm
132	Japanische Metamorphosen	188	»Wir sind bereits im Himmel«
134	Kaffeeklatsch	192	Alles kommt von der Angst
135	Schlangenbeschwörung	195	Drogen und Illusionen
136	Kampf um Gedankenkontrolle	197	Vollständige Hingabe
138	Nur die Sehnsucht bleibt übrig (1)	199	»Ich zeige euch nur meine materielle Seite«
142	Das Drama des Lebens	202	Geburtstagsringe
144	Umzug in den neuen Ashram	204	»Liebt Gott nicht auf menschliche Weise«
147	Innere Gefängnisse		

- 205 Der Freie Menschliche Wille und der Göttliche Wille
- 208 »Ihr seid hier am Rande der Verschmelzung!«
- 211 Nur die Sehnsucht bleibt übrig (3)
- 214 »Gott ist wie ein Diamant, der gefunden wurde …«
- 215 »Alles ist in euch!«
- 217 Gruppenkarma
- 220 Pada-Puja
- 222 Gottes ausgestreckte Hand
- 223 »Planst du deine Wiedergeburt?«
- 226 »Gott sagt immer Ja!«
- 228 Höllensteine
- 230 »Ein Ashram ist ein Lernplatz!«
- 233 »Macht das Schwere leicht!«
- 236 »Ich gebe mein ganzes Leben für euch!«
- 238 »Der Lebensstil liegt in eurer Hand!«
- 240 Schmetterlingsbotschaften
- 243 »Immer dasselbe!«
- 245 »Ich segne die spirituelle Übung!«
- 249 In der Einheit mit Gott
- 252 Familienkonferenz
- 256 Das göttliche Mysterium
- 262 Niemand lebt für sich!
- 263 Gartentage
- 266 Die Arbeit der Göttin
- 270 Die Kraft des Mantras
- 274 Nur die Sehnsucht bleibt übrig (4)
- 279 Gott und Hund – GOD und DOG
- 285 Drogentherapie
- 287 Zerstörer der Illusionen
- 290 Horror versus Be happy!
- 295 Höllenerfahrungen
- 298 Das Lied von Balasai (1): Gott singt
- 302 Das Lied von Balasai (2): Nadabrahma
- 308 Das Lied von Balasai (3): Die Mutter des Universums
- 319 Das Lied von Balasai (4): Balasai Ganesha
- 325 Das Lied von Balasai (5): Das Sri Balasai Baba Maha Yantra – Die Erneuerung der Schöpfung

333	Mit den Füßen im göttlichen Ozean	412	»Form ist Leere und Leere ist Form«
336	Spaghetti mit Tomatensoße	418	Epilog
339	Die Entdeckung des Ich	421	Nachwort von Heinz Liesbrock
342	Das Verschlafen des Ich		
344	Das Vorbild der Eltern	424	Anmerkungen
348	Akupressur	426	Glossar
349	Verschmutzung	430	Personen- und Ortsregister
351	»Die Aufgaben von Körper und Seele beenden«	431	Literaturverzeichnis
354	»I am walking maximum on the earth!«		
359	Kaliyuga Avatara		
365	Shiva lacht		
369	»Jetzt singe ich die Lieder von morgen!«		
371	Avatar und Advokat		
373	Glück und Verschmelzung		
374	Naturschauspiele		
376	Schlangen und Leitern		
383	Die verschmolzene Katze		
386	Goldfisch in Babas Aquarium		
394	Der Tropfen und der Ozean		
402	Aerobic für Körper und Seele		
404	Das Lachen des Geistes		

Vorwort – Das Lied von Balasai

Dieses Buch wurde einzig und allein geschrieben aus tiefer Dankbarkeit und zum Lobe meines göttlichen Lehrers: des Avatars Sri Balasai Baba. Nachdem ich zwölf Jahre als Permanente in Seinen Ashrams in Kurnool und Hyderabad gelebt hatte, gab Er mir den Auftrag dazu. Ohne diesen Impuls wäre es nicht dazu gekommen. Die Aufzeichnungen stützen sich auf meine Erinnerungen und im Besonderen auf Tagebuchnotizen, die ich von meiner ersten Begegnung mit dem Avatar an täglich niederschrieb. Sie umfassen den Zeitraum von Sommer 1997 bis Frühjahr 2016. Es war nie meine Absicht gewesen, diese Eindrücke und Reflexionen in Buchform zu veröffentlichen.

Da wir über viele Jahre oft den größten Teil des Tages mit der göttlichen Inkarnation zusammen sein durften, schien es mir wichtig, die Kostbarkeit dieser Augenblicke, die unmittelbare Wirkung Seiner Nähe, Seiner bedingungslosen Liebe und berührenden Menschlichkeit, die sich in jeder Begegnung als Charme, Humor, Herzlichkeit und spielerische Fröhlichkeit (die Ernst und Strenge nicht ausschließt) zeigte, zu skizzieren. Darüber hinaus wollte ich meinen persönlichen spirituellen Weg notieren, wobei die Methode, wie Sri Balasai Baba Seine *Universelle Botschaft* gemäß der Persönlichkeit des Devotees lehrt, ins Zentrum meiner Aufmerksamkeit rückte.

Sri Balasai Baba ist bis jetzt der einzige Avatar, der Seine Botschaften im Alltagsleben mit Seinen Devotees lehrt – indem Er sie als lebendiges Beispiel vorlebt. Verbal in einem Buch zusammengefasst, klingen diese Botschaften nicht neu. Sie sind in allen heiligen Schriften ähnlich zu lesen. Sri Balasai Baba lehrt keine neue Religion. Auf dem spirituellen Weg mit Ihm geht es nicht um Einweihung, um Erleuchtung oder den Erwerb übernatürlicher Kräfte. Sri Balasai Baba führt den Menschen auf einem modernen Bewusstseinsweg in der Welt der Dualität, der in die Einheit mit Gott mündet. Der Anhänger muss diesen Weg in völliger Selbstverantwortlichkeit und Freiheit gehen – Gott nimmt ihm seine Probleme nicht ab, gibt ihm aber jede Hilfestellung, wenn der Devotee eigene Anstrengungen macht. Balasai Baba: »Macht der Devotee einen Schritt auf Gott zu, kommt dieser ihm 100 Schritte entgegen!«

Die duale Welt ist bei Balasai Baba nicht (wie in anderen Traditionen Indiens) »vergängliche Illusion«, sondern das Angebot Gottes, in dieser Welt, in der Gott in der Schöpfung präsent ist, das vergängliche Glück als Vorgeschmack auf die ewige Glückseligkeit zu genießen und den Weg zurück in die göttliche Einheit »bewusst« gehen zu können. Am Ende dieses Weges steht das Verschmelzen der Seele mit Gott – das kann (sehr selten) zu Lebzeiten sein, gewöhnlich geschieht es nachtodlich und beendet das Rad der Wiedergeburt.

Balasai Baba begibt sich als göttliche Inkarnation auf die Ebene der Menschen und hält ihnen als lebendiges Beispiel vor Augen: »Zwischen uns gibt es keinen Unterschied. Gott und Mensch sind eineiige Zwillinge. Der einzige Unterschied ist, dass ich es weiß und ihr nicht!«

Die Bibel drückt das so aus, dass der Mensch nach dem »Ebenbilde Gottes« geschaffen wurde. Gott und Seine Schöpfung – zwei Seiten einer Medaille. In jeder Minute Seines Zusammenseins mit den Menschen bezeugt Sri Balasai Baba diese Tatsache: »Ich bin der Devotee meiner Devotees.« In Balasai Babas Gegenwart wird jeder Mensch unablässig in seine Göttlichkeit erhoben – in die göttliche Liebe, Leichtigkeit und Freude. Erfahren muss das jeder selbst, aber oft genug stehen die eigenen Vorstellungen von Gott dem entgegen, besonders dann, wenn Balasai Baba auch die Bereiche nicht ausklammert, die persönlichen und gesellschaftlichen Tabus unterliegen. Gleichzeitig verhindern äonenlange Schuld- und Schmerzansammlungen in den Tiefen unserer Seele den Zugang zu unserer wahren göttlichen Natur.

Hier steigt Balasai Baba mit hinab in die Abgründe unseres Seins, damit wir unsere Dunkelheiten (unser Nicht-Licht) durchleben und auflösen können – die wichtigsten Schritte zur *Selbstrealisation*. »Das Schlechte im Menschen kann nur zerstört werden, indem es dem Licht ausgesetzt wird. Das ist Babas Arbeit. Er zerrt alles, was so kunstvoll seit Ewigkeiten verborgen wird, ins göttliche Licht, breitet es dort aus und löst es auf. Das Ego empfindet dies als äußerst schmerzhaften Vorgang, doch das ist die einzige Möglichkeit, mit dem höchsten Selbst – Gott – wieder vereinigt zu werden«, so schreibt Bernida Zangl in ihrem Buch *Göttliche Diamanten*. »Die Tiere kann ich von oben segnen, für die Menschen muss ich auf die Erde kommen« – um eine Brücke zu sein, die eigene Göttlichkeit zu entdecken und als Liebe und Menschlichkeit in der Welt zu verbreiten. Als moderner AVATAR spielen bei Ihm Rituale und Askese, Bewusstseinsformen früherer Zeiten, keine Rolle. Balasai Baba bietet dem Suchenden einen Weg *von Herz zu Herz* an: »Seid glücklich, genießt das Leben, aber vergesst mich nicht!«

Ulrike Gadenne, Sommer 2018

Balasai Baba mit Girlande von Devotees: Sommer 1998 im Ashram von Banjara Hills (Hyderabad)

Nachsatz vom Januar 2019

Noch bevor dieses Buch veröffentlicht werden konnte, legte der Avatar Sri Balasai Baba (geboren 14. Januar 1960 in Kurnool) am 27. November 2018 in Hyderabad Seinen physischen Körper ab.

Während der täglichen »Runden« – so genannt, weil die Besucher gewöhnlich mit Balasai Baba einen Kreis bildeten –, saß Baba wie alle auf dem Boden. So, immer »auf Augenhöhe« mit den Menschen, erlebte ich den Avatar, der inkarniert hatte, um die Menschen wieder an ihr göttliches Erbe zu erinnern. Jeden Tag der 21 Jahre, die ich in Seinen Ashrams in Kurnool und Hyderabad lebte, durfte ich dabei sein, wenn Balasai Baba den Besuchern die Wahrheit des Göttlichen zeigte: unbegrenzte Geduld, die nicht der Zeit unterworfen ist; statt menschlicher Antipathie und Sympathie bedingungslose universelle Liebe, die nicht wertet, weil Er jenseits der Dualität der Schöpfung steht; eine menschliche Form, die weder Abhängigkeiten noch Bindungen kennt, weil sie niemals mit etwas identifiziert war – nicht einmal mit dem eigenen Körper. Wenn Er mit uns aß oder Tee trank, war das eine Verbeugung vor unseren menschlichen Bedürfnissen.

Das höchste Licht nahm das Gefängnis des menschlichen Körpers an – um der erste Diener der Menschen sein zu können und in unendlicher Demut tief auf die menschliche Ebene herabzusteigen. Die immerwährende Nähe Gottes zu erfahren, die Angst vor Gott aufzugeben, das, was jeder als sein Höchstes Göttliches erfährt, in den Bereich der Sehnsucht eintreten zu lassen und als bedingungslose Liebe anzunehmen, war der Sinn der täglichen Treffen. Fragen nach Seiner Göttlichkeit wich Balasai Baba gewöhnlich aus oder machte einen ablenkenden Witz.

Über viele Jahre saß Balasai Baba von den späten Vormittagsstunden oft bis in die frühen Morgenstunden mit uns zusammen. Er nutzte jede Minute, um mit den Besuchern auf allen Ebenen zu arbeiten. Äußerlich erschien das spielerisch und unterhaltsam, innerlich betrat Er alle Bewusstseinsfelder der Besucher und transformierte, was jeweils möglich war. Der Devotee musste seinen

Teil dazu tun. Bei der Arbeit am eigenen Charakter oder Bewusstsein durfte selbst der Avatar nicht eingreifen, aber helfen, wenn er gebeten wurde.

Schon vor vielen Jahren hatten die Ärzte Ihm geraten, nicht viel zu sitzen oder zu stehen, aber in Seine strenge Disziplin, Seine »regelmäßige Routine«, ließ Er sich nicht hineinreden. In den letzten Jahren beschränkte Balasai Baba Seine Treffen auf die drei- bis vierstündigen täglichen »Singabende«, die seit 1998 mit seltenen Ausnahmen den ausländischen Besuchern vorbehalten waren. Balasai Baba war ein Weltklassesänger und die Abende vibrierten vor Energie. Vierzig Jahre lang (21 davon kann ich bezeugen) ging Er täglich weit über die Grenzen dessen, was ein physisches System ohne gesundheitliche Folgen ertragen kann. Seit Jahren wurde deutlich, dass diese übermäßige Belastung nicht folgenlos blieb: Am 27. November 2018 fand Ihn frühmorgens Sein langjähriger Devotee und Manager der Projekte, Mr. Rama Rao. Balasai Baba hatte Seinen Körper schon verlassen.

»Die großen spirituellen Führer aller Zeitalter haben ihren Teil an menschlichen Katastrophen auf sich genommen und ihn durchlebt, ohne willkürlichen Gebrauch von den ihnen zur Verfügung stehenden kosmischen Kräften zu machen. Die höchste Funktion der großen spirituellen Wesen liegt nicht in dem, was sie außerhalb der Gesetze unserer physischen Welt tun, sondern was sie innerhalb leisten.« (Meher Baba: »Der göttliche Plan der Schöpfung«, S.34, Lotos Verlag, 2004)

Zwei Tage vorher, am Sonntag, den 25. November 2018, gab Balasai Baba den letzten Singabend in gewohnter fröhlicher Stimmung. Auffallend war, dass Er eine Gruppe Devotees, die danach anreisen wollten, benachrichtigen ließ, früher im November zu kommen. Niemandem fiel etwas auf, als Er an diesem Abend den oft gesungenen Song mit dem Refrain »Don`t care!« sang, erst später wurde die doppelte Bedeutung verstanden: »Kümmert euch nicht darum, wenn mein Körper nicht mehr bei euch ist!«

Schon am nächsten Tag wurde im Mandir des Ashrams von Kurnool das Grab ausgehoben und nach den notwendigen Riten der Körper des Avatars, nur in ein Tuch gehüllt, hineingelegt.

> Die Form war wieder zum göttlichen
> Ozean geworden.

Einführung für den Leser

Dieses Buch ist kein Buch, es ist eine Girlande.

Geht man über indische Märkte, kommt man bald an Stände, wo prächtige Blumengirlanden angeboten werden, duftend und farbig, aus Rosen- und Jasminblüten, den robusteren *Marygolds* (Tagetes), auch durchsetzt mit grünen Blättern und Ornamenten aus glitzerndem Papier.

An den Straßenecken sitzen Frauen, die geschickt Blüte um Blüte mit einem Faden aneinanderknüpfen – Blumengirlanden sind ein sicheres Zubrot für das oft schmale Einkommen.

Für die in fast jedem Haus abgehaltene morgendliche *Puja* (Opferhandlung) werden täglich frische Girlanden und Blütenblätter benötigt, um die Götterstatuen und -bilder zu schmücken, und viele Frauen und Schulmädchen gehen nicht aus dem Haus, ehe sie nicht eine frische Girlande aus Jasminblüten oder wenigstens eine Rose in ihrem Haar befestigt haben.

Wenn ein Geschäft morgens öffnet, brennt auf dem kleinen Altar mit den girlandengeschmückten Gottesdarstellungen – oft Ganesha, Shiva oder Lakshmi – schon ein Räucherstäbchen, manchmal erlebt man, dass der Geschäftsinhaber gerade noch die Kampferflamme als kurzes *Arati* (Feuerzeremonie) schwenkt.

Kommt eine Person des öffentlichen Lebens auf dem Flughafen an, wird sie mit einer Girlande, die ihr um den Hals gehängt wird, willkommen geheißen, bei jedem öffentlichen Auftritt, seien es Politiker oder Künstler, überall sind Blumengirlanden das Zeichen des Respekts und der Verehrung.

Jede Blüte dieser Buch-Girlande ist ein lebendes Bild, das ein Treffen von Balasai Baba mit Seinen Anhängern zeigt, jede Blüte zeigt eine Situation, wie Balasai Baba mit Seinen Devotees lebt und arbeitet.

So lebendig, als wäre es heute geschehen, erinnere ich mich an eine meiner ersten Begegnungen mit Baba vor etwa 22 Jahren:

Wir, eine Gruppe von fünf Besuchern und Balasai Baba, standen am Rande des Gartens in Kurnool im Schatten einer Palme. Ich hatte gerade eine Kokosnuss ausgetrunken und hielt noch das kleine Stück der Schale, das für den Strohhalm herausgeschnitten wird, in der Hand. Baba stand lachend und Witze machend in unserer Mitte, als Er, ohne sich zu unterbrechen, das kleine Stück aus meiner Hand nahm und durch die Öffung in die leere Kokosnuss presste.

Damals wusste ich nichts über Dinge wie *Befreiung* oder *Moksha*, aber ich verstand unmittelbar, dass Baba mir wortlos die *Einheit mit Gott* zeigte, und ich vergaß es niemals.

Er nickte kurz mit dem Kopf und war schon dabei, mit einem jungen Japaner auf Japanisch Witze zu machen. Vielleicht hatte Er auch das Wort *Kakerlake* oder *Wasserschwein* auf Japanisch benutzt, denn plötzlich konnte sich der zunächst steife und ernste junge Mann vor Lachen nicht einkriegen – ich hatte schon mitbekommen, dass Baba solche überraschenden Begrüßungen liebte. Dann untersuchte Er die Kette einer deutschen Besucherin, die Er ihr beim letzten Besuch materialisiert hatte, prüfte ihr Ohrläppchen und fragte: »Hast du Ohrlöcher?« Mit dieser Frage stellte Er ihr neue Ohrringe in Aussicht. Sie nickte, aber Baba war schon bei der nächsten Besucherin, die etwas entfernt stand, und warf ihr eine Guave zu, die Er vorher angebissen hatte – Er hatte sie im Garten gepflückt, bevor Er zu der Gruppe gestoßen war. Sie war nicht das erste Mal hier und kannte schon das Ritual: Sie sprang geistesgegenwärtig vor und erwischte geschickt die Frucht, bevor sie auf die Erde fiel. Sie kannte Babas

Balasai Baba, September 2012

Botschaft: »Ihr müsst eure eigenen Anstrengungen machen!« Später gab sie zu, dass sie sich die Guave gewünscht hatte, und war besonders glücklich, dass Baba ein Stück abgebissen hatte.

Bevor Er sich zuletzt einem jungen Mädchen zuwandte, pflückte Er eine *Frangipani*-Blüte, die besonders betörend duftet, überreichte sie ihr und fragte sie: »Sollen wir gehen?«, denn im Hintergrund vor dem Eingang des Tempels wartete schon ungeduldig eine größere Gruppe der Besucher.

Die ganze Szene dauerte nicht länger als fünf Minuten, und was geschah, war sehr einfach, aber das ist die Art und Weise, wie Balasai Baba lehrt: Er erfüllt die bewussten und unbewussten Wünsche, öffnet die Menschen für den Geschmack des Lebens, die Schönheit des Lebens, die Freude des Lebens und das Ziel des Lebens, die Einheit mit Gott – die ganze Szene war reinste göttliche Musik, war Rhythmus und Tanz.

Die Bhajanzeit morgens und abends wird jeweils beendet vom *Arati*, einem Feueropfer, in dessen Text Balasai Baba als NADABRAHMA verehrt wird: als Schöpfer, der die Welt aus dem Klang erschafft. Eine uralte Vorstellung, der man sich heute mit modernen wissenschaftlichen Methoden wieder nähert. Seit 1998 singt Balasai Baba fast jeden Abend in den »Musikalischen Nächten« mit Seinen Co-Musikern für die ausländischen Devotees – als Schöpfer, der jeden Abend das OM der Schöpfung erneuert –, heilend und transformierend.

In den vielen Runden, die ich seit 21 Jahren mit Balasai Baba erlebt habe, konnte ich das gleiche wunderbare Lied vernehmen, immer neu und unterschiedlich: das Lied der bedingungslosen Liebe, des unendlichen Mitgefühls, voller Humor, Leichtigkeit, Freude und Verspieltheit – in allem klang die göttliche Melodie der Schöpfung.

Leben mit dem Avatar Sri Balasai Baba

* * *

7. Juli 2011 – Ein Besuch im Eiscafé in der Nähe des Sri Balasai Baba-Ashrams in Hyderabad sollte diesen Tag zu einem Erinnerungstag werden lassen: Vor zwölf Jahren, am 7. Juli 1999, begann mein Leben im Ashram von Sri Balasai Baba in Kurnool, Südindien.

Die Farben von Balasai Baba

Zwei Stunden nach meiner Ankunft im Ashram kam Balasai Baba damals in den Garten (um diese Zeit wurde Er gewöhnlich von allen Permanenten und Besuchern erwartet), las eine von den reifen Jammun-Kirschen auf und gab sie mir mit den Worten: »Ich weiß, du magst diese Farbe!«

Die Kirsche war länglich-oval mit einer dunkelviolett glänzenden Haut. Die Farbe violett gilt als Farbe der Transformation. Das lila-rötliche Fruchtfleisch schmeckte säuerlich-frisch und zog den Mund zusammen, galt aber als sehr gesund: »Babas Lieblingsfrüchte!«, sagte Er.

»Du sollst ein Buch über Baba schreiben!«, rief M. mir zwölf Jahre später am 7. Juli 2011 aus der Tiefe der Riksha zu, die sie mit ihrer Freundin bestiegen hatte, nachdem ich beschwingt vom Eissalon zurückgekehrt war.

Ich konnte mich daraufhin gerade noch am Ashramtor festhalten, weil mir die Knie weich wurden und ein flaues Gefühl vom Magen aufstieg …

Ein mächtiger warmer Farbakkord von sattem Dunkelrot, Feuerrot, dunklen und hellen Orangetönen bis zum Zitronengelb fing den Schock auf: die Flammenbäume am Eingang des Ashrams standen seit Wochen in voller Blüte und täglich schienen die brennenden

Blütenkaskaden, die auf den Ästen rollten, größer und leuchtender zu werden.

»Wie ein Fronleichnamsteppich!«, hatte meine Begleiterin gesagt und wirklich war der Marmorboden des Ashramhofes bedeckt mit den herabgefallenen Flammenzungen der Blütenblätter. Das Erlebnis, über einen weichen Teppich zu gehen, der zu Ehren Gottes in der Natur gestreut war, half, die weichen Knie zu ver-gessen.

Etliche Tage vorher hatten im Trockenraum des Ashrams etwa ein Dutzend Roben Balasai Babas mit dem gleichen Farbenspiel auf der Leine gehangen: vom kräftigen Rot über Rot-Orange, lichtem Orange bis zum strahlenden Gelb – vor den Fenstern antworteten die Riesendolden der Flammenbäume in denselben glühenden Farben.

* * *

»Du bist bei Gott!«

Wer bist DU? Mit dieser Frage begann Weihnachten 1996 meine Beziehung zu Sri Balasai Baba. Mein Sohn hatte im Sommer 1996 einige Zeit in Seinem Ashram in Kurnool verbracht und – berührt von der Begegnung mit dem Avatar – schenkte er mir ein Foto und lud mich zu einer Reise nach Südindien ein. Ich sagte spontan zu unter der Bedingung, dass er die Reise organisierte. Ich wusste um die großen spirituellen Traditionen des Landes, und dass quasi jedes Dorf seinen Baba hatte, das heißt einen mehr oder weniger großen Heiligen, aber fühlte mich nicht dorthin gezogen, weil ich meine spirituellen Wurzeln mit Europa verband. Freunde von mir fuhren jahrelang zu Sathya Sai Baba und zeigten mir dicke Fotoalben. Sie machten keinen Eindruck auf mich, weil ich damals überzeugt war, dass beim heutigen Stand der Bewusstseinsentwicklung der Menschheit jeder seinen spirituellen Weg ohne *Guru* gehen könne.

Ich merkte nicht sofort, wie schon das Betrachten dieses Bildes meine damaligen Glaubenssätze ins Wanken brachte – wollte ich doch nur als Tourist reisen. Das Bild zeigt Balasai Baba mit großer Haarkrone und roter

Robe. Er sitzt mit überschlagenen Beinen frontal auf der Vorderkante eines Sofas und stützt beide Hände mit durchgedrückten Armen rechts und links neben den Knien auf. Der Gesichtsausdruck ist ungewöhnlich ernst und der Blick direkt auf den Betrachter gerichtet.

Je näher der Reisetermin kam, umso mehr veränderte sich der Gefühlshintergrund der Frage *Wer bist Du?*. War er zunächst neugierig unbefangen, so mischten sich mehr und mehr Respekt, Ehrfurcht, ja sogar etwas wie Beklommenheit ein, was ganz und gar nicht zur Touristenrolle passte …

Am 10. Juli 1997 betraten wir den Ashram in Kurnool. Balasai Baba war in Hyderabad, und der Platz war leer bis auf die Verwalter und indischen Bewohner. Es war die Zeit des Sommervollmondes, der dem Guru gewidmet ist. Die Anlage des Platzes war von den hohen Mauern eines alten Forts, dem Tungabhadra-Fluss, einem Gemüsegarten mit Kokosnuss- und Bananenbäumen und dem viel besuchten Shirdi Sai Baba-Tempel begrenzt.

Der weiße, schmucklose Tempel war als solcher nur durch den *Gopuram*, den typisch südindischen Tempelturm, zu erkennen. Die ganze Anlage mit dem Tor der *Tripura Sundari*, dem Shiva-Brunnen, dem *Dhuni* (eine Art ewiges Feuer) und dem Garten mit der Flussmauer, alles strahlte Einfachheit und Frieden aus. Vom Eingangsturm führte der Weg direkt auf eine kleine Bühne zu, ähnlich einem Puppentheater, wo unverkennbar Balasai Baba als Gipsfigur die Krishnaflöte blies. Bunte Kühe, Pfauen, exotische Pflanzen und Wasserfälle schmückten lebensecht die idyllische Szene aus. Der Weg führte durch das Tor der *Tripura Sundari*, und einige Meter weiter saß Shiva auf seinem Tigerfell aus Gips mitten in einem Brunnen, meditierend mit halb geschlossenen Augen unverwandt über den Tungabhadra blickend, doch der reichliche Gebrauch von Blau und Rosa machte ihn eher zu einer freundlichen Gestalt aus Disneyland.

Der Legende nach brach sich in seiner lockigen Haarpracht die zerstörerische Gewalt des Wassers der Ganga und verwandelte es in einen Segen für die Menschen. Darum wurde abends zur Bhajanzeit das Wasser des Brunnens hochgepumpt und ergoss sich leider eher tröpfelnd aus zwei Krügen über sein Haupt.

Den Tempeleingang bewachten zwei verschlafen blickende Elefanten. Vor der Tempeltür stand Ganesha – der Hüter des Eingangs. Er tanzte auf einem Sockel, trotz des dicken Bauches elegant, spielerisch und natürlich. Jeder Körperteil atmete Lebendigkeit – kein Wunder, dass Baba diese kleine Messingfigur über alles liebte. Immer wenn Er vorbeiging, blieb Er stehen, umfasste den kindlichen Fuß, tätschelte das runde Hinterteil, streichelte den Rüssel oder legte Seinen Kopf an ihn. Öffnete man die schwere Tempeltür aus Teakholz, bimmelten viele kleine Glöckchen zwischen den Schnitzereien und erzeugten einen vielversprechenden Klang, der auf etwas geheimnisvoll Verborgenes im Raum hinter der Tempeltür hinzuweisen schien …

Das Innere des Tempels war schlicht, und außer einigen Glocken und Trommeln fehlten alle Ausstattungen, die zu einem »normalen« Hindutempel gehören. Kein Priester achtete auf die Einhaltung der eines heiligen Platzes angemessenen Ordnung oder auf die korrekte Durchführung spezieller Verrichtungen oder Rituale. An der Stirnwand stand in einer Nische ein breites Sofa mit farbigen Kissen, auf dem Baba während des öffentlichen *Darshan* saß. Jede Einzelheit der Ashramanlage hatte menschliche Proportionen. Dies schien nicht der Ort, wo man Heiligkeit, Ernst, Distanziertheit und Traditionen zelebrierte.

Die Grenze zum Shirdi Sai Baba-Tempel bildete das langgestreckte Gebäude mit den Wohnungen der indischen Bewohner und den Räumen der Besucher im ersten Stock. Vor meinem Zimmer wuchs eine Palme und der Blick ging über den Garten und den Tungabhadra bis zur anderen Seite des Flusses. Damals wusste ich noch nicht, dass ich den gleichen Raum zwei Jahre später als »Permanente« wieder bewohnen würde.

Mit der Ruhe der ersten Tage war es bald vorbei. Gegen 6 Uhr morgens begannen gewöhnlich die täglichen Rituale im benachbarten Shirdi Sai Baba-Tempel mit ohrenbetäubend klopfenden Trommeln, bimmelnden Glocken, quäkenden und quietschenden Blasinstrumenten. Um 7.30 Uhr wurden die Mantren und Bhajans im Balasai-Tempel durch Lautsprecher gnadenlos in die Umgebung getragen, aber gegen 9 Uhr war der Platz wieder in friedliche Stille getaucht.

An den Tagen um *Gurupurnima* wurde die Ekstase vierundzwanzig Stunden nonstop zelebriert, und das zehn Tage hintereinander. Mit einer Kokosnuss, die ich während eines Einkaufs in der Stadt getrunken hatte, hatte ich mir eine heftige Darminfektion eingehandelt und musste während längerer Zeiten auf dem Klo ausharren, wo jetzt die Lärmkulisse gnädig meine Geräusche, die ich oben wie unten produzierte, überdeckte und ganze Liter von Schweiß auf den Boden tropften. Das war Indien pur. Wie oft habe ich mich in den Jahren später innerlich für den Luxus bedankt, auf einer eigenen Toilette sitzen zu dürfen!

Bevor nach vier Tagen des Eingewöhnens schließlich Balasai Baba zurückkehrte, geschah etwas Entscheidendes.

Ich stehe mit dem Rücken zur Flussmauer und schaue gedankenverloren in den Garten. Ich liebe die Palmen, die von allen Bäumen am deutlichsten das Spiel des Windes sichtbar machen, die Frangipani-Bäume, deren Blüten einen süß-betäubenden Duft verströmen, den Inbegriff von Orient, die Bougainvillea mit ihren magentafarbenen Scheinblüten, die so intensiv leuchten, dass sie dem Auge fast wehtun. Riesige, bizarr gezeichnete, schockfarbene Schmetterlinge taumeln in den Düften und Farben, und erdfarbene Streifenhörnchen huschen über den Platz und auf die Bäume, um aus sicherem Versteck spitze Warnschreie auszustoßen, bei denen jedes Mal auf drollige Weise der buschige Schwanz auf und nieder schnellt: sie leben ständig in Panik vor den zahlreichen Milanen, die bedrohlich niedrig über den Bäumen schweben und nach

Beute ausspähen. Ein lauer Wind treibt riesige Wolkengebilde über den Himmel, so dass die Hitze erträglich ist. Von der anderen Seite des Flusses kommt das rhythmische Geräusch von geschlagener Wäsche.

In diese überwältigenden paradiesischen Eindrücke versunken, fährt plötzlich ein Gedanke durch meinen Kopf, der meinen inneren Frieden im selben Moment in Angst und Panik verwandelt.

Die Wirkung des sprichwörtlichen Blitzes, der im Niederfahren einen Baum spaltet und in Feuer setzt, ist dagegen ein schwaches Bild. »Du bist bei Gott!«, spricht etwas in mir, und ich weiß zutiefst, dass es nicht meine Worte sind. Gleichzeitig ist nur ein einziger Wunsch da: zu flüchten, mich hinter einem dieser Büsche zu verstecken, einfach zu verschwinden … So muss es Adam im Paradies gegangen sein, als er von der verbotenen Frucht gegessen hatte und sich hinter einem Busch versteckte, als Gott ihn rief. Bis ins Innerste zutiefst erschreckt und wie gelähmt tauchen von irgendwo die Worte auf: »Was will Gott von mir?« Im nächsten Moment schaue ich zu Boden. Genau vor meinen Füßen liegt eines der kleinen Bilder, die es im Buchladen gibt: ein segnender, lachender Baba mit der Botschaft: »*Love all, serve all*!« Das Bildchen habe ich vorher nicht gesehen, es dauert eine Weile, bis ich den Gedanken fassen kann: Das ist ja eine Antwort auf meine Frage!

Nur langsam löst sich der Schockzustand auf und ich finde mich in Zeit und Raum wieder.

Wenn sich das Erlebnis überhaupt in der Zeit abgespielt hat, sind es nur Bruchteile von Sekunden gewesen. Ich fühle mich wie nach einem Erdbeben, das alle bisherigen Sicherheiten in einem Augenblick weggebrochen hat. Aber ich habe überlebt, spüre mich selbst in der warmen Luft, unter den raschelnden Palmen und zwischen den taumelnden Schmetterlingen. Ein Papageienschwarm zieht wendige, elegante Kurven über den Tempelplatz, und im nächsten Moment fallen unzählige grellgrüne Pfeile in die Palme vor mir ein und ruhen sich schnatternd, kreischend und flügelschlagend aus …

Damals wusste ich noch nicht, wie eng mich diese Erfahrung mit diesem Ort verbinden sollte.

Nach vier Tagen hieß es: »Baba ist gekommen!« Obwohl ich geschwächt und elend mit Fieber im Bett lag, wollte ich Ihn unter allen Umständen abends im Tempel sehen und Seinen *Darshan* (schweigenden Segen) haben. Um 19.30 Uhr schleppte ich mich in den Tempel, wo nur im hinteren Drittel noch Platz direkt am Mittelgang war. Nach einigen Minuten betrat Baba die Nische und setzte sich auf Sein Sofa. Er trug die gleiche schlichte, traditionelle Robe, wie Er sie auch heute trägt, aber in meiner Erinnerung, die sicher vom Fieber beeinflusst war, trug Er ein Falten werfendes, gebauschtes Kleid, das in allen Farben changierte. Er stieg die Stufen zum Tempel herunter und kam direkt auf mich zu. Ein intensiver seelischer Schmerz ließ mich die Augen schließen und gleichzeitig stiegen ohne mein bewusstes Zutun die bekannten, aber seit Jahrzehnten nicht mehr gesprochenen Worte auf:

»O Herr, ich bin nicht würdig, dass Du eingehst unter mein Dach, aber sprich nur ein Wort, so wird meine Seele gesund!« Was Baba sagte, als Er *Vibhuti* materialisierte und die feine Asche in meine Hand rieseln ließ, erinnere ich nicht mehr, das Fieber wirkte wie eine feurige Hülle, die alles Denken aufzehrte.

* * *

Spiele und Lichtspiele mit Balasai Baba

Mit der Unerfahrenheit des Europäers, der meint, eine Darminfektion in Indien mit den üblichen europäischen Hausmitteln kurieren zu können, hütete ich ohne nennenswerte Besserung drei Tage das Bett, bis Ch. mir Babas Anordnung übermittelte, zum Arzt zu gehen. Mit den verschriebenen Medikamenten ging es mir stündlich besser. »Gleich kommt Baba!«, verbreitete sich plötzlich die Nachricht. Es waren etwa dreißig weitere Besucher da, und die meisten kannten den Ablauf, wenn Baba mit Seinen Devotees zusammensitzen wollte.

Baba setzte sich im Tempel auf den Boden und alle bildeten einen großen Kreis um Ihn. B. musste ihr Akkordeon holen, und was dann folgte, hätte ich mir in meinen kühnsten Träumen nicht vorgestellt. Unter Singen und mit Ziehharmonikabegleitung wurde im Tempel gewalzt, gehopst, geschuhplattelt, geschunkelt, von der *Schönen blauen Donau* bis zu den *Bayrischen Holzhackerbuam*. Baba schlug die Handtrommel. Eine recht gewichtige Inderin und ein Inder mit Riesenlöchern im Hemd versuchten sich unter Lachen und Kreischen im *Wiener Walzer*, kurz, die Dielen des Tempelbodens bogen sich.

Die anschließende Singrunde war international: japanische Kirschblütenlieder, englische Shanties, französische Chansons, deutsche Abendlieder – jeder brachte ein Stück seiner Kultur und persönlichen Vorlieben. Baba nahm alles lachend an, die Unterscheidung heilig-unheilig schien für Ihn nicht zu existieren, im Gegenteil, bei sogenannten »frommen« Liedern machte Er schnell ein gelangweiltes Gesicht. »Vor Gott ist alles heilig!«, erklärte Er später. Für mich war klar: Hier ist alles möglich, dieser Baba holt jeden sofort auf den Teppich und lässt keine Scheinheiligkeit zu.

Draußen war der Himmel dunkel bewölkt und im Tempel musste das Licht eingeschaltet werden. In dem gerade gesungenen französischen Lied lautete eine Zeile: *Die Liebe ist aus!* Als beim Wort *aus* die gesamte Lichtanlage ausfiel, gab es schallendes Gelächter und Baba freute sich wohl auch über Seinen Witz. Kurze Zeit später ging das Licht wieder an.

Bevor die Reihe an mich kam, hatte ich meinen nicht geringen Liederschatz durchforscht, aber mein Kopf war leer wie ein ausgelaufenes Fass. Nur ein Lied, das ich aber unter keinen Umständen singen wollte, weil es mir traurig und unpassend erschien, machte sich in meinem Gedächtnis breit. Schließlich sang ich es und stand dabei total neben mir. Es war das Lied, das Orpheus singt, als er Eurydike endgültig verloren hat: *Ach, ich habe sie verloren!* Erst einige Monate später verstand ich, warum ich das Lied aus der gleichnamigen Oper von Christoph W.

Gluck singen m u s s t e: Mein Mann konnte (verständlicherweise) nicht verstehen, was Balasai Baba für mich bedeutete, und er wollte auch nichts davon hören. Als ich wieder zuhause war, sang er eines Nachmittags »zufällig« dasselbe Lied und es lief mir kalt den Rücken herunter. Ich hatte zu dem Zeitpunkt keinerlei andere Absichten, außer als Besucherin regelmäßig zu Baba zu kommen. Ich liebte meinen Mann und meine Arbeit, und nichts davon wollte ich verlassen. Ich spürte, dass dieses Lied einen Zeitpunkt in der Zukunft vorwegnahm, durfte dieses Wissen aber noch nicht an mich herankommen lassen.

Zurück in Österreich sollte sich das lustige Lichtspiel etliche Male wiederholen: Immer wenn ich von Baba erzählte, flackerten die Lichter oder gingen für kurze Zeit ganz aus, egal ob in der Straßenbahn oder beim Zahnarzt.

Als ich einer interessierten Kollegin von meinen Erlebnissen berichtete, ging die Tischlampe aus. Sie schien nicht sehr beeindruckt: »Nur Magie!« Einige Tage später informierte sie mich, dass sie sich doch entschieden habe, im Januar mit zu Balasai Babas Geburtstag zu kommen. Im selben Moment ging die Deckenlampe aus. Beide Male untersuchte sie die Glühbirnen, die aber einwandfrei funktionierten. Als sie Baba persönlich begegnete, erkannte sie bald, dass die *Magie* ein Teil des göttlichen Spieles war.

* * *

Indische Reiseeindrücke

Nach zehn Tagen im Ashram war unsere Weiterreise geplant. Der Abschied fiel mir schwer. Baba hatte sich täglich mit den Besuchern in kleiner Runde getroffen und mich eines Tages gefragt: »Was wünscht du dir von Mir?«

Spontan antwortete ich: »Baba, bitte gib mir Geduld!« Ich erlebte mich als einen ungeduldigen Menschen und fand den inneren Druck in solchen Situationen sehr unangenehm. Als Antwort kreiste Babas Arm und Er materialisierte mir einen typisch indischen »Planetenring«, der wegen der neun Steine, die jeweils einen Planeten symbolisierten, recht groß war. Bisher hatte ich außer einem schmalen Ehering nur selten Schmuck getragen und ich hätte mir diesen Ring selbst gewiss nicht ausgesucht, aber bei allem, was von Baba kam, waren persönliche Geschmackserwägungen nicht wichtig und so trug ich ihn mit großer Freude und Dankbarkeit.

Schon einige Tage später, während unserer Reise Richtung Süden, war der Ring ein zu tastender »Beweis«, dass alles nicht nur ein Traum gewesen war.

An einem Sonntag erreichten wir Mysore und fuhren am nächsten Morgen mit dem Bus zum *Chamundi-Hill*, einem der wichtigsten Pilgerorte von Indien, wo Gott als die *universelle Mutter* verehrt wird – von all dem hatte ich damals noch keine Ahnung. Im Bus genoss ich den Duft der Jasmingirlanden, mit denen die Frauen ihr Haar geschmückt hatten – damals konnte ich vorurteilsfrei die Schönheit und Besonderheit aller Eindrücke auf mich wirken lassen, gnädig ließ ein Schleier nur die märchenhaften Eindrücke zu.

Als wir auf der Höhe aus dem Bus ausstiegen, klopften laute Trommeln, quietschten die schon bekannten trompetenartigen Oboen und an der nächsten Ecke kam eine ungewöhnliche Prozession auf uns zu: hinter den Musikanten fuhr ein Wagen, von Priestern begleitet, über und über mit Blumen geschmückt, und es dauerte eine Weile, bis ich eine kleinere goldfarbene Statue unter einem Baldachin bemerkte. Nach wenigen Augenblicken waren die Musiker, der Wagen, die Priester und nachfolgenden Sänger um die nächste Wegbiegung verschwunden. Kurze Zeit später kam eine etliche hundert Meter lange Menschenschlange in Sicht, die sich nur langsam ins Innere des Tempels bewegte. Erst viel später erfuhr ich, dass die Menschen die ganze Mühsal des Aufstiegs und des Wartens in großer Hitze auf sich nahmen, um an diesem Tag, dem höchsten Ehrentag der Göttin, ihren Segen zu bekommen. Gleichzeitig dämmerte mir, dass Sri Chamundeshwari, der hier verehrte Aspekt der göttlichen Mutter, uns bei Ihrer Ausfahrt einmal im Jahr persönlich begrüßt hatte. Und erst Jahre später realisierte ich, dass Sri Balasai Baba als *Avatar*, als göttliche Herabkunft auf die Erde, die höchste schöpferische Kraft des Universums repräsentiert, die als weiblich angesehen wird.

Die Tage im Ashram hatten wir wie auf einer Insel der Seligen erlebt, geschützt vor der Hektik und Widersprüchlichkeit des indischen Alltags. Hier zeigte sich das laute, bunte, kraftvolle indische Leben, mit Schlangenbeschwörern, Bettlern, Krüppeln, asketischen Heiligen, uralten Zeremonien, inbrünstigen, gläubigen Verehrern, erschöpften Pilgern; ein Bild, wie es sich seit Jahrhunderten nicht verändert hat. Die Kraft der religiösen Traditionen bildet auch heute noch einen – wenn auch erstarrten – Goldgrund, vor dem sich das Leben des modernen Indien mit seiner explodierenden reichen Geschäfts- und Industriewelt und den mittelalterlich anmutenden Sozialstrukturen, die dreiviertel der Bevölkerung in äußerster Armut, Krankheit und Unwissenheit belassen, abspielt.

Für einen Pilger in Indien sind harte körperliche Anstrengungen ein unverzichtbarer Teil der Opfer, mit denen er sein Karma zu verbessern sucht. Wir beschlossen jedoch, die tausend Stufen, die von der Ebene hinauf zum Tempel führen, aus Spaß hinunterzugehen, um uns die vermisste Bewegung zu verschaffen – Motive, die Indern fremd sind.

Der Blick über die grüne hügelige Umgebung war erholsam, und die Begegnung mit Nandi, dem Stier, dem Begleiter Shivas, beeindruckend. Mit fünf Metern Höhe ist er der größte in Indien, geschmückt mit frischen Girlanden von *Marygold*. Dies ist neben Jasmin und Rosen eine beliebte Blume für religiöse Zeremonien – bei uns als Tagetes oder Studentenblume bekannt und wegen des nicht besonders betörenden Duftes wenig geschätzt.

Es war ein unvergessliches Erlebnis zu beobachten, wie eine ältere Frau auf den Stufen kniete und ihrer Verehrung und Hingabe Ausdruck gab, indem sie jede Stufe mit farbigen Pulvern in orange und rot markierte, Wasser und Rosenblätter darüber sprenkelte und dabei unentwegt betete. Diese Verrichtung in gebückter Haltung mochte wohl noch Stunden dauern, bis die Stufen auf dem Berg vor den Augen der Göttlichen Mutter endeten …

* * *

»Ich bin Alles!«

Meine Sicht auf die Welt und mein Lebensgefühl hatten sich während der zehn Tage im Ashram von Sri Balasai Baba vollständig gewandelt. Es war vor allem die neue Freude, die von der lebendigen Erfahrung herrührte, dass die Welt nicht allein gelassen war. Mit Begriffen wie *Karma*, *Reinkarnation*, *Geistige Welt* usw. hatte ich mich schon seit vielen Jahren beschäftigt und sie widersprachen für mich keineswegs einem Weltbild, in dem Wissenschaft und Logik ihren Platz hatten, aber zu erleben, dass diese formlose geistige Welt sich in einer menschlichen Form konzentriert und eine Brücke für die menschliche Erfahrung bilden kann – in diesem Falle für meine Erfahrung –, das gab meinem bisherigen Leben einen neuen, unerwarteten Hintergrund.

Aber wie sollte das jemand verstehen können? Trotzdem musste ich mich mitteilen und zu meinem Erstaunen gab es durchaus Freunde und Kollegen, die mir zuhörten. Mit meinem Mann, einem Wissenschaftler mit Leib und Seele, konnte ich bisher jedes metaphysische oder spirituelle Thema wunderbar diskutieren, aber ein lebender *Guru* war jenseits seiner sonst außergewöhnlichen Toleranzgrenze. Ich verstand ihn nur zu gut, erzählte darum kaum etwas davon, was mich innerlich ausfüllte, und versuchte ein normales Alltags- und Eheleben aufrechtzuerhalten. Ich wusste, dass alles, was ich innerlich und äußerlich bisher mit Balasai Baba erlebt hatte, meiner inneren Wahrheit entsprach und keine Einbildung war. Dieser *Wahrheit*, was immer sie sein mochte, wollte ich nahekommen und beschloss, schon bald, im Januar 1998, zu den Geburtstagsfeierlichkeiten Sri Balasai Babas zurückzukehren.

Schon vor der ersten Reise zu Balasai Baba hatte ich merkwürdige Widersprüche verspürt: Je näher der Abreisetag kam, umso mehr wuchs mit der Freude auch ein unerklärliches Unbehagen. Ich stellte Baba innerlich die Frage nach der Ursache dieses Unbehagens. Unmittelbar erschien vor meinem inneren Auge das Bild von zwei Vögeln: ein weißer Vogel schwebte über einem schwarzen Vogel …

Bei unserer Ankunft saß Baba mit einer Gruppe Besuchern vor dem Tempel beim Satsang. »Do you want coffee?« Mit dieser familiären Begrüßung war meine Spannung verflogen.

Am letzten Tag dieses Aufenthaltes saß ich auf der Flussmauer, um den Sonnenaufgang zu erleben. Der Tungabhadra fließt von Westen nach Osten und mündet weiter unterhalb in den mächtigen Krishna-Fluss. Zu dieser Zeit war alles noch kühl, still und friedlich. Nur die Fähre, ein aus Palmenwedeln rund geflochtenes Boot, das einem Brotkorb ähnelt, schob sich lautlos über das Wasser, in dem sich die rot aufgehende Sonne spiegelte, die schnell höher stieg. Plötzlich flogen von Westen Scharen von weißen, Reihern ähnlichen Wasservögeln direkt über der Wasserfläche gen Osten, unter ihnen die gleiche Formation von schwarzen Vögeln – ein verwirrender Eindruck, bis ich merkte, dass die lebensecht aussehenden schwarzen Vögel nur die Schatten der weißen waren. Sofort erinnerte ich mich an das Bild des weißen und schwarzen Vogels, das Baba mir als Antwort auf meine Frage gegeben hatte. Jetzt wurde unerwartet dieses Bild zu einem lebendigen Vogelzug und Wirklichkeit. Ich hatte das Gefühl, dass dieser Ort in Zukunft etwas mit der Lösung des Rätsels nach der Bedeutung der Vögel zu tun haben würde.

»Zeige mir, wer ich bin«, war meine zweite Frage an Balasai Baba.

Die Antwort darauf war verschlüsselter und ich konnte erst viele Jahre später sehen, wie Babas Antwort mir meine damals noch unbewussten hartnäckigen Widerstände aufgezeigt hat.

Im Gegensatz zu den Tagen vorher ließ Baba mich längere Zeit links liegen. Die Bonbons und Süßigkeiten, die Er zu Hunderten im Tempel den Besuchern zuwarf, fielen – wie von einer unsichtbaren Glaswand abprallend – zu allen meinen Nachbarn ringsum, aber kein Tropfen dieses süßen Regens erreichte mich, ich saß buchstäblich auf dem Trockenen. Trotzdem fühlte ich mich reich beschenkt, denn immer wieder teilte einer der Devotees seine Schätze mit mir. Damals konnte ich die »Antwort« noch nicht erkennen.

Nach der Hektik der Geburtstagsfeierlichkeiten lehnte ich mich eines Mittags an die hintere Tempeltür, um die Entspannung und Stille zu genießen. Vor mir stieg feiner Rauch aus dem Dhuni, einer Feuerstelle, die man meditierend umrunden konnte und dabei nach indischer traditioneller Vorstellung seine Probleme und Sünden verbrannte. Auf der gewaltigen Mauer des alten Forts, das den Tempel auf der rechten Seite begrenzte, suchten Ziegen und Kühe ihr Futter, im gegenüberliegenden Garten wurden Gemüse und Kräuter geerntet.

Etwa eine Stunde lang waren Gedanken gekommen und gegangen, bis sich plötzlich der innere Frieden in Schrecken und Panik verwandelte: Eine schwarze Gestalt mit einem Penis größer als sie selbst schob sich ins Bild, begleitet von dem entsetzten Gedanken: »Das bin ja ich!« Im selben Moment gab die Tempeltür hinter meinem Rücken nach und öffnete sich. Während ich sanft rückwärts in den Tempel hineinglitt, drehte ich mich halb um, spürte die Kühle und Ruhe des Raumes und sah an der Stirnwand das große Bild von Baba. Mein inneres Bild und das Bild von Baba flossen zusammen: »Ich bin alles, auch das, was du nicht sein willst!«

Anders als in einem traditionellen Hindutempel gab es hier außer den einstündigen *Bhajans* (Lobgesang) morgens und abends keine festgelegten oder vorgeschriebenen Gebets- oder Meditationszeiten. Im Shirdi Sai Baba-Tempel fingen die Rituale um 6 Uhr morgens sehr lautstark an und dauerten mit einigen Unterbrechungen bis zum Abend. Außer während der heißen Mittagszeit war hier ein ständiges Kommen und Gehen: Zur Verehrung des Heiligen Sri Shirdi Sai Baba, der angerufen wurde, weil man Seine Hilfe erbat, opferten die Menschen Kokosnüsse, Räucherstäbchen und Blumen, und holten sich den Segen des Priesters. (Sri Shirdi Sai Baba, der von 1838 bis 1918 lebte, wird in Indien bis heute sowohl von Muslimen als auch Hindus verehrt.)

Hier im Ashram konnte jeder auf seine ganz persönliche Weise innerlich mit Balasai Baba ins Gespräch kommen. Ich beobachtete eine kleine Gruppe von Besuchern, die sich regelmäßig im *Alten Tempel* traf, um eine *Puja* zu machen: eine typisch indische Form der Verehrung, bei der zunächst ein Platz auf dem Boden mit einem Tuch vorbereitet wurde, auf dem dann ein Bild Babas mit Blumen, Kerzen und Räucherstäbchen geschmückt wird. Aus Neugier hatte ich einmal teilgenommen und daran Gefallen gefunden.

Der Ablauf der Puja hängt von der Gruppe ab. Hier hatte man sich geeinigt, einen der heiligen Gottesnamen Balasai Babas als Mantra 108mal zu wiederholen: OM NAMO SRI BALASAIYINE NAMAH. Bei jeder Namenswiederholung wurden in einem Silbergefäß zwei kleine Silberfüße, so genannte *Padukas*, mit Wasser übergossen. Der Klang des Mantras, der sich verwirbelnde Rauch der Räucherstäbchen, gemischt mit dem Duft der Jasmin- und Rosenblüten, der Schein der Kerzen im Halbdunkel, das feine Geräusch des Wassers, all das half dem Verstand, zur Ruhe zu kommen und sich auf die Energie von Balasai Baba zu konzentrieren. In einem dieser Momente von Gedankenleere schwamm plötzlich eine Lotusknospe vor meiner Herzgegend. Nach und nach entfaltete sie ihre Blütenblätter und wurde zu einer der geschnitzten Lotusblüten an der Vorderseite der Tempeltür. Alles geschah ohne mein willentliches Zutun. Ich schaute einem Bild zu, das seine eigene Bewegung vollzog, in mir aber die Süße der göttlichen Liebe reflektierte.

Da es üblich ist, dass Devotees etwas zum Geburtstagsprogramm Balasai Babas beitragen, hatte ich mich zu einem musikalischen Beitrag mit meinem Sohn überreden lassen. Obwohl ich mein Lebtag gern und regelmäßig musiziert habe, war vor etwa zehn Jahren überraschend das Problem aufgetreten, dass ich nervös und angespannt wurde, wenn ich vor Fremden spielen sollte. Welcher Teufel hatte mich bloß geritten, ausgerechnet hier zuzusagen?

Am Tag vor dem Geburtstag saß ich mit all meinen Ängsten auf der Flussmauer. Sollte ich mich blamieren oder einfach absagen? Aber mir wurde immer klarer, dass Baba jedes Geschenk, egal wie armselig und fehlerhaft auch immer, annehmen würde. Mit Ruhe und sogar Freude erwartete ich die Aufführung, nicht jedoch, ohne mir eine Strategie zu überlegen. Die gebrochenen Akkorde auf dem Keyboard wollte ich verschwommen und leise spielen. So konnte ich mich im Hintergrund verstecken und niemandem würde ein Fehler auffallen. In dieser Absicht stellte ich vorher das Keyboard so leise wie möglich. Als wir die Bühne betraten, war ich locker und freute mich heimlich über meine praktische Lösung. Baba kam glücklicherweise erst nach den Beiträgen der ausländischen Besucher. Wir konzentrierten uns auf den Anfang und – ich fiel fast vom Hocker – in vollster Lautstärke und Klarheit platzten die Töne in die Stille. Es war zu spät, um den Lautstärkeregler herunterzudrehen. Baba hatte meinen Trick ausgehebelt. Da das Soloinstrument ein eigenes Mikrofon hatte, konnte die Geige, die die Hauptmelodie spielte, sich durchsetzen und niemandem fiel etwas auf. Schweißnass kletterte ich danach die wackelige Holztreppe der Bühne herunter und dankte Baba für Sein Geschenk.

Heute erscheinen mir die acht Tage bei Sri Balasai Babas Geburtstag 1998 wie die Ouvertüre zu einer großen dramatischen Oper, die sich in den nächsten Jahren abspielen sollte. Die wichtigsten Themen und Motive klangen an, ohne dass ich ihre Bedeutung im Zusammenhang des Ganzen damals hätte erkennen können.

Zurück in Europa machte ich wieder die Erfahrung, dass Balasai Babas Bewusstsein allgegenwärtig ist. Auf dem Weg zu meinem Lieblingscafé während einer Freistunde mitten auf einer belebten Straße standen urplötzlich die beiden Hälften des *Yin und Yang*-Symbols vor meinem inneren Auge. Wie zwei kraftvolle Magnete zogen sie sich an und »klickten« spürbar ineinander. Damals kannte ich diese Form nur als uraltes Weisheitssymbol, das die Dualität der Kräfte des Universums und ihr Zusammenspiel darstellte. Dieses Erlebnis hatte aber etwas zu tun mit m e i n e r eigenen Dualität und m e i n e n inneren Gegensätzen. Ich fühlte verschwommen die wahre Bedeutung, nämlich die Wahrheit, dass die Einheit alles Seins nicht weiß o d e r schwarz war, sondern weiß u n d schwarz.

Und ich fühlte, dass die Dunkelheit eine »Verkleidung« des Lichtes ist, um unseren Weg auf der Erde zur Quelle, zum Licht, überhaupt erst möglich zu machen. Erst viele Jahre später konnte ich dies als eine der wichtigsten und schwersten Erfahrungen in mein Leben integrieren.

* * *

Frühjahr 1998 in Österreich – Meine Gefühle und Gedanken waren erfüllt von den Erlebnissen bei Balasai Baba. Außer ein paar unwichtigen äußeren Fakten konnte ich niemandem davon etwas mitteilen, und um die inneren Erfahrungen zu vertiefen und zu verarbeiten, entstand ganz von selbst ein Zustand der Beschäftigung und Konzentration auf Baba, der schließlich zu einer Art Meditation wurde. Aus meinem Tagesrhythmus ergab sich regelmäßig eine bestimmte Zeit, in der ich einfach saß und innerlich den Namen Gottes wiederholte: OM SRI BALASAIYINE NAMAH.

Ich hatte noch nie regelmäßig und bewusst meditiert, aber trotz der kurzen Zeit – täglich etwa zwanzig Minuten – absorbierte mich der Klang des Mantras völlig und die Außenwelt versank. Ohne eine Technik oder mein willentliches Zutun geschah nach einigen Tagen, dass die Gedankenebene, auf der das Mantra innerlich klang, schwieg und die Wahrnehmung wie in einem »Fahrstuhl« (anders kann ich das eigenartige Erlebnis nicht beschreiben) eine Etage höher fuhr, auf der weder

Meditationsbilder

Klänge noch Gedanken existierten, höchstens eine Art »weißes Rauschen«. Der Zustand der Gedankenfreiheit ließ mich einen nie gekannten inneren Frieden erleben.

Aber je systematischer und bewusster ich übte, umso weniger spontan und leicht wurde der Prozess. Erwartungen schlichen sich ein und es wurde schwieriger, störende Gedanken und Gefühle zum Schweigen zu bringen.

Erst unmerklich, dann heftiger, brachen in der Beziehung zu meinem Mann zunehmend gegenseitige Empfindlichkeiten und Spannungen auf, die, besonders da ich sie nicht wahrhaben und vermeiden wollte, im Unterbewussten blieben und ungestört ihr Werk fortsetzen konnten. Ich liebte meinen Mann, meinen Beruf und mein ganzes Dasein, daran änderte mein innerer Fokus auf Balasai Baba nichts – im Gegenteil, ich lebte intensiver, war dankbarer und voller Freude. Nur, wenn ich davon etwas mitteilen wollte, stieß ich auf Ablehnung, und ich konnte das verstehen. Alles war noch frisch und neu und nie erlebt und ich war naiv genug zu glauben, unser Leben könnte genauso weitergehen, teilten wir doch trotz großer Unterschiede auch viele Gemeinsamkeiten. Je mehr innere Schwierigkeiten auftauchten, umso stärker wurde das Bedürfnis zu meditieren.

Bei einer der Meditationen, bei der es mir nicht gelang, mich zu konzentrieren, sah ich eine Reihe kleiner, flaumiger, gelber Entenküken an einer Leine, die mir jedoch immer wieder aus der Hand rutschte, so dass die Küken in alle Richtungen wuselten. Ich verstand, dass das, was da noch schwach, ungeschützt und leicht ablenkbar war, durch das Band der Konzentration beruhigt und zusammengehalten werden musste. Die Meditation an meinem Geburtstag enthielt ein besonderes Geschenk: der Klang des Mantras war heimatlich-vertraut. Ein entspanntes Wohlgefühl breitete sich wellenförmig aus und in seiner Mitte entstand ein Punkt, auf den sich die Konzentration mühelos richtete und still verweilte. Kurz danach las ich in der *Girlande der Rosen* (siehe Literaturverzeichnis) von dem wichtigen Meditationsstadium der *One-Pointedness:* der Sammlung des Geistes in einem Punkt.

Ein anderes Meditationserlebnis dieser Tage war sehr lehrreich: Einige Auseinandersetzungen mit einer Freundin belasteten mich, und ich konnte innerlich keinen Abstand gewinnen. In der Meditation konzentrierte ich mich auf Balasai Babas Mantra und Seine Form. Plötzlich krochen wie auf einer unsichtbaren Glasscheibe schwarze, eklige, wurmähnliche Gebilde und verdeckten mehr und mehr Babas rot-golden leuchtende Form. Ich erfuhr, dass jede Meditation ein wahrhafter Spiegel der momentanen mentalen und emotionalen Befindlichkeit ist. Jede innere Unruhe und Negativität verdunkelt den Blick auf die (eigene) Göttlichkeit, zu der die Meditation ein Weg sein kann.

* * *

Juli 1998 – Ich wollte die Sommerferien in Indien verbringen und hatte mir einen Zeitraum von vier Wochen gesetzt. »Bist du müde?«, ist die erste Frage, die Baba nach meiner Ankunft im Ashram von Hyderabad stellt. Obwohl ich die Frage zu dem Zeitpunkt als eine belanglose Erkundigung nach meinem momentanen Befinden auffasse und mit »nein« beantworte, notiere ich sie in meinem Tagebuch und erst nach längerer Zeit wird mir klar, dass Babas Fragen oft eine versteckte Bedeutung haben. Babas Frage galt einer Reisenden, die nach langer Abwesenheit von zuhause und vielen Beschwernissen wieder in ihre Heimat zurückkehrt ...

Wieder in Indien

Es ist Regenzeit und dreizehn Besucher sitzen unter dem überdachten Darshanplatz. Niemand weiß, ob Baba kommt. Plötzlich steht Baba oben auf der Treppe, im orangefarbenen *Dhoti*, die rote Robe leger über der Schulter.

Nach einem heftigen Regenguss sind die roten Teppiche, die den Boden bedecken, schon wieder trocken. Obwohl Baba keinen Wert auf Förmlichkeiten legt, stehen alle auf und begrüßen Ihn mit *Namaskar*.

Lachend setzt Er sich in die Mitte auf den Teppich. Bei jeder Runde mit seinen Besuchern zeigt sich Baba als perfekter Gastgeber. Es gibt Snacks, Kekse, Nüsse. Die

Köchin, eine eindrucksvolle Erscheinung, bringt Kaffee. Obwohl sie wohlhabend und unabhängig ist, dient sie Baba, indem sie für Ihn kocht.

Am fortgeschrittenen Abend lässt Baba das Carromboard bringen. Das Spiel wird in ganz Indien schon von Kindern gespielt und ist eine Art Fingerbillard, bei dem jede Partei auf einem glatten Holzbrett ihre Spielsteine in ein kleines Loch schnippen muss. Das erfordert ein hohes Maß an Fingergeschicklichkeit und strategischem Denken. Es spielen immer zwei zusammen. Baba wählt einen unerfahrenen Mitspieler aus, während die Gegenpartei aus zwei geübten Permanenten besteht. Bald hat die Gegenpartei fast die erforderlichen Punkte zum Sieg, während Babas Team noch bei null steht. Aber in wenigen Minuten hat sich das Bild gewandelt: Blitzschnell hat Baba alle Punkte für sich gebucht und beide Parteien haben die gleiche Punktzahl, aber keiner Partei gelingt der siegreiche Treffer. Baba zieht das Spiel genüsslich hinaus, und heizt durch manche Fast-Treffer die Spannung an.

Dabei lacht Er, macht Witze, unterhält sich mit den Besuchern, trinkt einen Schluck Kaffee, setzt wie nebenbei völlig entspannt Seine Schüsse, zielt bewusst daneben, so dass der Vorteil wieder bei der anderen Partei liegt, scheint sich jedem zuzuwenden, nur nicht dem Spiel. Schließlich, mit einem spektakulären und technisch höchst komplizierten Schuss, bei dem Er kaum das Brett betrachtet, entscheidet Er das Spiel für sich. Die Botschaft ohne Worte: Gott gewinnt immer …

Es ist spät in der Nacht, als Baba aufsteht, aber ehe Er endgültig die Treppe hinaufgeht, spricht Er noch mit dem einen oder anderen, fragt nach persönlichen Dingen, macht eine lustige Bemerkung, dass alle lachen, und hat indessen die erste Treppenstufe erreicht. Als Abschiedssegen hüllt Er die Gruppe in eine Wolke von intensivem Rosenduft und steigt dann winkend, segnend, lachend, erzählend, singend die Treppe hoch – das rote Kleid hängt wie ein Königsmantel über Seinem Rücken.

* * *

Bis zur Abfahrt nach Kurnool kommt Baba regelmäßig am Vormittag herunter zu den wartenden Devotees. Immer gibt es Kaffee oder Tee, Obst und Kekse, wobei Baba oft die Besucher eigenhändig füttert oder ihnen Seinen Kaffee schenkt. (In Indien ist es nicht ungewöhnlich, dass die Mutter selbst ihre erwachsenen Kinder noch füttert.)

Balasai Baba ist kein spiritueller Meister, der zu anstrengenden Übungen anregt, spezielle Meditationstechniken lehrt und Fasten, Schweigen oder Schlafentzug empfiehlt. Im Gegenteil: Als göttliche Inkarnation bezaubert Er alle mit Seiner himmlischen Freude und Leichtigkeit und zeigt den Menschen, dass sie nur über die Erfahrung der Glückseligkeit Gott erreichen können, darum lautet Seine Hauptbotschaft: *Seid glücklich!* Dabei zeigt Er sich nur den europäischen Besuchern – die zu neunundneunzig Prozent aus den deutschsprachenden Ländern kommen – so informell und privat mit Zottellocken, im Dhoti und unachtsam, jedoch dekorativ geschlungener Robe um den Hals. Das Carromboard ist unentbehrlich, es dient zur Unterhaltung, zur Schulung, und wer mit am Brett sitzen darf, macht seine besonderen Erfahrungen mit sich und Baba. Es ist ein Instrument, mit dem Baba gleichzeitig Nähe und Distanz, Spiel und Spannung, Erfolg und Misserfolg erzeugt, so dass das stundenlange Zusammensein mit Baba unterhaltsam, kurzweilig und entspannend ist.

Ich sitze Baba gegenüber und bin überwältigt von der Schönheit Seines Anblicks. Seine Gestalt ist klein und im Sitzen wirkt Er kindlich, rundlich, aber lebendig und wach bis in die Fingerspitzen. In jedem Moment wechseln Gesichtsausdruck und Körperhaltung: ein schläfrig entspanntes Baby, ein Raubtier, federnd und konzentriert, weiblich weiche Bewegungen und Blicke aus den Winkeln der schrägen Augen, die jeden Mann verführen würden, im nächsten Augenblick ein gezielter, männlich herausfordernder Schuss auf dem Carromboard, die Selbstvergessenheit eines Kindes, das mit einer Blume spielt, oder die Willenlosigkeit einer Pflanze, wenn

Er mit halbgeschlossenen Augen, die scheinbar nichts wahrnehmen, still dasitzt und nur kosmische Schönheit und dienende Hingabe verkörpert: ein unaufhörliches Fließen aller Formen der Schöpfung …

Später sagt Baba: »Gott hat keine Form. Unter Männern bin ich ein Mann, unter Frauen eine Frau, ein Kind unter Kindern – Gott ist alles!« Im selben Augenblick stößt mich meine Nachbarin an: »Riechst du den Rosenduft?« Der Duft ist intensiv und an den verklärten Gesichtern sieht man, dass alle ihn wahrnehmen und den Segen, der Babas Worte überraschend bestätigt, tief einatmen.

Am nächsten Tag sitze ich schräg hinter Baba. Das gelbe Kleid liegt wie eine Schärpe um Hals und Schultern und bildet einen harmonischen Farbklang mit der hellbraunen Haut und der schwarzen Haarlockenkrone. Es gibt Kaffee, und ein Tablett mit Plätzchen und Ferrero-Kugeln wird herumgegeben.

Babas Hände sind in ständiger Bewegung – winken einem gegenüber sitzenden Devotee zu, heben prostend die Kaffeetasse, werfen den Besuchern Orangen und Kekse zu, trommeln auf einer Blechuntertasse. Während die linke Hand auf dem Knie des links sitzenden Devotees liegt, steckt Er mit der rechten einer anderen Devotee eine Blume ins Haar, die Er von einem Tablett nimmt, das eine Devotee Ihm reicht. Sich selbst steckt er eine flammend-rote Hibiskusblüte ins Haar (später lerne ich, dass sie mit Shiva assoziiert wird), steckt sich einige Blütenblätter der Flammenblumen in den Mund und klebt mir eines der orange-rot leuchtenden, zungenförmigen Blätter zwischen die Augen. Als es runterfällt, esse ich es auf – es schmeckt bitter. Baba lacht und spricht unaufhörlich, hat jeden der Anwesenden im Blick, manchmal hebt Er die rechte Hand zum Segen und nickt einem Besucher zu – nur derjenige weiß, auf welchen seiner Gedanken Baba gerade reagiert hat, gleichzeitig schaut Er einen anderen an, damit auch dieser sich beachtet fühlt.

Die Fülle an göttlichem Segen ist unbegreiflich, und als ich mich still dafür bedanke, dreht Baba sich um und nickt lachend – und immer wieder Wolken von Rosendüften … Mir wird klar, Baba ist ALLES – eine Projektionsfläche, die auf alle unsere Gedanken und Gefühle reagiert, sie reflektiert und sichtbar macht, wenn wir sie denn sehen wollen.

Am nächsten Tag telefoniere ich mit meiner Mutter. Obwohl sie weit über achtzig Jahre alt ist, freut sie sich mit mir, dass ich bei Balasai Baba bin. Ihre Stimmung ist jedoch beeinträchtigt, da sie sich in einigen Wochen einer größeren Operation unterziehen muss. Weil inzwischen ein heftiger Regenguss niedergegangen ist, der die Straße zum Ashram in einen reißenden Bach verwandelt und sogar den wackeligen Tisch der Büglerin auf der Straße mitgenommen hat, wurden die roten Teppiche aufgerollt und zu einem Berg in der Mitte gestapelt. Als ich zurückkomme, sitzt Baba hoch auf dem Teppichberg, alle Besucher am »Fuße« des Berges auf dem noch trockenen Platz, dicht um Ihn geschart. Da unter den Umständen kein Carromboard-Spiel möglich ist, wird gesungen, Volkslieder, Spirituals, was gerade spontan einfällt. Ich setze mich dazu, bin aber noch mit dem Inhalt des Telefongespräches beschäftigt. Baba summt mit, bewegt sich zum Rhythmus der Lieder, ist aber ungewohnt ernst, wozu die offizielle Robe noch beiträgt. Während Er die anderen wenigstens anschaut, ignoriert Er mich völlig. Das ist ganz neu, aber nach kurzer Zeit dämmert mir die Ursache: Baba zeigt mir, dass ich mir innerlich Sorgen um meine Mutter mache und mich nicht auf Ihn konzentriere. Als mir diese Erkenntnis durch den Kopf schießt, wendet Er mir sofort Sein Gesicht zu, lacht und nickt: Baba spiegelt unmittelbar die innere Distanz oder Nähe zu Ihm. Das Wort *Hingabe* bekommt erstmals eine tiefere Bedeutung: die eigenen Probleme und Sorgen dem Göttlichen *hin zu geben* und selbst offen zu bleiben für den immerwährenden göttlichen Segen. Das sollte sich in der Zukunft oft als sehr schwierig erweisen.

Ein paar Tage später taucht wieder der Gedanke auf, meinen Mann oder meine Mutter anzurufen, gleichzeitig ist mir klar, dass es keine dringenden Gründe gibt, im

Gegenteil, dass Irritationen unvermeidbar sind. Als ich den Gedanken fallenlasse, schickt Baba Seinen Rosenduftgruß …

* * *

Himmel und Hölle

Sommer 1998 – Vor etwa einem Jahr ist Balasai Baba überraschend in mein Leben getreten.

Meine spirituelle Reise hatte mich schon früh weit weg von christlichen Konfessionen oder der Suche nach einem »Guru« geführt. Trotzdem gab es seit vielen Jahren einen Satz, den ich entweder sang oder sprach wie ein Mantra: *Ich weiß, dass mein Erlöser lebt*, ohne dass ich jemals an eine Person auf dieser Erde gedacht hätte. Die Begegnung mit Balasai Baba schien mir wie die Erfüllung eines Wunsches, der tief in meinem Unbewussten ruhte.

Je öfter ich Balasai Baba begegnete, umso klarer wurde mir, dass dies *mein Erlöser* ist, und ich wollte *erlöst* werden, aber weder wusste ich wovon, noch wusste ich wozu. Den Wunsch, ganz im Ashram zu leben, hatte ich noch nicht gewagt zu denken, ertappte mich aber, dass ich Baba im Stillen nach Seiner Meinung fragte. Ein Traum in der letzten Nacht, ehe wir nach Kurnool fuhren, war ein erster Hinweis.

Ich erinnere ein deutliches Gefühl, dass Baba mit meinem Wunsch einverstanden ist, aber das Papierfaltspiel *Himmel und Hölle* taucht auf und gleichzeitig stinkt es höllisch nach faulen Eiern. »Es wird Himmel und Hölle! Willst du das?« ist die Botschaft.

Weil ich bereit bin, für meine Erlösung jeden Preis zu bezahlen, sage ich: »Ja!« Aber welche *Erlösung* von welcher *Hölle* war gemeint? Ein Traumbild von einigen Tagen vorher führte mich auf eine vage Spur: eine ausgemergelte Person, einem halbverhungerten indischen Bauern ähnlich, die Hände auf dem Rücken gefesselt, reißt sich los und läuft auf einen Berg zu, dessen Spitze von Wolken verhüllt ist, ein weißer Vogel umkreist den Berg. Lautet das Thema *Gefangenschaft und Freiheit*? Bei allem Auf und Ab in meinem Leben – bisher hatte ich mich weder gefangen, ausgebeutet noch unfrei gefühlt.

Im Laufe der nächsten Jahre zeigte Balasai Baba mir unzählige Situationen, wo ich zwischen Gefangenschaft und Abhängigkeit oder Freiheit wählen konnte, und oft wählte ich die Abhängigkeit, ohne es zu wissen …

* * *

Begegnung mit Ganesha

Unerwartet ordnete Baba eines Tages an, dass zweimal täglich, vormittags und nachmittags, gemeinsam meditiert werden sollte. Das war ungewöhnlich, denn sonst gab es nur das morgendliche und abendliche Bhajansingen, das Pflicht für alle war.

Der Sri Balasai Baba Ashram ist kein Ashram im traditionellen Sinne. Es gibt keinen festen Stundenplan, wo der Tag in regelmäßige Arbeits-, Meditations-, Schlaf- und Privatzeiten eingeteilt ist und wo jeder sich dieser Routine unterwerfen muss. Außer dem Singen morgens und abends kann jeder seinen Tag so einteilen, wie er möchte.

Wie auf der ganzen Welt hängt der Tagesablauf im Ashram vom Sonnenaufgang ab, aber hier ist die »Sonne« Balasai Baba, und alle weiteren Tätigkeiten verschieben sich, je nachdem, wann und wie lange Baba Seine Zeit mit Seinen Devotees verbringen möchte.

So kam die Aufforderung zur Gruppenmeditation im Sommer 1998 für alle überraschend. Für Balasai Baba ist Meditation schlicht *Konzentration auf Gott*. In diesem Falle sollte eine permanente Devotee eine halbe Stunde das Mantra OM SRI BALASAIYINE NAMAH chanten, um den hin- und herflackernden Verstand zu beruhigen und ihm einen Anker zu bieten. Sonst überlässt Baba es jedem selbst, ob er meditiert und welche Praxis er bevorzugt.

Für mich kam diese Übung wie gerufen, hatte ich doch bisher keine Erfahrung in systematischer Meditation. Mir schien, dass in Babas Nähe sowohl das ruhige Sitzen als auch die Konzentration auf das Mantra leichter waren, und die Zeit, bis die Glocke das Ende ankündigte, ging schnell vorbei. Die rezitierende Devotee war geübt im Bhajansingen, und nach einigen Tagen baute sich über der Melodie des Mantras für mich deutlich hörbar eine Melodie von mitschwingenden Obertönen auf, die bei mir sofort die Assoziation von den Flötentönen Krishnas hervorrief. Wie sie mir sagte, merkte sie beim Sprechen selbst nichts davon.

An einem der nächsten Tage hatte ich die Ausrichtung auf den automatischen Gedankenstrom soweit ausgeschaltet, dass ein ungewöhnliches inneres Bild erscheinen konnte. Weil es so plastisch und überirdisch schön war, erinnere ich mich noch heute an alle Einzelheiten. Der Kopf eines jungen weißen Elefanten erschien wie in Großaufnahme von der Seite, nur der obere Teil des Rüssels war sichtbar und ein rundes lebendiges Kinderauge mit dichten, langen Wimpern schaute mich an. Erst später sah ich, dass in Indien der Elefantengott Ganesha mit solchen Kinderaugen dargestellt wird.

Beim Frühstück saß ich noch versunken in das zauberhafte Bild und wachte erst auf, als eine Devotee, mit der ich öfter Bhajans übte, sagte: »Heute hatte ich in der Meditation ein wunderschönes Bild – das Auge eines weißen Elefanten!« Der Beschreibung nach war es genau das Bild, das mir immer noch vor Augen stand, und jetzt bestätigten auch andere das gleiche Erlebnis. Wie konnte das sein?

Ich wusste, dass unsere Gedanken nicht von unserem Gehirn produziert werden, sondern dass unser Gehirn – einfach gesagt – Wellen aus dem Umkreis aufnimmt, filtert, in Gedankenformen bringt und als Sprache bewusst werden lässt. Je nach Lebensabsichten und vorgeburtlichen Tendenzen arbeitet dieser »Empfangsapparat« mehr oder weniger komplex und selektiv. Bei der Meditation werden die Antennen dieser Empfangsstation so eingestellt, dass der zwanghaft plappernde Strom des vordergründigen gewohnheitsmäßigen Alltagsdenkens ausgeschaltet wird. In diese Gedankenleere können dann Botschaften von tieferen geistigen Ebenen, zum Beispiel als Klang oder Bild, fließen. An diesem Beispiel erlebte ich erstmals, dass Balasai Baba als höchstes kosmisches Bewusstsein (das ist die Bedeutung von *Shiva*) jederzeit in unsere Gedanken eingreifen kann.

* * *

An einem der nächsten Tage fahren wir nach Kurnool. Wie nach einem Theaterspiel werden die Bühnenverkleidung, Babas Thron, die Teppiche usw. abgebaut und verstaut. Die Regenzeit hat noch nicht voll eingesetzt, das Wasser im Tungabhadra steht und stinkt. Trotzdem genieße ich den Platz auf der Mauer am Fluss, die weißen Reiher, die kreischenden Papageien und den schillernden Eisvogel, der sich wie ein blauglitzerndes Juwel auf die Wasserfläche stürzt, blitzschnell mit seinem kräftigen Schnabel einen Fisch schnappt und auf einen Zweig in der Nähe fliegt, wo er die zappelnde Beute mehrfach auf das Holz schlägt, bevor er sie herunterschlingt.

Bad im Tungabhadra

Es sind über dreißig Besucher da, auch eine Gruppe Japaner, und Baba nimmt sich so viel Zeit für Seine Besucher, dass kaum Zeit bleibt, um Wäsche zu waschen, das Zimmer zu putzen oder Tagebuch zu schreiben.

An einem Abend nach dem Abendessen halte ich mich noch im Zimmer auf, ehe ich in den Hof gehe, um auf Baba zu warten, der erfahrungsgemäß um diese Zeit kommt. Plötzlich höre ich in mir eine Stimme: »Putz dir die Zähne, nimm Vitamin B!« Als ich rausgehen will: »Geh aufs Klo!« Ich bin überrascht, mache aber alles und gehe dann runter. Als Baba kommt, gehen wir sechs Runden mit Ihm um den Tempel. Gegen Seine sonstige Gewohnheit führt Baba die Gruppe an, Er geht schnell, ohne stehen zu bleiben oder zu sprechen.

Bei Seinem Tempo hat die Gruppe Mühe, Ihm zu folgen. Das ist ungewöhnlich. Manchmal schlendert Er um den Tempel und einzelne Devotees dürfen Ihn begleiten, aber dabei wird viel geredet und gelacht, oft wird angehalten und es kommt vor, dass Baba bei solchen Gelegenheiten auch etwas materialisiert. Diesmal ist es eine richtige spirituelle Übung: *Pradakshina*, das

Umrunden eines Heiligtums im Uhrzeigersinn, wobei man sich auf Gott konzentriert. Ohne ein Wort der Erklärung führt Baba die Gruppe anschließend in den Tempel, wo den ganzen Abend lustig und entspannt deutsche und japanische Lieder gesungen werden.

Am nächsten Morgen höre ich die »Stimme«, die ich fast vergessen hatte, wieder: »Räum deinen Koffer auf!« Ich ordne die Kleidungsstücke, die ich speziell im Tempel trage, die Reisekleidung und die alltägliche Kleidung und horche auf die nächste Anweisung. Aber alles bleibt still, bis auf das übliche eigene Gedankengerümpel. Nachdem ich das Zimmer geputzt habe, setze ich mich noch zu den Federballspielern im Hof, das ist zurzeit Babas nachmittägliche Freizeitbeschäftigung. Nach dem Mittagessen schaue ich vom Dach auf den Shirdi Sai Baba-Tempel, den Tungabhadra und das gegenüberliegende Ufer.

Hinter dem Tempel führen Treppenstufen in den Fluss, damit die Gläubigen ihre Reinigungsrituale vollziehen können. Da es hier weder Kläranlagen noch Müllabfuhr gibt, muss der Fluss allen Unrat aufnehmen, und da jetzt keine Strömung den Abfall mitnimmt, dümpeln Flaschen, Plastik, Exkremente, tote Tiere, Haushaltsmüll der letzten Wochen am Ufer. Fischer in dicken Gummireifen versuchen, die noch überlebenden Fische mit Netzen, die sie durchs Wasser ziehen, einzufangen. Im Augenblick ist es windstill und ein bestialischer Geruch breitet sich aus.

Plötzlich ist die Stimme zum dritten Mal da: »Bade im Tungabhadra!« Den vorhergehenden Anweisungen konnte ich spontan folgen, aber diesmal löst die Vorstellung unweigerlich Ekel aus und ich weigere mich, die Stimme für »echt« zu halten. Auf der anderen Seite beobachte ich keine Anzeichen für progressiven Wahnsinn. »Mit dem Kopf unterm Wasser!«, fährt die Stimme weiter fort. »Das ist absoluter Quatsch!«, ächze ich innerlich und checke nochmal meinen Geisteszustand, bei dem ich aber keine Ausfälle oder Anomalitäten feststellen kann. Aber wer kann das schon, wenn er verrückt wird? Wie kam ich überhaupt dazu, der Stimme so unhinterfragt zu folgen? Jeder kennt bei sich, dass sogar Vorstellungen und Gedanken, mögen sie noch so flüchtig oder abstrakt sein, eine Art Klangspur haben, jeder kann sich den Klang der Stimmen bekannter Personen in die Vorstellung rufen und jeder weiß, wie die eigene Stimme klingt, wenn man mit sich selbst spricht.

Wenn ich innerlich mit mir selbst spreche, ist meine Stimme gewöhnlich sachlich, oft jedoch ungeduldig, kritisierend, antreibend, vorwurfsvoll, schuldbewusst. Die Stimmen anderer passen sich der jeweiligen inneren Gefühlssituation an, können freundlich klingen, sachlich-informativ, zärtlich, unterstützend, aufmunternd, fordernd, uninteressiert usw. Diese »Stimme« passte in keine dieser Kategorien. Sie war jenseits von dem, was ich bisher von Menschen gehört hatte. Es war gewiss nicht meine eigene Stimme, da war ich mir sicher.

Die »Stimme« klang warm, leise, unaufdringlich, gefärbt mit Humor und Freundlichkeit. Die ersten beiden Male waren die Anweisungen trivial und alltäglich, ich hätte sie mir selber sagen können, aber die Besonderheit ihres Klanges unterschied sie von allen, die ich bisher gehört hatte. Sie rief unmittelbar ein solches Vertrauen in mir wach, dass ich ihr ohne nachzudenken folgte. Bei aller Klarheit der Anweisungen fehlten persönlich gefärbte Emotionen und Erwartungen.

Ich blickte skeptisch in das von Algen grün gefärbte Wasser, das träge gegen die Stufen schwappte. »Dann kommt eine Schlange, die beißt dich!«, machte sich die Stimme gutmütig über mich lustig. Öfter hatte ich beobachtet, wie Wasserschlangen vom Ufer ins Wasser glitten, und mir gruselte bei der Vorstellung einer Begegnung. Jetzt erst bemerkte ich, dass ein weißer Reiher schon einige Zeit in großen Kreisen um mich herum flog, immer wieder. »Wasserschlangen sind scheu, sie verschwinden, wenn ich ins Wasser gehe«, beruhigte ich mich, aber als Meister des Aufschiebens antwortete ich: »Jetzt nicht, später!« »Es wäre besser, wenn du gleich gehst!«, sagte die Stimme freundlich. »Nein, später«, versuchte ich zu handeln, und die Stimme ging scheinbar darauf ein:

»Okay!«, doch keine zwei Minuten später: »Aber es wäre besser, wenn du gleich gingest!« Der Handel ist etwas energieraubend, aber er lenkt mich ab. Irgendwann gehe ich ins Zimmer, ziehe die »Badesachen« (lange Hose und T-Shirt) gleich an, und packe das weite Kleid, das ich später einfach darüber ziehen will – der Weg zurück ist ja kurz – in eine Tasche, damit niemand etwas merkt. Es wird genau gesagt, was ich mitnehmen soll: außer einem Handtuch noch ein rosafarbenes Schultertuch für den Rückweg.

Es ist Mittagszeit, alle schlafen, niemand sieht, dass ich den Ashram verlasse. Am Schuhregal im Shirdi Sai Baba-Tempel döst der Schuhboy, ich stelle die Schuhe einfach hin … Zu dieser Zeit ist der Tempel, der als ein offener Sechsstern angelegt ist, fast leer. Die Stufen, die zum Sanktum führen, lasse ich links liegen.

Längst weiß ich, wie ich den Auftrag ausführen werde: ohne anzuhalten werde ich sofort ins Wasser gehen, meinen Kopf eine Sekunde unter Wasser tauchen, sofort wieder heraussteigen, Kopf und Haare abtrocknen, ein weites Kleid über die nassen Sachen ziehen, das Schultertuch umwerfen und unauffällig zurückgehen. Zurück im Ashram werde ich mich gründlich duschen.

Entschlossen gehe ich auf das schmiedeeiserne Tor zu, das die Tempelanlage vom Fluss trennt. Aber das Tor ist mit einer dicken Kette verschlossen, und es ist weit und breit kein Priester oder Wachmann zu sehen, den ich nach dem Schlüssel fragen könnte. Fast bin ich enttäuscht – ich war bereit, das Abenteuer zu bestehen! Zögernd gehe ich zurück. Vor dem Ausgang komme ich am Dhuni vorbei. In der Feuerstelle, die ebenfalls als Sechsstern angelegt ist, glimmt noch Glut unter den verbrannten Holzstücken. Merkwürdig leer gehe ich einmal um die Feuerstelle herum und bleibe kurz stehen, bevor ich den Ausgang erreiche. Am Schuhregal döst der Boy noch immer. Direkt daneben ist der Eingang zum Sri Balasai Baba-Ashram.

Mechanisch gehe ich durch das Tor, an der kleinen steinernen Ganesha-Statue und dem Buchladen vorbei und biege nach links zum Alten Tempel ab in Richtung Treppenhaus, als ich plötzlich aufschrecke: an der Ecke vom Alten Tempel steht Baba und hebt die Hand zum Segen. Platz und Zeit sind ungewöhnlich, deshalb ungewöhnlich, weil Baba normalerweise um diese Zeit nie draußen zu sehen ist und der Platz nicht auf Seinem »normalen« Weg liegt. Er ist absichtlich hierher gegangen, um mir ein Zeichen zu geben. Jetzt weiß ich, dass alles richtig war und die »Stimme« keine Einbildung. Unmittelbar dämmert mir, was diese Stimme so einzigartig macht: Sie ist reine bedingungslose Liebe.

* * *

Federball

Obwohl das Bad im Tungabhadra nur »im Kopf« stattgefunden hat, bin ich so verschwitzt, dass ich dusche und mich umziehe. Als ich runterkomme, spielt Baba im Hof mit den Besuchern Federball. Mit Seiner Schnelligkeit und Kraft können auch sportlich Geübte kaum mithalten. Für die meisten Menschen ist der eigene Körper der Beweis, dass man lebt, und dieser bleibt gewöhnlich das ganze Leben lang das wichtigste Identifikationsobjekt: Jeder Mensch i s t sein Körper. Das Wohlergehen des Körpers steht im Mittelpunkt der eigenen Anstrengungen und Ängste.

Beobachtet man Sri Balasai Baba beim Federballspielen, ist offensichtlich, dass diese Meisterschaft nicht durch Üben der physischen Funktionen erreicht wurde. Für unser Verständnis hat Baba zu wenig Bewegung, wenn überhaupt, geht Er gemächlich ein paar Runden um den Tempel. Seine Tätigkeit als Tänzer und Tanzlehrer hat Er vor zwanzig Jahren beendet, als Seine Mission als göttlicher Lehrer begann.

Nach Seinen eigenen Worten hat Er erst während der Pubertät gemerkt, dass es eine materielle Welt gibt und dass Er einen physischen Körper hat.

Bei hochentwickelten Seelen, die auf dem Weg in die Einheit mit Gott schon weit fortgeschritten sind, ist es gewöhnlich umgekehrt: In der Pubertät wird ihnen erstmals die göttlich-geistige Dimension ihres Daseins voll bewusst, so dass die Abhängigkeit vom physischen Körper automatisch gelockert wird. Wenn Baba spielt, und das gilt ebenso für jede andere Tätigkeit, gibt Er sich jedem Moment so stark hin, dass Er die materielle Ebene »vergisst«. Vor einiger Zeit war wegen der Hitze Federball im alten Tempel angesagt. Das Spielfeld wurde rechts und links durch die Wände begrenzt. In völliger Hingabe an das Spiel holte Baba zu einem Schlag aus und verletzte sich heftig am Ellenbogen, weil die Wand für Ihn einfach nicht vorhanden war. Ein anderes Mal sprang Er in die Luft, um einen hohen Ball zu erreichen, dabei »vergaß« Er, dass Er den Sprung abfangen musste, und entkam beim Sturz knapp einem schweren Unfall. Obwohl Baba isst und trinkt, um sich ganz auf die menschlich soziale Ebene zu begeben, muss es Ihm gereicht werden, weil Hunger und Durst Ihn nicht motivieren würden, den Körper zu ernähren.

Der Avatar hat keinen Grund, Seinen Körper für sich zu erhalten. Er nimmt ihn nur an, damit Er als *Brücke* Seinen Devotees leichter den Weg in die geistige Welt zeigen kann. »Nur wer selbst schon formlos ist, kann Gott über die Formlosigkeit erreichen!«, sagt Baba. Das heißt, nur wer die göttlich-geistige Dimension ständig als die höchste Realität erfährt, braucht die schwerstoffliche Hülle als Wegweiser nicht mehr.

Immer noch verwirrt, aber dankbar, dass sich Gott für mich in diesen sichtbaren Körper kleidet, setze ich mich zu den Zuschauern und habe Zeit, das Spiel in Ruhe zu betrachten. Das Bad im Tungabhadra hat nur in Gedanken stattgefunden. Aber gibt es wirklich einen Unterschied? Ich weiß, Baba wollte kein Ritual von mir, noch weniger, dass ich in eine stinkende Brühe tauche. Aber innerlich habe ich alle Phasen von Misstrauen und Ekel bis zur Akzeptanz und genauen Planung durchlebt. Es ging um die Verwandlung von Ungläubigkeit, Ekel und Widerwillen in Mut und Vertrauen. Das hat sich auf den Seelenebenen des Fühlens, Denkens und Handelns abgespielt, die reale Durchführung war dann überflüssig.

Nach der Spielrunde ist Baba verschwitzt, eine permanente Devotee reicht Ihm ein Handtuch, eine andere die Wasserflasche. Ehe Er ins Haus geht, segnet Er alle und meint augenzwinkernd: »Hast du geduscht?«

* * *

Nach einer Woche gibt Baba das Zeichen zum Aufbruch nach Hyderabad. Es geht also ans Kofferpacken, Zimmerputzen, dann mit der Riksha zum Busbahnhof. Sechs Stunden Fahrt liegen vor uns. Der nächste Bus nach Hyderabad ist recht komfortabel, hat abgedunkelte, wenn auch total verdreckte Fensterscheiben, verstellbare Sitze und einen Fernseher, der so laut eingestellt werden muss, dass er den Fahrtlärm übertönt.

Busfahrt mit Crashkurs

Im Bus ist es stickig heiß, aber die Fenster können aufgeschoben werden, so dass ein staubgeschwängerter Wind hineinblasen kann. Um mich vor dem Staub zu schützen, drapiere ich meinen weißen Schal (ein Schal ist in Indien für Frauen obligatorisch) so, dass schließlich der ganze Kopf eingehüllt ist. »Wie ein Totenkopf«, denke ich und lege mich so bequem wie möglich in den Sitz. Gleichzeitig erscheint das Bild einer in weiße Tücher gehüllten toten Gestalt.

Eigentlich eine normale Assoziation, wenn nicht gleichzeitig die Erinnerung an eine Situation vor zwei Tagen auftauchte: Ein japanisches Ehepaar brannte bei seiner Verabschiedung zu Ehren von Baba dicke Wunderkerzen ab. Ein kleines indisches Mädchen war zu ungeduldig und zappelig, um das Zündholz so lange ruhig zu halten, dass das Feuer überspringen konnte. Erst als ich ihr riet: »Don't move!«, hielt sie ihre Hand still und freute sich, als goldene Sterne aus der Wunderkerze sprühten. *Don't move!*, höre ich innerlich und weiß intuitiv, dass das für die ganze Fahrt bis zur Ankunft in Hyderabad gilt ... Allerdings kann ich diesmal den Sinn der Übung nicht erkennen. Eine kurze Zeit verhandle ich mit mir, ehe ich mich schließlich darauf einlasse, obwohl ich ahne, dass das »Bad« dagegen ein Spaß war.

Die Fahrt geht über eine enge schlechte Landstraße. Sich dem indischen Fahrstil zu überlassen, bei dem äußerst riskante Überholmanöver ein Sport unter den Fahrern sind, ist für europäische Gemüter anfangs sehr strapaziös. Um keine unkontrollierten Bewegungen zu machen, muss ich wach bleiben. Ich gebe vor zu schlafen, um niemanden auf mein – wie es mir selbst erscheint – verrücktes Verhalten aufmerksam zu machen. Bei offenen Türen und Fenstern ist schon der Fahrtlärm unerträglich, dazu kommt das Plärren des auf größte Lautstärke eingestellten Fernsehers.

Jeder indische Fahrer fährt mit ungebremster Geschwindigkeit durch jedes noch so tiefe Schlagloch und auf jeden ungesicherten Seitenstreifen, eine Härteprobe für Achsen und Wirbelsäulen … Mit der Zeit werden Arme und Beine lahm, die Zunge klebt am Gaumen, aber das heftige Schütteln des Fahrzeugs sorgt für eine automatische Körperverlagerung und damit Entspannung.

Die Gedanken driften ab, und je mehr sie sich auf den Körper konzentrieren, umso unerträglicher wird es. In einer Art Halbschlaf ziehen die Situationen dieses Aufenthalts an mir vorbei, immer wieder Baba, Sein Gesicht, die kräftigen, aber feingliedrigen Hände, die zierlichen Füße, die schrägen Augen, der unergründliche Blick, der gleichzeitig alles Sichtbare und Unsichtbare umfasst, alles ist merkwürdig fließend und doch klar. Ich bin wach, aber gleichzeitig wird jede Vorstellung sofort aufgelöst. Es gibt keine Zeit … Die Erinnerung setzt aus. Nach einer Ewigkeit werden plötzlich die Sinne wieder wach – Autos hupen, Fahrräder klingeln, Händler schreien – die Stadt nähert sich. Ich realisiere überwach meine Situation und denke: »Bald ist es geschafft!«

In dem Moment gibt es einen Ruck, und der Bus steht – wie es sich anfühlt – im Stau. Meine Erwartungshaltung bewirkt, dass die sechsstündige Bewegungslosigkeit sich jetzt furchtbar bemerkbar macht: auf Beinen und Armen kribbeln Ameisen, die Gliedmaßen wollen aus imaginären Eisenklammern ausbrechen, alle Ungeduld meines Lebens konzentriert sich in diesen Moment. Ich kann nichts tun und bin wie gelähmt. Der Körper ist ein quälendes, schmerzendes, unerträgliches Gefängnis.

Der nächste Moment ist schwer zu beschreiben: wie aus einem alten Schlauch löst sich der Teil, der sich als *Ich* fühlt, wird leicht und schwebt nach oben ... *Ich* schaue nach unten, wo meine Kleider bzw. mein Körper liegen. Aber wer ist *Ich*? Hinter mir sagt M.: »Hier stehen wir noch bis übermorgen«, aber da ist niemand mehr, den das interessiert, mag der Bus auch noch eine Woche da stehen ... Dieser Zustand von Sein findet in einer anderen Wirklichkeit statt. Ohne Körper sein, frei, reine Freude, nur leicht und selig, nur Sein ... Der Bus setzt sich wieder in Bewegung, ein weißer Vogel fliegt mit ...

Das Ganze mochte nur einige Sekunden gedauert haben (eigentlich geschah es außerhalb von Zeit, denn jemand, der über Zeit nachdenkt, existiert hier nicht), dann verschwindet alles in einer blauen Mattscheibe und ein gnädiger Schlaf lässt mich sanft in den Körper zurückkehren. Am Busbahnhof weckt mich M. auf, ich komme aus weiter Ferne und finde nur schwer zurück.

Erst als wir in der Riksha sitzen, löst sich ein heftiger Gewitterregen und wir kommen tropfnass im Ashram an. Baba sitzt schon mit einigen Devotees im Büro und begrüßt uns von weitem.

Am nächsten Morgen lasse ich das Ereignis noch einmal an mir vorüberziehen. Ich realisiere, dass erst die Erwartungshaltung gegen Ende der Fahrt den Zustand der Bewegungslosigkeit unerträglich gemacht hat.

So mag sich Sterben anfühlen, wenn die Seele sich löst aus dem Gefängnis des Körpers und sich weitet in ihre ureigene Freiheit. Aber das schien nicht die eigentliche Botschaft zu sein. Was war geschehen? Ein sich zunächst wohlfühlender, dann mehr und mehr gefühlloser und schließlich schmerzender Körper, also etwas, das in ständigem Wechsel unterschiedliche Zustände erfährt und das Objekt von Freude und Leiden ist, liegt plötzlich schlaff und leblos da – ein Stück Abfall, das achtlos fortgeworfen wurde. Allerdings ist dasjenige, das *Ich* zu diesem Objekt gesagt hat, noch da – es »sieht« ohne Augen und »hört« ohne Ohren. Es IST – reines Bewusstsein, Freiheit und Seligkeit – ohne die Einschränkungen, die der Körper setzt. Das also war das Thema des »Crashkurses«: »Ich bin nicht mein Körper!«

* * *

Hörtraining   Obwohl sich hinterher immer alles als sinnvoll herausgestellt hat, bin ich immer noch unsicher, wie ich das verstehen soll, was ich »höre«.

Wir sind für einige Tage in dem kleinen Ashram in Banjara-Hills, Hyderabad. Eines Morgens soll ich mich besser nicht mit einer bestimmten Gesichtscreme einreiben, die außerdem noch ziemlich teuer gewesen ist. Da ich diesmal der »Stimme« misstraue und die Creme zu kostbar finde, reibe ich mich trotzdem damit ein. Als Baba zum Darshan herauskommt, fangen meine Augen an, höllisch zu brennen, so dass ich rausgehen muss, um die Creme abzuwaschen. Vorher ist diese Reaktion nie aufgetreten, aber da die Creme ein rein chemisches Kunstprodukt war, tat ich mir wohl nichts Gutes damit.

Eines Nachts wache ich gegen 4 Uhr mit heißen Füßen auf. Wenn ich nachts aufwache, schlafe ich gewöhnlich sofort wieder ein und hasse es aufzustehen. »Geh nach draußen«, klingt es in mir. Ich laufe zwei Runden im Hof, die Füße sind kühler, und ich bin froh, als ich weiterschlafen kann. Aber das »Programm« ist noch nicht zu Ende: »Geh aufs Dach!« Das ist eigentlich nicht erlaubt, weil man an Babas Räumen vorbei muss, aber ich schiebe alle Bedenken beiseite und den Türriegel zurück, steige die Treppe hoch und gehe an Babas Wohnungstür vorbei aufs Dach.

Da es regnet, mache ich nur eine Runde. Im Bett ist es warm und trocken, aber kurz vor dem Einschlafen »höre« ich zum dritten Mal die Stimme: »Geh aufs Dach!« und nehme einen intensiven Sandelholzduft wahr – einen von Babas Düften – und entriegele leise die Tür. Auf der Treppe noch einmal der Sandelholzduft. Langsam dämmert der Morgen. Auf dem Dach ist es still, nur ein Hund bellt und der Wind raschelt in den Palmen. Zwischen den Wolken verblassen die Sterne …

Bei der Meditation am Morgen ein Schwingen im Kopf, ein leichtes Druckgefühl hinter der Stirn, Kribbeln bis in die Haare, die Arme zucken unwillkürlich. Mein abgewinkeltes Bein schläft ein – »Bleib so sitzen!« –, plötzlich werde ich wie auf eine höhere Stufe getragen, statt Schmerz ein Gefühl von Leichtigkeit und Weite.

In der nächsten Nacht wache ich um die gleiche Zeit auf, gehe aufs Dach. Ein Nachtvogel schreit, ein lauer Wind durchlüftet mich. Als ich runter gehen will: »Bleib noch ein bisschen!« Statt Runden laufe ich jetzt Lemniskaten – die Richtungsänderungen wirken wie erfrischende Energieschübe, im Gegensatz zu den Runden, die auf die Dauer schwindelig und schläfrig machen. Auf der Treppe wieder Babas Duft. Erst viele Jahre später lese ich in einem Buch, dass die Lemniskate das geometrische Symbol für die Beziehung zwischen einem »Weißen Meister« und seinem Schüler ist…

Beim morgendlichen Bhajansingen sitzt ein fremder Yogi in der ersten Reihe, ruhig, aufrecht, vollkommen entspannt. Diesmal versuche ich auch während des Singens aufrecht und still zu sitzen. Nach einer Weile schmerzt die Haltung. Baba kommt im pinkfarbenen Gewand die Treppe herunter und setzt sich auf den *Simhasana* (Löwenthron). »Der Schmerz ist nicht real, konzentriere dich auf mich!«, klingt es innen. Je mehr ich mich auf Babas Form und den göttlichen Namen konzentriere, umso mehr vergesse ich die schmerzenden Knie.

Was das Sitzen angeht, war ich anfangs völlig unerfahren und darum entspannt, je mehr ich jedoch lerne, aufrecht und still zu sitzen, umso mehr wird der Schmerz ein »Thema« und die Konzentration flackert zwischen den beiden Polen hin und her, was zusätzlich störenden Gedanken Tür und Tor öffnet. Gleichzeitig ist es paradoxerweise so, dass, der Schmerz, wenn er unerträglich wird, die stärkste Hilfe ist, mich voll und ganz auf das Mantra zu konzentrieren.

Mit Babas Hilfe gelingt es jedes Mal, den »Klang« des Mantras so zu steigern, dass er den Schmerz »übertönt«, so dass die Glocke meistens unerwartet früh das Ende der Meditation anzeigt.

Am nächsten Tag zur Nachmittagsmeditation setze ich mich bequem im Schneidersitz auf den Boden. Früher als sonst schmerzt das rechte Hüftgelenk, am Steißbein fühlt es sich an, als ob ich direkt auf einem Nerv säße, das linke Bein schläft ein …

Das OM in meinem Kopf wird lauter und ich versuche, mich aus dem Schmerz herauszuziehen. Ich höre: »*Don't move*, entspanne dich!« Die Kraft des göttlichen Namens wird stärker, »wandert« in meinem Kopf, zieht vom rechten Ohr zur Schädeldecke, unter der es anfängt zu kribbeln. Die Konzentration auf den Scheitelpunkt lässt mich schwitzen, Babas Kraft strömt von oben nach unten, der Oberkörper zittert. Der Hinterkopf fühlt sich an, als würde er ausgebeult. Kein Schmerz … nach einer halben Stunde ertönt das *Shanti, Shanti, Shanti*.

Es dauert eine Weile, ehe ich die Beine anziehe und lockere, das linke fühlt sich dick und unförmig wie ein Elefantenbein an, aber Hüft- und Rückenschmerzen sind augenblicklich verschwunden. (B. sagt mir später, das Zittern sei ein Zeichen von Blockaden, wenn das Nervensystem durchlässig sei, merke man nichts mehr. Ich verstehe nichts.)

Alles hatte so harmlos angefangen – nur jeweils eine halbe Stunde Meditation! Aus dem Kinderauge Ganeshas sind verwirrende und herausfordernde Schmerz-, Gedanken- und Konzentrationsübungen geworden, deren Sinn ich nicht verstehen kann. Vor deren Eigendynamik habe ich sogar Angst, ganz zu schweigen davon, dass ich mich immer wieder für verrückt halte. Außerdem habe ich nicht die Absicht, ein Yogi zu werden, geschweige denn mich zu quälen. Ich sah niemanden, der ein ähnliches Problem zu haben schien und den ich dazu hätte fragen können. Systematisch zu meditieren, hatte ich mir zwar immer gewünscht und auch mehrfach begonnen, aber aus Mangel an Disziplin und Durchhaltekraft wieder aufgehört. Mit dem östlichen Hintergrundwissen von Meditation hatte ich mich niemals befasst und konnte daher die Phänomene nicht einordnen. Es hätte nahe gelegen, Baba selbst zu fragen, auch was es mit den »Dachbesuchen« auf sich hatte, aber ich hatte oft genug beobachtet, dass Baba so genannte »ernsthafte« Fragen während der Zeiten, die dem Spiel und der Unterhaltung gewidmet waren, nicht zu hören schien oder ignorierte. Außerdem konnte ich nicht völlig ausschließen, dass ich im Begriff war, verrückt zu werden – das wollte ich mir lieber nicht bestätigen lassen ... Und – hatte ich nicht immer wieder erlebt, dass meine Zweifel sich auflösten?

Durch Düfte, durch Bilder, die andere teilten, oder sogar durch Baba selbst?

* * *

Babas Art und Weise zu lehren ist in jeder Minute beabsichtigt und methodisch: Je spielerischer, witziger und unterhaltender Baba die Situation gestaltet, umso entspannter und abgelenkter der Mind[1] des Einzelnen ist, desto mehr ist der Gedankenweg frei und Er kann jedem das geben, was er braucht. Zeigt Er dem einen Seine Liebe und Fürsorge, *weiß* Er genau, wessen Eifersucht und Neid Er damit aktiviert, bewusst macht und eventuell auflöst.

Die nickende Ente

Lässt Er jemanden eine längere Zeit links liegen und bietet ihm dann überraschend Seinen Tee an, *weiß* Er, was Er bei demjenigen möglicherweise an Einsicht und Selbstheilung aktiviert hat.

Was nach außen wie oberflächliches Geplänkel aussieht, ist in Wirklichkeit der Gefühls- und Gedankenstoff, auf den Baba mit lockeren und meisterhaften Pinselstrichen Seine universelle Liebe und Allwissenheit aufträgt und das innere Chaos und Unglück jedes einzelnen Besuchers schrittweise in Mut und Lebensfreude verwandelt.

Am Morgen habe ich mit M. Bhajans geübt. Jetzt lehne ich entspannt und müde an einer Säule, schließe die Augen und lasse die Bilder des gestrigen Abends vorbeiziehen. Der offizielle Darshan in Hyderabad war zu Ende gegangen. Baba trug ein dunkel-pinkfarbenes Kleid, verwöhnte alle mit Milk-Sweets und stand noch lange im Gespräch mit einigen Inderinnen. Auch nach mehreren Stunden Darshan und anstrengenden Gesprächen, nimmt Er sich jede Zeit der Welt, damit auch diese Frauen glücklich nach Hause gehen können. Wie Krishna gibt Er jeder Devotee das Gefühl, Ihn allein für sich zu haben: der einen legt Er die rechte Hand auf den Oberarm, mit der zweiten spricht Er, die dritte sieht Er vielsagend an und sie lächelt verzückt zurück und die vierte darf die ganze Zeit Seine linke Hand halten … Jede Geste ist liebevoll und persönlich, gleichzeitig leicht, anmutig und natürlich.

Ab und zu nickt Er der Gruppe der ausländischen Besucher zu, die wegen der vorgerückten Stunde übermüdet am Boden sitzt, um sich sofort wieder mit voller Aufmerksamkeit den Frauen zuzuwenden.

Innerlich klinke ich mich in die imaginäre Gesprächsrunde ein und in mir entsteht ganz spontan die Frage: »Ist das wohl richtig mit den Schmerzen? Und den Runden auf dem Dach?« Im gleichen Moment höre ich ein ungewöhnliches Geräusch und öffne die Augen: eine grüne, rundbauchige Plastikflasche ist umgefallen, schaukelt auf und nieder und bewegt sich dabei im Kreis. Eine Ente, die eifrig nickt! So lebendig wie aus einem Walt Disney-Film! Ich muss lachen – ein typischer Baba-Einfall!

Mein Gefühl akzeptiert dieses lustige Bild als Antwort, aber der Verstand ist nicht zufrieden: Spinnen wir mit unseren Vorurteilen, Wünschen und gedanklichen Vorlieben unsere eigene Wirklichkeit? Selektieren wir aus einer Unzahl von Wahrnehmungen und Möglichkeiten nur diejenigen, die unserem kleinen, unbedeutenden, subjektiven, momentanen Bedürfnis entsprechen? Kreiere ich meine eigene Interpretation? Ich finde Argumente, die dafür und dagegen sprechen – irgendwann wird es dem Verstand zu viel und er zieht sich enttäuscht zurück, aber über die »nickende Ente« muss ich weiter lachen.

Überhaupt – wie konnte die Flasche in dem Moment umfallen? Ich setze mich kerzengerade und prüfe die Luft –

es ist völlig windstill, kein Hauch bewegt sich. Auf dem Boden liegt eine grüne, gewöhnliche Plastikflasche ...

* * *

Abends gibt es eine Runde auf dem Dach. Der Mann der Köchin, ein Professor aus Delhi, beginnt ein spirituelles Gespräch und möchte wissen, welches unsere wichtigste Erfahrung mit Baba ist. Ich sage nur ein Wort: »My rebirth!«

Wie unten, so oben

Als es zu regnen beginnt, gehen wir nach unten unters Tempeldach. Ganz unerwartet ruft Baba mich neben sich und zeigt mir einen Brief, in dem es darum geht, dass eine amerikanische Firma die volle Ausstattung für ein AIDS-Krankenhaus und ein Hospiz übernehmen würde, wenn der *Sri Balasai Baba Central Trust* die Kosten für Grundstück und Erschließung übernimmt. Das Grundstück gibt es, aber es werden noch etwa zwei Millionen DM gebraucht. Mein Kopf produziert sofort alle möglichen Ideen, wie man das Geld auftreiben könnte (später werde ich eines Besseren belehrt). Da ich nicht zu den »Insidern« gehöre, erzählt Baba mir, dass von den zahlreichen Devotees in Deutschland nur wenige etwas für Babas soziale Projekte tun. »Alle anderen nehmen nur von mir!«

Langsam bekomme ich eine Ahnung von Gottes Problemen. Ich überschlage meine privaten finanziellen Möglichkeiten und fälle spontan eine Entscheidung, die ich aber nicht äußere. Es klingt, als ob Baba auf meine Gedanken antwortet, als Er den mysteriösen Satz sagt: »Wenn ich die Kuh eingefangen habe, kann ich magische Dinge tun!«

Diese rätselhaften Worte beschäftigen mich die nächsten Tage. Das Wort *Kuh* kann nicht abfällig gemeint sein, denn in Indien ist die Kuh heilig. Man stellt sich vor, dass die verschiedenen Organe und Gliedmaßen der Kuh von den Energien der verschiedenen Götter belebt werden und hält so die Erinnerung aufrecht, dass die Kuh in besonderem Maße die Menschheit während ihrer

Entwicklung begleitet hat, sie weiterhin ernährt und ihr vielfältig dient. Sind damit die Devotees gemeint, die Gott unterstützen, damit Er auf dieser Erde Seine Mission erfüllen kann, die ja nur der kleinere, sichtbare Teil Seiner eigentlichen Aufgaben innerhalb der Schöpfung ist? Und kann Er nur wenige Devotees dafür »einfangen«? Und was ist mit »magisch« gemeint?

Spontan fällt mir ein, dass Babas Segen etwas »Magisches« ist. Er ist unsichtbar und kann nur an seinen Wirkungen erkannt werden. Diese Wirkung kann aber nur eintreten, wenn dem Segen von *oben* eine Reaktion von *unten* entspricht. »Wenn Ich euch schon segne, haltet wenigstens die Hände auf«, hatte ich Baba schon resigniert sagen hören. Scheinbar glaubt trotz langer Jahre bei Balasai Baba ein großer Teil der Devotees immer noch, Babas Segen würde »automatisch« alle Wünsche erfüllen, Gesundheit wiederherstellen, Beziehungsprobleme lösen, Charaktereigenschaften verwandeln, kurz, »glücklich« machen. Und Baba wird nicht müde zu erklären, dass zwar ohne den göttlichen Segen sich kein Blatt am Baum bewege, dass aber jeder seine eigenen Anstrengungen machen müsse, um diese energetische »Schubkraft« für sich zu nutzen. Ansonsten bleibe sie ungenutzt und versickere wie zum Beispiel der Regen, der, damit er zur Bewässerung dienen kann, aufgefangen werden muss. Mir scheint, dass Gott einen schweren Job hat – um diese Mitarbeit zu leisten, selbst wenn es um das eigene Wohl geht –, dazu müssen manche inneren heiligen Kühe geschlachtet werden, und das wiederum kann kein Segen bewerkstelligen, weil Gott niemals den freien Willen des Menschen antastet.

»Gott ist von den Menschen abhängig!« – diese Erkenntnis erschüttert mich tief und ich betrachte daraufhin Babas Zusammensein mit uns mit anderen Augen. Natürlich *braucht* Gott nichts, aber warum hat Er einen Körper angenommen? Dieses Gefängnis muss für Ihn unerträglich sein. Und die Chance, dass viele Menschen Ihn als Gott erkennen, ist gering. Mir fällt das uralte *Hermetische Gesetz* ein, das einfach ausgedrückt besagt: *Wie oben, so unten*, und umgekehrt *wie unten, so oben*. Wenn sich mit Balasai Babas Hilfe und Segen das Bewusstsein der Menschen verändert, hätte das unmittelbare Folgen für die Entwicklung der »Geistigen Welt« und damit für die Erdenwelt, denn als gegenseitige Abbilder hängen beide Welten ursächlich zusammen. Das geht mir in einfachen Worten durch den Kopf, und ich finde es atemberaubend, an welchem »Programm« ich teilnehmen darf.

* * *

24. August 1998 – Busfahrt nach Kurnool. Es ist Regenzeit. Badende Wasserbüffel, pflügende Reisbauern, wadentief im Schlamm, zwei Ochsen vor dem Holzpflug gespannt, geflutete Felder, Frauen pflanzen Reissetzlinge, einige Felder leuchten schon smaragdgrün.

Ganesha verflucht den Mond

In Kurnool gibt es abends eine Carromboard-Runde im Tempel. Baba ruft mich neben sich, füttert mich mit Ghee-Sweets, scharf gewürztem Puffreis, gibt mir ein Tempotuch als Serviette, ordnet meine Haare, begutachtet meine roten Zehennägel – liebevoller und sorgender kann keine Mutter sein ...

Zwischendurch tausend Witze, Baba faltet aus Tempotüchern Papiernasen, -hüte und einen Papier-BH und stattet zu aller Belustigung einen Besucher damit aus.

Später ein langer Abschied vor der Tür – bis Baba abends alle Devotees gesegnet hat, indem Er einzeln alle Namen nennt, einigen, die Ihm auf dem Fuße folgen, noch die Hand auf Scheitel oder Schulter legt, winkend und witzelnd eine Stufe nach der andern erklimmt, manche mit Sondersegen ausstattet, als wäre die Trennung für die nächste Ewigkeit, Luftküsse verteilt, an der Türschwelle sich nochmal vorbeugt, dass alle Ihn sehen können, um den letzten Luftkuss zu verschicken, bis nur noch der Arm zu sehen ist und schließlich nur noch die Hand mit lustigen Fingerspielen – das dauert noch einmal eine halbe Stunde, Abend für Abend ...

Am nächsten Tag ist das große Ganesha-Fest. Im hinduistischen Götterpantheon vertritt jeder Gott einen

Aspekt der Unendlichkeit Gottes. Ganesha, der elefantenhäuptige Gott mit seinem dicken, kindlichen Bauch, den runden kurzen Gliedmaßen und den großen, weithin spürenden Sinnesorganen, der gerne isst und eine Vorliebe für Süßspeisen hat, ist der Lieblingsgott der Inder. Er verkörpert den Zauber und die Frische des Anfangs.

Ganesha ist vor allem deshalb so beliebt, weil man hofft, dass er alle Hindernisse beseitigt und alle Erwartungen und Wünsche erfüllt. Vor jedem neuen Projekt, sei es eine Heirat, ein Hauskauf, eine Reise, ein Examen oder ähnliches, wird darum Ganesha angerufen, damit er alle Hindernisse beseitigt und das Projekt segnet.

Das ist der volkstümliche Aspekt – darüber hinaus steht Ganesha für den Anfang der Schöpfung, wo er nach dem Klang der Trommel tanzt und mit dem Urlaut OM die Welt erschafft.

Im Tempel wird auf einem Tisch ein Altar für die Ganesha-Puja vorbereitet: flankiert von vier Bananenstauden wird die kleine bunte Figur mit Blumen, Gräsern und Blättern geschmückt, ein vedischer Priester rezitiert die dazugehörigen göttlichen Namen und Mantren, Räucherstäbchen, Früchte, Bananen, Kokosnüsse, Reis und Süßigkeiten werden geopfert, jeder darf Blumen und Reis werfen, danach ein süßes *Prasadam*. Nachmittags sitzen wir mit Baba im Garten, wo Er am liebsten entweder im Sand oder direkt auf dem Stein sitzt. Heute haben fürsorgliche Devotees eine Plastikmatte ausgebreitet. Über uns blühen die orange leuchtenden Flammenbäume. Ein Inder erzählt in schwer verständlichem *Indlish* einige der zahlreichen Geschichten über Ganesha – auch Geschichten anzuhören ist eine spirituelle Übung. Mit der Erschaffung Ganeshas bekommt man schon einen guten Eindruck, wie dramatisch, blutrünstig und direkt aus dem Leben gegriffen die meisten Legenden sind: Parvati, Shivas Ehefrau, oft von ihrem Mann alleingelassen, modelliert sich aus der Substanz ihres Schweißes und Sandelholz-Körperpuders ein Kind.

Der Knabe – Ganapati – soll sie beschützen und darf als Türwächter vor der Tür ihres Bades niemanden hereinlassen. Der Ehemann – Shiva – kommt. Da sich beide nicht kennen und Ganapati heroisch den Eingang verteidigt, wird Shiva wütend und schlägt Ganapati den Kopf ab. Parvati ist außer sich, Shiva gibt klein bei und verspricht, mit dem Kopf des ersten Lebewesens, das ihm begegnet, seinen Sohn wieder vollständig zu machen. Das erklärt den Elefantenkopf, und da Shiva den Zorn seiner Frau endgültig besänftigen will und der Junge seinen Mut schon gezeigt hat, macht er ihn zum General seines ziemlich unzivilisierten Heeres, den *Ganas*, daher der Name Ganesha.

Lassen wir es hier bei der Kinderfassung. Baba spricht sehr ernst und eindringlich über die Bedeutung Ganeshas: Für alles, was man beginnt, sollte man Ganeshas Segen einholen. In keinem indischen Tempel geschieht eine Opferhandlung, ohne dass zuvor Ganesha verehrt wird!

Nach dem abendlichen Darshan bewundere ich nach den mondlosen Tagen, der Neumondzeit, wieder die feine Mondsichel am Himmel. Hier, in den tropischen Breitengraden, schwimmt sie wie ein Boot am Himmel. Baba lässt schon die roten Teppiche zum Carromboard draußen ausrollen. Ehe Er sich ans Spielbrett setzt, geht Er mehrfach zwischen Tempel und Tor hin und her, was ungewöhnlich ist. Dann sitzen alle um das Spielbrett herum, ich sitze Baba gegenüber. Wie schön, Baba wieder spielen zu sehen! Aber meine Freude währt nicht lange – eine Moskito-Attacke beginnt, die bisher nichts Vergleichbares hatte! An Füßen, Händen, Armen, Nacken, Bauch und anderen unmöglichen Stellen! *Don't move!* ist angesagt, doch die Juck-Qual ist unerträglich und ich will dem Gedanken nicht glauben, aber Baba sagt scheinheilig zu meiner Nachbarin: »Ulrike hat keine Moskitos!«

Ich leide also erbärmlich, schaue zu, wie sie mich stechen, und erst, als meine andere Nachbarin die Geschichte vom Mond erwähnt, fällt bei mir der Groschen!

Ich hatte die Geschichte der Kategorie »Mythologie für Kinder« zugeordnet, sie sofort wieder vergessen und auch beim Anblick des Mondes nicht gestutzt. Jetzt fällt sie mir in allen Einzelheiten wieder ein: Eines Tages hatte Ganesha eine Riesenportion süsser *Laddus* gegessen, und mit besonders dickem Bauch reitet er auf seiner Maus heim. Über dieses komische Bild muss der Mond lachen und ärgerlich verflucht Ganesha ihn: von diesem Tag an wird der Mond abnehmen und zunehmen, nur einmal im Monat wird Vollmond sein, statt wie bisher jeden Tag! Und außerdem wird derjenige, der ihn an seinem Geburtstag sieht, leiden müssen! Selbst Krishna, der den Mond an diesem Tag in einem Becher Milch reflektiert sah, war davon nicht ausgenommen.

Über die verwirrende Anzahl von Göttern, Halbgöttern, Dämonen, *Rishis*, Weisen usw. gibt es eine unendliche Anzahl von Geschichten und Epen und ebenso viele Kommentare und Interpretationen, die versuchen, die evolutionsgeschichtlichen, kosmologischen, spirituellen, psychologischen, historischen, kulturellen und sozialen Hintergründe zu erklären und die innewohnende Wahrheit herauszuarbeiten. Ohne Worte hat mich Baba an diesem Abend die Wahrheit dieser Geschichte erfahren lassen. In meiner Not singe ich innerlich einen Bhajan für Ganesha und die Qual hört auf.

Der Mond reflektiert das Licht der Sonne, er leuchtet nicht selbst. Seit alters her ist er ein Symbol für das physische Gehirn, das die Gedanken nicht selbst produziert, sondern nur dazu dient, sie zu spiegeln und bewusst zu machen.

Ganesha – das Kind – verkörpert die kosmische Weisheit, die mit der rationalen Betrachtungsweise unseres Gehirns nicht erfasst werden kann. Der Mond macht sich über den Kinderbauch Ganeshas lustig, aber Ganesha hat die Macht, seine Selbstherrlichkeit zu brechen und ihm seine Rolle als ein Planet unter anderen im Sonnensystem zuzuweisen. Hatte ich mich nicht ähnlich arrogant Ganesha gegenüber verhalten, die Geschichte als Kindererzählung belächelt und vergessen und in alter Gewohnheit die Mondsichel bewundert? Wie sehr neigen wir dazu, unseren Verstand die Hauptrolle spielen zu lassen, anstatt offen zu bleiben für tiefere Formen der Erkenntnis? Babas Antwort ging unter die Haut ...

* * *

Die vielen Stunden, die Balasai Baba vormittags, nachmittags und abends »spielend« mit seinen Devotees verbringt, können nicht darüber hinwegtäuschen, dass jede Minute Seiner Zeit geplant ist. Die Interviews mit Politikern und Vertretern verschiedenster offizieller Ämter finden gewöhnlich an frischer Luft auf dem Platz vor dem Tempel in Kurnool statt. Wurden wir dazugerufen, mussten wir auf der Hut sein vor Fragen, die Visa- oder Aufenthaltsgenehmigungen angingen, denn oft war, was ein lockeres Gespräch schien, ein verkapptes Verhör.

Gott, ein Waisenkind auf der Erde

Ein Interview mit einem hohen Vertreter der Schulaufsichtsbehörde zog sich bis weit nach Mitternacht hin. Wie immer war Baba ein perfekter Gastgeber gewesen und hatte Tee, Snacks und schließlich noch ein Abendessen servieren lassen. Solche Treffen wirkten nie steif oder offiziell – im Gegenteil –, in Babas Anwesenheit schien es keine »ernsten« Gespräche zu geben. Von weitem schien es, als würde der Abend nur aus Essen, Lachen und Vergnügen bestehen. Die sachlichen Punkte wurden gewöhnlich lebhaft, aber kurz diskutiert und dank Babas Charme und Humor wie »nebenbei«, ohne strategische und diplomatische Umwege, gelöst. Der Gesprächspartner fühlte sich willkommen geheißen und verstanden, seine Anliegen erfüllt und gesegnet ...

Der Beamte von der Schulaufsicht genoss offensichtlich die Gastfreundschaft und Unterhaltung des Avatars und machte erst zu vorgerückter Stunde Anstalten zu gehen. Obwohl Baba danach deutlich müde und erschöpft aussah, setzte Er sich noch eine Weile mit uns zusammen, erzählte, dass es um medizinische Projekte an Schulen ging, erklärte, wie viel Programme laufen müssten, um die ärgste Not zu lindern, wie viel Aufklärungsarbeit es koste, dass alle Ideen, alle Organisation von Ihm erwartet werde, betonte ungewöhnlich eindringlich, wie viel selbst die geringste Summe Geld bedeute und dass Er ohne die Hilfe der Menschen nichts bewirken könne. Ganz physisch-menschlich schien Er verzweifelt über die vielen Probleme, die Ihm »Kopfweh« machten, und dass Er dabei so tun müsse, als hätte Er *no problems*. Dabei müsse er einen langen Atem haben und er schaue händeringend nach oben, weil dies ein »ewiges« Problem sei. Gott sei *ein Waisenkind, das ganz allein da steht*. »Jeder wird von Gott überschüttet, aber wer gibt Gott etwas zurück und hilft Ihm bei Seiner Arbeit auf der Erde?«

Ein Bild aus diesen Tagen, das mir unvergesslich ist: Baba sitzt mit Mr. Rama Rao, der seit vielen Jahren Sein Hauptmanager ist und fachmännisch alle sozialen Projekte betreut, auf einer Plastikmatte vor dem Haus Seines Bruders im Ashram von Kurnool. Wie ein Kind, das sich vertrauensvoll in den Schoß eines Erwachsenen schmiegt, legt Baba Seinen Arm auf dessen Oberschenkel und stützt entspannt den Kopf in die Hand, umfangen von Mr. Rama Raos mächtiger Gestalt: Gott sucht Schutz und Halt bei Seinen Devotees.

Zum ersten Mal hatte Baba über diese zutiefst menschliche Seite Seines Daseins gesprochen. Wir hatten es wie selbstverständlich genommen, dass Baba uns so viel von Seiner Zeit gab, dass Er uns das Zusammensein mit Ihm so kurzweilig und unterhaltsam wie möglich gestaltete, damit wir uns *auf dem Weg zu Gott* nicht langweilen, sondern Seine *Glückseligkeit* teilen können! Zusätzlich arbeitete Er mit jedem individuell und für niemanden außerhalb erkennbar auf inneren Ebenen, und das alles gleichzeitig. Nur in solch seltenen Momenten wie an diesem Tag konnten wir eine Ahnung bekommen, welches göttliche »Dienstprogramm« Baba täglich und nächtlich auf sich nimmt. »Bei aller Arbeit muss ich auch noch dafür sorgen, dass ihr nicht eifersüchtig aufeinander seid, wenn ich zum Beispiel mal mit jemandem allein sitze!« Mit dieser Aufgabe zur inneren Erforschung schickte Er uns schließlich ins Bett.

Baba spielt alle Rollen gleichzeitig, weil Er gleichzeitig ALLE IST. Seine Göttlichkeit zeigt sich da, wo Er den Menschen am menschlichsten erscheint, und gerade das führt nicht selten zu Missverständnissen. Ich hatte Baba wiederholt sagen hören: »Ich will euch glücklich machen, aber bei allem Spiel – vergesst nicht, wer Ich bin! Ich bin nicht euer Kasper und Entertainer!« Eine Devotee drückte es klar aus: »Baba, zu wem sollen wir denn beten, wenn Du krank bist?« Das hieß: »Wer sorgt für Dich? Wer beschützt Dich, denn niemand ist über Dir im Kosmos!« Baba hatte oft betont, dass Er, obwohl Er in eine normale Familie hineingeboren wurde, keine Familiengefühle habe, sondern auch Seine Verwandten und Angehörigen als Seine Devotees ansehe. Selbst Seine Mutter, der Er lebenslang Respekt und Aufmerksamkeit entgegenbrachte, musste das erfahren, denn auch sie hatte Probleme, ihren Sohn als Gott zu sehen. Entsprechend der sozialen Erfahrungen entsteht in den meisten Menschen ein Bild von Gott als einer *höheren* liebenden oder bestrafenden Macht. Physisch und geistig bleibt er so abhängig von einem *Gegenüber*, das getrennt ist von der eigenen Person. Mit dem Wort *Waisenkind* drückte Baba genial einfach aus, dass Er als Gott, auch wenn Er in einer Form auf der Erde erscheint, kein *Gegenüber* hat, und wenn Er in der Dualität das Mitwirken der Menschen braucht, erscheint Er als Spieler in Seinem eigenen Spiel, um die verborgene Göttlichkeit in den Menschen zu aktivieren – den Weg zu zeigen in die göttliche Einheit, in der es kein Gegenüber mehr gibt.

* * *

Babas Meisterschaft besonders im Umgang mit so genannten »Autoritäten« erlebte ich kurz darauf in Hyderabad.

Baba gab abends offiziellen Darshan im Tempel und hatte sich eine geraume Zeit die Probleme der Besucher angehört, Rat gegeben und sie gesegnet, als eine Gruppe von etwa sechs männlichen Personen in den Tempel

Friedenskonferenz

kam und auf der Männerseite wartete. Die Gruppe fiel auf durch gravitätisches Schreiten und ernste Schweigsamkeit. An der Kleidung war leicht zu erkennen, dass es sich um hohe muslimische und christliche Würdenträger handelte.

Baba stand auf der Frauenseite, ohne den Besuch zu beachten, scherzte und lachte weiter mit den Besucherinnen, verteilte Bonbons und Obst, bis Er in aller Ruhe auf die Männerseite wechselte und sich der neu angekommenen Gruppe zuwandte. Ein permanenter Devotee flüsterte mir zu, dass es sich um eine Abordnung bekannter religiöser Amtsträger handele, die Balasai Baba als Hauptteilnehmer zu einer interreligiösen Friedenskonferenz in Hyderabad einladen wolle. Als Zeichen der Ehrerbietung berührten einige von ihnen Babas Füße, hielten aber sonst einen formalen Respektabstand. Schließlich trat einer von ihnen vor und überreichte Baba ehrfürchtig den Umschlag mit der Einladung. Als Baba ihn scheinbar überrascht entgegennahm, Unwissenheit mimte und unschlüssig hin und her drehte, durchbrach Er offenbar das Protokoll, denn die steife Phalanx geriet in Bewegung und die Gesichter entspannten sich. Baba schritt lächelnd auf sie zu, legte dem nächsten wie vertraut Seine Hand auf den Arm, winkte den anderen näherzukommen, sprach sie lachend an und das Eis war gebrochen. Aus Würdenträgern wurden normale Hosen- und Brillenträger, Menschen, die von dem Zauber Gottes berührt wurden. Alle scharten sich immer näher um Baba, der sie anzog wie ein Magnet. Baba sprach leise, und im Bemühen, jedes Wort zu verstehen, rückten die Köpfe immer dichter zusammen – wie bei einer heimlichen Verschwörung. Im nächsten Moment brachen alle in lautes Lachen aus und redeten begeistert durcheinander und miteinander. Baba, mit der Einladung in der Hand, spielte den Dirigenten, winkte der Gruppe, wieder näher zu treten, entzündete die nächste Lachsalve, nach der Er urplötzlich in der Mitte der Gruppe stand, sich dann aber gewandt zurück in den Umkreis drehte. Pausenlos hielt Er alle in Bewegung, wie bei einem Tanz begegnete jeder jedem, alle sprachen angeregt mit unterstreichenden Handgesten miteinander und mit Baba, sie hatten alle Etikette vergessen und augenscheinlich auch, warum sie gekommen waren. Unter den großen Gestalten wirkte Baba wie ein Kind, Seine Haare, die vom langen Darshan schon etwas derangiert waren, wirkten noch verwegener – sie sahen aus wie eine Gruppe Schuljungen, die unter ihrem Anführer einen neuen Streich aushecken. Es dauerte eine Weile, bis Baba sie segnend entließ, ihnen zuwinkte und wartete, bis die Gruppe mit leicht verrutschten Kopfbedeckungen, gelockerten Stehkragen, lachend und mit rot verschwitzten Gesichtern um die Ecke bog. Das Ganze hatte etwa fünfzehn Minuten gedauert. Baba hat an der geplanten Friedenskonferenz nicht teilgenommen, stattdessen hatte Er spontan die Friedenskonferenz in Seinem Tempel inszeniert – welcher Platz wäre geeigneter gewesen? Mit Ihm als Hauptteilnehmer hatte Er in einer Viertelstunde mehr Frieden in die Welt gebracht als es jede große Versammlung vermocht hätte. Mit allen Mitteln, die Ihm die Liebe zur Verfügung stellte, hatte Baba Angstbarrikaden aufgelöst: vor dem Amt, der Religion, vor Gott – mit der Unbefangenheit eines Kindes, der Wärme einer Mutter, dem Charme eines Liebhabers, dem Verständnis eines Freundes.

* * *

Abends kündigt Baba an, dass am nächsten Tag etwa hundert Kilometer von Kurnool entfernt ein Augen-Camp durchgeführt wird. Etliche bekunden Interesse, daran teilzunehmen, aber nachdem die Anstrengungen der Reise geschildert werden, legt sich die anfängliche Begeisterung. So treten nur zwei Devotees mit Mr. Subramanyam, unserem indischen Begleiter, am nächsten Tag die Fahrt an.

Augen-operationen

Es wird Mittag, ehe sich der Bus in Richtung Westen in Bewegung setzt. Die Reise geht durch eine grüne Gartenlandschaft mit Reis-, Mais-, Baumwoll- und Sonnenblumenfeldern sowie Weingärten. Mächtige Wasserbüffel mit lackschwarzem Fell grasen am Wegrand oder liegen in Tümpeln, zwischen bizarre Steinformationen schmiegen sich kleine Dörfer und Tempel. In Adoni müssen wir in den nächsten Bus umsteigen und sitzen kurz danach in einem kleinen Dorf fest – ohne Bus, ohne Taxi –, nur eine zahlreiche Affenfamilie wartet auf Essbares. Die letzten dreißig Kilometer werden im Lastwagen zurückgelegt, ohne Windschutzscheibe eine luftige Angelegenheit. Die Landschaft wird atemberaubend – menschenleer, sattgrüne Hügel, bläuliche Berge am Horizont –, hier soll es Springböcke geben und wilde Pfauen, ein Mungo überquert die Straße, staunende Kinder am Straßenrand, wir halten an. Zwischen Felsen und alten Bäumen ein alter, versteckter Ort: die Grabstätte eines großen muslimischen Heiligen. Trotz der Abgeschiedenheit wird dieses Heiligtum auch von vielen Hindus besucht. Die Stille des Ortes tut uns gut und erfrischt treten wir das letzte Stück Wegs an.

Am Spätnachmittag erreichen wir Holalagundi – das Ambulanzauto mit Babas etwas verunglücktem Konterfei weist uns die Richtung. Inmitten des vielen Grüns wirkt dieses Dorf unerwartet idyllisch. Das Augen-Camp wird in der Schule veranstaltet. Weil einige Klassenräume ausgeräumt werden mussten, findet der letzte Unterricht dieses Tages unter einem großen Baum statt. Im recht komfortablen Haus eines nahe wohnenden Devotees können wir uns frisch machen. Unter einer alten Tamarinde wird uns bei Sonnenuntergang ein starker süßer Tee serviert – welch ein unerwarteter Luxus! Der Operationsraum ist in einem Klassenzimmer vorbereitet: zwei einfache Plastikliegen, ein Topf auf einem Gaskocher zum Sterilisieren, es gibt keinen Strom, Taschenlampen sind die einzige Beleuchtung. Auf einem kleinen Altar steht Balasai Babas Bild. In einem Nebenraum warten etwa fünfzig alte und jüngere Patienten. Mit Mundschutz bekommen wir die Erlaubnis, den Operationsraum zu betreten. Unter seiner Operationskleidung ist der Augenarzt, Dr. Jayaprakash, kaum zu erkennen. Um die Tageshitze zu vermeiden, beginnt er seine Arbeit erst am Spätnachmittag. Er beugt sich über einen Patienten und arbeitet mit Hilfe eines Mikroskops, einer der Helfer leuchtet mit der Taschenlampe. Meine Mitfahrerin sieht Babas Hände beim Operieren – ich sehe die Hände des Arztes. Für jede Aufgabe sind Helfer da: zum Sterilisieren, zum Vorbereiten des nächsten Patienten oder zum Begleiten des frisch Operierten in den Ruheraum. Andere versorgen die Patienten mit Essen, Medikamenten und Brillen. Der Arzt arbeitet hochkonzentriert, ohne Pause, erst gegen Morgen wird er fertig sein. Mit Babas ratternder Ambulanz treten wir in der Dunkelheit den Rückweg an.

In Adoni besuchen wir einen bekannten alten Lakshmi-Tempel, in dem auch zu dieser späten Stunde Hochbetrieb ist. Hohe Granitsäulen mit abgegriffenen Reliefs, in der Nische des Sanktums steht segnend die goldstrahlende Göttin, ein Priester nimmt die Opfergaben der Gläubigen in Empfang, starke Glockentöne schwingen durch den Raum, aufdringlicher Räucherstäbchenduft, jeder bekommt geweihte Kokosnussmilch. Im Untertempel hat eine hinduistische Heilige gelebt – meine Mitfahrerin schwärmt von der »starken Energie«. Ich gebe mir Mühe, ihre Erfahrung zu teilen, aber ohne Erfolg.

Beim nächsten Halt beehrt uns eine Familie, die Anhänger von Baba ist, mit einer Puja (zu so später Stunde nicht das wahre Vergnügen), bevor wir mit einem reichhaltigen, frisch zubereiteten Essen »belohnt« werden. Mit Abschiedsgeschenken und nach ausführlicher Abschiedszeremonie erreichen wir spät in der Nacht Kurnool. Wenn man bedenkt, dass von den gerade Operierten niemand auch nur den Bus in die nächste größere Stadt hätte bezahlen können, ist man umso erstaunter, dass sich zu Ehren Balasai Babas ein Netzwerk von Menschen an solch abgelegenen Orten und unter einfachsten Bedingungen regelmäßig für diese Arbeit, die den Ärmsten der Armen unerwartet den Himmel auf die Erde bringt, zur Verfügung stellt. Der Augenarzt hatte mit Balasai Babas Segen bis zu diesem Zeitpunkt (1998) bereits etwa fünfzigtausend Operationen erfolgreich durchgeführt. Darunter waren spektakuläre Heilungen, bei denen selbst die Medien von »Wundern« sprachen. Der *Sri Balasai Baba Central Trust* wurde für diese auch für ganz Indien einmalige Initiative mit verschiedenen hohen Ehrungen ausgezeichnet, unter anderem bekam Dr. Jayaprakash die Auszeichnung, in die Reihe der *Fünfzig Ehrenbürger Indiens* aufgenommen zu werden.

* * *

Durga oder der Anfang vom Ende

September 1998 – Meine Abreise war geplant für Ende September. Über meine Zukunft machte ich mir nur nebenbei Gedanken, alles war möglich. Ein paarmal geschah es, dass Vögel mit Pflanzenfahnen oder anderem Nestbaumaterial an mir vorbeiflogen, wenn ich die Möglichkeit in Betracht zog, im Ashram zu wohnen. Aber solche Zeichen schienen mir zu vage und zu »zufällig«. Eines Tages kam Baba vormittags die Treppe herunter, setzte sich aber nicht wie gewöhnlich zur Runde auf den Teppich, sondern lief um den Darshanplatz herum, begutachtete die Bäume des Nachbargrundstücks, deren Zweige weit zu uns hineinragten, inspizierte hier eine Mauer und dort eine Tür und winkte mir, Ihn zu begleiten. Meistens geht das Gespräch in solchen Situationen über belanglose Dinge, die ich nicht mehr erinnere, aber urplötzlich und unerwartet kommt Baba dann auf den eigentlichen Punkt, und an diesem Tag sagte Er nur ein Wort: »*Avo!*«. Ich erinnerte das Wort aus den Bhajans und hatte die undeutliche Erinnerung, dass es *komm* hieß. Keine weitere Erklärung, Ende der Runde. Das war die Antwort auf die wochenlang hin und her bewegte Frage. Hiermit gab Baba mir die Erlaubnis, permanent in Seinem Ashram zu wohnen, und ich nahm die Einladung an. Später bestätigte eine Devotee, dass meine Übersetzung richtig war.

Die letzten Tage waren erfüllt von neuen Aktionen. An den nächsten zehn Tagen sollte im Eingangsbereich des Hauses morgens um 6 Uhr eine Puja stattfinden – ein Altar, der entfernt Ähnlichkeit mit einem Nachttisch hatte, war schon aufgebaut. Die schon lange im Ashram lebenden Devotees wunderten sich – nie hatten sie erlebt, dass das zehn Tage dauernde *Durga-Fest*, das vielleicht höchste Fest in Indien, im Ashram von Balasai Baba gefeiert wurde. Baba hatte hinduistische Feste und Rituale bisher gnadenlos reduziert. Die frühe Morgenstunde sollte mich nicht schrecken, um 6 Uhr saßen der Priester, ein indisches Ehepaar und ich vor dem kleinen Altar. Der Priester war für einen Südinder untypisch groß. Seine jungenhafte Fröhlichkeit stand im Gegensatz zu seiner königlichen Ausstrahlung, obwohl er nur mit Dhoti und Schultertuch bekleidet war. Mir erschien er wie eine Gestalt aus einem alten Märchen, die sich in unsere Zeit verirrt hatte. Mit ruhigen, geübten Bewegungen ordnete er die Menge der unübersichtlichen Pujagegenstände wie Öllampen, Räucherstäbchen, verschiedenfarbige Pulver, Wassergefäße, Opferzutaten wie Früchte, Blumen, Reis, Süßigkeiten, Milch, Honig, Kokosnüsse usw. In der Mitte des Altars stand eine Figur, die eine vielarmige Göttin auf einem grimmigen Tiger sitzend zeigte. Von der Bedeutung der zehn Tage wusste ich nur, dass an jedem Tag ein anderer Aspekt der Göttin gefeiert wurde, und dass mit jedem Aspekt eine der negativen Eigenschaften des Menschen wie Gier, Neid, Stolz, Eifersucht usw. zerstört würde. Darum also die vielen Waffen in den Händen der Göttin!

Im europäischen Westen schwingt an jedem 29. September St. Michael sein Schwert, tötet den Drachen und wiegt mit der Seelenwaage das Gute und Böse. Auffällige Parallelen, wenn sich das Jahr der lichtarmen Hälfte zuneigt.

Die morgendliche Müdigkeit wurde durch den Duft der Blumen und Räucherstäbchen, den mattgoldenen Schein, den die Öllichter an den Messinggegenständen hervorriefen, die Farben der Früchte und erdigen Pulver in einen entspannten, halbwachen Traumzustand verwandelt. Jede Puja ist ein Mikrokosmos, in dem alle Sinnesorgane aktiviert werden, alle schwerstofflichen und feinstofflichen Körper teilhaben und alle Elemente (Äther/*Akasha*, Luft, Feuer, Wasser, Erde) einbezogen sind. Das Singen und Rezitieren der Mantren hilft entscheidend mit, ob die schwierigen, teils simultanen Handhabungen ruhig fließend und trotz aller Details ohne Hast vollzogen werden können. Ich hatte schon einige Male vedische Priester Mantren chanten hören und war beeindruckt von der Kraft der Tonerzeugung und der ungewohnten Rhythmen, doch die Schönheit des Singens und Rezitierens, zusammen mit der Hingabe und Konzentration des Priesters neben mir, ließ die Laute der Ursprache der Menschheit ganz neu erklingen. Sein Gesang begleitete in natürlichster Weise die komplizierten Handhabungen des Schwenkens, Gießens, Brechens, Schmückens, Auftragens, Mischens, Verteilens, und unsere Aufmerksamkeit wurde ganz natürlich in seine Verehrung mit eingebunden. Das Sanskrit basiert auf dem Klang des Vokals A und drückt in vollkommener Weise das Staunen der damaligen Menschheit vor der Göttlichkeit der Schöpfung und des Menschen aus. Dieses Bewusstsein ist heute verlorengegangen, aber in diesem jungen Priester schien es mir bewahrt, so selbstverständlich und natürlich stellte er dar, was er sang. Während eines Abenddarshans materialisierte Baba ihm einen Ring, nie wieder erlebte ich, dass ein Priester so gesegnet wurde. Als der Ashram in ein größeres Gebäude in Hyderabad umzog, blieb er im Dienste von Baba und versorgte täglich den *Atma Lingam*, den Baba für den Ashram geboren hatte. Eines Tages hörten wir, dass er krank sei, und bald darauf starb er.

Vielleicht war es sein Beispiel, dass mich inspirierte, später jeden Morgen vor den Bhajans eine kleine Puja zu machen, obwohl ich nie ein Fan solcher Rituale gewesen war. Ich machte das regelmäßig jeden Morgen. Als ich nach vier Jahren vor einer Reise nach Deutschland das Puja-Geschirr wegräumte, wusste ich, dass ich es nicht mehr auspacken würde, als spirituelle Übung in Konzentration und Disziplin hatte sie ihren Dienst getan.

Am achten Tag des Festes, dem Aspekt, der dem kämpferischen Aspekt der Göttin Durga gewidmet war, war mein Rückflug – der 29. September, Michaeli. Obwohl ich kein Gespräch erwartete, das Baba den meisten Abreisenden schenkte, hoffte ich, ihn noch einmal zu sehen.

Vormittags brachte ich noch Filme zum Fotoshop, und als ich zurückkam, saß Baba im Hof: singend, lachend, Witze machend. »Du warst beim Fotoshop? Dies war nicht dein letzter Film! Dies war nur der Anfang – der Anfang vom Ende – hast du verstanden? Du kommst bald wieder!« Ich hatte verstanden, aber nur halb – welches Ende?

Der Flug ging über Bombay und Delhi. Unter mir tauchte nach Delhi der Lauf des Indus' auf, dann endlose Wüsten und die Gebirge von Pakistan und Afghanistan. Die Nachrichten zeigten Flüchtlinge im Schlamm von Kosovo, Muslimsoldatinnen mit grünem Stirnband und Gewehren in Teheran. Nacheinander zogen das Elbursgebirge, das Kaspische Meer, die ersten größeren Flächen von bewässerten Feldern, der schneebedeckte Ararat, in der Ferne die Gipfel des Kaukasus vorbei. Im Flieger von Paris nach Frankfurt gab es einen Teller mit Roastbeef-Sandwiches, nur auf meinem Teller lagen zwei Maronen-Quark-Desserts, die Brote konnte ich verschenken …

* * *

September 1998 bis Januar 1999 – Später als geplant war ich nach Hause zurückgekommen und hatte keine Erklärung, die verstanden werden konnte. *Zwischenzeit*

Eines Tages im Oktober ging ich mit meinem Mann die Hauptstraße von L. herunter und sah plötzlich in etwa zehn Metern Entfernung einen Straßenmaler. Er war alt und vertieft in seine Tätigkeit. Er schien ein indisches Götterpaar zu malen, und das wollte ich unbedingt ansehen. Waren es Shiva und Parvati? Oder Radha und Krishna? Rama und Sita? Die indische Mythologie hat wunderbare Bilder, um die Einheit in der Dualität aufzuzeigen. Ich strebte eilig näher, aber kurz vor der Szene bog mein Mann links ab und äußerte deutlich, dass er heute dafür keine Zeit habe und sofort zum Auto müsse. Ich folgte ihm, wollte aber unbedingt das Götterpaar genauer sehen. Denn es war eines, so viel konnte ich erkennen, was mich also wieder in Richtung des Malers bewegen ließ. Mein Mann hatte es jedoch zu eilig und war schon fast um die nächste Ecke verschwunden, also änderte ich wie automatisch die Richtung und lief ihm nach, drehte mich aber im selben Moment wieder um, um doch noch einen Blick auf das Bild zu werfen. So buchstäblich »im Dreieck« springend, schoss mir ein Gedanke durch den Kopf: »Du musst dich entscheiden!« Balasai Baba hatte *komm* gesagt, und mir wurde klar, dass ich noch nicht geantwortet hatte. Ich hielt inne und spürte die schneidende Klarheit der Worte und ein plötzlicher Schmerz lähmte mir die Beine. Langsam folgte ich meinem Mann. Den alten Maler und das Götterbild habe ich nicht mehr aus der Nähe gesehen.

Beruflich hatte ich mich für ein freies Jahr entschieden, um meine Mutter durch verschiedene Operationen begleiten zu können. Im November brachte ich sie in die nahe gelegene berühmte Herzklinik. Da auf der Station für Kassenpatienten alles belegt war, wurde sie in der neuesten und schönsten Station *Toskana* einquartiert, was nach Ferien und ewigem Frühling klang.

Im Blumengesteck auf dem Tisch steckten zwei Pfauenfedern. Die Pfauenfeder ist der Kopfschmuck Krishnas, des Kuhhirten, der mit seinem Flötenspiel Musik, Spiel, Tanz und Freude verbreitet. Unauffällig schaute ich in die übrigen Zimmer: Nirgendwo gab es ein Blumengesteck mit Pfauenfedern! Ich bedankte mich innerlich für den Willkommensgruß von Baba, der im Ashram von Kurnool als Krishnafigur die Flöte spielt und die Kühe hütet, und mein Vertrauen wuchs, dass alles gut gehen würde.

Die Operation verlief ohne Komplikationen, schon am nächsten Tag löste meine Mutter wieder Kreuzworträtsel und eine Woche später sah sie im Traum Baba im Sessel sitzend mitten in einer Blumenwiese. »Der Traum war nur kurz, aber ich wusste, dass es Baba war!«, sagte sie.

* * *

Seit der Rückkehr aus Indien im September 1998, nach- *Übung*
dem der Gedanke, permanent im Ashram von Balasai
Baba zu leben, undeutlich Gestalt angenommen hatte,
führte ich die Meditationspraxis, die ich im Ashram
begonnen hatte, regelmäßig fort. Die überraschende Erfahrung war, dass sich innerhalb der zwanzig Minuten,
die ich »sitzen« wollte, konzentriert auf das Mantra OM
SRI BALASAIYINE NAMAH, leicht und ganz natürlich
ein Zustand von Gedankenleere und Ruhe einstellte,
der sich deutlich unterschied von allen bisher bekannten
Wachheitszuständen.

Wieder in Indien (Januar 1999) führte ich diese Praxis weiter, verlegte sie aber auf die Zeit zwischen 4 und 5 Uhr am frühen Morgen. Diese Zeit wird in der indischen Tradition *Brahmamuhurta* genannt, und sie ist besonders günstig, um den Geist zu fokussieren, weil die Atmosphäre zu dieser Zeit am wenigsten störende Einflüsse ausübt. Ziel dieser Übung ist es, den weithin automatischen Gedankenstrom mit seinen meist sinnlos hin und her springenden Assoziationen und unzusammenhängenden und emotional gefärbten Inhalten schrittweise »auszudünnen«, bis die Aufmerksamkeit zeitlich unbegrenzt auf einem gedanklich leeren »Raum« verweilen kann.

Da unser Mind es nicht gewöhnt ist, ohne *etwas* zu sein, ist es hilfreich, ihn anfangs an einen überschaubaren ausgewählten Inhalt zu »koppeln«. Die Konzentration kann sich auf einen Gegenstand aus der Sinneswelt richten oder auf ein *Mantra*, eine Laut- und Klangkombination, die eine positive Wirkung auf den mentalen Zustand hat. Laute und Klänge haben unabhängig von der jeweiligen Kultur und Sprache die gleiche Wirkung auf den Organismus, so dass die Bedeutung des jeweiligen Wortsinnes untergeordnet ist, jedoch unbewusst mitschwingt.

Dem Sanskrit schreibt man als »Mutter aller Sprachen« die Qualität zu, die wohl ursprünglich allen Sprachen zu eigen war, dass in den Lautklängen noch direkt deren inhaltliche Bedeutung schwingt, dass also Wort und Bedeutung nicht auseinandergefallen sind. Um die

Konzentration eine Weile ungestört aufrechterhalten zu können, ist es wichtig, eine aufrechte (um dem Einschlafen vorzubeugen), möglichst bewegungslose und entspannte Körperhaltung einzunehmen. Ein Stuhl ist dafür genauso geeignet wie das für uns unbequemere Sitzen auf dem Boden, aber hier hat man höchstens im Zimmer einen Stuhl zum Sitzen, das Leben spielt sich auf dem Boden ab. Das Haupthindernis, um eine tiefere Konzentration und Entspannung zu erreichen, ist für viele, den Körper ruhig zu halten. Für einen ungeübten Geist ist Ruhe das Schlimmste. Nach wenigen Minuten wird er sich alles Mögliche einfallen lassen, um unterhalten zu werden, sei es ein Jucken am Kopf, die harte Sitzfläche (die er sonst nicht wahrnimmt), ein Durstgefühl, ein surrender Moskito und schließlich die ungezählten meist unangenehmen Körperempfindungen, die durch die ungewohnte Haltung entstehen. Baba hatte zweimal täglich eine halbe Stunde Meditation mit einem laut rezitierten Mantra angeboten, für mich eine willkommene Gelegenheit, meine kleine Sitzübung auszudehnen und weitere Erfahrungen mit meiner Konzentration zu machen.

Damals, im Jahr 1998, war ich auf dem spirituellen Weg ein Anfänger, der nicht einmal das wusste. Mit der Meditation hatte ich bis dahin keine Erfahrung, da ich aber den Wunsch hatte, innerlich mehr zur Ruhe zu kommen, glaubte ich, sie sei hilfreich dafür.

* * *

Am anderen Ufer

Januar 1999 – Nachdem meine Mutter sich von der Operation erholt hatte und stabil genug war, wieder ihren Haushalt selbständig zu führen, packte ich meine Koffer, und konnte schon vor Balasai Babas Geburtstag am 14. Januar wieder in Indien sein.

Ein paar Tage nach meiner Ankunft in Kurnool verabrede ich mich mit einer Besucherin, zum Sonnenaufgang auf die andere Flussseite zu fahren. Als wir losgehen, spiegelt sich der rote Himmel auf der Wasseroberfläche. Es ist noch dunkel, aber in allen Häusern brennt Licht und die Menschen sind mit ihren morgendlichen Tätigkeiten beschäftigt. Die Hauseingänge und schmalen Straßen sind sauber gefegt und mit Wasser besprengt. Mit farbigen oder weißen Pulvern streuen oder malen die Frauen neue *Mandalas* – kunstvolle, teils schwierige verflochtene geometrische oder florale Muster, die als Schutzzeichen dienen. Auch das Waschen und Zähneputzen findet in der Öffentlichkeit statt, zum Teil an mehr als schmutzigen Wasserstellen; allerdings sind die Geräusche beim Reinigen des Nasen- und Rachenraumes für den Europäer gewöhnungsbedürftig. Zusätzlich suchen sich Esel, Schweine, Ziegen und Hühner ihre Nahrung. Selbst in dem winzigen Shiva-Tempel oben auf der Flussböschung, den man nur gebückt betreten kann, brennen schon die Öllampen und Räucherstäbchen – die beiden Frauen winken uns und geben uns ein Stück Kokosnuss als Prasad –, unser erstes Frühstück. Auf dem kleinen abgegriffenen Nandi, dem Reittier Shivas, liegen frische Blumen.

Am Fluss ist es noch still, aber der Betrieb wird bald einsetzen. Als der Fährmann uns sieht, schiebt er das runde, geflochtene Korb-Boot ins Wasser, und wir setzen uns auf den bequemen Rand. In der Mitte liegt ein großer Autoreifen, der verhindert, dass unsere Füße im Wasser stehen. Mit ruhigen Bewegungen senkt der Fährmann die lange Stange ins seichte Wasser und das Boot setzt sich in Bewegung. Um diese Jahreszeit ist der Fluss, im Gegensatz zur Regenzeit, wenn man das gegenüberliegende Ufer kaum erkennen kann, ein schmales Rinnsal. Alles ist ruhig, nur das Flechtwerk des Bootes knirscht leise, das Wasser gurgelt, ein kreischender Wasservogel, in der Ferne bellt ein Hund, über uns der halbe Mond.

Meine Gedanken schweifen ab. Bei uns im Westen ist der Fährmann eine mythische Gestalt: In der griechischen Sage fährt Charon die verstorbenen Seelen ins Totenreich, im *Märchen* von Goethe setzt der Fährmann die Reisenden vom Reich der grünen Schlange über ins Reich der weißen Lilie – er verbindet zwei Bereiche, die getrennt sind. Hier sind die Bereiche des Lebens und des

Todes nicht getrennt, man weiß, dass der Tod nur für den physischen Körper gilt …

Der Sand am anderen Ufer ist noch kühl. Am Ufer steckt ein *Lingam*, ein schmuckloser Stein im Sand, das Symbol von Shiva und Shakti, die jeweils das höchste kosmische Bewusstsein und die Energie der Manifestation darstellen, aber die morgendliche Opferhandlung ist schon vorbei und das Öllämpchen verloschen, nur das rote *Kum Kum*-Pulver und die frischen Blumen zeugen davon, dass jemand schon in aller Herrgottsfrühe dem Kosmos ein Opfer gebracht hat. Über trockene Algen gehen wir am Flussufer entlang zurück, bis sich gegenüber die hohe Flussmauer des Ashrams erhebt. Jetzt schiebt sich der orange-rote Sonnenball über den Horizont und steigt schnell höher. Der weiße, schlichte Tempel des Ashrams mit seinem Turm und den Fenstern von Babas Privaträumen wirkt von hier im Zwielicht der Dämmerung noch märchenhafter als aus der Nähe. Die ersten Sonnenstrahlen erhellen die Spitze des Eingangsturms, im Ashram ist noch alles still. Meine Begleiterin macht den *Sonnengruß*, wobei sie schon gehörig ins Schwitzen kommt. Scharen von weißen Reihern fliegen flussaufwärts.

Jetzt belebt sich das Flussbett: Die Menschen, die im gegenüberliegenden Dorf wohnen, streben der Fähre zu, um ihre Arbeitsplätze in Kurnool zu erreichen. Ehe wir zurückfahren, sitzen wir noch eine Weile am Ufer und sehen dem bunten Treiben zu. Man redet nicht viel, das Ein- und Aussteigen geht flüssig. Wir sprechen über die Botschaft der *Bindungslosigkeit in der Bindung* aus der Runde mit Baba am Vorabend: »Seid verbunden, aber nicht voneinander abhängig! (*Be connected, but not attached.*) Das Boot soll im Wasser sein, nicht das Wasser im Boot!« Schwieriger für uns ist es, den Sinn des anschließenden *Steinchenspiels* zu erkennen. Wir sind beide berührt, weil diese kleine Szene beispielhaft zeigte, wie unaufdringlich, spielerisch und wie »nebenbei« Baba lehrt. Baba begann gestern Abend das Spiel, indem Er mit kleinen Steinchen auf Teetassen, die in einiger Entfernung standen, zielte. Am Klang war zu hören, dass fast jeder Schuss ein Treffer war. Eine junge Besucherin neben Ihm fühlte sich angeregt, auf die danebenstehende Teekanne zu zielen. Unbemerkt von ihr warf Baba gleichzeitig und man hatte den Eindruck, dass die Besucherin traf, weil es jedes Mal einen Klang gab, auch wenn sie deutlich daneben warf. Babas Kommentar: »So ist es auch in Wirklichkeit: Wenn es so aussieht, dass jemand *trifft*, macht Gott es hinter dem Vorhang!« Aber bevor wir endgültig die Frage lösen können, wer dann »in Wirklichkeit« handelt, vertreibt uns die einsetzende Morgenhitze.

Mit uns steigt ein Bauer mit seinen Ziegen ins Boot, die das Ritual schon zu kennen scheinen, so selbstverständlich springen sie hinein und schauen erwartungsvoll ans andere Ufer, wo sie sich dann über das saftige Gras am Ufer hermachen. Wir gehen den Weg zurück und sehen jetzt erst, dass kurz vor dem Ashram ein großer Kuhstall mit etwa zwanzig Wasserbüffelkühen ist, die gerade gemolken werden. Der Melker sitzt auf dem Boden und zielt mit dem Milchstrahl in einen kleinen Behälter voll mit schäumender Milch. Der Stall ist sauber und es stinkt nicht. Am Eingang warten Frauen mit kleinen Milchkannen – die Milch der Wasserbüffel ist die kostbarste, gesündeste und fettreichste Milch. Sie bestaunen uns und winken, als wir weitergehen. Mich wundert, warum ich diesen großen Stall so in der Nähe noch nicht entdeckt hatte, aber Wasserbüffel »muhen« nicht. Die massigen Tiere werden einmal am Tag an den Fluss getrieben, wo sie genießerisch im Wasser liegen, das ihrer empfindlichen Haut gut tut, ansonsten fressen sie oder käuen wieder. Alles geschieht langsam und still. Wenn eine Herde über die Straße geht, hat man den Eindruck, als bewege sie sich in einer anderen Dimension, schreiende Menschen und hupender Verkehr veranlassen sie nur ausnahmsweise, ihre Richtung oder Geschwindigkeit zu ändern. An einem Nachmittag auf der Flussmauer hatte Baba auf eines dieser eindrucksvollen Tiere mit den ausladenden Hörnern und den trotz aller Schwerfälligkeit geschmeidigen und stetigen Bewegungen, das unter uns am Ufer graste, gezeigt und bemerkt: »Gott ist wie ein

Wasserbüffel, er zeigt seine Kraft nicht, sondern dient den Menschen still und hingebungsvoll.« Später kam der Besitzer und schlug die Büffel mit einem Stock, um sie in die andere Richtung heimzutreiben. Dazu bemerkte Baba: »So geht es auch Gott. Er ist auch voller Energie, aber Er macht sich zum Sklaven und lässt sich von den Menschen schlagen.«

* * *

Die Friedensrede

Januar 1999 – Babas Geburtstag stand vor der Tür. Seit einigen Jahren war die *Friedenskonferenz* ein Teil des Vormittagsprogramms. Je ein Vertreter jeder anwesenden Nation sollte einige Gedanken zum Stichwort *Frieden* mitteilen. Mit der weiteren Besucherin aus Österreich kam ich überein, dass ich die Rede halten würde. Während des offiziellen Geburtstagsprogramms am Vormittag – Baba saß mit Politikern und Schauspielern auf der Bühne – legte ich das Manuskript meiner Rede griffbereit auf mein Notizbuch und erwartete, nachdem einer nach dem anderen seine Rede zur Friedenskonferenz gehalten hatte, in Ruhe den Aufruf »Austria!«. Kurz bevor ich damit rechnete, aufgerufen zu werden, wollte ich noch einmal die Blätter prüfen, aber – die Rede war verschwunden! Hastig durchsuchte ich meinen Beutel, inspizierte meinen Sitzplatz, blätterte mein Notizbuch durch, die Mantra-Zettel, schaute links und rechts in meiner Nachbarschaft, unter mein Sitzkissen – nichts! Wie vom Erdboden verschluckt! Nun musste »Austria« kommen! Aber die Friedenskonferenz war zu Ende. Baba griff zum Mikrophon und begann Seine Geburtstagsrede – der letzte Teil des Vormittagsprogramms. Als ich am Ende der Veranstaltung aufstand, lagen die zerknautschten Blätter der Rede unter Sitzkissen und Wasserflasche – auch hier hatte ich gesucht! Dabei fand ich meine Rede nicht schlecht – *sweet, short and simple* …

Meine Konfusion legte sich bald, mir war einige Aufregung erspart geblieben, und in der allgemeinen Aktivität der nächsten Tage vergaß ich die ganze Angelegenheit.

Drei Tage später standen die Taxis im Hof, Baba fuhr zurück nach Hyderabad und mit Ihm der Tross aller Permanenten und Besucher. Während der Abendrunde lobte Baba die *Friedensrede* von W. aus der Schweiz, sagte, wie gut sie Ihm gefallen habe, und warf mir von der Seite einen kurzen, wie mir schien, ironischen Blick zu. Siedend heiß stieg mir ins Bewusstsein, was mein Gefühl und mein Gewissen längst wussten. Was war passiert? Da die andere österreichische Besucherin im Gegensatz zu mir auch in Österreich geboren war, war ich der Meinung gewesen, dass sie die Rede halten sollte. Das wollte sie aber nur unter der Bedingung tun, »wenn es kein anderer macht«. Damit forderte sie trotz des bestehenden Angebots die verbale Erklärung von mir, dass ich die Rede nicht halten wolle, was so aber nicht stimmte. Wir schoben den Ball hin und her, sie konnte sich weder für ja noch nein entschließen, bis ich trotzig sagte: »Gut, dann mache ich es!« Dabei blieb ich, spürte aber, dass sie damit nicht zufrieden war. Es hätte nur einen Satz von mir für eine runde und friedliche Lösung für uns beide gebraucht: »Ich möchte die Rede nicht halten«, doch dazu war ich zu stolz und zu störrisch. Obwohl ich fühlte, dass die Besucherin ihren Wunsch, die Rede zu halten, nur so ausdrücken konnte, war ich nicht in der Lage, ihr eine Brücke zu bauen. Ich hätte mir Zeit und Stress erspart, sie wäre glücklich gewesen – eine Friedensrede mit diesem unfriedlichen Hintergrund war verlogen und darum unbrauchbar. So direkt vor Babas Augen schämte ich mich gründlich, war aber gleichzeitig dankbar für das andere Geschenk: wieder einmal hatte Balasai Baba mir Seine Allwissenheit gezeigt.

Neben Ihm saß eine neue Besucherin, die unscheinbar, schüchtern und unsicher wirkte. Baba überschüttete sie mit Aufmerksamkeit, lobte ihren Sari, schenkte ihr Seinen Tee, streichelte ihre Hand, während Er mit der anderen einen Carromboard-Stein schoss, und steckte ihr eine Blume ins Haar – jeder bemerkte die Veränderung, als Baba später den Segen gab: Sie strahlte vor Glück, Lebendigkeit und Schönheit. Baba hatte nur schlicht Seine bedingungslose Liebe und Menschlichkeit verströmt, das getan, was Er uns jeden Tag vierundzwanzig Stunden vormachte …

Damals stellte sich mir schon eine der Rätselfragen, die ich auch heute nicht vollständig beantworten kann: Warum konnte diese göttliche Liebe nicht einfach von uns Menschen nachgeahmt werden? Im Gegenteil, mir schien, je länger jemand bei Baba war, umso mehr schien er für sich das Recht zu beanspruchen, unfreundlich, ungeduldig und arrogant zu sein. Dabei war gerade diese »Normalität« anfangs ein Kriterium, dass genau dieser Platz für mich richtig war, weil mir hier »alles« möglich schien und niemand sich einbilden konnte, schon als Heiliger oder »Erleuchteter« durch die Luft zu schweben. Ich hatte einige Male miterlebt, wie Baba jede Scheinheiligkeit zu vereiteln wusste. Und vielleicht war der Weg mit Balasai Baba nicht der »direkte« Weg zur Seligkeit – was immer das war –, sondern ein Weg, auf dem wir mit den Abgründen unseres Menschseins konfrontiert wurden, um »zuerst Menschlichkeit, dann Göttlichkeit zu entwickeln«, wie Baba es einmal ausdrückte. Solche Gedanken ließen mich die »Permanenten« in günstigerem Licht sehen. Außerdem – hatte ich nicht längst selbst schon Hinweise bekommen? Ich erinnerte die violette *Jammun*-Kirsche am ersten Tag meines »Permanentendaseins«, sie schmeckte zwar saftig-frisch, aber auch säuerlich-bitter – ein Hinweis auf Bevorstehendes? Dazu passten der Traum von *Himmel und Hölle* und nicht zuletzt die *Friedensrede*. Eines war klar, hier im Ashram von Balasai Baba hatte jedes Wort und jedes Ereignis seine Bedeutung, die erkannt werden wollte, nichts geschah »zufällig«.

Gestern Abend wurde W. aus der Schweiz verabschiedet. Wir sangen: »Junge, komm bald wieder!«, und Baba spielte Mundharmonika dazu, indem Er sich der gesungenen Melodie, die Er kaum kannte, blitzschnell anpasste. Plötzlich wirbelte die Mundharmonika in die rechte Hand und mit unnachahmlichem Gangstergesicht »schoss« Baba aus seiner »Pistole« pfeifende imaginäre Kugeln um unsere Ohren, um genauso schnell wieder unschuldig lächelnd das Lied auf der Mundharmonika zu Ende zu blasen.

* * *

Nach einer längeren Zeit in Hyderabad ist die Rückkehr nach Kurnool in diesen Tagen wegen Bauarbeiten für manche mit einem Schock, vereinzelt sogar mit hysterischen Anfällen verbunden. Besonders der Ashram in Kurnool hat für viele, die regelmäßig seit mehreren Jahren kommen, »Heimatqualität« und jede Veränderung stört den Traum. Diesmal ist der Nostalgie im wahrsten Sinne des Wortes »der Boden entzogen«. Die urwüchsige, für viele offenbar romantische Sand- und Grasdünenlandschaft liegt unter ödem Beton begraben! Von Shiva und seinem Brunnen zeugt nur noch ein plattes rundes Zementareal. Dreiviertel des Platzes sind schon eingeebnet, nur unter dem Tor der *Tripura Sundari* ist die Arbeiterkolonne noch unermüdlich am Werk. Tag und Nacht arbeitet sie stetig und lautlos. Die Arbeit zwischen Männern und Frauen ist dabei genau aufgeteilt: während die Männer den Beton mischen und verteilen, sind die Frauen die »Zulieferer«, die mit ihren Schüsseln auf dem Kopf den flüssigen Beton zum richtigen Ort bringen. Einziges mechanisches Hilfsmittel ist eine altertümliche Betonmischmaschine.

Indische Osterwoche

Am Mittwoch vor Ostern verändert Baba die nachmittägliche *Teezeremonie* in eine schweißtreibende Gartenarbeitsrunde: alles schwärmt mit Eimern aus, um Steine zu sammeln, ganze Steinhaufen werden wegbewegt, sprich: über die Mauer geworfen, andere machen sich an den Blumenkästen zu schaffen, in deren trockener und harter Erde kleine Palmen kümmerlich vegetieren, mittendrin steht Baba und schneidet Büsche. Nach einer Stunde ist erst der Anfang gemacht, aber Baba gibt das Zeichen zum Ende der Aktion und lädt alle zu einer erfrischenden Papaya ein.

Die Fortsetzung folgt am nächsten Tag zur selben Zeit: für jeden eingesammelten Stein scheint ein neuer nachzuwachsen, aber dann gibt Baba die Anweisung, alle großen und kleinen Blumentöpfe – mindestens fünfzig an der Zahl – an die Mauer zu bringen. Manche Besucher sind geschockt: »Die kostbaren Töpfe!« (in Europa wären die Terrakottatöpfe der Stolz jedes Terrassenbesitzers), »Die schönen Blumen!« (in der Tat hatten einige Pflanzen dank exzessiven Gießens die glühende Hitze überstanden), »Doch nicht die Palmen!« (die Palmen fristeten ein armseliges Leben in Erde, die durch Wasser und Hitze zu Stein verbacken waren). Die Blumentöpfe und -kästen waren das Hobby einer Ashrambewohnerin gewesen, die ihrem Traum nicht mehr frönen kann, und wirklich wachsen in einigen Töpfen noch ansehnliche blühende Überreste ihrer Kunst, aber Baba ist gnadenlos, als Er sagt: »Alle über die Mauer werfen!«

Nach dem Überwinden der sparsamkeitstugendlichen Hemmschwellen scheint die Entsorgung in eine lustvolle Orgie auszuarten, unter anfeuernden Rufen fliegen die Töpfe in hohem Bogen über die Mauer. Die schweren Blumenkästen werden entschlossen zerschlagen und nehmen samt Palmen denselben Weg. Währenddessen spaziert Baba auf der Mauer, sieht begeistert der Aktion zu und ruft: »Y. fliegt über die Mauer!« Damit meint Er nicht die ehrenwerte Ashrambewohnerin, sondern den Teil ihrer Vergangenheit, den die Töpfe symbolisieren: Shiva, der Zerstörer – Raum schaffend für etwas Neues.

Am nächsten Tag – Karfreitag – startet der dritte und letzte Teil der Gartenaktion – Baba wieder mitten unter den Arbeitenden. Die restlichen Blumenkästen und Pflanzen erleiden dasselbe Schicksal. Immer wieder packt Baba selbst mit an, wirft trockene Palmäste – lang und sperrig – in den Fluss, und als ich die letzten Steine in einen orange-farbigen Eimer werfe, nimmt Baba ihn, wirft selbst einige Steine dazu und gibt ihn mir zurück. Erst geraume Zeit später fällt mir ein, dass mir während der Arbeit ständig die Zeilen durch den Kopf gehen: *Wie Himmelskräfte auf und nieder steigen und sich die goldenen Eimer reichen ...* Nachdem die letzten Holzstämme zum *Dhuni* gebracht wurden, winkt Baba zur Runde.

Verschwitzt, dreckig und erschöpft vom »Osterputz«, aber in zufriedener, fast euphorischer Stimmung genießen alle den heißen Tee und die Ghee-Sweets, die Uncle, der betagte Bruder von Babas Mutter, serviert. Diese drei Tage waren nur ein Beispiel, wie Baba uns immer wieder in Seine »Schöpfungsarbeit« hineinnimmt: Die Schöpfung kennt keine Tradition, keine Vergangenheit, kein Bewahren, sie ist stetiger Wandel und damit haben wir es schwer. Balasai Babas Aktionen sind spontan und unerwartet und stoßen auf unsere Verharrungsmuster, Bewahrungs- und Sicherheitsbedürfnisse. Wer wollte, konnte erfahren, wie im Zerschlagen und »über die Mauer werfen« des Alten und Hinderlichen die Quelle für Jubel und Freiheit liegt. Beim Tee fragte Baba scheinbar besorgt: »War es zu viel Arbeit?«

* * *

Gründonnerstag 1999 – Abenddarshan im Tempel von Kurnool. Baba im lilafarbigen Kleid ist auf der Männerseite in ein intensives Gespräch vertieft. Meine Gedanken driften ab: »Morgen ist Karfreitag. Ich will morgen früh zehn Minuten länger sitzen!« In diesem Moment schaut Baba sich um und sieht mich an.

Nächtliches Sitzen mit Baba

Um 20.30 Uhr werden die Tore des Ashrams für die Devotees aus der Stadt geschlossen. Baba geht eine Runde mit uns um den Tempel, ehe das Carromboard geholt wird. Normalerweise sitze ich beim abendlichen Carromboard eher hinten, aber heute Abend weist mir Baba überraschend einen Platz Ihm gegenüber in unmittelbarer Nähe des Boards an – mehrere feine Duftwolken wehen herüber. Es ist 21.30 Uhr. Ich merke, dass etwas Neues beginnt, und treffe den Entschluss, solange wie das Spiel dauert, still zu sitzen. Die Beine schmerzen bald, der Schweiß läuft, die Moskitos stechen. Die Frage nach dem Sinn des Ganzen ist jedoch quälender.

Vor einiger Zeit hatten wir mit Baba auf der Mauer, die durch den Garten gezogen war, gesessen. Baba saß auf einem Polster und hopste darauf herum: »Ich will sitzen, solange ich kann!«, sagte Er und schaute mich direkt an. Irgendwann hatte ich mir Literatur über die verschiedenen Formen von *Sadhana* und Meditation gekauft. Meine wichtigsten Fragen wurden nicht beantwortet, im Gegenteil, überall wurde betont, dass es für den Erfolg entscheidend sei, entspannt und ohne Schmerzen zu sitzen. Unter dem Stichwort *Tapas* glaubte ich, fündig zu werden – saß ich doch jeden Tag in Schweiß gebadet mit brennenden Schmerzen – dort las ich: *Hitze, Glut, eine Praxis, die eine höhere spirituelle Energie erzeugt*, aber weil diese Art von Übung das Ego stärke, wurde allgemein davon abgeraten. Über meine Beweggründe tappte ich zwar völlig im Dunkeln, aber das letzte, was ich wollte, war, mein Ego zu stärken. *Nur, wenn diese Praxis als Ziel ... das Erreichen des höchsten Wissens und Gotteserfahrung hat, kann sie als richtig bezeichnet werden.* Darunter konnte ich mir nun gar nichts vorstellen – wie sollte dieser Kampf mit dem Schmerz und der Konzentration zum *höchsten Wissen*, geschweige denn zur *Gotteserfahrung* führen? Fehlanzeige, ich musste ohne intellektuelle Hilfen auskommen.

So erzählte ich jahrelang niemandem davon, jeder hätte mich als einen Fall für die Psychiatrie ansehen müssen, zumindest als ausgeprägt masochistisch. Erst später verstand ich, dass es wichtig war, die Übung so voraussetzungslos und naiv wie möglich durchzuführen, da jede Erwartung den Weg gestört hätte.

An diesem Abend habe ich keine Idee von einem Ziel und will nach fünfzehn Minuten aufstehen. Vorsichtig bewege ich einen Fuß – ein strenger Blick von Baba lässt mich den Gedanken vergessen. Jetzt krame ich alle Rezepte aus, mit denen ich bisher versucht habe, die Übung durchzustehen. Ich konzentriere mich auf den Schmerz, blase ihn auf wie einen Luftballon, dass er platzt – manchmal verschwindet er dann plötzlich, aber heute nicht. Ich versuche, mich auf Babas Form und Namen zu konzentrieren, aber ich sitze in Flammen und fühle mich schier zerrissen. Die Spiele ziehen sich, keine Partei erreicht die höchste Punktzahl 29. Der Zustand der völligen Ergebenheit stellt sich nur ansatzweise ein, Ungeduld heizt das Schmerzempfinden an, aber die Spiele, Witze, Gespräche ziehen sich. Um kurz vor 1 Uhr steht Baba auf. Meine Beine tragen mich kaum, mehr wankend als gehend erreiche ich die Haustür, wo Baba noch stehenbleibt, alle segnet, zu Einzelnen noch manches Persönliche sagt. Als Er die Treppenstufen hochgeht, sagt Er leise »Bravo!« zu mir – zumindest Er scheint zu wissen, warum ich das tue. Als ich apathisch den Sari ausziehe, um endlich zu schlafen, ruft mich ein Devotee zum Essen mit Baba. Die Runde hat schon mit dem Essen begonnen, Baba lacht, wirft mir einen *Chapati* zu, später einen Kloß Reis. Langsam komme ich zu mir, das scharfe Essen tut gut. Wie jeden Abend wird Baba von den Gästen zu Seinen Räumen über dem Tempel begleitet. Vor der Tür bleibt Er noch lange stehen und spricht mit dem Augenarzt. Mr. S. schläft im Stehen. Es ist 3 Uhr, als ich unter meinem Moskitonetz liege. Am nächsten Morgen: *same procedure* während der Bhajans. Der Schmerz lässt keine Chance. »Schmerz kommt von Unruhe«, höre ich …

* * *

Februar bis Ostern 1999 – Seit etwa einem halben Jahr gehören die morgendlichen Sitz- und Meditationsübungen ab 4.30 Uhr zu meinem regelmäßigen privaten Tagesprogramm. Da ich Baba nie um eine Anweisung bat, mischte Er sich nicht ein. Die Konzentration auf das Mantra bewirkt, dass die Sinneseindrücke keine inneren Reaktionen von Sympathie oder Antipathie hervorrufen. Seit einiger Zeit sehe ich Baba beim Darshan hinter einem weißen Lichtschleier, oder Sein Kopf ist umgeben von einer weißen Wolke mit diffusen Konturen, die sich zwar synchron zu den Kopfbewegungen verhält, bei schnellen Bewegungen jedoch wie »hinterher schwimmt« und zeitverzögert die Kopfregion wieder »einholt«. Diese Phänomene entstehen von selbst, sie können nicht willentlich hervorgebracht werden. Im Gegenteil, je mehr die eigenen Gefühle und Gedanken schweigen und sich zurückziehen, umso mehr kann das göttliche Licht in

Sehübungen

Erscheinung treten. Und wenn es erscheint, ist es das Selbstverständlichste und Natürlichste von der Welt, denn in dem Moment ist niemand da, der es *erlebt*. Erst in der Erinnerung meinte ich, es notieren zu sollen.

Von Anfang an war mir Babas physische Gestalt das Schönste, Kostbarste und Zerbrechlichste, was ich je gesehen hatte.

Da der Mensch ein höchst komplexes Wesen ist, das angetrieben wird von widersprüchlichen Gefühlen und Gedanken, spiegelt der Bewegungsablauf bei jedem graduelle Störungen von Harmonie und Entspannung. Eine Wesenheit wie Balasai Baba ist aber nicht der Dualität unterworfen, darum wirken sich Antipathie, Sympathie und gehirngebundene Gedanken nicht auf seine physische Erscheinung aus. Das harmonische Fließen göttlicher Glückseligkeit und Einheit, nur dem Geistigen angehörend, bewirkt eine Schönheit, die auf dieser Erde unbekannt ist.

Die sonst größten Gegensätze vereinigen sich zu einer vollkommenen Synthese: Wenn die kleine, aufrechte Gestalt durch die Reihen geht, wirkt sie einerseits majestätisch und ehrfurchtgebietend, gleichzeitig strahlt sie eine kindlich-staunende Unbefangenheit aus, die unmittelbar zu Tränen rührt. Jede Bewegung, jedes Wort, jedes Lächeln, jede Neigung des Kopfes oder des Körpers drückt ausschließlich bedingungslose Liebe aus, schwingt sich vollkommen ein in die jeweiligen Bedürfnisse des Gegenübers und erweckt in diesem dessen schlummernde Göttlichkeit, die direkt als strahlende Freude und Dankbarkeit sichtbar wird. In jedem Moment entsteht so ein neues Bild, wie Gott Seiner Schöpfung begegnet und unablässig bezeugt, dass Er und Sie Eins sind. Die beschriebenen Lichterlebnisse waren für mich dagegen nichtssagend …

In Balasai Babas physischer Gestalt erlebe ich bis heute in jedem Augenblick alle Aspekte der formlosen Göttlichkeit – Schönheit, Liebe, Weisheit, Wahrheit – so unmittelbar und vollkommen, dass ich nur dasitzen und in dieses Bild versunken bleiben möchte.

Als an diesem Karfreitagmorgen Balasai Baba im lila Kleid auf Seinem Thron sitzt, ist mir, als sähe ich durch eine andere Brille – eine Brille, die mich sehen lässt, dass alles aus Farbe und Bewegung besteht, besser gesagt, dass Farbe und Bewegung »wirklicher« sind als die mit ihnen verbundene Materie. Dieses »Sehen« fand auch nicht mit den physischen Augen statt und war noch ganz ungewohnt und die Empfindung ganz zart, aber ich konnte deutlich unterscheiden, dass Farbe und Bewegung »unvergänglicher« sind als die physische Materie. Ich empfand diese nur als »Kulisse«, dazu da, das Unvergängliche zu »transportieren«. Erst später merkte ich, dass dieses Erlebnis nur eine abstraktere Ausgabe dessen war, was ich von Anfang an mit Balasai Babas physischer Form verband: Sie transportiert ganz real Seine formlose Göttlichkeit auf die Erde.

* * *

Ostern

Gründonnerstag abends wird draußen auf den roten Teppichen Carromboard gespielt. Beim Mittagsschlaf hatte ich einen Traum: Baba in einer Ansammlung mehrerer Menschen. Meine Mutter spricht mit Ihm, die anderen sind in ihre Probleme verwickelt und sehen Baba nicht.

Gegen 24 Uhr fliegt eine Eule, ein Käuzchen, vom *Alten Mandir* (der »Alte Tempel« ist der Vorläufer des neuen und wird für viele Zwecke benutzt) und landet in der Nähe im Hof des Tempels. Gewöhnlich sitzt fast jeden Abend eine Gruppe dieser kleinen weißen Eulen mit den ausdrucksstarken Gesichtern hoch oben auf der Spitze des Tempels und macht sich mit merkwürdig zwitschernden Lauten bemerkbar. Es scheint, dass das Käuzchen verletzt ist, denn selbst als eine Devotee ihm eine Schale mit Wasser bringt, bleibt es sitzen.

Durch die Ungeschicklichkeit des Wachmannes, der offenbar meint, es verscheuchen zu müssen, erschreckt es sich, flattert auf und fliegt Richtung Flussmauer, dorthin, wo in der Ecke ein Brunnen ist, der mit einem schweren, einzementierten Eisengitter gesichert ist. Ganz gegen

Seine Gewohnheit springt Baba vom Spiel auf, ohne es zu beenden, folgt dem Tier und sagt: »Wir wollen es fangen und pflegen!« Über dem Brunnen an der Mauer hängt es kopfüber, festgekrallt mit einem Fuß. Als wir uns nähern, lässt es aus Angst los und fällt in das Wasser. Alle stehen erschrocken um das Eisengitter und schauen in die Tiefe. Das schwache Licht einer Taschenlampe spiegelt sich auf dem Wasser, etwa drei Meter unter dem Gitter. Dort schwimmen nur ein paar alte Blätter. Die Eule ist nicht zu sehen. Niemand spricht ein Wort, aber allen scheint klar, dass angesichts der Umstände – Dunkelheit, Eisengitter, Tiefe der Wasseroberfläche, die Eule scheint ertrunken, usw. – eine Rettung unmöglich ist.

»Wir müssen sie herausholen!«, fallen Babas Worte in die Stille. Alle Augen taxieren skeptisch das Eisengitter, das in dicke Steinplatten eingemauert ist, aber Baba insistiert: »Es ist ein lebendiges Wesen! Wir müssen alles versuchen! *Try maximum!*« Schließlich holt einer eine Brechstange und einen Vorschlaghammer. Die Steinplatten werden aufgehebelt, die Eisenstangen gelockert und herausgebrochen, bis das Gitter abgenommen werden kann. Während lebhaft verschiedene Möglichkeiten erwogen werden, die Wasserfläche zu erreichen (eine Leiter hatte sich als zu kurz erwiesen), schwimmt plötzlich mit heftigen Flügelschlägen die Eule aus einem Loch in der Mauer, wo sie sich verborgen hatte, in den Brunnen hinein. Jetzt scheint eine Rettung aussichtsvoll, und man einigt sich, einen Korb an einem Seil herunterzulassen. Jemand holt ein Seil, das an einen Korb geknotet wird. Langsam wird der Korb heruntergelassen, aber kaum hat er die Wasserfläche berührt, stößt er auch schon auf, die Wassertiefe ist zu gering! Trotzdem versucht man, die Eule in den Korb zu manövrieren, und es scheint zu gelingen! Alle halten den Atem an – gleich ist sie im Korb – aber der Korb verliert das Gleichgewicht und sie gleitet wieder heraus. Immerhin – noch lebt sie! Ein flacherer Korb wird vorbereitet und in der Mitte mit einem Stein beschwert, aber jetzt sind die Stricke zu kurz. Zwischendurch verschwindet die Eule im Loch, kommt aber nach einer Weile wieder heraus. Das Taschenlampenlicht wird schwächer und der lange Stock ist zu kurz, um sie in den Korb zu befördern. Etwa eineinhalb Stunden sind seit Beginn der Rettungsaktion vergangen. Seit einer Weile bewegt sich das Tier nicht mehr, alle haben die Hoffnung aufgegeben, das Käuzchen lebend zu retten, und wollen die Aktion beenden, aber Baba besteht darauf, sie zu holen: »Es würde uns keine Ruhe lassen! Wir müssen wissen, ob sie tot oder lebendig ist!« Irgendwann rutscht sie in den Korb. Jeder fasst noch einmal Hoffnung, als sie hochgezogen wird. Unendlich vorsichtig nimmt Baba das Tier aus dem Korb: »Sie muss mit dem Föhn getrocknet werden!« Dann untersucht Er sie mit der Taschenlampe – der Augenreflex bleibt aus … Alle stehen ergriffen und viele zu Tränen gerührt. Baba hält die Eule in Gesichtshöhe und berührt sie zärtlich mit der Wange – das herzzerreißende menschlich anmutende Gesicht der kleinen toten Eule mit den dunklen, offenen Augen neben Babas Gesicht, das keine Trauer kennt, nur unendliches Mitgefühl … Einen Augenblick schließt Er die Augen und Sein Gesicht strahlt nur die unfassbare göttliche Liebe für Seine Kreatur wider. Wie zum Trost wendet Er sich uns zu und erklärt: »Das Bein war schon lange gebrochen, der Gelenkknochen liegt frei, sie war durch eine Blutvergiftung geschwächt!« Und um uns aufzumuntern: »Auch wenn sie tot ist, jetzt müssen wir nicht mehr überlegen, wie es ihr geht!«

Mit Liedern und Blumen wird die kleine Eule unter einem Baum im Garten beerdigt. Mittlerweile ist es Karsamstag Morgen. Tod und Auferstehung – mit welcher Ernsthaftigkeit hatte Baba sich um jede Phase der Rettungsarbeit gekümmert, wie sehr ist Er unserer menschlichen Tendenz zu Resignation und Kleinmütigkeit, Zweifel und Bequemlichkeit entgegengetreten. Ohne Ihn hätte niemand die Rettungsaktion auch nur angedacht. Baba hat alles getan, damit wir aufstehen – auferstehen – konnten, um am Schluss zu zeigen: Ich bin die Eule! Sie ist in mir aufgehoben! Wie um das zu bestätigen, sagt Mr. Subramanyam: »Nach einem Begräbnis ist es bei uns Sitte, zusammen zu essen!« Und bei einem kräftigen indischen Ostermahl mit Baba kehren auch unsere Lebensgeister zurück.

* * *

Osterrückflug In zwei Tagen ist mein Flug nach Deutschland. Nach der nachmittäglichen Gartenaktion sagt Baba: »Wir sehen uns nach dem Darshan!«

Zwischendurch Kofferpacken, Aufräumen. Baba kommt wie versprochen und nimmt die Wartenden mit zum Rundenlaufen um den Tempel. Ich darf neben Ihm laufen. »Willst du mir was sagen?« Damit gibt Er mir Gelegenheit, Fragen zu stellen, die mir wichtig sind. Mein Kopf ist wie immer in solchen Situationen leer und ich wage nicht, nach dem *Sitzen* zu fragen, aus Angst, nicht verstanden zu werden. »Ich bin glücklich«, sage ich.

Nach einigen Bemerkungen zu meiner Reise und Rückkehr kommt die merkwürdige Aussage: »Wir laufen die Runden für dich!« *Pradakshina*, das Umrunden eines Heiligtums, ist eine spirituelle Übung. Heute ist Ostern, was segnet Baba damit? Genau neun Runden sind beendet, als wir bei Annapurna, der Frau des Trust-Managers, einkehren. Es gibt Kaffee, danach lässt Baba eine Waage holen, jeder wird gewogen, Baba wiegt sechzig Kilogramm. Danach Carromboard. Mein neuer Platz nahe beim Board ist noch leer, also setze ich mich dahin. Auch heute stellt sich keine Ruhe ein, die Beine sind heiß, durch die Anstrengung fließt der Schweiß, die vierzig Grad Außentemperatur tun das Übrige. Als ich nach einer Stunde plötzlich ohne Schwierigkeiten weiter hätte sitzen können, steht Baba auf. Wir stehen vor der Tür, ich erwarte das abendliche Abschiedszeremoniell, aber Baba geht ohne Segen hinein, ich sehe nur noch Seinen Daumen, der nach oben zeigt.

Am nächsten Morgen ein letzter Gang zur Mauer, verwelkte lilafarbene Bougainvilleen fliegen in den Fluss, Uncle gibt mir feuerrote Hibiskusblüten, die ich Ganesha zu Füßen lege. Am Busbahnhof steht ein Bus nach

Hyderabad bereit. Die Reisfelder sind geerntet, die Garben liegen gebündelt auf dem Feld, teilweise schon gedroschen, bei anderen sieht man die reifen braunen Rispen. Während des *Sitzens* im Bus kommt mehrfach ein zarter Rosenduft. Im Ashram habe ich Zeit, mich auszuruhen und auszustrecken. Girija, die Ashrammanagerin, bringt mir *Idlis* und Tee.

Im Flughafen-Restaurant ist nur noch Platz neben drei netten Engländern. Einer trägt einen Cowboy-Hut und spricht ein breites, aber klangvolles Londoner Pidgin-Englisch. Als sie hören, woher ich komme, entsteht ein Gespräch über Gott, das mit dem alten Argument endet, Gott sei eine Erfindung des Menschen. Der mit dem Hut war bei Sathya Sai Baba und hält ihn für einen Magier wie Merlin. Er kann sich dessen Kräfte zwar nicht erklären, aber es reißt ihn auch nicht »aus der Tagesordnung«.

Ostermontag. Landung in Frankfurt. Die Bäume stehen in voller Blüte. Abends bei Freunden sehen wir ein Video über Babas Geburtstag. Baba ist mir noch sehr nah und ich habe den Wunsch, Ihn zu sehen. Beim Blick aus dem Fenster sehe ich auf der Straße eine orangefarbene Gestalt – erst nach dem Bruchteil einer Sekunde erkenne ich die Mülltonne. Baba – unser Mülleimer … Wie viel Gedankenmüll, Emotionsmüll und Handlungsmüll muss Er täglich ertragen und aufnehmen, ohne etwas ändern zu können?

»Für eure Gefühle und Gedanken seid ihr selbst verantwortlich. Selbst Gott kann daran nichts ändern. Ohne eigene Anstrengung geht nichts! Aber ihr könnt Ihn bitten, euch dabei zu helfen!«, betont Baba immer wieder, wenn ein Devotee erwartet, dass Er ihm diese Arbeit am eigenen Charakter abnimmt. Wer ist in der Lage, Balasai Babas Angebot *Gebt mir eure Traurigkeiten und Sorgen und nehmt dafür meine Glückseligkeit* zu folgen? Zu sehr identifizieren wir uns mit unseren Leiden und selbstgemachten Grenzen und halten daran fest, anstatt sie vertrauensvoll loszulassen. Wie oft musste ich erkennen, dass ich einer Illusion erlegen war, wenn ich glaubte, eine Sorge losgelassen zu haben, und erlebte, dass sie bei der nächsten Gelegenheit wieder meine Gedanken tagelang beschäftigte – das gilt vor allem für die tiefsten und verstecktesten Muster.

Im *Yantra Schöpfungsbuch der QUELLE* heißt es dazu: »Ich bin auf die Erde gekommen, damit ihr Menschen heimkehrt in eure irdische Lebensfreude, heimkehrt in euer Glücklichsein mit allem Göttlichen auf dieser Erde, heimkehrt in eure Glückseligkeit, wenn ihr eins seid mit mir.«

* * *

Als Permanente im Ashram von Balasai Baba

Nachdem meine Mutter im April noch eine schwere Operation gut überstanden hatte und den Alltag selbständig meistern konnte, buchte ich den Flug zurück nach Indien. Der Abschied von meinem Mann war nicht leicht. Ich liebte ihn und eigentlich »brauchte« er mich, aber ich hatte keine Wahl. Trotz seines Schmerzes unterstützte er mich finanziell beim Kauf eines Zimmers im Ashram von Kurnool. Bis heute ist er ein zuverlässiger Freund geblieben, der mir in vielen Angelegenheiten zur Seite steht.

Am 7.7. 1999 – die Zahlensymbolik ist mir erst später aufgegangen – stehe ich wieder vor dem Eingangstor des Ashrams. Der Eingangsturm leuchtet feuerrot, alle anderen Gebäude sind frisch weiß gestrichen: die Farben von Shiva und Shakti, den Schöpferaspekten, deren Verkörperung Sri Balasai Baba ist.

Obwohl ich auch in Deutschland jeden Tag »gesessen« habe, erlebe ich keine Veränderung, im Gegenteil, eher einen Rückschritt. »Auf die Früchte der Handlungen verzichten«, kommt mir dumpf in den Sinn. Beim abendlichen Carromboard stelle ich irgendwann meine Beine auf und denke: »Ich muss mich ja nicht quälen!«, aber sofort erinnert mich ein – wie mir scheint – mitleidig-ironischer Blick von Baba.

Am nächsten Morgen überstehe ich die Zeit nur mit intensivster Konzentration auf die Form von Baba. Gleichzeitig mit einem inneren Bild entsteht das Gefühl, als ob feine Kanäle »nach oben« entstünden … Abends »klappe« ich meine Beine zusammen und sage innerlich: »Baba, ich kann nicht anders!« Baba nickt.

Zwei Wochen später bekomme ich Malaria, und da wir alle im Ashram von Hyderabad mit fünfzehn Personen in einem Raum schlafen, hat die Mücke gleich weitere vier Besucher angesteckt. Wir liegen alle im gleichen Krankenhaus, die indischen Ärzte verstehen sich auf die Behandlung und nach einer Woche sind wir wieder im Ashram. Als Baba kommt, segnet Er uns: »Altes Karma ist gegangen, neues kommt!« Die Malaria war der Anfang von mehreren, zum Teil nicht ungefährlichen Krankheiten, die ich im Laufe der Jahre überstand.

In einer Runde fragt ein Besucher nach der Beziehung zwischen Shirdi Sai Baba und Balasai Baba. Baba: »Gott ist mit keinem und jedem verbunden: Shirdi-Ulli, Shirdi-Hermann – alle sind Stücke vom gleichen großen Kuchen. Shirdi Sai Baba hat mir aufgetragen, Seine Aufgabe weiterzuführen und Menschlichkeit, Toleranz, Liebe und soziales Denken zu lehren. Eine Göttliche Inkarnation wird mit allen göttlichen Kräften geboren. Da Gott jeden von euch kennt, bekommt ihr die spirituellen Erfahrungen, die ihr braucht. Darum sind alle spirituellen Wege verschieden und nicht miteinander zu vergleichen, denn genau so wie ihr eine persönliche Seele habt, ist euer Weg auch ganz persönlich. Entscheidend ist, dass jeder Glauben und Vertrauen entwickelt, dass sein Weg genau der richtige ist.«

Diese Botschaft machte mir wieder deutlich, dass ich keine Energie mit gedanklichen Konfusionen verschwenden sollte, und das entlastete mich. Die Herausforderungen waren gerade richtig, um das Leben hier nicht langweilig werden zu lassen. War die Zeit des *Sitzens* vorüber, hatte ich sie auch schon vergessen. Und so freute ich mich an dem, was das Leben mir in seiner Fülle bot. Bis jetzt gab es an den äußeren Lebensbedingungen nichts, was mich störte, weder das einfache Wohnen, die ungewohnte Nahrung, das Klima, die Natur, meine Mitmenschen im Ashram, das indische Umfeld, der Tagesablauf – im Gegenteil, ich hatte an Bequemlichkeit und Komfort alles, was ich brauchte. Jeden Morgen wachte ich mit einem Gefühl von unendlicher Dankbarkeit auf, zu Füßen Gottes sitzen zu dürfen, und fühlte mich als der am reichsten beschenkte Mensch. »*Paradise now!*«, dachte ich, als wir an einem der Gartenaktionstage mit Baba in der Runde im Garten saßen, Tee tranken und Papayas aßen – Baba blickte auf und nickte.

* * *

Der Vollmond des Gurus

Juli 1999 – Die meisten religiösen indischen Feste richten sich nach dem Mond aus – sie sind entweder dem Voll- oder dem Neumond zugeordnet. So findet zum Beispiel *Mahashivaratri*, die *dunkle Nacht Shivas*, am dunkelsten Neumond des Jahres entweder im Februar oder März statt, und der hellste Vollmond des Sommers ist dem *Guru*, dem *Führer aus der Dunkelheit* gewidmet. Außer der traditionellen Geburtstagsrede hält Sri Balasai Baba nur zu diesem Anlass eine öffentliche Rede, was deutlich macht, welch große Bedeutung Er dem Konzept des *Gurus*, insbesondere des *spirituellen Gurus* gibt, der die Brücke ist zwischen dem Gott in der Form und dem formlosen Gott. Während im Westen der Begriff negativ belastet ist, weil die Betonung auf *Ver*-Führer liegt, wird er in Indien allgemein akzeptiert, denn damit sind die Menschen gemeint, die den gerade geborenen Erdenbürger im weitesten Sinne als »Lehrer« durch sein ganzes Leben begleiten. Da sind zuerst die Eltern, dann die Lehrer in der Schule, der Meister, der den jungen Menschen seinen Beruf lehrt, und schließlich der spirituelle Lehrer. In diesem Sinne gehört sogar die Natur zu den Lehrern, die materielles und spirituelles Wissen schenken.

28. Juli 1999 – »Meine lieben Verkörperungen der Liebe! Ihr seid alle aus verschiedenen und weit entfernten Orten und unterschiedlichen Lebensumständen hierhergekommen. Studenten wie Professoren warten seit langer Zeit darauf, Babas Segen zu empfangen. Ich bin glücklich, dass ihr alle hier seid, um meine Botschaft und meinen Segen zu erhalten. Ich segne euch, in jeder Hinsicht zu gedeihen und glücklich zu sein. Ich segne die Geschäftsleute für florierende Geschäfte, Studenten mögen ihre Examen bestehen, Mädchen mögen einen Ehemann finden, Eheleute mögen miteinander glücklich sein, Jugendliche mögen auch in spiritueller Hinsicht wachsen, alte Menschen mögen einen friedlichen Lebensabend erleben, Arbeitslose mögen Arbeit finden! Ich sorge für alle! Wir beten zu verschiedenen Gottheiten wie Brahma, Vishnu oder Shiva, aber alle sind Gott. Wenn wir Gott und Guru nebeneinander stellen, so stellen wir fest, dass Gott über allem steht und der Guru ebenfalls. Die Form des Gurus stellt Gott dar. Der Mensch erweist zuerst der Form Respekt, Achtung, Verehrung. Für jeden ist die Mutter der erste Guru. Der nächste ist der Vater, dann die Lehrer, schließlich der Guru für den spirituellen Weg. Ihr studiert Physik, Mathematik, Ingenieurswissenschaften, lauter materialistisches Wissen, auch die Lehrer in diesen Fächern sind eure Gurus. Der Guru muss nicht eine bestimmte Form haben, eine bestimmte Person sein. Jeder Mensch, von dem wir etwas lernen können, ist der Guru, entweder in materieller oder in spiritueller Hinsicht. Der Zweck meiner Inkarnation ist es, den Devotee in allen Aspekten zum Erfolg zu führen. Bis jetzt denken die Menschen, man soll nur in spiritueller Hinsicht erfolgreich sein. Aber Materielles und Spirituelles hängen zusammen wie Licht und Dunkelheit, Frau und Mann, Abend und Morgen, Gut und Böse, nie ist eins ohne das andere, wir müssen immer beides zusammen sehen! Erfolg ist darum in beiden Bereichen nötig, weil sonst die Wiedergeburt erfolgen muss. Wenn man Babas Lehren beherzigt, kann man Befreiung erlangen, dafür segne ich euch! Aber, meine lieben Devotees, alles hängt von eurem Glauben und eurem Vertrauen ab! In spiritueller und materieller Hinsicht ist Vertrauen nötig. Wenn man glaubt, etwas ist vorhanden, dann ist es auch da! Es hängt von eurem Vertrauen ab! Mit eurer guten Absicht, eurem

Glauben, eurer Zuversicht ist alles möglich. Von nichts bekommt ihr nichts, von etwas könnt ihr etwas erhalten. Mit großem Vertrauen kann der Gottesverehrer sogar den Guru übertreffen – dafür ein kleines Beispiel:

Ein Mann war auf der Suche nach einem guten Guru. Er erfuhr, dass der große Guru täglich zum Fluss ging, um ein Bad zu nehmen. Er legte sich deshalb quer über den Weg, den der Guru gehen würde, und hoffte, dieser würde ihn dann bemerken. Als der große Guru kam, sagte dieser: ›Steh auf, oder soll ich dich schlagen?‹ Der Mann dachte, das sei das Mantra, auf das er sehnlich gewartet hatte, und voller Glauben wiederholte er seitdem ständig diesen Satz wie ein Mantra. Im Laufe der Zeit wurde der Mann auf Grund seines starken Glaubens sehr machtvoll. Alles, was er sagte, wurde wahr. Er heilte Menschen und konnte sogar Tote damit erwecken! Alles geschah durch die Kraft dieses Mantras, und so wurde er größer und mächtiger als der Guru. Der Glaube und das Vertrauen sind von größter Bedeutung.

Jeder hat seine Methode, um zu Gott zu beten, und Gott wird dadurch glücklich sein. Ich segne euch alle in euren Bemühungen, Gott zu erreichen. Es ist nicht genug, zu Hause zu hocken und Babas Namen zu singen. Man sollte alles in Seinem Namen tun! Lippenbekenntnisse sind nicht ausreichend. Wenn jemand viel Geld zu Hause in seinem Schrank hat und mit dem Schlüssel in der Hosentasche zu Gott kommt und sagt: ›Alles gehört Dir!‹ so ist das nicht die richtige Haltung. Gott hat euch alles gegeben. Warum wollt ihr Gott nicht wenigstens einen Teil davon wiedergeben und Seine Projekte unterstützen? Wenn ihr so handelt, werdet ihr glücklich sein und durch euren *Seva* andere ebenfalls glücklich machen. Indem ihr dem Guru dient, wird euch in materieller und spiritueller Hinsicht aller Erfolg beschieden sein! Das Vertrauen in den Guru ist das Wichtigste! Ich segne euch alle in euren Bemühungen, Gott zu erreichen! Baba als die Verkörperung der Glückseligkeit segnet euch alle! Seid glücklich!«

* * *

Spirituelles Carromboard

Ich darf mit Baba Carromboard spielen, das geschieht nur ausnahmsweise, dafür übe ich oft allein oder mit anderen an einem zweiten Brett. Da ich herzlich schlecht spiele, beruhigt Baba mich: »Es geht nicht ums Gewinnen. *Try maximum!* Gib dein Bestes!«

Dahinter steht das Konzept, dass nicht das »richtige« oder »falsche« Ergebnis einer Handlung wichtig ist, sondern dass das Ich erkennt, dass es nichts selbst bestimmen kann, weil es – im tiefsten Sinne – nicht selbst handelt, vergleichbar mit der Sonne, die stillsteht, während sie für unsere Augen auf- und untergeht. Balasai Baba empfiehlt darum, sein Bestes zu tun und die Früchte Ihm zu überlassen, was schließlich zur Selbstlosigkeit führt. Die Einstellung dem Leben gegenüber ist dann die eines Kindes, das sich selbstvergessen ganz auf sein Spiel konzentriert, glücklich ist im Erleben der eigenen Fähigkeiten und seine höchsten Potentiale aktivieren kann, ohne durch den Vergleich Überlegenheits- oder Unterlegenheitsgefühle zu bekommen. Selbstvergessenheit ist eine der höchsten Erfahrungen auf dem spirituellen Weg …

Ich spiele, so gut ich kann, versuche mein Bestes und auch, mich nicht schlecht zu fühlen, was nicht so einfach ist. Baba ist unterstützend, einfühlend, schießt extra mittelmäßig bis schlecht, platziert die Steine in eine für mich günstige Position, kurz, tut alles, um mich zu entspannen. Meine Aufregung legt sich und ich kann mich auf das Spiel konzentrieren und mich daran freuen.

Als ich das Spiel im letzten Jahr kennenlernte, war ich in der kleinen Gruppe, die in jeder freien Minute übte. Eine etwas schulmeisterliche Devotee beklagte sich bei Baba, dass wir uns besser auf Gott konzentrieren sollten, worauf Baba antwortete: »Das Spielen ist ein Aspekt, um kämpfen zu lernen. Es ist wichtig, alles als Übung zu nehmen!« Das Carromboard-Spiel ist hier bei Balasai Baba ein Beispiel für *spirituelle Übung* schlechthin. Es verlangt – neben großer Fingergeschicklichkeit und strategischem Denken – Geduld, Selbstbewusstsein, Durchhaltevermögen, Gelassenheit, Spannungslosigkeit, Konzentration, innere Ruhe, Akzeptanz, Humor, Leichtigkeit, Initiative,

Mut, Eigenständigkeit – Eigenschaften, die auf dem *Spirituellen Weg* Voraussetzungen sind. Jede Phase des Spieles ist eine besondere Mischung aus Konzentration und Spaß. »Der spirituelle Weg ist ein Weg auf des Messers Schneide«, gibt Baba oft zu bedenken: »Er ist sehr schmal und nur zu schnell stürzt man rechts oder links ab!« Als Anfänger kann man sich schwer ein Bild davon machen, wie sehr das spirituelle Leben, im Unterschied zum Leben in der materiellen Welt, ein Verändern fast aller Lebensgewohnheiten, Prägungen und Konditionierungen erfordert. Dabei hält Balasai Baba nichts von den alten, traditionellen Wegen, die durch Leiden – Verzicht, Askese und Bußübungen – den Körper unter das Diktat des Geistes bringen sollen.

»Gott ist Glückseligkeit, nur auf dieser Ebene kann der Mensch Gott erfahren, darum: Seid glücklich! Nur Gott ist wirklich, alles andere ist Illusion! Nehmt nur Gott ernst und euer göttliches Ziel! Wir erreichen das Ziel mit Spaß und Spiel!«, ist einer Seiner Lieblingssätze. Unter vielen anderen Spielen sind Wortspiele Seine Leidenschaft! An diesem Abend kreiert Baba ein neues Wortspiel, das noch niemand kennt: »Wenn du nicht *wholehearted* bist (mit dem Herzen ganz dabei bist), dann bist du *hole-hearted* (hast du ein Loch im Herzen).«

Er ergänzt: »Gott ist allmächtig und allgegenwärtig. Sein Segen verstärkt das, was da ist, das, was du glaubst! Darum pass auf, was du dir wünschst! Denke positiv und vertraue! Wenn du vertraust, ist alles da, wenn nicht, ist nichts da! Ihr könnt mit euren Augen und Ohren nicht sehen und hören, was ich für euch tue!«

Eine langjährige Devotee macht sich Sorgen, ob Baba die Beziehung zu ihrem neuen Freund segnet. Es ist ihr großer Wunsch, eine Familie und Kinder zu haben, sie kann aber Sex noch nicht genießen. Heute Morgen beim *Satsang* hatte Baba, ganz wie es Seine Art ist, erst einmal die Gegenposition eingenommen – das macht Er oft, um zu prüfen, wie stark der Wunsch ist. Er argumentierte, welche Freiheit sie aufgibt, dass Sex nur Bindung sei, dass Gottes Früchte für Bauch, Herz und Verstand satt machen, während Sex nur hungrig macht, dass jede Mutter nur will, dass ihr Kind glücklich ist, »die das nicht wissen, sollen die Kinder machen«, usw. Die Devotee wurde immer blasser und saß den ganzen Abend unglücklich dabei. Ganz unvermittelt lächelt Baba sie an, streichelt sie liebevoll und sagt: »Ich segne dich für deinen Wunsch! Du bist der Lustwagen! P. ist der Lustwagenfahrer! Seid glücklich!« Er prophezeite ihr dann noch, dass sie im Alter von vierzig mit zwei Kindern unter dem Arm zu Ihm in den Ashram käme (damals war sie Mitte dreißig). Es geschah genauso. Heute ist sie glücklich verheiratet – allerdings mit einem anderen Mann – und besuchte Balasai Baba mit zwei kleinen Mädchen.

* * *

Im Spätherbst dieses Jahres lernte ich M. kennen, eine junge Französin, die über weite Teile des Jahres in Pondicherry lebte, aber seit Jahren auch immer wieder den Ashram von Balasai Baba besuchte. Die Ashrambewohner und -besucher verhielten sich ihr gegenüber reserviert, was ich zunächst auf Sprachschwierigkeiten zurückführte, da sie (neben Französisch) nur ein schwer verständliches Englisch sprach. Ich sah eine Gelegenheit, meine brachliegenden Brocken Französisch wieder aufzufrischen, und ging offen auf sie zu. Anfangs war unser Austausch erstaunlich positiv, dann aber merkte ich, dass sie Probleme hatte, die mit ihrer inneren Sicht auf die Dinge zusammenhingen. Wir entdeckten unseren gemeinsamen französischen Liederschatz, und beim Singen gab es entspannte und sogar lustige Momente, denen jedoch regelmäßig unerwartete destruktive Ausbrüche gegen Alles und Jeden folgten. Eine Weile noch hielt ich ihre Kritiksucht am Ashram, den Bewohnern und Baba aus und glaubte naiv, ihre Zweifel zerstreuen zu können, fühlte mich aber zusehends unwohl, weil sie nur ihre negative Sicht bestätigt haben wollte. Seit Jahren versuchte Baba mit allen Mitteln Risse in dieser Mauer aus Unglück zu erzeugen – diesmal mit einer Botschaft:

Von wahren und falschen Gurus

»Wenn ihr euch innerlich aus Schwierigkeiten und Problemen herausholen wollt, wiederholt das Wort *Gott* oder *Balasai*, meditiert und konzentriert euch auf Gott. Wenn ihr den Zyklus der immerwährenden Geburten und Wiedergeburten beenden wollt, arbeitet an eurem Verstand und erfüllt ihn mit Gedanken an Gott. Bittet um das Verschmelzen mit Gott. Ihr braucht nicht um etwas Besonderes zu bitten, denn ihr seid hier und ich kümmere mich um alle eure Bedürfnisse. Aber der Wunsch nach Befreiung sollte euch immer gegenwärtig sein. Dann hat alles Karma keine Macht mehr, weil eure Handlungen, Gedanken und Worte nur noch das Gute betreffen. So kann das schlechte Karma euch nichts mehr antun. Solch ein Devotee verlässt den materiellen Lebensweg und kommt näher zu Gott. Wir müssen achtsam sein, um das Lebensziel der Befreiung nicht aus den Augen zu verlieren, sowohl was den materiellen als auch was den spirituellen Aspekt des Lebens betrifft. Steigt vom menschlichen Denken zum göttlichen Denken auf. Alles Göttliche ist bedingungslos. Gott gibt und bietet jederzeit alles an, der Mensch in der materiellen Welt nimmt nur. Das Thema, über das ich spreche, handelt davon, welche unterschiedlichen Qualitäten Gott und Mensch haben. Es gibt keinen Grund für das, was Gott gibt und tut, aber Gott gibt unentwegt. Nur der Mensch nimmt und will immer mehr. Er ist selbstbezogen wie ein Kind und immer gierig.«

»Was sollen wir tun, wenn wir in einer Gesellschaft leben, die uns mit allem versorgt?«, fragt die Devotee. Es entsteht eine der fruchtlosen Diskussionen: »Manchmal müssen wir auf Gottes Gnade warten. Obwohl wir im Grunde gut sind und angenehme Lebensumstände haben, wissen wir nicht den Grund dafür und müssen geduldig sein. Du musst innere Stärke, Geduld und Mut aufbringen.«

Obwohl die Devotee bei ihren bekannten Argumenten bleibt, unterhält sich Baba mit unendlicher Geduld weiter mit ihr: »Wenn ein Devotee nicht versteht, was ich sage, drehe ich mich zur Seite und schweige. Ich sage, was ich muss, und egal, was du redest, es macht für mich keinen Unterschied, ich schließe meine Ohren.« Und dann scherzhaft: »Du musst wissen, dass ich auch gierig bin! Ich renne nämlich hinter dir her und halte dich ab vom falschen Weg, um dich zu retten – das ist mein tiefer Wunsch!« Besagte Devotee: »Machst Du nicht auch irgendwas für Dich selbst?« Baba: »Ich brauche nichts. Ich kam nur für euch! Wenn du nichts tust, muss ich dich zu mir bringen!« Devotee: »Warum soll ich hierher kommen, anstatt zuhause zu bleiben und dort Bhajans zu singen? Du bist überall in meinem Haus – viele Bilder von Dir stehen da!« Baba: »Zuhause zu bleiben geschähe aus persönlichen eigensüchtigen Motiven, weil du hier die Situationen mit mir und den anderen vermeiden möchtest. Die Puja würdest du nur dir zu Ehren machen, nicht für mich – das wäre Selbstbefriedigung! Die Kuh gibt Milch, ihr Körper ist voll davon, aber nur, wenn du am Euter ziehst, kannst du sie melken, wenn du sie am Schwanz ziehst oder an den Ohren, kommt nichts. Komm zu Gott selbst und empfange Gnade und Seligkeit, opfere nicht den Bildern oder Tempeln, dadurch erwirbst du dir nicht Gottes Gnade! Furcht entsteht nur dadurch, dass wir glauben, etwas zu verlieren. Sei furchtlos, das ist die höchste göttliche Eigenschaft! Der Mensch gibt nur innerhalb seiner Grenzen, Gott ist grenzenlos, Seine Wege sind ohne Anfang und Ende – Er besteht nur aus Hingabe. Heutzutage ist die Welt voll von der Macht des Geldes, und die ist böse. Von Kindheit an konnte mich niemand von etwas anderem überzeugen, viele haben es versucht, aber umsonst. Auch dir wird es nicht gelingen – niemand kann mich in ein Drama hineinziehen.« Devotee (drückt zum x-ten Mal ihre krankhafte Eifersucht aus): »Aber Du sprichst meistens nur mit M.!« Baba: »Ich gebe und erzähle jedem alles! Aus gewissen Gründen sind manche Personen mir direkt für meine göttlichen Absichten gegeben. Das kannst du verstehen oder bleiben lassen. Dieses ist u n s e r Ashram, nicht meiner! In welcher Inkarnation hat Gott je so gesprochen? Ich wohne nur in einem kleinen Zimmer! Aber mit einem echten Guru zu leben ist mehr als der Himmel! Was der wirkliche Guru lehrt, erfüllt sich sofort und alles geht schnell. Bei einem unechten Guru habt ihr zwar vielleicht materielle Einbußen, aber auf spiritueller Ebene wird Gott euch beschützen, wenn euer Glauben und Vertrauen in den Guru echt sind. Der Ort, wo ein Guru lebt, ist heilig, darum beschützt Gott euch! Die Zeit, die ihr mit einem falschen Guru verbringt, mag verschwendet sein, aber euer echter Glaube ist göttlich, darum wird Gott euch zur rechten Zeit beschützen. Die Zeit bei einem falschen Guru ist zwar verschwendet und er mag euch betrügen, aber wenn euer Glaube stark ist, nimmt Gott euch mit sich. So hilft euch auch der falsche Guru indirekt. Auch wenn ihr die Absicht hattet, Gott zu erreichen, euer Karma hat euch zu dem falschen Guru geführt. Aber egal, ob der Guru ein falscher oder ein richtiger ist – beide führen euch zum gleichen Ziel. Es gibt zwar falsche Gurus, aber keinen falschen Gott – darum habt keine Angst, Gott rettet euch und ist mit euch! Ein wahrer Guru sorgt für das Wohlergehen Seiner Devotees, hilft, mit Selbstvertrauen auf den eigenen Füßen zu stehen und unabhängig zu sein. Menschen, die den spirituellen Weg gehen, sollten die Einstellung haben, dass das, was immer ihnen passiert, egal, ob es gut oder schlecht ist, nur zu ihrem Guten ist. Wenn du zum Beispiel bei einem Unfall dein Auto verlierst, dann bedenke, dass du noch deine Beine hast und immer noch laufen kannst. So siehst du es von der positiven Seite und kannst dankbar sein, und Gott ist dann auch glücklich. Was heute notwendig ist, ist morgen nutzlos – warum sollten wir uns deswegen traurig oder depressiv fühlen? Von dem Guten in einer Person fühlt Gott sich angezogen. Versuche, innerlich ruhig zu bleiben, wenn dich etwas stört oder beunruhigt – reagiere nicht! Ich bin allezeit glücklich, das ist meine Natur, es ist meine Natur, mich an allem zu erfreuen, meine Natur ist die Liebe.«

Zum Abschluss gibt Er der chronisch unzufriedenen und unglücklichen Devotee einen wichtigen Hinweis zum Einschlafen: »Sprecht unmittelbar bevor ihr einschlaft den Namen von Baba. Er ist leicht zu sprechen und hat eine kraftvolle Wirkung. Er reinigt den ganzen Körper und die Gedanken. Dies ist eine sehr alte göttliche Technik und die beste Meditation.« Später sagte Baba noch oft, bevor Er nachts eine Runde beendete: »Ich segne euch! Schlaft gut! Ihr putzt eure Zähne, aber lasst eure Seele in meiner Hand, ich komme und putze die Seele!«

* * *

Ganesha und Subramanyam

In diesem Jahr ist am 13. September 1999 Ganeshas Geburtstag. Nachmittags sehen wir uns mit Baba einen Zeichentrickfilm über Ganesha im Fernsehen an. Am Schluss kämpft Ganesha mit einem Dämon, der sich immer wieder vervielfältigt. Erst als er sich einen Stoßzahn abbricht und ihn als Waffe benutzt, kann Ganesha den Dämon überwinden. Baba sagt: »Darum wurde er geboren!«

Abends wird die Geschichte erzählt, warum Ganesha Anführer der *Ganas*, der Heerscharen Shivas wird: Ganesha hat noch einen jüngeren Bruder – Subramanyam. Die Eltern – Shiva und Parvati – schlagen den Brüdern einen Wettkampf vor: Wer von beiden wird am schnellsten die Welt umrunden? Subramanyam, der behändere, sieht sich schon als Sieger, denn er traut dem dicken und bequemen Ganesha nicht viel zu. Er rennt los, taucht mit großer Kraft durch alle Flüsse und meistert im Nu alle Hindernisse. Ganesha kann da nicht mithalten. Aber er weiß sich zu helfen: Sein Vater Shiva und seine Mutter Parvati haben als höchstes Bewusstsein (*Shiva*) und höchste Manifestationskraft (*Shakti*) die Welt erschaffen und es genügt, sie zu umrunden, um der Aufgabe zu genügen. Subramanyam kann noch so schnell sein, dagegen hat er keine Chance. Ganesha wird als Gewinner anerkannt und Shiva macht ihn zum Anführer seines Heeres.

An allen Straßenecken stehen Ganesha-Figuren, manchmal wurde wochenlang an ihnen gebaut und man kann nur mit einem Entgelt in den tempelartigen Umbau eintreten. Überall wird begeistert gefeiert, geopfert, geschmückt, gesungen und getrommelt. Nach einer Woche, so ist es Sitte, wird Ganesha seiner Mutter Parvati zurückgegeben: Nach einem festlichen Umzug wird er in einen Fluss oder See versenkt, wo er sich auflöst (die Figuren sind aus Ton geformt) und symbolisch mit seiner Mutter verschmilzt. Am Vorabend sitzen wir zusammen und Baba hat spontan die Idee zu einem besonderen *Seva*: »Es werden über zehntausend Menschen erwartet, die von den umliegenden Dörfern den ganzen Tag unterwegs sind und Durst haben. Mit Wasser und Tee könnten wir ihnen helfen!« Sofort macht sich eine Gruppe Inder auf den Weg, um die Vorbereitungen zu organisieren.

* * *

Ganeshas Versenkung Am nächsten Mittag fahren wir mit dem Ambulanzwagen durch die engen Gassen der Altstadt von Kurnool zum Kanal. Die Straßen sind verstopft mit geschmückten Wagen, beladen mit kleineren oder größeren Ganeshas, umringt von winkenden und singenden Kindern und Jugendlichen. Bis zum Abend werden Tausende solcher Wagen zum Kanal fahren. Fast jeder Wagen bringt seine eigene Trommel- und Tanzgruppe mit, seit dem Morgen schon liegt ein dumpfes Dröhnen in der Luft. Kurz vor dem Kanal sind wir am Ziel. Hinter einer Mauer, die einen mehrstöckigen Rohbau von der Straße abtrennt, ist unser Stand: mehrere Tische mit Tee- und Wasserbehältern und Säcke mit kleinen Plastikbechern. Im Hintergrund wird auf offenem Feuer in Riesentöpfen frischer Tee gekocht, der wunderbar würzig duftet.

Schon nach der kurzen Fahrt durch Hitze, Staub und Lärm klebt uns die Zunge am Gaumen. Wie mag es erst den Menschen gehen, die schon den ganzen Tag unterwegs sind? In Indien ist es nicht üblich, dass Wasser und Tee umsonst ausgeschenkt werden. Unser Stand ist sofort belagert und man merkt, dass Tee und Wasser den erschöpften Menschen neue Kraft bringen, obwohl diese ihren Zustand nicht zu merken scheinen, die meisten befinden sich in einer religiösen Ekstase, in der sie ihren Körper nicht mehr spüren. Wir müssen ohne Pause Hand in Hand arbeiten, um dem Andrang gerecht zu werden. Die Fotos von Baba werden uns aus den Händen gerissen. Wagen nach Wagen zieht vorbei, aber unsere Tätigkeit lässt uns keine Zeit, wir bemerken nicht mal, dass die Sonne schon lange Schatten wirft und gleich in allen Rottönen hinter den Bäumen versinkt.

Dem Inhalt der Plastiksäcke nach haben wir jetzt etwa zwanzigtausend Portionen mit *Balasai Ram!* ausgegeben. Jetzt brauchen wir Pause. Wir drängen uns durch das Gewühl zum Kanal. Die ganze Stadt ist auf den Beinen, die Kanalufer bevölkert, der mit Lichterketten geschmückte Ganesha-Tempel voller Devotees. Über der Brücke erwarten Shiva und Parvati als Leuchtbild in Riesenformat ihren Sohn Ganesha zurück. Über allem leuchtet der Halbmond.

Am Kanal ist hektisches Treiben. Die großen Figuren werden per Kran auf ein Floß gehievt und von dort ins Wasser gestoßen, die kleineren von kräftigen Jugendlichen auf eine Rampe getragen und von dort dem Wasser übergeben. Hunderte von Ganeshas sind schon versenkt, hunderte von Wagen warten noch in endloser Reihe, unermüdlich wird weiter getanzt, gesungen und getrommelt. Viele Tänzer und Trommler sind in Trance, ihre Körper glänzen vor Schweiß, bewusst könnte niemand diese übernatürliche Anstrengung aushalten.

Zurück am Stand, wo sich immer noch die Menschen drängen, bahnt sich ein Polizeiauto den Weg durch die Menge, gefolgt von Babas Auto. Baba steigt kurz aus und segnet alle, die den ganzen Tag *Seva* gemacht haben, und fährt dann zur Rampe weiter. Polizisten sorgen für den Sicherheitsabstand, Baba segnet die Menge, betritt dann das Floß und übergibt einen Ganesha den Wellen. Die Menschen jubeln.

Später am Abend, als wir wieder gemeinsam am Carromboard sitzen, sagt Baba uns den wahren Grund für die heutige Aktion: «Ich wollte euch das gläubige, religiöse Indien zeigen!» Am nächsten Tag stellen wir fest, dass, obwohl wir von der Mittagszeit bis zum Spätnachmittag der Sonne voll ausgesetzt waren (die Sonne ist im September noch sehr intensiv) und in der Hektik nicht an Sonnenschutz gedacht hatten, niemand auch nur die geringste Rötung auf der Haut hat, dabei ist meine Mitarbeiterin besonders empfindlich – hellblond und blauäugig! Für ihren naturwissenschaftlichen und skeptischen Verstand eine harte Nuss!

* * *

Grundstein-legung

Im Jahr 1990 hatte Sri Balasai Baba die ersten sozialen Projekte begonnen: zunächst eine kleine Praxis vor den Toren des Ashrams in Kurnool, wo sich arme Menschen kostenlos ambulant medizinisch behandeln lassen konnten, etwa gleichzeitig wurden so genannte *Augen-Camps* in den weiter entfernten Dörfern eingerichtet, wo die arme Landbevölkerung kostenlos am Grauen Star operiert wurde.

Im Oktober 1999 findet die Grundsteinlegung für das nächste große soziale Projekt statt: die *Sri Balasai International Residential School* am Rande eines Dorfes am Stadtrand von Kurnool. Die astrologisch günstigste Zeit ist um 8.30 Uhr morgens.

Das Grundstück liegt unerschlossen inmitten der Felder. Der Ambulanzwagen fährt uns so weit, wie die Feldwege es erlauben, das letzte Stück gehen wir zu Fuß. Die Regenzeit ist zu Ende, ein warmer Wind weht, die trockenen Pflanzen am Wegrand verströmen einen würzigen Duft, fleischige Agaven deuten auf die Trockenheit der Gegend hin. Das Grundstück unterscheidet sich in nichts von den umliegenden Feldern, die nur vertrocknetes Gestrüpp tragen und wegen der Trockenzeit nicht bebaut sind, und säße nicht schon ein Priester da, hätten wir den richtigen Platz nicht gefunden. Außer dem Pfeifen des Windes ist kein Laut zu hören. Ab und zu fährt ein Bauer mit einem ochsenbespannten schwerfälligen hölzernen Wagen an uns vorbei. Weit und breit sind weder Häuser noch Bäume. Plötzlich entdecken wir ganz nahebei einen knorrigen, verkrüppelten uralten Tamarindenbaum. An seinen schiefen Stamm hat eine alte Frau ein wackeliges

Regal gelehnt. Als wir näher kommen, zieht sie ein Tuch von einem verbeulten Kessel und bietet uns in nicht ganz sauberen Metallbechern süßen, heißen, köstlichen Tee an, der die Müdigkeit vertreibt.

Bald kommen auch Baba und Seine Begleiter, auch sie mussten zu Fuß über die staubigen, dornigen Feldwege. Zwei rote Polstersessel werden aufs Feld gestellt (wo kommen die plötzlich her?). Baba nimmt Platz, ein Loch wird gegraben und mit Blumen gefüllt, Kokosnüsse werden aufgeschlagen, Mantren gesprochen, Baba wirft Blumen und Erde auf den Grundstein (ein einfacher Sandstein) und damit ist die formlose Zeremonie schon zu Ende. Man sitzt noch einen Augenblick zusammen, in einiger Entfernung ziehen Hirten mit ihren Schafen vorbei. Die Erde duftet noch feucht vom letzten Regen. Zu dieser Stunde wusste ich noch nicht, welch wichtiger Lebensabschnitt mich später mit diesem Ort verbinden sollte.

Der alte Tamarindenbaum wurde später in die Pavillionanlage des Klassenraumtraktes integriert. Sieben Schuljahre lang grüßte ich ihn jeden Morgen wie einen alten Bekannten. Es ging die Legende, dass er schon seit Krishnas Zeiten hier stand.

* * *

Am Neumondtag des Shiva-Monats November wird *Diwali* gefeiert, ein Lichterfest, wie wir es auch in Europa zu Beginn der dunklen Zeit kennen. Nach dem Abenddarshan werden im Ashram von Kurnool Hunderte von Öllämpchen verteilt – auf Fensterbänken, Treppenstufen, Simsen, Vorsprüngen, um Blumentöpfe und Bäume. Aber so still-romantisch scheint es nicht zu bleiben. Die Jugendlichen des Ashrams schleppen Kiste auf Kiste mit Feuerwerkskörpern auf das Tempelpodest. Anders als die meisten europäischen Besucher haben die Inder kein gespaltenes Verhältnis zu ohrenbetäubenden Knallern und zischenden Raketen. Geübt verteilen die jungen Leute die ersten Serien von Raketen auf dem Tempel-

Feuerzauber mit Shiva

platz. Einige von uns sitzen mit skeptischen Gesichtern und griffbereitem Ohropax in sicherem Abstand zum drohenden Geschehen. Die ersten Raketen zischen zum Himmel – bunte Sterne sinken auf die Palmen und verlöschen im Flusswasser. Anerkennende Ah-Rufe, Beifallklatschen – einige Gesichter entspannen sich. Die Jugendlichen lassen keine Passivität zu, die Hände voll mit Krachern, Knallfröschen, Raketen und Lunten, wird jeder animiert mitzumachen, und letztendlich sind es nur wenige, die sich auf die Balkone zurückziehen. Langsam wird das Programm vielfältig: gleichzeitig zünden feurige Fontänen, kreisende Räder, zischende Schlangen, schimmernde Wasserfälle, prasselnde Riesenwunderkerzen. Baba schwenkt eine brennende und krachende Girlande um sich. Von Anfang an ist Er im Mittelpunkt des Geschehens, zündet Raketen, wirft Kracher, springt über blitzschnelle, zischende Feuerkugeln – das Feuer ist Sein Element. Manche beobachten mit Sorge, dass Er keinerlei Vorsicht an den Tag legt, denn schon bald hat Seine Robe von herabfallenden Funken Löcher und so ein Kunststoff steht leicht in Flammen, jedoch nichts scheint Ihn zu bekümmern. Schnell sind die ersten Kisten leer, aber für genug Nachschub ist gesorgt. Zwischendurch »schleicht« sich Baba hoch und kommt mit Seiner Mundharmonika, mit der Er seit einiger Zeit zu jeder Runde erscheint, wieder zurück. Der erste Bedarf nach Lärm und Feuer ist gedeckt, jetzt wird nach den Klängen von Babas Mundharmonika *Musical Chair* gespielt, bei uns bekannt als *Reise nach Jerusalem*. Baba spielt unbekümmert, und alle, Inder und Europäer, jung und alt, stürzen oder schleichen lachend und quiekend um die Stühle herum – für alle ein Heidenspaß.

Nach der Siegerehrung steht der Feuerwerksnachschub schon bereit, erneut beginnt ein Höllenlärm, verstärkt durch die Wände der Tempelanlage. Die mittlerweile süchtig gewordenen Besucher stürzen sich wieder mit Baba voran ins Geschehen. Egal, ob jemand halb taub ist oder die Hand angebrannt hat – der Sari einer

Inderin steht nicht ungefährlich in Flammen –, neben den Lösch- und Erste-Hilfe-Aktionen lässt sich niemand stoppen, weitere Raketen zu werfen.

Um Mitternacht gibt es zu Ehren von Mr. Rama Raos Geburtstag einen besonderen Feuerspektakel. Eine etwa hundert Meter lange Schnur mit Krachern wird in Form des OM-Zeichens quer über den Tempelplatz gelegt. Die Schnur wird an beiden Seiten angezündet, erst explodieren die Knaller zögernd, dann wird das Tempo immer schneller, der Lärm ist ohrenbetäubend. Baba feuert mit rudernden Armbewegungen an, und als sich die beiden Feuerschlangen einander in der Mitte nähern, springt Er – bei zunehmendem Dröhnen und höher spritzenden Funken – vor lauter Begeisterung auf einem Stuhl auf und ab: Shiva tanzt im Feuerkreis ... Danach wird es ruhig, alle sind erschöpft, drei Stunden Feuerwerk zeigen ihre Wirkung. Ein festliches Essen wird herangetragen, gleichzeitig werden Asche- und Hülsenreste zu einem großen Haufen zusammengefegt.

Am Diwali-Tag 1997 war Babas Mutter gestorben. In Indien ist es üblich, zu Ehren der Verstorbenen an dem Jahrestag ein Festmahl im Kreise der Familie zu halten. Alle gehören zur *Balasai-Familie*. Noch nach einer Stunde explodieren in der Glut die nicht gezündeten Körper und unterbrechen die Stille des Essens.

Nicht immer verlief der Diwali-Abend so glimpflich wie in diesem Jahr. Meistens zog sich Baba Verbrennungen an Händen oder Füßen zu oder Seine Robe fing Feuer. In einem Jahr explodierte ein Feuerwerkskörper, der sich unter der Robe verfangen hatte, so heftig, dass Baba schwere Verbrennungen am Knie erlitt. Zwei Mediziner, die gerade zu Besuch waren, durften die Wunde, die wochenlang nicht heilte, nässte und eiterte, täglich versorgen und erhielten dafür den besonderen Segen von Baba. Balasai Baba ist jenseits der Gesetze des Karmas. Als Avatar inkarniert ausschließlich zum Wohle des Universums, während ein Mensch durch unerfüllte Wünsche in eine erneute Wiedergeburt gezogen wird. Der Mensch muss neben den Gesetzen des *Karmas* auch die des *Dharma* achten, also die Gesetze, die einer harmonischen Weltordnung zugrunde liegen. Um nicht in die Gesetze des Karmas einzugreifen, heilt Balasai Baba nur in Ausnahmefällen, etwa, um der Welt ein Beispiel zu geben. Als Babas Mutter gestorben war, sagte Baba: »Ich hätte sie heilen können, aber dann hätte sie wiederkommen müssen, so konnte sie mit Mir verschmelzen. Nur mit einem menschlichen Körper seid ihr in der Lage, euer Karma zu beenden und Gott zu erreichen. Mit Meinem Segen gebe ich euch die Kraft und den Mut, euer Karma, im Westen sagt ihr Schicksal, anzunehmen und mit Gelassenheit zu meistern. Wenn ihr krank seid, verlangen die Gesetze des Dharma, dass ihr zum Arzt geht, das Dharma des Arztes verlangt, dass er euch hilft.«

Die Gesetze des Dharma gelten auch für den Avatar. Wenn Baba unpässlich ist oder Schmerzen hat, gibt Er oft Devotees die Gelegenheit, Ihm Medizin zu verabreichen, kühlende Eisbeutel aufzulegen oder eine schmerzstillende Salbe aufzutragen. Seine eigenen Schmerzen dienen dazu, den Devotees einen besonderen Segen erteilen zu können. Wenn es notwendig ist, sucht auch Er einen Arzt auf.

* * *

Mahashivaratri 2000

In Indien wird in der dunkelsten Neumondnacht, die im Februar/März stattfindet, das Fest *Mahashivaratri* gefeiert – die dunkle Nacht Shivas. In diesem Jahr fällt der Tag auf den 4. März. Von einem Avatar wird erwartet, dass Er in dieser Nacht einen *Lingam* gebiert, einen eiförmigen Stein, dessen zwei Pole die Einheit von *Shiva und Shakti* repräsentieren. Im Westen würden wir von Gott und Seiner Schöpfung und von dem Symbol der Formlosigkeit Gottes sprechen. Der Lingam wird durch den Mund geboren. Auf die Frage, ob Er dabei Schmerzen habe, antwortete Baba vor einigen Tagen: »Ohne Schmerzen kommt nichts!«

Am Vorabend sitzen wir im Ashram von Kurnool mit Baba zusammen. Mit funkelnden Ohrringen sieht Er aus wie eine wunderschöne Göttin. Vor einigen Wochen wirkte Baba erschöpft, als Er sich abends zum Carromboardspiel auf dem Teppich niederließ. Er hatte schon den Vormittag mit uns verbracht und nachmittags mit uns Federball gespielt und Tee getrunken. Wie immer hatte Er uns mit Seiner Fröhlichkeit angesteckt, unaufhörlich Witze gemacht, die Spieler am Carromboard trainiert, Süßigkeiten verteilt, kurz, jedem unaufhörlich das gegeben, was er an Aufmerksamkeit gerade benötigte. Nun wirkte Er müde und unlustig wie ein Mensch, der dringend Ruhe braucht, und sagte: »Immer sitzen und sitzen und Liebe kotzen!«

Einige Besucher schienen schockiert, aber Baba, der immer spontan reagiert und uns bei Spiel und Unterhaltung auf der menschlichen Ebene begegnet, drückte damit drastisch aus, wie viel »normale« menschliche Disziplin, Willens- und Opferkraft hinter dieser Leichtigkeit steckt, die uns so übermenschlich-göttlich erscheint. Natürlich ist Ihm dieser tägliche »Opfergang« nur darum möglich, weil Seine göttliche Natur die bedingungslose Liebe ist, die sich grenzenlos verströmen will und darum die Grenzen, die der Körper setzt, nicht beachtet.

Einer Devotee, die die Vollkommenheit und Perfektion von allem, was Er machte – sei es singen, spielen, Botschaften geben, sich liebevoll auf den ärmsten Bettler oder den höchsten Minister einzustellen usw. –, Seinem göttlichen *Sankalpa,* dem freien göttlichen Willen, zuschrieb, antwortete Er: »Das hat nichts mit meiner Göttlichkeit zu tun, das ist meine ganz normale menschliche Willenskraft, die ihr auch habt!«

Seit Monaten hat Baba jeden Tag das Gleiche gemacht: Er sitzt mit uns, spielt mit uns, isst und trinkt mit uns, verteilt unaufhörlich Seine Aufmerksamkeit und Liebe auf uns, gibt jedem das Seine, zur richtigen Zeit – an jedem Tag verlangt Balasai Baba von sich dasselbe Programm – jeder normale Mensch wäre nach drei Tagen seines Lebens überdrüssig. Ich erlebe darin täglich neu das Mysterium der göttlichen Liebe. Vor einigen Tagen sprach Baba von der *Liebes-Arbeit, Hingabe-Arbeit, Freundlichkeits-Arbeit* im Ashram, für die Er f ü r u n s ein Beispiel setzt, die aber ebenso unsere Anstrengung und Disziplin erfordert: »Ich begebe mich so tief auf die menschliche Ebene, damit ihr die göttliche Ebene erreichen könnt!«

Wenn Balasai Baba den Lingam gebiert, erscheint Er als Gott: »Ich mache es, weil man es hier von einem Avatar erwartet. In meinem Magen ist er noch flüssig, erst beim Herausspringen wird er fest, ähnlich wie bei der Lava, die im Innern der Erde noch heiß und flüssig ist und erst an der Luft abkühlt und fest wird. Das Wasser, das ich währenddessen trinke, kühlt die sich entwickelnde Hitze ab.«

Baba beantwortet die Fragen der Besucher so gut es eben geht. Das Mysterium der Lingam-Geburt kennt nur Er. Während der Runde sehe ich, dass im Nachbargarten direkt neben der Grenzmauer ein großer Baum begonnen hat zu brennen. Es ist ein alter, längst trockener Baum, von dem nur noch der dicke Hauptstamm steht. Es scheint, dass die verwelkten Blätter am Boden sich entzündet haben. Es war außergewöhnlich heiß heute – jetzt höhlt das Feuer ihn von innen aus, das trockene Holz explodiert und wirft Funkengarben wie bei einem Feuerwerk. Als Baba nach der Runde vom Essen kommt, hat das Feuer den unteren Teil des Stammes erfasst. »Die Sonne hat ihn entzündet«, bemerkt Er, »heute wurde in den Zeitungen vor großer Hitze gewarnt, wegen Sonnenexplosionen!«

Die meisten Besucher gehen ins Bett, aber ich kann mich von dem Feuerbaum nicht trennen und beschließe, solange zu bleiben, bis er zusammenbricht. Um 4 Uhr hat sich der Stamm in eine glühende Feuersäule verwandelt, das Feuer summt, aus den Astlöchern schlagen die Flammen, aber er steht! Ein Feuer-Lingam ... Funken springen und verkohltes Holz wird hoch geschleudert wie bei einem Vulkanausbruch. Erst bei der Zerstörungsarbeit des Feuers wird deutlich, wie viel Kraft in diesem alten Baum steckt. Er ist ein wunderbares Sinnbild für *Mahashivaratri*: Von der göttlichen Liebe verbrannt und aufgelöst zu werden ...

Gerade erst in der Runde hatte Baba auf die Frage nach der Verschmelzung mit Gott gesagt: »Es ist, wie wenn ein Wattebausch ins Feuer fällt, er fühlt nichts mehr, alles ist zu Ende!«

Der Baum hält länger durch als ich, ich gehe ins Bett. Um 7 Uhr liegt die schwarz gebrannte, rauchende Hülle am Boden.

In den *Puranas* gibt es eine Geschichte über Shiva in Form einer feurigen Säule:

Einst kamen Brahma und Vishnu an einer Feuersäule vorbei, aus der der Schöpfungslaut OM summte, und die sich nach oben und unten ins Unendliche dehnte. Da die Götter den Menschen in puncto Ehrgeiz und Eifersucht nicht nachstehen, beanspruchte jeder die Säule als seine Emanation. Brahma verwandelte sich in einen Schwan und versuchte, das obere Ende zu erreichen, Vishnu verwandelte sich in einen Eber, der in der Erde wühlte, um das untere Ende zu finden. Um nicht als Verlierer dazustehen, brachte Brahma einen Blütenzweig mit, als Beweis, dass er die Spitze erreicht hatte. Da gab sich Shiva zu erkennen und zur Strafe für seine Lüge wurde Brahma aller Tempel und Feste enthoben. (In der Tat gibt es in ganz Indien nur noch einen Tempel, der Brahma geweiht ist – in Pushkar, Rajasthan). Brahma und Vishnu mussten Shiva als den Höchsten der Trinität anerkennen. Shiva repräsentiert das transformierende Feuerprinzip der Schöpfung. Er ist vergleichbar mit dem *Heiligen Geist* des christlichen Glaubens, der den Aposteln an Pfingsten als feurige Zungen erschien.

Den ganzen Tag haben Arbeiter die Bühne aufgebaut und geschmückt. Nach Babas Abenddarshan beginnt das kulturelle Abendprogramm, das die Zeit bis Mitternacht überbrücken hilft. Um 23.30 Uhr beginnen das Bhajansingen der Devotees und kurz vor 24 Uhr die Mantrenrezitationen der vedischen Priester. Mit einem rhythmischen *Om Balasai* steigt die Spannung. Babas Sofa ist mit weißen Kissen geschmückt, auf einem kleinen Tisch stehen eine Karaffe mit Wasser und ein Trinkglas. Punkt 24 Uhr kommt Baba, segnet die Devotees, die aus vielen Ländern gekommen sind, setzt sich und trinkt sofort mehrere Gläser Wasser. Er schließt die Augen, legt den Kopf zurück, befühlt die Schläfen – zurückgehaltene Schmerzen spiegeln sich im Gesichtsausdruck, eine kleine Fontäne springt aus dem Mund. *Om Balasai!* Aber der richtige Zeitpunkt ist noch nicht da. Noch ein Glas Wasser, Baba rutscht nach vorne, stützt die Hände auf den Sitz, schüttelt den Kopf, die Sekunden werden zur Ewigkeit. *Om Balasai!* Das Mantra wird schneller und eindringlicher. Baba atmet schwer, trotz aller Fassung ist die übermenschliche Anstrengung sichtbar. Dann wirft Er plötzlich den Kopf in den Nacken, hebt beide Hände und formt sie zu einem Trichter: ein schwarzer Lingam schießt hoch aus Seinem Mund und fällt in die geöffneten Hände. Die Menge, die bisher den Atem angehalten hat, viele stehen mit gefalteten Händen, manchen laufen die Tränen herunter, andere beten still – jetzt sind alle befreit, jubeln und klatschen. *Jai Bolo Bhagawan Sri Balasai Baba Ji Ki Jai!* Mit der rechten Hand hält Baba den Lingam in die Höhe und lässt ihn dann vorsichtig in das gefüllte Wasserglas gleiten. Mr. Rama Rao gibt den Namen preis, in dessen Obhut der Lingam kommt. Es ist das Ehepaar, das in Zukunft den neuen Ashram in Hyderabad führen wird. Sie sind überglücklich, als sie den Lingam aus Babas Händen in Empfang nehmen, und gehen mit dem Glas durch die Menge. Die Menschen drängen sich, jeder möchte das Glas berühren. Das gilt als Segen versprechendes Zeichen. Baba wirkt erschöpft, ist blasser als sonst, befühlt Zähne, Hals und Mund – der Lingam schlägt beim Herausspringen mit Wucht gegen Zähne und Gaumen –, aber schon eine Stunde später lacht Er wieder, entspannt sich, legt sich aufs Sofa und nimmt interessiert am Musikprogramm teil.

Später in der Nacht gibt es Tee, ich versorge die Japaner, die neben mir eingeschlafen sind. Gegen 6 Uhr wird es hell, jeder wartet auf das Ende des Programms, aber Baba gibt einer Trommelgruppe noch die Gelegenheit, ihr anspruchsvolles Stück aufzuführen. Erst spielen die einzelnen Trommeln lange Zeit nacheinander, dann werden die Sequenzen kürzer und schneller, bis alle zusammen nach immer neuen Steigerungen, komplizierteren Rhythmen und einander jagenden Phrasen den kraftvollen Schlusspunkt des Programms setzen. Es ist genau 7 Uhr, die Sonne steht schon hoch über dem Horizont, als Baba alle segnet und sich den Weg durch die Menge zu Seinen Räumen bahnt. Ein süßes, heißes *Prasadam* weckt die Lebensgeister.

Ein Lingam ist ein lebendiges Wesen. Seine Nahrung und Pflege ist die tägliche Verehrung, die der Devotee in Form einer Opferhandlung (*Puja*) abhalten muss. Dazu gehören spezielle Mantren und Rezitationen und Substanzen in Form von Blumen, Räucherstäbchen, brennenden Lichtern, Früchten oder Reis. Der Lingam wird entweder mit Wasser oder einer Mischung aus Kokosmilch, Joghurt, Milch, Honig, usw. begossen. Das Ritual hat eine energetisierende Wirkung auf die spirituellen Körper des Menschen und die Welt der Elemente (Luft, Licht, Wasser, Feuer, Äther). Baba sagt: »Wo der Lingam ist, bin Ich selbst, schwingt göttliche Schöpfungsenergie!« Wird der Lingam vernachlässigt, »stirbt« er, das heißt, er fällt auseinander.

Im Laufe der letzten dreizehn Jahre sind mehrere Lingams nach Deutschland und Österreich gekommen, wo sie als göttliche *Magnete* wirken – sie ziehen Menschen an, die miteinander den Spirituellen Weg mit Balasai Baba gehen wollen. Als äußeres Zeichen arbeiten sie für die sozialen Projekte des *Sri Balasai Baba Central Trust* und verbreiten die universelle Botschaft dieses *modernen Gottes* (so lautet ein Buchtitel über Balasai Baba), die für jeden Menschen bestimmt ist, ungeachtet seiner weltanschaulichen Ausrichtung oder Religionszugehörigkeit. Jeder Lingam hat besondere Qualitäten und wirkt entsprechend auf das Umfeld. Besonders deutlich kann man das an einem Lingam erleben, der von einem Devotee in Österreich betreut wird und regelmäßig nach der Opferhandlung *Vibhuti* (Heilige Asche) »schwitzt«.

Wie aus den Poren von menschlicher Haut tritt diese feinste Asche in immer neuen Mustern und Anordnungen aus: mal bildet sich ein Aschenring wie aus einem Vulkankrater, mal ist die gesamte Oberfläche wie »gepudert«, dann wieder entstehen Spiralmuster oder geometrische Formen, nichts ist vorhersehbar. Der innere Weg mit Balasai Baba lässt jeden Menschen frei, jeder findet seinen persönlichen Weg und seine ureigene Praxis. Balasai Baba macht keine Vorschriften, im Gegenteil, Er empfiehlt, das Leben in all seinen Aspekten zu leben (Siehe die *Universelle Botschaft* von Balasai Baba, abgedruckt hinten im Buch auf Seite 423), und glücklich zu sein: »Als Gott habe ich die Aufgabe, die Menschen zu segnen, zu trösten und sie zu ermutigen, glücklich zu sein. Ich bin kein Heiliger, kein Swami, kein Weiser, darum fordere ich keine anstrengenden spirituellen Übungen.«

Jeder muss selbst entscheiden, welche Übungen und Sadhanas für ihn sinnvoll sind. Entscheidend ist der Wille zu einem inneren *Experiment*: Einen Weg zu betreten, an dessen Ende die Erfahrung steht, dass das eigene *Höchste Selbst* göttlich ist. Mit einem göttlichen Meister als Führer kann jeder diesen Weg gefahrlos betreten und das Ziel erreichen: die Verschmelzung mit Gott und das Ende des Zyklus der Wiedergeburten. *Shiva* wird diejenige Kraft genannt, die die mitgebrachten Qualitäten, Charaktereigenschaften und inneren Tendenzen »verbrennt« und in neue, mehr und mehr »geistige« (spirituelle) Qualitäten »transformiert«. (In der christlichen Tradition wird diese Kraft als *Heiliger Geist* bezeichnet). Bei diesem Prozess wird das *Niedere Selbst*, das so genannte *Ego*, zerstört.

* * *

Der Tee und die Tasse

Es ist Mitte März und der indische Sommer kündigt sich an. Die »heiße Zeit« ist eine besondere Zeit im Ashramleben. Die meisten Besucher fürchten die Hitze, darum ist um diese Zeit der Ashram leer. Das Thermometer klettert schon auf fünfunddreißig Grad Celsius, doch die Nächte kühlen noch ab. Im Juni, wenn die Temperaturen Tag und Nacht zwischen vierzig und fünfzig Grad liegen, sehnt jeder die Abkühlung durch den Monsun herbei. Die Permanenten sind »unter sich« und so ergeben sich manchmal, vorzugsweise beim Frühstück, ungeahnte Gesprächsgelegenheiten. Eine Devotee, die Erfahrungen von mehreren Ashrams und spirituellen Meistern hat, wünscht sich ein Bewusstsein, wo ihr alle Zusammenhänge klar werden, also spirituelles Wissen. Ihr Nachbar wendet ein, dass dabei die Gefahr bestünde, dass der Mind nicht mehr davon loskomme: »Bei der Erleuchtung brauchst du keine Zusammenhänge mehr, da ist alles gleichzeitig da!«, meint er.

Eine andere will vor der *Verschmelzung* mindestens vierundzwanzig Stunden *Ekstase*.

»Und was dann?«, denke ich. Von *Erleuchtung* habe ich schon gehört bzw. gelesen, aber mit dem Begriff *Verschmelzung* kann ich gar nichts anfangen, dabei führt ihn hier jeder ständig im Mund.

»Wenn Baba wieder inkarniert, will Er ja einige mitnehmen«, sagt die erste und man merkt, dass sie unsicher ist, ob sie sich das wünschen soll. »Ob du verkörpert bist oder nicht, das ist egal, entscheidend ist, dass du unabhängig bist, an nichts gebunden. Große Heilige wie Shirdi Sai Baba können willkürlich den Körper verlassen und ihn auch wieder »beziehen«, erwidert ihr Nachbar. Beim weiteren Gespräch wird deutlich, dass sie mit der spirituellen Führung durch Balasai Baba unzufrieden ist. Ein anderer großer Meister hat ihr wohl alle inneren Fragen beantwortet und sie fühlte sich in der Einheit mit Gott und trotzdem als eigenständiger Mensch. Balasai Baba erfüllt ihr diese Wünsche nicht mehr oder sehr verzögert, daher fühlt sie sich enttäuscht und allein gelassen und hängt unglücklich an der Vergangenheit. Irgendwo tut sie mir leid: Sie hat schon zahlreiche Erfahrungen mit anderen großen Meistern und kann trotzdem (oder gerade deswegen?) die Ebene nicht erkennen, auf der Balasai Baba lehrt. Ich bin im Stillen dankbar, dass Balasai Baba mein erster persönlicher Meister ist und ich mich nicht mit Vergleichen oder Erwartungen herumschlagen muss. Baba sagt oft: »Wenn ihr hierher kommt, seid ihr auf der

Universität!« Scheinbar habe ich die anderen Klassen vorher in der *Schule des Lebens* oder früheren Leben absolviert.

Nach diesem Gespräch wird mir deutlich, dass Balasai Baba von jedem ein hohes Maß an innerer Selbständigkeit, Wachheit und Unterscheidungsfähigkeit fordert, dass Er kein Lehrer ist, der Antworten auf Fragen gibt oder auf der intellektuellen Ebene schult. Jeder hat sein eigenes Forschungsprojekt zu bewältigen – die Wahrheit des eigenen inneren Selbst mit allen untermenschlichen, menschlichen und göttlichen Ebenen zu erkunden. Dabei rüttelt Er zunächst alles vermeintliche Wissen kräftig durcheinander. Verwirrung und Konfusion sind nur ein Mittel, um den Geist von alten Anschauungen zu befreien und Prägungen durch Familie und Umwelt zu lockern. Baba: »Ich bin nicht gekommen, um zu lehren, ich bin gekommen, um zu segnen!«

Das klingt paradox, aber *zu segnen anstatt zu lehren* ist Balasai Babas »Lehrmethode«. Auch wenn es mir manchmal schwerfiel, den Segen zu »sehen« – in wie viel unzähligen kleinen Gesten und Hinweisen führte mich Baba wortlos durch meine Konfusionen und inneren Fragen! Von mir wurde Geduld erwartet und mit der Zeit wuchs unmerklich mein Vertrauen in Seine Führung und Seinen Segen als *Schubkraft, die dafür nötig ist, dass unser Bemühen Früchte trägt*. Alle Aktionen von Baba, Seine Witze, Wortspiele, Seine immerwährende Aufmerksamkeit und Fürsorge für alles und jeden, die gemeinsamen Mahlzeiten, Arbeitszeiten, Spielzeiten, Unterweisungen, Seine physische Nähe – manchmal saß Er zwölf Stunden und mehr am Tag mit uns –, dienten dazu, uns in Seine Göttlichkeit einzuhüllen.

Im Gegensatz dazu unterwarf Er sich selbst in jedem Augenblick einer so rigiden Disziplin, die uns als Menschen unbekannt ist. Wie oft war nicht zu übersehen, dass dieser Körper Schmerzen hatte, und häufig rieb Er sich wie ein Kind mit beiden Fäusten die Augen oder wischte sich mit beiden Händen die Müdigkeit und Erschöpfung aus dem Gesicht, um im nächsten Moment in voller Präsenz und Frische den Anwesenden oft noch bis in die Morgenstunden zur Verfügung zu stehen und jedes Wort und jede Geste genau auf die momentanen Bedürfnisse der jeweiligen Person abzustimmen.

Auf der »Universität« von Balasai Baba wird nur spirituelle Praxis gelehrt, kein Bücherwissen. Alles, was Baba mit uns tut, ist spirituelle Übung. Baba nimmt gern Bilder aus der alltäglichen Erfahrung, um uns geistige Zusammenhänge klar zu machen. Als Er uns einmal beim Teetrinken zuprostete, sagte Er: »Um die spirituellen Früchte zu bekommen, ist das Physische am wichtigsten. Du brauchst die Tasse, um den Tee hinein zu tun, sonst verrinnt er!« Und Mr. Rama Rao ergänzte, um deutlich zu machen, dass erst beides das menschliche Glück ausmacht: »Wir brauchen Tasse *und* Tee, um den Genuss zu haben!«

Das war überraschend, denn auf dem spirituellen Weg ist man geneigt, umgekehrt zu denken, meistens werden Körper und Materie dem Geistigen untergeordnet. Aber Baba korrigiert diese Einstellung, indem Er Geist und Materie als gleichwertig und abhängig voneinander darstellt. Einer der zentralen Punkte Seiner Botschaft ist, dass die Welt des Geistes und die Welt der Materie wie zwei Seiten einer Münze sind. Gemäß der indischen Tradition ist dagegen die materielle Welt *Maya* – vergängliche Illusion, und dementsprechend wird geraten, sich nur auf das ewige Göttliche auszurichten.

Balasai Babas Botschaft lautet anders: Die sichtbare Welt ist zwar vergänglich, aber für den Menschen real. Sie wurde erschaffen, damit der Mensch sein relatives, vergängliches Glück findet als Abglanz der ewigen göttlichen Glückseligkeit. Darum gibt Baba oft einem Abreisenden das Wort mit auf den Weg: »Sei glücklich, doch vergiss mich nicht!« Mir kommt die vage Idee, dass mein *Sitzen* damit zu tun hat, dass die Tasse für den Tee erst noch getöpfert und gebrannt werden muss. Mit diesem Beispiel konnte jeder unmittelbar das Geheimnis des Verhältnisses von Geist und Form greifen und begreifen – wahrlich, eine besondere Uni-Versitas!

Die unglückliche Devotee, die sich von Baba nicht geistig »ernährt« fühlte, hatte Ihn den ganzen Morgen vorwurfsvoll angestarrt. Baba sagte nur: »Ob du glücklich oder unglücklich bist, hängt allein von dir ab. Ich tue nur meine Pflicht!«

* * *

Verhinderte Busfahrt

Es ist wieder Palmsonntag geworden. Beim Tempelputzen sehe ich einen Hund, der einen Vogel jagt. Ich laufe ihm nach, er ist schneller. Bald bringt der Wachmann den Vogel – es ist eine junge Taube, sie hat Blut am Schwanz. Der Arzt der *Free Clinic* vor den Toren des Ashrams desinfiziert sie und gibt ihr Antibiotika. Da kommt Baba aus dem alten Tempel und rät, ihr Wasser zu geben: »Sonst gehen die roten Ameisen an sie!« Das gelingt nur mit einer Spritze. Danach liegt sie gut aufgehoben in einer Schachtel im *Alten Mandir*. Die Kinder von Babas Schwester kümmern sich weiter um sie. Am nächsten Tag schon geht es der Taube deutlich besser, Baba benutzt die Spritze als Wasserpistole. Nach zwei Tagen fliegt die Taube über den Platz und Baba macht ein Zeichen, sie frei zu lassen. Heute ist sie tot – die Katze hat sie gefressen, in ihrer Schachtel. Die Kinder konnten sich nicht von ihr trennen und hatten sie wieder eingefangen. Babas Kommentar: »Die Katze ist unsere, die Taube war unsere, nun ist die Taube in der Katze – beide sind unsere ...« Für Baba gibt es in dem ewigen Kreislauf von Leben und Tod keinen Unterschied. Immer ist alles in Ihm aufgehoben.

In diesen heißen Tagen haben die Jugendlichen des Ashrams – die meisten sind Babas Neffen – Ferien, und um sich ihnen in dieser Zeit speziell zu widmen, spielt Baba nachmittags gegen 17 Uhr Federball mit ihnen. Am Karfreitag führt Baba nur im *Dhoti* – die um den Hals geknüpfte Robe flattert hinterher – ein »Federballtanzprogramm« vor, mit ulkigen Sprüngen, komplizierten Schrittfolgen und professionellen, aber lustigen Posen. Im Vorbeilaufen zwinkert Er mir zu – ich erinnere mich, dass ich mir vor zwei Tagen Baba innerlich als Tänzer gewünscht hatte. Als Jugendlicher hatte Baba in Kurnool neben der Schule als Tanzlehrer gearbeitet, um die Mutter, die vier Kinder allein aufzog, finanziell zu unterstützen. Nachdem Er mit achtzehn Jahren Seine spirituelle Mission anfing, musste Er das Tanzen aufgeben, »um den Respekt der Menschen nicht zu verlieren«.

Am Abend wird angekündigt, dass übermorgen eine große Puja für den neuen Ashram in Hyderabad stattfindet, man also morgen nach Hyderabad fahre. Am nächsten Morgen beim Tempelputzen sehe ich Baba über den Platz gehen. Er dreht sich um, winkt und macht mit einer Hand das Zeichen für *fünf*. Mit einer der älteren permanenten Devotees hatte ich schon abgesprochen, gegen 4 Uhr den Bus nach Hyderabad zu nehmen, weil Baba zwischen 16 und 17 Uhr fahren wollte. »Dann sind wir früh da und können vielleicht noch abends mit Baba zusammensitzen«, war ihre clevere Absicht. Nach dem Handzeichen jedoch habe ich spontan das Gefühl, dass das Zeichen *Federball* bedeutet. Ich bespreche mich mit der älteren Devotee, für die kein Zweifel besteht, dass Baba mit der *fünf* die Abfahrtszeit meint. Ich bin im Konflikt, auch, weil die ältere Devotee sehr erfahren ist, und ich bitte Baba innerlich, mir aus der Patsche zu helfen.

Um 15 Uhr bekomme ich urplötzlich einen wässerigen Durchfall – bis dahin hatte ich keinerlei Verdauungsschwierigkeiten. Erleichtert kann ich der Devotee sagen, dass ich sicher bis 18 oder 19 Uhr warten will und dann auch höchstens im Taxi fahre. Um 17 Uhr warten alle auf Baba. Von Durchfall keine Spur. Als Er kommt, eröffnet Er uns, dass wir alle hier bleiben und dass die Hyderabader Devotees das Pujaprogramm allein machen. Während des Federballspieles habe ich Gelegenheit zu Baba zu sagen: »Mit dem Durchfall hatte ich Glück, sonst säße ich im Bus nach Hyderabad!« Baba lächelt unergründlich.

Heute Morgen waren es schon 43 Grad Celsius und Baba spielt nur im Dhoti. Seine Gestalt und sein Spiel zeigen noch deutlicher als sonst diese geheimnisvolle Mischung von männlich-kraftvoll, weiblich-elegant und kindlich-rund-verspielt. Das Telefon klingelt – mein Sohn möchte mich sprechen. Er will, dass es mir gut geht, hat aber immer die Befürchtung, es sei hier langweilig. Ich überlege, wie ich ihm wenigstens eine Ahnung von dem »Abenteuer Ashram« vermitteln soll …

* * *

Japanische Metamorphosen

Nach Ostern ist eine Gruppe Japanerinnen angekommen. Ihrem Verhalten nach scheint die Ältere eine Art *Guru* zu sein, da sie von den andern sehr unterwürfig umschwärmt wird. Um 17 Uhr spielt Baba wie immer Federball, wegen der Japanerinnen in unbequemer langer Robe, aber sie wären schockiert, Ihn nur im Dhoti zu sehen. Dafür liegt Er am Abend auf dem Teppich, die Beine schaukelnd wie ein Baby, und spielt mit einem Holzstab – das totale Gegenbild zu der japanischen Gurufrau, die in ihrem Zimmer gewöhnlich auf dem Bett thront, den zu ihren Füßen Sitzenden streng klingende Unterweisungen gibt, je nach Bedarf Feuchttücher, Kokosnüsse oder Wasserflasche gereicht bekommt oder an Füßen und Schultern massiert wird. Tagsüber sieht man die kleine Gruppe ohne Guru auf dem Gelände emsig fegend, putzend oder schrubbend – schweigend und freudlos. Damit das Oberhaupt jetzt am Abend nicht unbequem auf dem Teppich sitzen muss, holt eine Dienerin ihr einen Stuhl – Baba hingegen hat die Größe, der *Devotee der Devotees* zu sein und mit allen auf gleicher Ebene unbequem auf dem Teppich zu sitzen … Mit eingefrorener Mimik und starrem Lächeln schaut die Japanerin distanziert auf alle herab, während Baba durch Seine unnachahmlich witzigen Wortspiele, Seine kindliche Spontaneität und herzliche Ansprache, die nur Entspannung und Natürlichkeit vermitteln, Müdigkeit, Hitze und Unbequemlichkeit vergessen lässt, alle Anwesenden in Lachen auflöst und selbst den Panzer der müden Japanerinnen andeutungsweise zum Schmelzen bringt.

Am nächsten Abend sitzt die Guru auf dem Teppich, wird aber non-stop von zwei Schülerinnen massiert und gedrückt. Beim Verabschieden kommt raus, dass sie bis Ende Mai, also noch vier Wochen, bleiben. Was wird aus dem lockeren Spiel mit den Jugendlichen? Am darauffolgenden Abend schafft die Guru es nur bis zu ihrem Sessel vor dem alten Mandir, hier sitzt sie etwa acht Meter von Baba entfernt, umgeben von ihren Frauen, die ihr Cola bringen. Später holt Baba die japanische Gruppe zum ersten Mal neben sich auf den Teppich. Nach kurzer Teezeremonie und dem Austausch von Begrüßungsfloskeln auf Japanisch à la Baba – dem verschämten Lachen und Kichern nach darf man vermuten, dass auch solche Worte wie *Kakerlake* oder *Wasserschwein* versehentlich in die Konversation einfließen – erlaubt Baba, dass die Guru wieder massiert wird, und amüsiert sich.

Baba spricht alle Nationalitäten in ihrer Landessprache an und baut damit sofort heimatliche Nähe und Vertrauen auf. Da seit vielen Jahren eine junge Japanerin permanent im Ashram wohnt, kennt Er sich im japanischen Smalltalk bestens aus, wozu natürlich eine Kategorie von Worten und Redewendungen gehört, die jeden Jugendlichen brennend interessiert, aber kaum in einem Sprachkurs vorkommen.

Nach einiger Zeit fliegt die Guru aus geschäftlichen Gründen für ein paar Tage zurück nach Japan. Als sie zurückkommt, kennt sie ihr Gefolge wohl kaum wieder: Aus tief gebeugten, schlurfenden, ständig mit gefalteten Händen *Sai Ram* murmelnden, unterwürfigen Nachfolgern sind gleichsam über Nacht aufrecht gehende Frauen geworden, die sich ganz auf Baba ausgerichtet haben und, angesteckt von Babas herzlicher Natürlichkeit und Seinem umwerfenden Charme, ihre kulturellen und spirituellen Einschnürungen vergessen, oft und laut lachen, sich entspannt unterhalten und austauschen und offenbar die Freiheit genießen. Als die Guru wiederkommt, holt Baba sie abends an Seine Seite, hält stundenlang ihre Hand, und versucht mit Witzen, japanischen Wortspielen und umwerfender Mimik mit unendlicher Geduld ihre Strenge und Dominanz aufzuweichen. Zumindest genießt sie die bevorzugte Stellung, und beim Lachen lösen sich allmählich ihre zusammengekniffenen Lippen. Aber die Gruppe ist wieder »uniformiert«, das heißt in weißen Punjabis erschienen. Baba animiert die Geschäftsfrau, Cola und Eiscreme für alle zu spendieren, und bald sitzen wir wie beim Kindergeburtstag in der Runde, einschließlich Baba. In dem Moment kommt der Augendoktor mit einer Zeitung unter dem Arm. Er liest einen Bericht über ein blindes Mädchen vor, bei dem verschiedene Ärzte sich geweigert hatten zu operieren, das aber jetzt »mit Babas Segen« und durch seine Hände wieder sehen kann. Baba sitzt klein mit Zottelfrisur und Knitterkleid neben der kunstvoll frisierten und sorgfältig gekleideten Geschäftsfrau, lacht und wiederholt schlicht: »Es hat neue Augen mit Babas Segen!«, so, als würde Er sagen: »Möchtest du noch etwas Eis?«

Babas unglaubliche Schlichtheit und Demut lassen mir die Tränen in die Augen steigen. Die Geschäftsfrau kommt bis heute regelmäßig zu Baba, unterstützt großzügig Seine sozialen Projekte und hat vor etlichen Jahren den ersten *Atma-Lingam* für Japan in Empfang genommen. Nach der Atomkatastrophe 2012 in Fukushima übergab sie auf Babas Geheiß den Atma-Lingam dem Meer. Beim nächsten Mahashivaratri-Fest erhielt sie einen neuen Atma-Lingam.

* * *

Kaffeeklatsch Ich versuche einen Rat von Baba zu praktizieren: »Tagsüber sollte man nicht schlafen, sondern aktiv sein – die Nacht gehört Gott!« Anfangs ist es auch eine Art Experiment, wird aber schnell eine Gewohnheit, obwohl der Wunsch, tagsüber bei der Mittagshitze zu schlafen, oft übermächtig ist. Meistens lese ich, mache Puja, um dann zur rechten Zeit beim Federballspielen zu erscheinen. In den letzten Tagen ist eine Freundin gekommen, die sich in der heißen Mittagszeit in mein Cooler-gekühltes Zimmer geflüchtet hat. Das ist ein indisches Kühlsystem, die Technik ist so simpel wie einfach: Durch eine Pumpe wird Wasser über senkrecht aufgehängte Kokosmatten geleitet und ein Ventilator verteilt das Wasser in feinsten Wassertröpfchen im Zimmer. Die entstehende Feuchtigkeit muss durch einen Ventilator über der Zimmertür wieder abgesaugt werden. Durch die Verdunstung entsteht eine kurzfristige Illusion von Kühle, die aber durch die Restfeuchtigkeit, den Lärm und den Platz, den das Monster beansprucht, zunichte gemacht wird. Wir schlagen uns also bei einer Tasse Kaffee die Zeit und die Feuchtigkeit um die Ohren, gehen um 17 Uhr in den Hof, wo Baba Federball spielt, und machen es uns auf den Stühlen am Rand des Spielfeldes bequem. Nach dem Spiel fragt Baba: »Wo warst du, Ul*gurke* (Baba bedient sich einer besonderen Kategorie von spirituellen Namen!)? Ich habe dich nicht gesehen! Heute Abend sehe ich dich unter dem Licht!« Bevor ich antworten kann, dass ich doch die ganze Zeit deutlich am Spielfeld zu sehen war, ist Baba längst weiter gefegt. Erst allmählich kommt mir eine Idee, warum Baba mich nicht gesehen haben mag. Statt mich wie üblich auf die Puja, also auf Ihn zu konzentrieren, habe ich die Zeit bei Klatsch und Kaffee verbracht! Wieder einmal hat mich Baba mit Seiner Allwissenheit verblüfft. Gleichzeitig war es ein Hinweis auf die wichtigere Aufgabe.

* * *

Am Abend werden früh die Teppiche zur Abendrunde ausgerollt. Meine Freundin, die morgen fährt, sitzt neben Baba, der sich mit ihr unterhält. Ich sitze neben ihr, lasse aber etwas Platz zwischen uns, auf den sich bald eine ältere permanente Devotee quetscht, es ist deutlich, dass sie den Platz in der Nähe von Baba beansprucht. Vor allem für sie ist es unbequem, ich will ihr aber keinen Platz machen, weil es mich ärgert, dass sie sich nicht auf die andere Seite von mir setzt, wo noch Platz genug ist. Plötzlich schießt eine Schlange, die aus Babas Ecke kommt, über den Teppich direkt auf mich zu. Ich höre mich hysterisch schreien und rolle in Panik zur Seite. Die permanente Devotee breitet sich zufrieden aus und sagt triumphierend: »Auf diese Weise hast du mir Platz gemacht!«

Schlangenbeschwörung

Die »Schlange« entpuppte sich später als ein außergewöhnlich großer Tausendfüßler, dessen Berührung aber schmerzhafte Allergien hervorrufen kann. Meine Stimmung wird dadurch nicht besser – ich koche vor Ärger, Scham und Wut. Die Japanerinnen, die den ganzen Tag oben den Flur mit kleinen Nagelbürsten geschrubbt haben, und jetzt schlafend oder ihre Guru-Queen massierend hinter mir sitzen, bessern meine Stimmung nicht. Dazu kommt, dass schon nach kurzer Zeit vom Sitzen Beine und Rücken unerträglich schmerzen. Baba schickt mir zwar süße Düfte und deutet mir mimisch an, dass Er mich über den Abend bringt, aber ich bin total auf den Schmerz fixiert. Meine schlechte Stimmung, die Ungeduld, der Zorn, der Widerwillen und die Abwehr verhindern meine Konzentration auf Baba und ich bin nicht mal in der Lage, innerlich das Mantra zu sprechen. Zwischendurch wünsche ich mir, ohnmächtig zu werden, zumindest ist schon ein echtes Übelkeitsgefühl da. Um 24 Uhr (nach drei Stunden) ist das *Game* zu Ende und ich bin froh, die Pein(lichkeit) überstanden zu haben, aber es wechseln nur die Parteien – ein neues Spiel beginnt. Innerlich schimpfe und hadere ich weiter, um 24.30 Uhr – nach einer Ewigkeit – wird das Essen aufgetragen. Erstmalig geschieht es an diesem Abend, dass ich durchgängig weder zu Konzentration noch zu Akzeptanz fähig bin (eine Folge des Nachmittags?). Ein Inder bringt Prospekte von der neuen Schule, die im Juni ihre Arbeit beginnt. Überraschend gibt Baba mir ein Heft und sagt: »Ich segne dich!« Dann liest Er mir Seine Botschaft auf der Rückseite vor, in der es darum geht, dass das ganze Leben ein immerwährender Lernprozess ist.

* * *

Kampf um Gedankenkontrolle

April 2000 – In der Osterwoche vor einem Jahr hatten die abendlichen Open-End-Sitzübungen mit Babas Hilfe am Carromboard begonnen. Das Wort *Meditation* hatte ich mir längst abgewöhnt, zu chaotisch war das, was sich in meinem Kopf währenddessen abspielte. Baba ließ irgendwann das Stichwort *Mind-Control* fallen, und mir schien es hilfreicher, dem nachzugehen. In der indischen Tradition wird der »Mind« mit einem Affen verglichen, dessen Natur es ist, jedem Sinnesreiz folgend, hin und her zu springen. Wenn man sich vorstellt, dass dieser Affe zusätzlich von einem Skorpion gestochen und berauscht vom Wein ist, bekommt man eine Vorstellung vom Mind und der Schwierigkeit, ihn zu kontrollieren. Bei Kindern ist die Fähigkeit, sich ganz auf einen Gegenstand zu konzentrieren, ohne durch andere Gedankeninhalte abgelenkt zu werden, noch voll erhalten. Wenn sie beispielsweise ins Spielen »vertieft« sind, vergessen sie Raum und Zeit. Bei der Meditation wird schrittweise geübt, die Aufmerksamkeit längere Zeit auf einen Klang, ein Bild oder einen Gedankeninhalt zu richten. Unwillkürlich auftretende, ablenkende Gedanken werden nicht beachtet, sondern man konzentriert sich weiter auf den gewählten Inhalt. Am Schluss dieses Prozesses, der individuell verschieden ist, aber erfahrungsgemäß längere Zeit in Anspruch nimmt, sollte es möglich sein, dass die Aufmerksamkeit über eine gesetzte Zeit ungestört auf dem gewählten Gedankeninhalt verweilen kann, bis auch der »verschwindet« und nur noch die Energie der Konzentration aufrecht erhalten wird. Durch die *Gedankenleere*, die so erfahren wird, erlebt der Körper erstmals eine Befreiung von dem Ballast des Gedankenmülls, und der Mind kann in höhere Ebenen der Erfahrung eintreten. Bei Inhalten emotionaler Art geht man ähnlich vor, zusätzlich wird geübt, sich selbst in der Rolle des neutralen Beobachters zu sehen, um sich allmählich von den emotionalen Inhalten distanzieren zu können, damit sie als *Außenwelt* erlebt werden und man sich nicht mehr mit ihnen identifizieren muss. Obwohl ich mich eher als einen unkonzentrierten und zerstreuten Menschen beschreiben würde, erlebte ich zu Beginn meiner Meditationsübungen überraschend schnell und »wie nebenbei« Gedankenleere. Die Phänomene beim *Don't move*-Sitzen überfluteten den Mind jedoch wieder mit einer Fülle von scheinbar nicht zu kontrollierenden Inhalten. Trotzdem setzte ich frühmorgens meine Übungen fort, obwohl ich von der Sinnlosigkeit meiner Anstrengungen überzeugt war und innerlich mehr oder weniger kapituliert hatte.

* * *

Nur die Sehnsucht bleibt übrig (1)

In dieser Phase begannen die abendlichen Sitzübungen unter Babas »Aufsicht« am Carromboard, die zwischen zwei und fünf Stunden dauerten. Zu meinem Vorteil nahm ich an, dass Er mich nicht weiter quälen wollte, sondern dass alles einen nur Ihm bekannten Sinn hatte. Dabei gab mir Baba niemals verbale Hinweise oder Erklärungen, nur kurze Blicke oder Handzeichen. Meine Aufmerksamkeit oszillierte mal mehr, mal weniger ruhelos zwischen den Schmerzen und allem, was Nicht-Schmerz war, das konnte ein Mantra sein oder Babas Gestalt, aber auch das Spiel oder die Spieler, kurz, alles, was sich um mich herum abspielte. Meine Spielregel lautete: Die Schmerzen vergessen!

Um einen Eindruck von der Praxis zu vermitteln, hier und an späteren Stellen einige Notizen aus einer längeren Beobachtungsphase des Übens aus der Zeit April/Mai 2000:

1. April 2000 – Ab 21 Uhr wird Carromboard gespielt. Ich sitze in der Nähe des Boards, Baba gegenüber. Bis 22 Uhr gute Konzentration auf das Mantra, dann nur noch einen Wunsch: die Beine auszustrecken! Sofort ein Blick von Baba – ich bleibe still sitzen. Bei jeder kleinsten Bewegung hebt sich sofort Sein Blick. Meine Aufmerksamkeit klebt am Schmerz, der Schweiß läuft in Strömen. Als ich es kaum noch aushalte, trifft mich eine unendliche Liebe aus Seinen Augen. Ich kann Baba um nichts anderes bitten als die Kraft zum Durchhalten. Kurz vor 24 Uhr gibt Er den Segen.

2. April 2000 – Carromboard mit Baba gegen 11 Uhr vormittags – am Schluss wirft Er mir Sein Tempotaschentuch zu. Die Mittagspause verbringe ich lesend. Zwischendurch schiebt sich wiederholt Babas Bild dazwischen: Ich denke an Seine vierundzwanzigstündige Sorge und Liebe für jeden von uns. So wie Er mich auf meinem Weg begleitet, führt Er jeden von uns auf seiner Ebene und sorgt für sein materielles und spirituelles Wohlergehen. Seit einigen Tagen kommen mir bei diesen Gedanken die Tränen – darum wohl das Taschentuch. Als ich das Taschentuch hole, um sie abzuwischen, rieche ich, dass es Babas wunderbaren Duft hat …

3. April 2000 – Bei den Abendbhajans starke Schmerzen, aber ich kann mich auf die Laute des Mantras konzentrieren. Plötzlich ist die innere Verbundenheit mit Baba so real, dass die Schmerzempfindung aufhört. Anstelle von Baba sehe ich einen rot-orangenen Feuerball, der Hitze ausstrahlt. Auch als Baba später durch die Reihen geht, hält das Gefühl der Selbstvergessenheit an – das Schönste, was ich bis dahin erlebt hatte.

4. April 2000 – Nachmittags sitzt Baba auf der Mauer. Er schaukelt und hopst auf einem Kissen hin und her und ruft: »*I will sit maximum!*« (»Ich will solange wie möglich sitzen!«) Was bedeutet dieser Satz anderes als eine Bestätigung? Danach Babas Lachtheater und Tee. Sitze ab 22 Uhr. Baba spielt Carromboard. Das Spiel zieht sich und erst um 1.30 Uhr ist *Game*. Längst vorher bin ich innerlich erschöpft, fast aggressiv. Beim Aufstehen zwinkert mir Baba zu. Beim Raufgehen kann ich mich kaum aufrecht halten, werfe mich aufs Bett und heule. Immerhin: Die Konzentration auf den Schmerz bewirkt, dass ich den ganzen Abend hellwach bleibe, während alle anderen (außer den Spielern) nach einer Stunde mit der Müdigkeit und dem Schlaf kämpfen.

6. April 2000 – Wenn ich morgens über die Schmerzgrenze hinaus auf Babas Form und Mantra konzentriert bleibe, zieht mich eine starke Energie nach »oben« in den Kopf hinein und die Schmerzen bleiben »unten«, nur dumpf fühlbar, zurück.

7. April 2000 – Abends Carromboard ab 21.30 Uhr. Es fühlt sich so an, als höbe Baba das Schmerzniveau an. Die Intensität des Schmerzes ist neu. Im Laufe des Abends wird mir manchmal schlecht vor Schmerz und ich wünsche »umzukippen«. Beim Segen legt Er mir die Hand auf den Kopf.

8. April 2000 – Carromboard in Hyderabad auf dem Dach des Ashrams. Bisher gab es diese Sitzübungen nur in Kurnool, wenn ich nahe bei Baba sitzen konnte. Da die Plätze am Brett schon belagert sind, sitze ich weiter hinten und bin erleichtert, dass es sicher heute Abend »softer« wird. Da bietet mir eine Devotee ihren Platz am Brett an, weil sie bequemer hinten auf dem Stuhl sitzt und trotzdem das Brett gut sieht. »*Same procedure*«, denke ich zunächst enttäuscht, aber als ich in Babas Nähe sitze, lasse ich den Wunsch auf einen stressfreien Abend fahren. Wie immer beginnt der Schmerz im linken Knie und zieht zum Rücken. Ich probiere die oft versuchte, aber wenig erfolgreiche Strategie des Nicht-Beachtens und Nicht-Bewertens aus. Baba schaut mich an und nickt deutlich. In dem Moment geht es plötzlich ganz leicht – der Schmerz versinkt wie ein Stein im Wasser … Ich sehe Baba, das Brett, die Spieler, das Licht, die Bewegungen, merkwürdig transparent – aber wie das geschehen ist, weiß ich nicht. Den ganzen Abend »übe« ich, den Schmerz zu ignorieren, jedes Mal kommt es mir vor, als mache ich einen Klimmzug nach »oben« – mein Kopf summt, der Schmerz verschwindet einfach. Wenn ich mich mit jemandem unterhalte und die Gedanken »laufen lasse«, kommt er wieder. Dadurch, dass der Schmerz »untertaucht«, entstehen Erholungspausen. Ich spreche Babas Mantra auf einer langen Ausatmung und merke, wie das hilft, auf die andere Ebene zu kommen.

Vor einiger Zeit hatte Baba mehrfach ein Autobrummgeräusch, wie Kinder es machen, auf eine erstaunlich lange Ausatmung gemacht. Nach einiger Zeit bemerkte ich, dass das ein Hinweis für meine Atmung sein könnte, und versuchte diese leichte, aber ungefährliche *Pranayama*-Übung und sprach das Mantra auf eine längere Ausatmung. Die beruhigende Wirkung hatte ich schon erfahren. Ich experimentiere mit dem Atem, der Konzentration, beobachte, wann der Schmerz kommt, wann er versinkt. Manchmal scheint das ohne mein Zutun zu geschehen, manchmal meine ich, dass möglicherweise mein Bemühen etwas bewirkt. Das Geheimnis scheint in der Art der Konzentration zu liegen, anders kann mein Verstand es nicht erklären. Aber ich weiß sicher, dass diese Art der Erklärung hier nicht greift. Schmerz oder nicht: Alles liegt in den göttlichen Händen. Hatte ich nicht schon oft erlebt, dass nach einer Stunde qualvollen Sitzens unerwartet der Schmerz von mir abfiel wie ein Umhang, gewöhnlich, wenn ich an dem Punkt, wo ich aufgeben wollte, weitergemacht habe? Eine Regel gab es aber nicht. Meine tiefe Erfahrung war: Es geht vor allem um das Tun, das Durchhalten, das Nicht-Aufgeben, ob mit oder ohne Schmerz, dann kann die göttliche Macht eingreifen, wenn sie es für richtig hält.

Der Abend geht überraschend schnell vorbei. Beim Runtergehen sind meine Beine steif, aber schmerzen kaum.

9. April 2000 – Bei den Bhajans hilft mir die Konzentration auf das Mantra und Babas Form, die Schmerzebene zu verlassen. Nach dem Arati bringen mich Atem und Mantra in eine strömende Ruhe, bis die Flamme verloschen ist. Die Abwesenheit des Schmerzes ist ungewohnt, als fehle etwas – sehr paradox ... Bei der Botschaft am Nachmittag spricht Baba über Beziehungen in Europa und in Indien. Während in Europa die Beziehungen zwischen Menschen oft von kurzer Dauer sind, hält in Indien die Familie aus Tradition noch zusammen und bietet den Mitgliedern sozialen und wirtschaftlichen Schutz. Aber auch hier gehen die Menschen immer mehr ihren eigenen Weg außerhalb der Geborgenheit, aber auch Kontrolle der Familie. Baba: »Jeder muss allein seinen Weg gehen und zu seinem Ziel finden und es nicht aus dem Auge verlieren. Ständig muss *control of mind* geübt werden – die Konzentration auf Gott.«

* * *

Das Drama des Lebens

Die Begegnung mit einem Avatar ist eine spontane Begegnung von Seele zu Seele. Unser SELBST (Sanskrit: *Atman*) erkennt Ihn als höchstes, universelles SELBST (Sanskrit: *Param-Atman*). Wie in der Homöopathie Gleiches auf Gleiches reagiert, erkennt hier auf einer überbewussten Ebene der Mensch die Göttlichkeit Balasai Babas, sonst würde er sich nicht von Ihm angezogen fühlen und Ihn als spirituellen Meister akzeptieren. Die tägliche Arbeit, der Balasai Baba sich unterzieht, hat zum Ziel, dass sich jeder Devotee seines eigenen Wesenskerns, also seiner Göttlichkeit, bewusst wird und im tiefsten Innern erfährt: *Ich und Du sind Eins!*

Baba wird nicht müde, das immer wieder zu betonen und als Widmung in Bücher zu schreiben. Gleichzeitig besteht Seine Arbeit darin, die *Hüllen,* die das SELBST verdunkeln in Form von Prägungen und Konditionierungen, nach und nach, wie die Schalen einer Zwiebel, abzuschälen, um das, was unveränderlich und ewig hinter der Person steht, freizulegen. Wir erleben uns als das, womit wir uns identifizieren, das heißt unser Selbstbild ist von Kindheit an geprägt, wie wir uns hauptsächlich durch die Augen Anderer sehen. Und egal, ob wir diese Erwartungen erfüllen oder dagegen rebellieren, wir ordnen uns Fremdbildern unter, die den Blick auf unser ewiges Selbst verstellen. In diesem Prozess bleiben wir Gefangene des Körperbewusstseins.

Balasai Baba empfiehlt nun, nicht zu fragen *Wer bin ich?*, sondern *Wer ist Gott?*, weil nur diese Frage hinaus führt aus dem Teufelskreis der illusionären Identifikationen hin zum Gottesbewusstsein. Balasai Baba lebt täglich physisch so nah wie möglich mit uns, damit wir Ihn im praktischen Alltagsleben als göttliches Beispiel, das uns die höchste Form von Menschlichkeit vorlebt, erfahren können: »Alle wollen nur Botschaften haben, sind aber gleichzeitig zu bequem, sie in die Praxis umzusetzen. Dabei ist mein Leben eine einzige Botschaft, die für jeden sichtbar ist!« Bei jedem Treffen mit Seinen Devotees gibt Balasai Baba täglich unzählige Chancen zur Selbsterkenntnis (*Self-Realisation*). Nur in Ausnahme- und Notfällen lehrt Er direkt. Alle Botschaften, ob allgemein oder speziell für einzelne Devotees, sind wie Rätsel indirekt in der Situation versteckt, und es liegt an der Aufmerksamkeit, der Unterscheidungsfähigkeit und dem Erkenntniswillen des Einzelnen, sie zu verstehen, anzuschauen und gegebenenfalls zu verändern. Die Arbeit am eigenen Charakter, die Neigungen, Prägungen, Konditionierungen und karmischen Tendenzen zu erkennen, und, wenn möglich zu verändern, gehört zum Schwierigsten und Wichtigsten auf dem *spirituellen Weg*. Dabei spielt der eigene Verstand eine bedeutsame Rolle, indem er Hindernisse und Blockaden erkennt, Notwendiges vom Nutzlosen unterscheidet, Gefühle und Gedanken furchtlos und neutral beobachtet, die innere Balance herstellt usw. Die indirekte Lehrmethode Balasai Babas garantiert, dass der Devotee nicht abhängig wird von der Autorität des Lehrers, sondern im Gegenteil volle Verantwortung für sein Handeln übernehmen muss. Die Freiheit des Devotees wird nicht angetastet. Für viele ist das enttäuschend, weil sie erwarten, dass gerade hier eine *höhere Instanz* weiß, was für sie am besten ist, und für sie entscheidet. Gerade im Angesicht Gottes geschieht das Loslassen der eigenen Identifikationen und Konditionierungen nicht von selbst: »Die göttliche Energie ist neutral, sie verstärkt nur das, was schon da ist! Wo Eifersucht ist, verstärke ich die Eifersucht!«, warnt Baba immer wieder und regt an, die eigenen Gedanken und Gefühle genau zu beobachten und ihre Wurzeln herauszufinden. Bei diesem Prozess wird deutlich, dass die Ursache für das eigene Glück und Unglück nur im eigenen Innern zu finden ist. Überall, wo der Grund für das persönliche Unglück *außen* gesucht wird und in Form von Schuldzuweisungen und Projektionen etwas Fremdem angelastet wird, ist der Weg zur Wahrheit des eigenen Selbst verbaut. Immer wieder betont Balasai Baba: »Ich zeige euch die Wahrheit, aber die Wahrheit ist bitter!«

Sicher ist die Kraft, sich der Wahrheit zu stellen, abhängig von den karmischen Hintergründen, und Baba wird nicht müde zu wiederholen: »Ihr müsst euer Bestes tun, dann mache ich den Rest! Ohne eigene Anstrengung geschieht nichts, aber überlasst die Früchte Gott!« Gott sieht nur die Intention, die Hingabe: »Ob euer Charakter gut oder schlecht ist, interessiert mich nicht, ich sehe nur eure Hingabe und Liebe zu Gott!« (Das bedeutet nicht, dass Baba verletzendes Verhalten toleriert.) Wenn ein Devotee sich jahrelang ehrlich, aber ohne sichtbaren Erfolg bemüht, ein bestimmtes Verhalten, das ihn schon lebenslang unglücklich macht, zu ändern, beschenkt ihn Baba oft mit besonderer Aufmerksamkeit und Liebe: es geht immer nur darum, *sein Bestes* zu tun – Gott kennt die Grenzen der menschlichen Anstrengung. Trotzdem wird Er weiter geduldig Situationen kreieren, in denen der Devotee wieder und wieder eine Chance bekommt, an seinem Unglück etwas zu ändern. Aber immer sind auch der göttlichen Arbeit Grenzen gesetzt, das menschliche Unglück wird Er nicht verändern: »Das ist nicht meine Arbeit! Die Pferde müssen zum Fluss geführt werden, aber trinken müssen sie selbst!« Darum korrigiert Baba nicht, im Gegenteil, oft bestätigt und unterstützt Er ein unproduktives Verhalten, um es so noch deutlicher zu machen. Das Drama des Lebens lässt Er sich täglich neu entwickeln, wobei Er nur als Spiegel agiert und Sich als Projektionsfläche zur Verfügung stellt – Er selbst ist unberührt davon: »Der Mensch wird in der Illusion geboren, wächst darin auf und verschmilzt mit ihr. Das gehört zur Natur des Menschen. Gott lässt es in der Hand der Menschen, ob sie sich daraus befreien wollen.«

* * *

Umzug in den neuen Ashram

Am Ende der ersten Maiwoche 2000 startet der Umzug in den neuen Ashram in Hyderabad. Wer von den permanenten Devotees helfen wolle, solle mitkommen, verkündet Babas Manager Mr. Rama Rao. Ich melde mich, weil es viel zu tun gibt und ich mein Flugticket abholen muss. Erst später wird klar, dass Baba und ein Ehepaar aus Hyderabad auch mitfahren werden, aber acht Personen nicht in Babas Auto passen, und ich beschließe fast »automatisch«, allein im Bus zu fahren. Die beiden anderen Devotees verteilen umgehend »ihre« Plätze im Kofferraum (das Auto ist ein Landrover).

Als Baba die Platzverteilung erfährt, sagt Er: »Warum opferst du dich?« »Wir sind zu viele, das ist eine simple Tatsache!«, antworte ich. Baba ordnet kurzerhand an, dass die Handwerker, wozu auch ein Devotee gezählt wird, nachts mit dem Bus fahren sollen. Der Devotee, der um seine Bequemlichkeit kämpft, meint dann freundlicherweise, ich hätte eh keinen Platz im Auto zu beanspruchen, weil ich ja nur mein Ticket holen wolle, was mich ziemlich aufbringt. Weil er die Gewohnheit hat, früher als alle anderen schlafen zu gehen, muss ich ihn später aus dem Bett holen, um ihm mitzuteilen, dass er doch im Auto mitfahren kann, weil das Ehepaar schon in der Nacht mit dem Bus fährt …

Am nächsten Morgen kommt Baba nur im Dhoti bekleidet und ist »erstaunt«, warum der für den Bus vorgesehene Devotee auch wartet. Und jetzt kommt, was dieser unbedingt vermeiden wollte: Wir sitzen zu dritt und damit einigermaßen unbequem im Kofferraum! Baba lässt sich übersetzen, was *inconvenient* heißt und macht Wortspiele mit dem neuen Wort *unbequem*. Daraus wird bald *unglückquem* und als Er lachend dem Devotee damit seine Situation vor Augen führt, wird dessen Laune nicht besser. Durch »Zufall« sitzen zwei Devotees nebeneinander, die sich nicht »grün« sind. Die eine Devotee ist auf ihren Kollegen seit langem eifersüchtig, weil sie glaubt, dass er von Baba vorgezogen wird. Jetzt schaukelt Baba elegant eine Kontroverse zwischen den beiden so hoch, dass nur der enge Raum eine Prügelei verhindert. Baba sitzt klein, zart und unschuldig mit frisch gewaschenen Räuberlocken auf dem Rücksitz. Die Frühstückszeit nähert sich, alle haben Hunger, und besonders dem besagten Devotee liegt viel an einem bequemen Frühstücksplatz. Aber alle empfehlenswerten Frühstückslokale, auf die er lebhaft hinweist, werden überfahren. Seine Laune ist jetzt ganz unten und Baba bestätigt scheinheilig kopfschüttelnd: »Dieser Dummkopf von Fahrer!«

Schließlich wird in einem Dorf angehalten. Ich steige mit dem Devotee, in den wieder Leben kommt, aus, höre, wie er was sagt von »Restaurantfrühstücken«, habe nur eine unklare Vision von einer Tasse Tee und Beine vertreten, da ruft Baba hinter uns her: »Bringt für alle *Dhosas* mit!« Ich nicke, aber im nächsten Moment ist schon klar, dass das Restaurant geschlossen ist. Ich gehe zum Auto zurück, wo Baba entspannt auf dem Rücksitz liegt. Nach geraumer Zeit kommt der Devotee ergebnislos zurück und Baba fragt ihn, warum er ausgestiegen sei. »Du wusstest doch, dass Mr. Rama Rao Frühstück besorgt, alles kommt von selbst!« Dann fragt Baba mich, warum ich mitgegangen sei, und ich stehe dumm da und weiß keine Antwort. »Aus Neugier!«, sage ich verlegen und verschweige meinen Wunsch nach Tee und Bewegung. Dabei hatte ich schon erlebt, dass bei solchen Fahrten die himmlische Regie bestens für alle Bedürfnisse sorgt. Mr. Rama Rao kommt mit einem großen Papierpaket, etwas später halten wir an und essen hervorragende Dhosas mit Soße aus dem Papier. Baba gibt mir noch *Puris* – ich bin so voll, dass mir beim Fahren fast schlecht wird. Um 12 Uhr sind wir im Ashram.

Im Rückblick ist das ein Beispiel, wie Baba Situationen kreiert, gleichsam das »Bühnenbild« gestaltet, vor dem jeder sein eigenes Drama gestalten kann: Mehrere Male ändert sich die Konstellation, wer wann mit wem fährt. Im Auto ist die Sitzordnung anders als erwartet. Baba benutzt das Sitz-Arrangement, um lang schwelende Aversionen zu verstärken und ans Tageslicht zu bringen. Die Ego-Anstrengungen bezüglich des Frühstücks laufen ins Leere, während das Frühstück längst unterwegs ist. Baba hat jedem eines seiner eigenen Themen vor Augen geführt. Jeder hatte die Chance, etwas daraus zu lernen oder beim nächsten Mal das gleiche Drama zu wiederholen.

Im Laufe der Jahre habe ich erlebt, dass Baba so viele Variationen des gleichen Themas »aufführen« ließ, bis es erschöpft oder abgeschwächt war oder auch unveränderbar blieb, wobei Er gleichzeitig Regie führte und den unbeteiligten Zuschauer spielte. Babas Aufgabe ist es, das »Spielfeld« abzustecken, damit die persönlichen Dramen inszeniert werden können, wie in diesem Beispiel. Wenn Er etwas zur Explosion bringt, was lange im Untergrund schwelt, kann der Devotee bewusst entscheiden, ob er an diesem Thema, mit dem er sich schon lange das Leben schwer macht, arbeiten will oder nicht. »Das ist nicht meine Aufgabe!«, betont Baba regelmäßig. Jeder muss selbst seine Gedanken, Gefühle und Aktionen verändern, Gott mischt sich nicht in den Teil der Arbeit ein, den der Mensch selbst tun muss.

* * *

Ich bin dankbar und glücklich in der Ruhe der letzten Wochen. Gegen 18 Uhr kommt Baba mit einer der jungen Sängerinnen aus dem Haus, die Mutter im Gefolge. Sie ist fast noch ein Kind und Baba hat liebevoll den Arm um ihre Schulter gelegt. Ganz unerwartet schwemmt eine Welle von Eifersucht in mir hoch, ein Gefühl, das ich bisher im Ashram nicht kannte, und gleichzeitig schäme ich mich dafür.

Innere Gefängnisse

Ich versuche, einen »höheren Standpunkt« einzunehmen und mich an dem Bild zu freuen, aber es fühlt sich künstlich an. Neben mir steht die siebenjährige Nichte Babas, die mit unschuldigem Interesse Babas Gegenwart genießt, frei und unberührt von störenden inneren Einflüssen. Ihre unschuldige, kindliche Freude berührt mich und so schwanke ich innerlich hin und her, was Baba spiegelt, indem Er von einem Bein aufs andere schwankt und mir dabei lachend auf die Schulter klopft.

Nach dem Darshan drehe ich Runden um den Tempel, die Bewegung tut gut. Baba kommt früh und sitzt bald mit der kleinen Sängerin und der Nichte auf der Flussmauer, zur Zeit der luftigste Platz. Kurz danach höre ich Babas

»Quietschruf«, bin aber nicht sicher, ob ich gemeint bin, da der Wind den Klang verweht. Je mehr Runden ich laufe, umso größer wird die Trauer in mir, dass Baba mich gerufen haben könnte und ich es nicht höre oder falsch deute. Schon öfter hat sich ein Gefühl wie »Ich bin nicht gemeint!« dazwischen gestellt. Dann ein deutliches Rufen und Winken – »Ich habe dich fünfmal gerufen, warum kommst du nicht?«, sagt Baba. Das frage ich mich auch. Wir sitzen im Wind, der Vollmond hat sich hinter einer Wolke versteckt. Wenn Baba ganz auf die junge Sängerin eingeht, wirkt sie lebendig, nicht–beachtet fällt sie in sich zusammen. »Seit zwanzig Jahren will jeder persönliche Aufmerksamkeit von mir, dabei mache ich meine Arbeit ob mit oder ohne Aufmerksamkeit!«, betont Baba immer wieder. »Sie sucht einen *boyfriend* – nicht Baba, von mir will sie nur den Segen!«, wendet Er sich ihr wieder zu. Nach und nach hat sich die ganze Ashram-Familie versammelt. Der Wind bläst uns durch. Ich schaue in die Gesichter. Eine Ashrambewohnerin schenkt Tee ein, ihrem Mann fallen die Augen zu, die Sängerin-Mutter sieht verhärmt aus, der Vater schläft, ein Devotee liegt auf der Mauer, eine andere schaut säuerlich und chronisch beleidigt über den Fluss in die Weite, die Japaner sitzen uniformiert in einer Reihe, die französische Besucherin, der Baba seit Jahren nichts recht machen kann, guckt um die Ecke und läuft wieder weg (jeder ist froh, dass sie kein Geschrei macht). Ein Devotee bringt erfrischende, aufgeschlagene Kokosnüsse. Baba – Er ist der einzig Lebendige – segnet ihn und streicht ihm über den Kopf. Alle anderen – und ich schließe mich ein – sind in ihren Empfindungsnetzen gefangen und mit sich selbst beschäftigt. Später sitzen wir auf dem Teppich, aber selbst zum Singen sind die Sänger nicht fähig, eine große Schwere breitet sich aus, woran sicherlich auch die windstille Schwüle Schuld ist. Die französische Devotee, die gestern gekommen ist, setzt sich zu uns, und jetzt kommt doch noch, was jeder befürchtet hatte: wie immer findet sie einen Grund zur Eifersucht. Diesmal fühlt sie sich von der Sängerfamilie gestört. Baba hatte sie bei ihrer Ankunft liebevoll begrüßt: *Je t`aime, je te bénis!* (Ich liebe dich, ich segne dich!) Wie bei jeder anderen Fremdsprache kann Baba sofort die ungewöhnlichsten Sprachklänge mit korrekter Aussprache wiederholen, geht mit den Elementen spielerisch um und bildet umgehend kleine Sätze und Späße. Heute Morgen hatte sie mir erzählt, dass sie ihren von Baba materialisierten Ring in einem Anfall von Wut weggeworfen habe. In der anschließenden Runde hatte Baba sie gefragt: »Wo ist dein Ring? Hast du ihn beim Baden verloren?« Sie nimmt die Frage nicht ernst und geht darüber hinweg in der Annahme, dass Babas Frage beweise, den wahren Grund nicht zu kennen. Sie kann nicht sehen, dass Baba ihr nur eine Brücke bauen will, damit sie Ihm sagen kann, was in Wirklichkeit passiert ist. Ich weiß, auch hundert Beispiele von Babas Allwissenheit würden ihre Meinung nicht ändern. Heute mündet ihre Aufregung in einem konfusen Geschrei, wonach sie schließlich nur noch erschöpft und weinend da sitzt. Baba hat sie die ganze Zeit in Seiner Aufmerksamkeit und bleibt in jedem Moment humorvoll und hilfreich. Inzwischen wurde das Essen serviert und sie sitzt schluchzend vor ihrem Essteller. Da sie wie ein kleines Kind nicht essen will, wiederholt Baba mit unendlicher Geduld sicher zwanzigmal, indem Er immer wieder ihren Namen nennt: »M. iss!« Als alle fertig sind, fängt sie an zu essen … Baba wartet, bis sie fertig gegessen hat, dann steht Er auf und segnet alle. Eine Lektion in bedingungsloser Liebe.

* * *

22. November 2000 – Zur Vormittagsrunde in Hyderabad mit Baba gesellt sich die indische Ashramverwalterin. Seit Jahren wünscht sie sich ein Tattoo mit Babas Namen. In Indien ist es üblich, sich den Namen des verehrten Gottesaspektes, ein heiliges Symbol oder ein Mantra in die Haut ritzen zu lassen, das gilt als Schutz- und Segenszeichen. Erstaunt höre ich, dass das bei den älteren Devotees seit Jahren ein Thema ist, und diese sind auch sofort

Babas Name

Feuer und Flamme. Baba gibt der Köchin den Auftrag, dass sie alles für den heutigen Nachmittag organisieren soll. Ich fühle mich nicht angesprochen und höre kaum hin. Bei Tattoos assoziiere ich Zuhälter, Matrosen und Zirkusleute, die Meerjungfrauen, durchbohrte Herzen und kitschige Liebesschwüre lebenslang mit sich herumtragen. Während der lebhaften Diskussion höre ich undeutlich, dass Baba meinen Namen und den meiner Schulkollegin nennt: »Ulgurke und C. auch!« Ich tue so, als hätte ich nichts gehört. Der Tempel ist seit einigen Wochen fertiggestellt, er leuchtet frisch gestrichen in hellblau, gelb, rosa und weiß, das Dach schließt mit kühnem Schwung den Raum nach oben ab, alles ist perfekt, die absolute Wasserdichte garantiert. Dass dann nach jedem Regenguss der Tempel unter Wasser steht, steht auf einem anderen Blatt. Nur die Bezeichnung dieses heiligen Ortes mit Balasai Babas Namen wurde auf den Straßenseiten noch nicht installiert.

Am Nachmittag ist ein ungewöhnlicher Betrieb im Ashram. Arbeiter breiten ein Gewirr von Kabeln, großen Glaskästen, Neonröhren und diversem Elektrozubehör auf dem Tempelboden aus. Glücklicherweise habe ich den Boden gerade fertig geputzt und liege mit aufgestützten Armen im Bürofenster, das zum Tempel blickt (sehe also ins Office hinein), um in Ruhe zu überlegen, wie ich mich bei der angedrohten Tätowierungsaktion verhalten soll. Ich komme zu dem Schluss, dass Angucken nichts kostet, will mich also in der Nähe aufhalten. In dem Augenblick fliegt die Tür des Büros auf, ungekämmt, nur im Dhoti, stürmt Baba herein, rennt zum Fenster und sieht mich durchdringend an, läuft heraus, die Tür knallt, Baba ist verschwunden. Das Ganze hat nur drei Sekunden gedauert. Habe ich geträumt? Um diese Zeit ist Baba sonst nie zu sehen. Was war mein letzter Gedanke? »Ansehen kostet nichts!« Mir wird mulmig. Vielleicht kostet es doch was, Babas Erscheinung war ein einziges Ausrufezeichen. Bei wichtigen Entscheidungen gab mir Baba nie verbal eine Anweisung, brachte mich aber durch Zeichen zum Nachdenken, das kannte ich schon.

Kurz darauf kommen zwei Devotees aus der Stadt und legen stolz ihr Mitbringsel auf den Boden: BALASAI NILAYAM steht da in kunstvoll gearbeiteten Messingbuchstaben geschrieben, »zufällig« waren sie heute fertig geworden. In Deutschland wird Babas Name ihr Haus schmücken: *Der Wohnort von Balasai*. Ein merkwürdiger Tag: aus dem Nichts taucht überall Babas Name auf!

Am Spätnachmittag betreten drei junge Inderinnen den Ashram. Dem Outfit nach vermute ich, dass sie vom Beauty-Parlour kommen, und schleiche mich neugierig die Treppe herunter. Richtig – in der Pujahalle, vor dem Lingam-Altar, packen sie ihre Siebensachen aus: Fläschchen, Nadeln, Watte usw. Die Ashramverwalterin sitzt auf einem Stuhl, den Arm auf einen Tisch gestützt, und Mr. Rama Rao malt die Buchstaben BALASAI auf ihren Unterarm. In dem Moment erscheint Baba – festlich in einer rosa Robe. Mit einem sehr einfach aussehenden Gerät wird die Farbe in die Haut geschleust, besser: gekratzt. Während der Aktion bin ich näher herangetreten und finde mich unversehens auf dem Stuhl wieder, als dieser leer ist. Mr. Rama Rao malt Babas Namen, nicht künstlerisch-dezent, sondern groß, unübersehbar, auffällig, unmöglich zu verbergen, auf meinen linken Unterarm. Ich darf zwischen rot und schwarz wählen – Baba zeigt auf die schwarze Farbe. Als das primitive Foltergerät angesetzt wird, hält Er meine Hand. Es tut nicht direkt weh, aber es prickelt und ritzt unangenehm. »Muss sie so schrubben?«, denke ich und bin froh, als sie fertig ist. In der Zwischenzeit haben sich alle Ashrambewohner in der Pujahalle eingefunden. Einige scheinen echt interessiert, andere lachen oder machen sich lustig, nichts davon berührt mich. Meine Kollegin, deren Namen Baba auch extra genannt hatte, versteckt sich im Hintergrund und ist nicht bereit zu kommen. Baba nimmt dann einfach ihre Hand und holt sie mit sanfter Gewalt. In all den Jahren war dies das erste und einzige Mal, dass Baba der Entscheidung einer Person persönlich »nachgeholfen« hat. Am frühen Abend sind alle fertig und Baba verbringt die folgenden Stunden, nachdem Er sich selbst Seinen schwarzen Punkt auf der linken Wange hat auffrischen lassen, nur mit den »Leidenden«: *Without pain no gain* (»Ohne Schmerz kein Gewinn«), Babas Name ist jetzt vermischt mit eurem Blut und euren Zellen.« Zum Zeichen, dass heute ein Festtag ist, gibt es Pizza zum Carromboard. Am Abend hat Babas Wohnort auch für die Öffentlichkeit einen Namen:

BHAGAVAN SRI BALASAI BABA ASHRAM.

Später erklärt Baba den Sinn dieses Tattoos: »Es soll euch an Gott erinnern, wenn ihr Ihn während der Arbeit vergesst! Er wird euch in allen Situationen – auch des materiellen Lebens – zum Erfolg führen!

Alle Menschen werden nackt geboren und gehen genauso nackt von dieser Erde. Nichts gehört uns, auch nicht der eigene Körper. Selbst die engsten Verwandten gehen nur einen Teil unserer Lebensreise mit, jeder stirbt allein. Nur Gott und Sein Name sind bis zum Schluss bei uns! In Indien werden den Kindern göttliche Namen gegeben, damit man immer wieder an Gott erinnert wird und ihn schließlich unbewusst wiederholt. Man glaubt, dass im Todesaugenblick nur der göttliche Name das *Passwort* für die Befreiung aus dem Kreislauf von Tod und Geburt ist. Die Konzentration darauf muss aber zu Lebzeiten geübt werden!

Um einen Fluss zu überqueren, braucht ihr nur ein kleines Boot. Um Gott zu erreichen, braucht ihr nur den göttlichen Namen. Babas Name ist wie eine Telefonnummer oder wie das Passwort eures Computers – er verbindet euch direkt mit Baba! Lebt das volle Leben, aber singt den Namen Gottes!«

Am nächsten Tag trägt die Ashramverwalterin ihren Arm in der Schlinge, der einer anderen ist dick geschwollen, auch meiner ist leicht gerötet und entzündet. Nach ein paar Tagen ist alles vergessen, aber die allgemeine Schadenfreude ist uns sicher. Das kann ich ungerührt hinnehmen, weiß ich doch mittlerweile, dass diese Aktion Babas ihre tiefe Bedeutung hat.

* * *

Überfüttert

Im Juni 2000 wurde der Unterricht an der *Sri Balasai International Residential School* mit über vierhundert Schülern aufgenommen. Zu Beginn des Jahres 2001 waren die wichtigsten Bauarbeiten abgeschlossen, der Tagesablauf hatte sich eingespielt und man war bereit, den Deutschunterricht in den Stundenplan zu integrieren. Schon vor längerer Zeit hatte Baba eine Kollegin und mich gefragt, ob wir als *Seva* nicht Deutschunterricht in der Schule geben wollten, es sei alles ganz locker, der Unterricht zwar verpflichtend, aber *additional* und kein Prüfungsfach. Wenn ich damals gewusst hätte, was in den nächsten sieben Jahren auf mich zukommt, hätte ich sicher nicht so spontan zugesagt. Bevor ich zwei Jahre zuvor in den Ashram gekommen war, hatte ich meine Tätigkeit als Lehrerin beendet. Andererseits forderte mich die neue Situation heraus – außerdem wusste ich nicht, was ich sonst als *Seva* hätte einbringen können.

So fahren wir an einem Aprilmorgen mit der Riksha zum neuen Schulgelände vor den Toren von Kurnool. Inmitten der Felder, jenseits des Bewässerungskanals, ist ein beeindruckender Schul-Campus entstanden: Eine (noch kleine) Kokospalmenallee führt auf das schmiedeeiserne Eingangstor zu mit Babas Portrait und Seinem Motto *Learn to learn*: *So deep the joy of living, so deep the love of learning* – »So tief wie die Lebensfreude ist, so groß ist auch die Liebe zum Lernen«.

Die sechseckigen, bienenwabenförmig angeordneten Klassenräume mit den doppelten Dachpyramiden im Stil der alten Kalinga-Architektur liegen im Halbkreis um den Versammlungsplatz. Mal zurücktretend, mal vorspringend liegen die Klassenräume an geschwungenen, sowohl schmaleren als auch sich zu kleinen Vorplätzen erweiternden Fluren. Zu beiden Seiten des Halbkreises geben Bäume Kühle und Schatten. Die Anlage regt einerseits die Tätigkeit der Sinnesorgane an und unterstützt andererseits in den umhüllenden Klassenräumen die Konzentration zum Lernen. Die Räume liegen im Schatten und die sinnvolle Anordnung der Fenster sorgt auch in der heißen Zeit für eine natürliche Durchlüftung.

Den Mittelpunkt des Campus bildet ein *Yantra* (eine energetische, geometrische Form) – in diesem Fall eine quadratische Anlage auf neun Ebenen, in deren Zentrum auf höchster Ebene sich die Statue von *Adi Dakshina Murthi* erhebt. Der *Lehrer der Weisheit und des Wissens* – ein Aspekt Shivas als Weltenlehrer – sitzt segnend unter einem Banjanbaum. Das Küchengebäude mit den Speisesälen (später auch der Wasseraufbereitungsanlage), das Lehrerwohngebäude mit dem *Krishnagarten*, das Schlafgebäude für die Kleineren mit den weithin sichtbaren Kuppeln und die Schlafräume für die Älteren – getrennt in Mädchen- und Jungentrakt – richten sich mit ihren Haupteingängen auf das Yantra aus. Obwohl viele Klassen im Examen sind (später erfahre ich, dass indische Schüler das ganze Jahr über auf nähere oder entfernte Prüfungen hinarbeiten), ist die Schule gut durchorganisiert und ein Stundenplan führt mich durch die fünf Klassen dieses Tages. Bei früheren Hospitationen hatte ich gesehen, wie straff der Unterricht ist, wie hoch konzentriert und motiviert die Schüler sind, wie leicht ihre Auffassungsgabe ist und wie schnell sie etwas verstehen. Durch die hohen Anforderungen an den Lehrer, seinen Lehrplan zu vermitteln, werden keine Disziplinlosigkeiten geduldet. Entsprechend erwartungsvoll und auch angespannt erwarten mich die Schüler, und ich bin es nicht weniger. Für die Schüler ist die lockerere Kommunikation neu, sie arbeiten nach besten Kräften und interessiert mit. Die Schüler der neunten Klasse kommen mir so erwachsen vor wie Universitätsstudenten und auf diesem Niveau versuche ich sie anzusprechen. Auf der Heimfahrt bin ich sehr zufrieden – auch mit mir …

Am Abend beim Carromboard kündigt Baba an, dass Mr. S., ein im Ashram wohnender älterer Devotee, heute viele Snacks bringen wird und sagt: »Du musst alles aufessen!« Er bringt verschiedene Nuss- und Dhalmischungen, dazu kleine Kuchen mit. Als das eigentliche Abendessen aufgetragen wird, bin ich schon übersatt, aber auf meinem Teller liegen noch ein großer *Chapati*, Gemüse und fünf kleine Kuchen. Baba sieht mich streng an, und ich weiß, dass ich auch alle Kuchen essen soll. Er passt genau auf, was ich esse, aber nach zweien passe ich und sage, dass ich die andern mit hoch auf mein Zimmer nehme. Ich weiß, noch ein Bissen mehr und ich werde mich übergeben. Baba wedelt mit undurchdringlichem Gesicht mit einem neuen Stock.

Überladen und mit einem Übelkeitsgefühl im Magen greife ich im Zimmer nach dem indischen Magazin, das Baba mir in die Hand gedrückt und darauf bestanden hatte, dass ich es mitnahm, obwohl ich nicht wusste, was mich daran interessieren sollte. Beim mehrfachen Durchblättern fällt mir ein hervorgehobener Schriftzug einer Reklame ins Auge, deren Bedeutung ich aber zunächst nicht verstehe: *Keep it simple*! Plötzlich wird mir die Bedeutung siedendheiß klar! Was war geschehen? Ich hatte den Text für die 8./9. Klassen mit unwichtigen Wörtern überladen und die Schüler damit »überfüttert«. In ihrem Bestreben, jedes Wort sofort »verstehen« zu müssen – was ihr Lernsystem von ihnen erwartet, von mir aber nicht beabsichtigt war – hatte ich sie überfordert. In meiner Selbstzufriedenheit hatte ich aus dem Blick verloren, was ich den Schülern zumuten konnte. Die Erfahrung von Übelkeit und Unwohlsein ließ mich physisch spüren, wie es ist, wenn man geistig »überfüttert« wird, Bauchweh bekommt und nicht verdauen kann, weil man Angst vor sofortiger Beurteilung hat. So legte ich für die nächste Stunde das kleine Spiel vom *Langschläfer und Frühaufsteher* zunächst schlafen. Vom Ballast befreit, wurde es kurz darauf mit viel Gelächter und Phantasie gespielt. Babas Lehre habe ich nie vergessen.

* * *

Balasai Babas Singabende wurden von Anfang an durch Trommeln oder Tablas begleitet. Die Lieder deckten ein weites Spektrum ab: zunächst traditionelle *devotional songs* – für die meisten europäischen Ohren zu lang und zu eintönig. Ich liebte sie, weil meine geistige Aufmerksamkeit in den Klang eintauchen konnte, ohne durch

Künstlerdrama

ständig neue musikalische Reize abgelenkt zu werden. Je wacher das Ohr jedoch der Melodie folgte, umso mehr konnte es die immer neuen subtilen rhythmischen und melodischen Variationen erkennen, die den Verstand in eine unbekannte Art *entspannter Wachheit* versetzten, was jedoch vom Sänger und vom Begleiter ein enormes Maß an technischer Beherrschung erforderte. Die zweite Kategorie von Liedern waren die beliebten Songs aus den Bollywood-Filmen. Man geht hier vor allem ins Kino, um die neuen Songs zu hören und die aufwendigen Tanz-Arrangements zu genießen, meistens ist die Story nur der Background dafür. Die Lieder sind teils über sechzig Jahre alt, aber jeder Inder kennt sie, singt sie, liebt sie. Sie sind im besten Sinne Unterhaltungsmusik, aber nicht zu vergleichen mit dem, was bei uns unter U-Musik verstanden wird. Die Melodien und Instrumentalbegleitungen sind musikalisch so anspruchsvoll, komplex, abwechslungsreich und einfallsreich, dass nur geschulte Sänger und Musiker sie aufführen können. Die dritte Sparte besteht aus den indischen *Volksliedern* – eingängige, schnelle Melodien auf einem einfacheren, jedoch mitreißenden Trommelfundament, Songs, die zum Tanzen auffordern. Zum Schluss folgt die Palette der westlich angehauchten indischen Pop-Musik, die aber auch den Hintergrund der traditionellen indischen Musik nicht verleugnen kann.

Balasai Babas *Musikalische Singabende* begannen 1998 im alten Ashram gewöhnlich unter freiem Himmel, im neuen Ashram in Hyderabad wurden sie in Babas Privaträumen fortgesetzt. Seit etlichen Jahren gibt es einen offiziellen Singraum, in dem Baba regelmäßig mit Co-Sängern und Trommlern für die ausländischen Besucher Konzerte veranstaltet. Neben der *Profisängerin* Mm. Shakuntala ist Mr. S. der dienstälteste Trommler. Es ist Babas Prinzip, jede Aufgabe nur von Devotees ausführen zu lassen, anstatt Profis zu engagieren – und das geschieht nicht aus finanziellen Erwägungen. In Indien sind auch Nicht-Profis häufig Meister ihres Fachs.

Mr. S. könnte man dagegen einen begeisterten Hobby-Trommler nennen, dem die Natur allerdings nicht entgegengekommen ist: an beiden Händen sind von Geburt an mehrere Finger zu kurz. Das tut seiner Leidenschaft jedoch keinen Abbruch. Wer ihn zum ersten Mal hört, ist tief beeindruckt, wie er jedes Lied ohne Punkt und Komma bis zum Schluss virtuos durchklopft. Kein normaler Europäer weiß, welche Funktion die Trommelbegleitung hat, und darum ist ihm Bewunderung sicher. Niemand versteht das manchmal genervte Augenrollen der Sänger, und die gelegentlichen Abbrüche sind für die Zuhörer nur ein Zeichen, dass alle noch üben müssen. Da Mr. S. zusätzlich eine angenehme Stimme hat und öfter *Bhajans* oder *Slokas* vorsingen darf und sich in hinduistischen Ritualen bestens auskennt, wird er respektiert und geachtet. Regelmäßig segnet er die Besucher und Baba mit Gangeswasser, das er von einer Pilgerreise mitgebracht hat, oder verteilt *Prasadam* aus Tirupati, dem größten Pilgerort Indiens. Zusätzlich begleitet er abends die Bhajans mit der *Mrdanga*. Da die Gehälter in Indien nicht groß sind und seine Tochter in der Ausbildung ist, unterstützt Baba die Familie. Früher, als das noch möglich war, war er jede Nacht mit den andern Musikern bei Baba zum Essen eingeladen oder durfte zum Carromboard-Spiel bleiben, wenn ein Singabend ausfallen musste. Bis heute geht er bei Baba selbstverständlich aus und ein.

Dann saß eines Abends ein anderer Trommler neben ihm. Nach fünf Minuten war klar – hier spielte ein Meister. Mr. S. machte zunächst gute Miene zum bösen Spiel. Der neue Trommler verhielt sich freundschaftlich und gab ihm hilfreiche Tipps und Hinweise, um sich mit ihm zu koordinieren. Man konnte aber deutlich beobachten, dass die Hilfsangebote nur halbherzig umgesetzt wurden. Es hieß, dass Baba Mr. S. schon vor Jahren Kassetten der Lieder gegeben hatte, damit er üben könne, um sein Spiel zu verbessern – ohne Erfolg. Mr. S. erlebte einen heftigen Ego-Crash. Irgendwann gab auch der Meister seine Nachhilfestunden auf – sie zeigten keinen Erfolg. Dabei wäre es möglich gewesen, dass beide abwechselnd die Tablas gespielt hätten. Aber jetzt zeigte sich, dass Mr. S. kaum über die Grundlagen des Tablaspiels herausgekommen war. Der Tabla-Part jedes Liedes war speziell komponiert, nichts durfte erfunden oder improvisiert werden. Die Einsätze der Sänger waren oft rhythmisch schwierig und bestimmte Floskeln der Tablas waren für ihre Orientierung notwendig. Nun erlebten wir erstmals, wie unterschiedlich die Tablabegleitungen der verschiedenen Lieder waren, wie sparsam und genau die Akzente, wie exakt die Abschlussphrasen der Zwischenspiele, wie perfekt und differenziert die Begleitung und die Gesangsstimmen aufeinander abgestimmt waren.

Um Mr. S. eine Chance zum Lernen und Üben zu geben, hatte Baba jahrelang darauf verzichtet, mit einem Trommler zu arbeiten, der dem hohen Niveau der Sänger entsprach. Mit dem neuen Trommler konnten die Lieder erstmals so aufgeführt werden, wie sie klingen sollten. Die Tablas gaben jetzt den Sängern sicheren Halt, klingenden Untergrund und orientierende Akzente, so dass die Gesangsphrasen und instrumentalen Zwischenspiele sich fließend ablösten. Die Sänger konnten ihren Part erstmals frei und kraftvoll aussingen, so dass die bekannten Lieder oft nicht wiederzuerkennen waren. Mr. S., der ehemalige Meistertrommler, wurde »degradiert« zu einer Hilfskraft, die mit Zimbeln oder einer Rassel den Grundrhythmus eines Liedes angibt, eine Funktion, die für die Musiker zwar wichtig zur Orientierung ist, musikalisch aber eher im Hintergrund bleibt. Genau genommen war Mr. S. überflüssig geworden, aber Baba ließ immer einen Platz für ihn vorbereiten, damit er weiter in Seinem Dienst sein konnte. Irgendwann gab auch der neue Trommler seine Bemühungen ganz auf und die Aufgabe von Mr. S. reduzierte sich auf das Bedienen der Zimbeln.

Aber Babas Lernprogramm hatte auch in diesem Fall zwei Seiten. Baba wusste natürlich genau, dass das Hauptproblem nicht an Mr. S.s verkrüppelten Händen lag, auch nicht an seiner sicherlich nur mittelmäßigen musikalischen Begabung, sondern an der fehlenden Einsicht, sein *Bestes* zu geben, also nach Kräften zu lernen und zu üben. Da er einerseits nie einen geeigneten Trommler abgeben würde, Baba andererseits Seinen Devotee (der übrigens zuverlässig, regelmäßig und pünktlich abends erschien) nicht wegschicken wollte, musste er im abendlichen Singdrama noch andere Rollen übernehmen. Schon in den Anfangsjahren hatte eine Devotee von Baba die Aufgabe, Mr. S. die allgemeine Frustration in Form von heftigen Schimpftiraden zu zeigen, wenn sein Spiel zu auffallend störend war. Zu seiner Ehrenrettung muss man sagen, dass er solches stoisch über sich ergehen ließ, ohne offen ärgerlich zu werden. Aber regelmäßig hatten die neuen Besucher damit ein Problem. Sie fielen aus allen Wolken, dass dieser »arme Mensch« so ungerecht behandelt wurde, und fragten sich, wo sie gelandet seien, denn »Gott« könne doch solche Lieblosigkeit nicht zulassen. Für manche wurde es die erste Prüfung, ob sie abfahren oder bleiben sollten. Für viele Generationen von Besuchern ist Mr. S. gleich am Anfang die erste Hürde, über die sie mit ihren Vorstellungen von Gott stolpern. Diese wichtige Rolle spielt er bis heute – mit Anstand. So sind die Singabende, bei denen Baba mit jedem Anwesenden gleichzeitig innerlich oder äußerlich arbeitet, zunächst immer auch eine Übung im Dekonditionieren von persönlichen und kulturellen Verdrängungen und Tabus.

Babas musikalische Nächte haben den Untertitel: *Für Gott und Seine Engel*. Im Laufe der Jahre haben die Beiträge der Besucher fast den gleichen (zumindest zeitlichen) Stellenwert eingenommen wie Babas Gesang. Jeder Besucher, der etwas beitragen kann, wird eingeladen zu singen, zu spielen oder zu tanzen. Viele machen das ganz unbefangen, etliche müssen jedoch ihre Schüchternheit überwinden, weil sie Todesängste ausstehen, sich öffentlich »bloßzustellen«, und wer zeigt sich schon gern nackt? Hier arbeitet Baba sehr vorsichtig und behutsam am Thema Selbstvertrauen und innerer Freiheit. Nach ihrem Gesangsprogramm erhob sich eine Gruppe Japaner, um die Nationalhymne zu singen. Sofort entstand eine feierliche Stimmung, und da auch die Inder patriotische Gefühle lieben, erhoben sich einige, die Hände an der Hosennaht, und leisteten ihnen Gesellschaft. Die Japaner sangen, ernst und aufrecht, zum Teil mit geschlossenen Augen, ganz in Ehrfurcht versunken. Unbemerkt hatte Baba unter Seinen Liederbüchern eine Kindertröte hervorgekramt und blies grellheisere Trötentöne in die Atempausen, worauf die Sänger zunächst zusammenzuckten, dann jedoch in das allgemeine Gelächter mit einstimmten – der feierliche, unechte Popanz war geplatzt.

Nach einigen Jahren war der Meistertrommler wieder weg, Mr. S. aber blieb. In der Zwischenzeit war Baba jedoch auf eine neue Technik umgestiegen: Man sang Karaoke. Das hatte den Vorteil, dass die Lieder mit der originalen umfangreichen instrumentalen Begleitung zu hören waren, besonders die Filmlieder profitierten davon. Mr. S. kam wieder zu Ehren, indem er Lieder auf den Tablas begleiten durfte, die es nicht im Karaoke-Programm gab. Und siehe da, die Jahre mit dem Meistertrommler waren nicht umsonst gewesen, er hatte dazugelernt. So wirkt das Rad des Karmas. In den längeren Zeiten, in denen er nicht gefordert war, tauchte er ab, malte und schrieb, anstatt die Zeit zu nutzen und sich auf den Trommelpart der Musik zu konzentrieren. Aber Baba erfand auch hier etwas Unterhaltsames, um ihn aus seiner *splendid isolation* herauszuholen. In regelmäßigen Abständen schickte Baba ihm zwischendurch oder sogar während Er sang, kleine Energiebomben in Form von Nüssen oder Bonbons, die jeden Abend den Besuchern zur Erfrischung angeboten werden. Aber Babas indirekte Methode, ihn aufzuwecken, hat bis heute noch keine Wirkung. Mr. S. malt, schreibt oder schläft weiter. Und direkt durch Worte wird Baba ihm sein Verhalten nicht vor Augen führen. Weiß er, wie gesegnet er ist? Das Spiel geht weiter.

* * *

Das eifersüchtige Radio

Mai 2001 – Babas Hobby sind Taschenradios. Die Besucher wetteifern darin, Ihm die neuesten und besten Modelle mitzubringen, und häufig lässt Er uns auf Langwelle deutsche Nachrichten hören. Am Vormittag sitzt Baba auf der Flussmauer, wo jetzt in der heißen Zeit ein erfrischender Wind weht, und genießt die kurze Zeit, in der

Er allein ist. Ein Schwesternpaar, das zu den Ashram-Jugendlichen gehört, will die seltene Gelegenheit nutzen und setzt sich neben Baba, der jedoch keine Notiz von ihnen nimmt. Mit Seinem neuen Radio hört Er Nachrichten in Telugu, dann wechselt Er auf indische Filmmusik. Eine der Schwestern, beide sind in der Pubertät, ist so enttäuscht, dass sie weinend zurückgeht und den ganzen Tag im Haus verbringt. Bei der Abendrunde auf dem Teppich hat sie mehr Glück. Ihre Schwester bekommt den Auftrag, sie zu holen. Sie darf neben Baba sitzen und wird von Ihm mit Aufmerksamkeit verwöhnt. Sie darf Seinen Tee trinken, wird mit Keksen gefüttert und manchmal legt Er seine Hand auf ihr Knie. Vor Ihm liegt das kleine Radio, ein Politiker spricht. »Seht«, sagt Baba, »das Radio ist eifersüchtig! Immer, wenn ich meine Hand auf ihr Knie lege, brummt es, wenn ich sie auf das Radio lege, ist es klar!« Er demonstriert es: legt Er eine Hand auf ihr Knie, brummt das Radio, legt Er eine Hand auf das Radio, »ist es zufrieden«. Meine Theorie, dass vielleicht durch den erhobenen Arm der Empfang gestört werden könnte, erweist sich als nicht haltbar. Mehrere Versuche zeigen das gleiche Ergebnis. Legt Er eine Hand auf ihr Knie, brummt das Radio, legt Er die andere Hand auf das Radio, sind die Laute klar. Am nächsten Tag erzählt Baba uns, dass Er das »eifersüchtige« Radio dem eifersüchtigen Mädchen (das natürlich überglücklich war) geschenkt hat: »Ich mag keine eifersüchtigen Dinge!«

* * *

Runde mit Baba in der Pujahalle im Ashram von Hyderabad. Da die kleine Halle zum Tempel gehört, ist sie auch mit einem Marmorfußboden ausgelegt und darum angenehm kühl. Wie immer sitzen alle am Boden auf Matten oder Kissen, Baba auf einer Plastikmatte, etwa zwei Meter entfernt von dem Altar mit dem *Atma-Lingam*. Draußen geht ein heftiger Monsunregen nieder. Ein gerade angekommener Besucher wundert sich: »Ich verstehe nicht, wie man sich streiten kann, wenn man bei Gott

Wenn man eine Kuh melkt

ist!« Das ist der Auftakt zum ersten Teaching im neuen Ashram. Wegen eines akustischen Missverständnisses anlässlich von Badezimmerreparaturen hatte es zwischen zwei Devotees, die grundsätzlich das Gefühl haben, von Baba immer zu wenig zu bekommen, einen heftigen Streit gegeben. Baba: »Am Anfang steht das richtige und geduldige Zuhören. Ihr seid fast alle über sechzig, seid nervös, hört nicht mehr hin und bringt nur euer eigenes Zeug. Warum seid ihr hier? Ich komme nur aus Liebe zu euch, gebe euch alles, aber vielen ist das nicht genug, sie wollen immer mehr. Wie soll ich euch anders meine Liebe zeigen als in der Gruppe? Versetzt euch in meine Rolle! Ich versetze mich auch in die Situation meiner Devotees – aber dann gebe ich alles, was ich kann! Und dann geht man nach Deutschland und redet schlecht über Baba, weil man angeblich nicht genug bekommen hat!« (Baba spricht damit direkt eine Besucherin an.) »Wenn man eine Kuh melkt, kommt zuerst Milch, wenn man zu viel melkt, kommt Blut, und später stirbt die Kuh. Ich habe Millionen Wege, um euch zu lehren! Die Menschen fordern von mir, dass ich ihr Karma, das sie während vieler Leben angesammelt haben, in einer Woche auflöse. Wir sind hier nicht zu einem physischen Zweck, da ist der Ehepartner besser. Ich kann nur freundschaftliche Liebe geben, ich mache das Herz und den Kopf glücklich, und jeder Einzelne kriegt, was er braucht – oder habt ihr andere Erfahrungen? Um glücklich zu sein, muss man sich bemühen, unglücklich kommt von selbst!«

Nach dieser Rede, die Baba in ähnlicher Form schon x-mal gehalten hat, sitzen alle schweigend da. Eine Devotee fängt unvermutet an zu weinen. Baba tröstet sie: »Aus jeder kleinen Situation können wir lernen. Nimm's leicht, andere haben andere Gründe zu weinen!« Später muss sie Ihm versprechen, jetzt ein »neues, glückliches Leben« anzufangen.

Das Carromboard-Brett wird gebracht und bald ist die Stimmung wieder entspannt.

Wie zum Zeichen, dass Er jede Gelegenheit nutzt, uns glücklich zu machen, isst Baba auch noch mit uns zusammen in der Pujahalle zu Mittag. Beim Abspülen der Teller draußen am Wasserhahn gibt es wieder einen Zwischenfall. Die vorher weinende Devotee hatte sich über jemanden geärgert und ihn ungebremst in sein Hinterteil getreten. Als sie wieder die Pujahalle betritt, sagt Baba: »Wenn sie kommt, wird hier alles weiß und hell!« Die Devotee merkt die Doppeldeutigkeit nicht, sondern fühlt sich bestätigt. Babas »Spiegelkabinett« ist ein Labyrinth und man geht unweigerlich in die Irre, wenn man nicht ein großes Maß an Selbstkritik mitbringt. Jeder Spiegel zeigt das Bild seitenverkehrt, darum ist gerade bei einem Lob von Baba größte Vorsicht angezeigt – oft bedeutet es das Gegenteil, aber nur der eigene Wille zur Wahrhaftigkeit sich selbst gegenüber kann den eigentlichen Sinn entschlüsseln.

* * *

Ein Sonntag im Mai 2001 – Als ich den Wassereimer zum Tempel trage, kommt Baba mir entgegen und nimmt mich mit in den Garten, wo sich im Schatten des großen Kirschenbaumes Mr. Rama Rao vom Frisör rasieren und die Haare schneiden lässt. Die Hitze wird durch einen angenehmen Wind erträglich. Friedliche Sonntagsruhe breitet sich aus, auf der anderen Seite des Flusses grast eine Büffelherde im trockenen Flussbett. Um diese Jahreszeit ist der sonst breite Fluss bis auf ein schmales Rinnsal, das fast ohne Strömung direkt unter der Ashrammauer vorbeifließt, geschrumpft. Nacheinander sind alle an der Reihe zum Haareschneiden. Baba gibt dem Frisör detaillierte Anweisungen, wie er schneiden soll. Die Prozedur endet jeweils mit einer einzigartigen, aber auch gewöhnungsbedürftigen indischen Kopfmassage, die alle krummen Gedanken aus dem Kopf klopft und ihn am Schluss mit einem heftigen Ruck wieder einrenkt. Nichts für Zartbesaitete! Außer einer Devotee sind alle hinterher mit dem Ergebnis zufrieden. Baba: »Der Frisör kommt, wenn wir es brauchen. Alles muss passen, in allen Aspekten schön sein, sogar perfekt! Beide

Paartherapie

Ebenen, die materielle und die spirituelle, müssen beachtet werden!«

Zu einem Paar, das gerade angekommen ist, sagt er: »Was ihr in eurem Familienleben macht, ist euch überlassen, ich segne es. Meine Aufgabe ist es, die Hingabe an Gott und die Universelle Liebe zu steigern.«

Als der Frisör gegangen ist und eine kleine Runde mit Baba übrig bleibt, meldet sich die Frau des Pärchens zu Wort. Sie ist Krankenschwester und kommt seit vielen Jahren zu Baba. Sie wünscht sich seit langem einen Partner, mit dem sie Kinder und eine Familie haben kann, er will diese Verpflichtungen aber noch nicht auf sich nehmen. Seit einem halben Jahr haben sie keinen Sex mehr, obwohl es keinen physiologischen Grund gibt. Die Beziehung ist festgefahren. Baba bringt es schnell auf den Punkt: »Du wirst ihn verwöhnen und hast dann zwei Babys. Ich will euch keinen Rat geben, macht, was ihr wollt, aber gebt mir später nicht die Schuld. Er ist kein Ehemann und kein Vater. Willst du wirklich ein Kind? Bedenke, wenn es zwanzig ist, bist du fast fünfundfünfzig!« »Aber es ist seit langem ein tiefer Wunsch von mir!« »Warte, was passiert, überlass alles Baba!« In dem Moment kommt der Partner dazu, Typ »jungenhafter Naturbursche«. Baba: »Sie will ein Kind von dir! Heute Abend beginnen eure Flitterwochen!« Der junge Mann sagt weder Ja noch Nein, offenbar will er seine Partnerin nicht verletzen. Baba provoziert ihn noch etliche Male mit der Aufforderung, jetzt mit den Flitterwochen zu beginnen, aber kann ihn nicht zu einer eindeutigen Stellungnahme bewegen. »Dann wird sie zwei Babys haben!« Am Abend erscheint der junge Mann nicht zur Runde. Obwohl er das erste Mal bei Baba ist, wirkt er nicht verkrampft oder schüchtern. Babas Sex-Anspielungen und Wortspiele beeindrucken ihn nicht und er reagiert gelassen und humorvoll. Göttlich-leicht schließt Baba am nächsten Tag das Thema ab: »Er hat einen klaren Verstand und weiß, was er will! Er ist wie ich – er bumst nicht!« Der *Naturbursche* wirft Ihm einen dankbaren Blick zu. Zu seiner Partnerin: »Sein Ehefraukarma ist beendet. Jetzt seid ihr wie Bruder und Schwester!« Baba macht mit beiden Armen das Zeichen für »Trennung«. Babas therapeutische Intervention hat im Ganzen keine Stunde gedauert. Dem Partner ist sichtlich ein Stein vom Herzen gefallen, sie braucht noch eine Weile, bis sie ihren Traum loslassen kann, aber sie hatte Baba um die Klärung gebeten.

** *

April 2001 – Nach Möglichkeit nimmt Baba einige der Devotees in Seinem Auto mit, um ihnen die Unbequemlichkeit einer Busreise auf der langen Strecke zwischen Hyderabad und Kurnool zu ersparen – Er selbst hingegen reist dadurch deutlich unbequemer. Anstelle der heutigen Schnellstraße gab es zu dieser Zeit nur eine schmale, gewundene, holperige Straße, die angesichts des indischen Fahrstils eine Reise immer lebensgefährlich machte. So war jeder dankbar, wenn er den Bus nicht benutzen musste. Damals dauerte die zweihundert Kilometer lange Strecke etwa sechs Stunden, aber Baba tat alles, um uns zu verwöhnen. Dazu gehörte, dass Er an jeder Ecke für uns einkaufte. Dabei gab Er uns einen guten Rat: »Wenn das Leben hart ist, macht es leicht, wenn es leicht ist, macht es hart, wenn es mittelmäßig ist, macht das eine oder das andere!«, und hielt an der nächsten Ecke an, um Kokosnüsse, Weintrauben, Erdnüsse, gesalzene Snacks und Chips zu kaufen. Zusätzlich wurde Rast an einer *Dhaba* gemacht, wo es Tee, Cola und frische *Dhosas* gab. Um kein Aufsehen zu erregen, blieb Baba im Auto, wo Ihm der Fahrer Seine Dhosa servierte.

Krankheitsdrama

Ich erinnere eine Fahrt, bei der ich mit Weintrauben vollgestopft werde und Baba darauf besteht, dass ich auch die letzten eingeschrumpften Trauben aus dem Wasser in der Plastiktüte fische. In Kurnool, wo schon die Ashrambewohner auf Ihn warten, setzt Baba sich sofort ungeduscht und unrasiert auf den schnell ausgebreiteten Teppich, um keine Zeit, die Er mit Seinen Devotees verbringen könnte, zu vergeuden.

Nach zehn Tagen beginnen Magenschmerzen, die ich nicht beachte. In den nächsten Tagen steigern sie sich zu Krämpfen und Baba rät mir, mittags zu schlafen. Es ist Mango-Zeit. Jede Nacht nach dem Carromboard-Spiel gibt es ein »Festessen« mit besonders süßen Mangos, die man weich quetscht, bevor man sie durch ein kleines Loch in der Schale aussaugt. Baba füttert mich mehr als sonst, aber obwohl ich vorsichtig bin, entstehen nach jedem Essen ein unangenehmes Völlegefühl und schmerzhaftes Magendrücken. Ungewöhnlich ist, dass Baba mich anhält, die abendlichen Runden um den Tempel schneller zu laufen, damit der Kreislauf mehr gefordert ist. Außer den Magenproblemen und gelegentlichen Durchfällen fühle ich mich durchweg kräftig und belastbar. Ende Mai fliege ich nach Deutschland. Beim Abschied sagt Baba neben den üblichen Grüßen: »Alles geht in Ordnung!« Bevor ich am nächsten Morgen mein Zimmer verlasse, nehme ich als letzten Eindruck mit, dass auf Babas Bild an der Wand der Schatten des Fensterkreuzes fällt. »Wie ein Gefängnisgitter!«, schießt es mir durch den Sinn.

Drei Tage später stellt sich leichtes Fieber ein und ich fühle mich wie bei einer Grippe. Kein Wunder, im Flieger war es erbärmlich kalt. Zwei Tage später gehe ich zum Arzt, liege am liebsten flach mit einer Wärmflasche auf dem Bauch. In den nächsten Tagen kriecht das Fieber langsam höher, außer etwas erhöhten Leberwerten ist das Blutbild unauffällig. Der Hausarzt schüttelt bei der Theorie von der harmlosen Grippe den Kopf und überweist mich ins Tropeninstitut in Hamburg, zumal lästiger Durchfall dazugekommen ist. Nach zwei Tagen Routineuntersuchungen tappen die Ärzte im Dunkeln und ein junger Arzt beschreibt mir für den nächsten Tag die nächste Kategorie: Knochenmarkpunktion und Dünndarmspiegelung! Mein Sohn ruft an. Ich darf im Ärztezimmer telefonieren. Auf dem Monitor des Computers läuft: »Alles wird gut!« Morgens wache ich schweißgebadet auf und sitze meine übliche Zeit. Die angekündigten Untersuchungen finden nicht statt, offenbar haben sie eine heiße Spur. Ich bekomme immerhin schon mal einen Tropf.

Nach fünf Tagen, ich frühstücke gerade mit gutem Appetit und genieße die Aussicht auf die Elbe mit den großen Überseedampfern, kommt die Visite. »Wie geht es Ihnen?« »Danke, viel besser!« »Nach dem Befund dürfte das aber nicht sein! Seit wann fühlen Sie sich krank? Haben Sie in Indien vorher schon Antibiotika genommen?« Meine Aussagen scheinen die Ärzte komplett zu verwirren, und offensichtlich glauben sie mir nicht. Diagnose: Typhus. Ich werde in ein winziges Einzelzimmer verlegt, die Sonne wirft den Schatten des Fensterkreuzes an die Wand – wie in meinem Zimmer in Kurnool am letzten Tag … Jeder bedauert mich wegen des winzigen Zimmers, ich genieße es. Niemand stört mich, ich kann tun und lassen, was ich will, habe guten Appetit und fühle mich alles andere als krank. Zwei Tage später gibt mir eine Schwester die Erlaubnis, herunter zu den Landungsbrücken zu gehen – an die hundert Stufen. Im letzten Moment hält mich ein Arzt davon ab: »Um Himmelswillen, Sie sind schwer krank!«, erlaubt aber einen kurzen Weg ums Haus. Nach einer Viertelstunde erreiche ich mit letzter Kraft mein Bett. Danach beschränke ich meine Ausflüge vorläufig auf den Stationsflur. Manchmal schütteln die Ärzte den Kopf: »Die andern kämpfen mit dem Tod!«

Im Bett geht es mir gut, ich nutze die Gelegenheit, um zu lesen, setze meine Meditationsübungen fort. Ein Bild: ein kleiner weißer Ball hüpft auf einer Wasserfontäne … Ein Anruf aus Kurnool: »Baba segnet dich und lässt dir ausrichten: *Don't worry!*« Zwei Wochen später, es ist Anfang Juli, sonniges, warmes Wetter, steige ich die Treppen zu den Landungsbrücken herunter. Das Wasser glitzert, ein weicher Wind, die Ozeanpötte tuten, ich umarme die Freiheit und die weite Welt.

3. Juli 2001 – Morgenmeditation: Ein Hauch von Babas unendlicher Zärtlichkeit, wie der Flügelschlag eines Schmetterlings – die Erinnerung rührt mich den ganzen Tag zu Tränen. Abends werden die Tabletten abgesetzt. Morgenvisite. Der Professor sieht Babas Bild auf meinem Tisch. »Ist das ein Jugendbild?« »Nein, die Persönlichkeit, bei der ich in Indien lebe.« »Aha, ein Guru!« »Guru heißt nur *Lehrer*, auch die Eltern oder Lehrer in der Schule werden Gurus genannt.« »Ja, aber das ist ein mystischer Guru!« »Ja, ein geistiger Lehrer.« »Ein mystischer Guru. Nicht real!«

Ich bin Baba dankbar für diesen höchst kompetenten Arzt. Er betont nochmal, dass Typhus eine sehr schwere Krankheit sei, die ich erstaunlich gut überstanden habe. Die Abschlussuntersuchungen beginnen und ein Arzt meint, ich müsse schon »eine Runde« Typhus hinter mir haben, das Blutbild habe Antikörper gezeigt. Ich erzähle ihm von den Magenschmerzen im April, den Durchfällen und zeitweisen Verstopfungen. Erst später fällt mir ein, dass ich eines Morgens beim Duschen einen roten Hautausschlag auf meinen Armen und Oberkörper gesehen habe, sie aber als Hitzereaktion der Haut interpretiert hatte. Ich erinnere mich an den Gedanken: »Sieht aus wie Scharlach oder Masern, aber das hatte ich schon als Kind.« Auf dem Flur war ich jeden Tag an einem Poster mit Krankheitssymptomen von Typhus vorbeigelaufen und hatte entdeckt, dass diese *Roseolen* ein typischer Ausschlag bei Typhus sind. Also hatte Baba mich schon vorher gleichsam mit Typhus »geimpft«, so dass die eigentliche Infektion deutlich schwächer ablaufen konnte!

Wo hatte ich nur gelesen, dass der karmische Hintergrund bei Typhus die Frage nach der Wahrheit zu sich selbst ist? Die erste Morgenmeditation zuhause: Ein innerer Vorhang geht auf – ich »weiß« die Wahrheit von Gottes Allmacht, Güte und Nähe. Kein Licht, keine Ekstase, keine Vision, aber Ruhe des Herzens – ein unbeschreibliches Erlebnis.

* * *

Heimkehr   Mitte August hat Indien mich wieder, mit zwei extra breiten, handgemachten Rosshaarbesen auf dem Rücken. Seit Jahrhunderten fegen die indischen Frauen mit kurzen Reisighandfegern, für kleine Räume praktisch, aber bei größeren Flächen fegen sie mit kurzen Handfegern und müssen sich tief bücken. Eines meiner schockierendsten Erlebnisse hatte ich einmal, als wir nachts im Ashram-Van eine der Ausfallstraßen von Hyderabad Richtung Kurnool fuhren. Im Schein der Straßenbeleuchtung erkannte man undeutlich eine Gruppe von Frauen, eingehüllt in eine Staubwolke, die mit diesen kleinen Handbesen den Straßenrand fegten. Vorbeifahrende Autos wirbelten den Staub wieder auf ... Letztendlich wurden die Rosshaarbesen von den indischen Frauen nie gebraucht, sie fegen bis heute mit den kurzen Reisigbesen, nur die europäischen Devotees waren später dankbar. Ein Besen tut bis heute seine Dienste.

Im Ashram von Kurnool darf ich sofort Baba begrüßen. Sein Anblick überwältigt mich – die Haare hoch gebunden zu einer Art »Ananas-Frisur«, orange-farbiger Dhoti, glitzernde Ohrringe, die Haut schimmert in warmem Goldton – gleichzeitig würdevoll und lustig – der Häuptling eines Eingeborenenstammes oder eine Göttin aus alten Zeiten? »Hast du Hunger? Iss was!« Nach dem Teetrinken: »Ich liebe dich! Wir sehen uns später!« Ich bin aufgekratzt und glücklich.

Abends Carromboard. Die Zeit scheint stehengeblieben zu sein. Baba macht eine lange hörbare Ausatmung. War ich gemeint? Die Schmerzen in den Beinen werden erträglich. Es gibt Süßigkeiten. Baba schiebt mir den Teller mit Krümeln zu. »Iss eins nach dem andern. Denk nur an dich, später kommen die andern!« Die Botschaft des Abends aus aktuellem Anlass: »Alles ändert sich schnell. Aus Freund wird Feind und umgekehrt. Darum seht euch als Schwestern und Brüder an, die immer mal wieder streiten, sich dann aber wieder vertragen!«

Nachts lege ich meine Wasserflasche aufs Kopfkissen. Um 6 Uhr knackt sie pünktlich und laut – ich hatte vergessen, den Wecker zu stellen. Nachmittags ziehen graue Wolken auf, urplötzlich kommt Wind auf, die Palmen biegen sich tief und alles verschwindet hinter dichten Regenvorhängen. Ebenso schnell ist das Unwetter vorbei, die Sonne bricht durch und über dem Fluss und den feucht glänzenden Bäumen leuchtet ein doppelter

Regenbogen. In dem Moment steigt Baba ins Auto und fährt weg – niemand weiß, wann Er wiederkommt. Der Regenbogen – Sein Abschiedsgeschenk.

Ein Handwerker installiert einen neuen Klodeckel. Nach einiger Zeit ruft er mich und zeigt mir stolz das Ergebnis: an der Kloschüssel ist eine Ecke mit der Deckelhalterung abgeschlagen. Nicht dumm, hatte er sich von den Bauarbeiten am Tempel etwas Sand und Zement angerührt und den Klodeckel in einen dicken Haufen Speis eingelassen. Dafür wollte er auch noch Geld und verstand meine Entgeisterung nicht, sondern meinte treuherzig in kaum verständlichen *Indlish*: »Madam, das ist normal, alles geht irgendwann kaputt und muss weggeworfen werden!« Sehr wahr – auf den Rat des Ashramverwalters gab ich ihm das Geld und der Ashram spendierte mir ein neues Klo.

Am nächsten Tag Durchfall – die Untersuchung ergibt keinen Befund. Trotz Tabletten vom Arzt keine Änderung. Die Schwäche zwingt mich, im Bett zu bleiben. Eines Morgens höre ich während der Meditation Babas Stimme: »Ich komme heute!« Nach zehntägiger Abwesenheit bestätigt ein Telefonanruf von Mr. Rama Rao: »Baba kommt heute Nacht!«

Im Bett sinniere ich über eine Frage von Baba nach, die mir im Nachherein Kopfzerbrechen bereitet: »*Who helped you*, wer hat dir geholfen?« Spontan hatte ich gesagt: »Die Ärzte und Schwestern!« Dabei war es für mich selbstverständlich, dass der göttliche Wille hinter dem Verlauf der Behandlung stand, ich das aber nicht extra erwähnen wollte. Jetzt zweifelte ich daran, zeigte mir meine Antwort nicht, dass ich immer noch glaubte, menschliches Tun bewirke etwas? Hatte ich nicht oft genug erfahren, dass wir alle, in welcher Situation auch immer, göttliche Instrumente sind? Wie oft hatte Baba wiederholt: »Es ist euer Karma, zum Arzt zu gehen, dann kann ich segnen, was er tut!«

Am nächsten Tag, etwa zehn Tage sind vergangen, kommt Baba zurück. Ich kann Mr. Rama Rao den Erlös vom

Verkauf meines Cellos geben – ich habe mittlerweile akzeptiert, dass ich nur noch die Zimbeln und die Glocke schlagen werde. Baba lädt uns zum Mittagessen ein. Auf meine Bedenken sagt Er: »Der Durchfall ist zu Ende. Das war eine Reinigung!« Welch eine Gnade: Mit Babas Hilfe wurden die Nachwirkungen von drei Wochen hoher Dosen von Antibiotika ausgeschwemmt, und das genau in der Zeit, in der Er sich nicht im Ashram befand! Anspielend auf eine andere Devotee sagte Baba beim Essen zwischen Reis und Suppe: »Wenn man Fieber hat und keine Medikamente nimmt …« Er beendete den Satz nicht, sondern zuckte nur vielsagend die Schultern, was bedeutete: »Dann kann ich nichts machen!« Die Devotee nahm daraufhin ihre Medikamente und ihr Fieber ging zurück.

* * *

11. September 2001 – Erst abends informiert uns Baba vom Terroranschlag auf das World-Trade-Center in New York, ohne Einzelheiten zu berichten. Der Abend verläuft wie immer mit Carromboard. Ich sitze hinten ohne Matte auf dem rauhen Fußboden und da ich weiß, dass ich drei Stunden nicht durchhalten werde, bitte ich Baba innerlich um Hilfe. Nach kurzer Zeit gibt Er mir den Auftrag, die Ashramverwalterin zu wecken, damit sie Tee für alle kocht. Beim Abholen und Verteilen können sich meine Beine wieder erholen. Dann wird neben Baba ein Platz frei und ich darf mich dazusetzen. Manchmal klopft Er mir aufs Knie und fragt: »Alles o.k.?«, und um ein Uhr: »Sollen wir Schluss machen?« Nach einer langen, liebevollen Verabschiedung gehen wir hoch. Das Unglück war kein Thema, wie meistens bei solchen Ereignissen geht Baba zur Tagesordnung über.

Terroristen

Am Nachmittag des nächsten Tages erscheint eine indische Devotee, die regelmäßig zum Darshan kommt. Trotz der ungewöhnlichen Tageszeit winkt Baba sie näher. Sie wirft sich Ihm zu Füßen, weint, lacht und bedankt sich tief bewegt. Obwohl sie ein gutes Englisch spricht, können wir ihren aufgeregten und vom Schluchzen unterbrochenen Bericht nur in Bruchstücken verstehen. Baba fasst zusammen: »Ihr Mann arbeitet in New York im World-Trade-Center. Sie bedankt sich bei Baba für seine Rettung. Gestern Vormittag, als das Unglück geschah, ist er eine Stunde später als sonst von zuhause losgefahren, weil er noch Bhajans und eine Puja für Baba gemacht hat – in der Zwischenzeit passierte das Unglück. Die Polizeiabsperrungen haben ihn aufgehalten.«

Die Frau bringt ein riesiges Baba-Bild und bittet, dass Baba es ihr signiert. Schon im Frühjahr hatte sie es gekauft und bisher vergeblich darauf gewartet, dass Baba es ihr unterschreibt, jeder Versuch war bis heute gescheitert. An diesem denkwürdigen Tag geschieht es endlich – bei Tee und Süßigkeiten. Heute lebt sie mit ihren Töchtern bei ihrem Mann in Amerika. Dieses Ereignis hat uns das Unglück näher gebracht, als alle Diskussionen und Informationen es vermocht hätten.

Am Tag darauf erscheint Baba mit einer Zeitung in der Runde. Baba gibt gewöhnlich keine politischen Kommentare – die geistige Welt hat einen anderen Blick auf die Weltereignisse –, aber diesmal sagt Er deutlich, dass Amerika auf diese spezielle Situation reagieren müsse, nicht auf den weltweiten Terrorismus. »Ich will hier nicht für Amerika reden, aber wer sich neutral verhält, ist feige! Wie steht es in der Bibel?« Eine bibelfeste Devotee zitiert sinngemäß: »Die Heißen und die Kalten liebe ich, die Lauen aber spucke ich aus!« Baba: »Wir müssen Entscheidungen treffen, ob für das Positive oder Negative, das ist egal für Gott, aber sich für nichts zu entscheiden, was bewirkt man dann in der Welt? Es gibt Menschen, die nennen sich neutral und halten sich für friedlich, aber in Wirklichkeit sind sie ängstlich – lebende Tote. Viele Menschen sperren sich in einen Käfig und wollen Gott dazu einsperren!«

Kurz danach ist Gandhis Geburtstag – ein Feiertag, denn Gandhi ist der *Vater der Nation*. Ein Devotee möchte noch einmal von Baba erklärt haben, warum auch Terroristen Instrumente der geistigen Welt sind. Baba: »Sie wurden nur zu diesem Zweck geboren. Wenn ihre

Aufgabe erfüllt ist, werden sie zurückgeholt! Denkt an Gandhi – nach der Befreiung Indiens wurde er ermordet. Ein Stromprüfer ist nur für einen bestimmten Zweck erfunden worden. Wenn das Klopapier gebraucht ist, wird es weggeworfen. Terroristen haben eine bestimmte Aufgabe zur Veränderung des Weltganzen und für das Gleichgewicht in der Welt!« Der Devotee fragt: »Wurde das Zentrum des Welthandels vielleicht darum getroffen, weil es ein Symbol für ein unmenschliches globales wirtschaftliches System ist?« An Stelle einer Antwort dreht Baba am Radio – eine Sendung über die Ausbeutung der nicaraguanischen Kaffeearbeiter. Die Europäer und Amerikaner kaufen den Kaffee zu Billigstpreisen. Eine Frau spricht, ihre Kinder sind krank und hungern. Baba gibt keine Antwort, was richtig, was falsch ist, dreht stattdessen weiter am Radio: Ein Bericht über eine neue Hitlerbiografie – Tenor: Hitler, das größte Monster, Psychopath des 20. Jahrhunderts. Baba: »Hitler war auch ein göttliches Instrument! Hitler, Gandhi oder Bin Laden sind Spezialinstrumente von Gott. Jeder wurde zu einem bestimmten Zweck geschaffen, der irgendwann erfüllt ist. Wenn du ein Herzproblem hast, gehst du zu einem Herzspezialisten, nicht zu einem Allgemeinarzt.« Baba nennt Bush, Bin Laden, Saddam Hussein und zwei afghanische Führer die *fünf Freunde*. »Auch wenn einer von ihnen jetzt käme – Gott ist gekommen, um auch ihn zu segnen!«

Solange wir in dieser Welt der Dualität leben, bleibt uns nichts anderes übrig, als gemäß unserer Wertemaßstäbe zu urteilen, also Stellung zu beziehen und Entscheidungen zu treffen. Ob wir Terroristen sind oder nicht, Gott fragt nur nach unseren Absichten. In der Dualität gibt es keine Neutralität. Aus der Einheit erschuf Gott die Vielheit, und welches Erschaffene ist *neutral*? Jede Pflanze, jedes Tier, jeder Mensch hat seine eigene Qualität und seinen Charakter, so wie es geschaffen wurde. Baba sagt: »Ich kenne keine guten oder schlechten Charaktere, ich sehe nur auf die Hingabe!« Gleichzeitig warnt Er: »Glaubt denen nicht, die sagen, es gäbe nichts

Gutes oder Schlechtes!« Wenn Baba in anderen Zusammenhängen den Rat gibt: *Be neutral!*, heißt das nichts anderes als: »Entscheide nicht nach Sympathie oder Antipathie. Beobachte und übe deine Unterscheidungsfähigkeit, bevor du dich entscheidest. Bevor du etwas nicht kennst, enthalte dich eines Urteils.« Neutralität als Teil des Wahrnehmungs- und Denkprozesses ist unabdingbar, auf der Ebene des Handelns gibt es dagegen keine Neutralität.

* * *

Frühschoppen mit Baba Meine Schulkollegin und Freundin und ich teilen uns in Hyderabad einen gemeinsamen Essplatz, der zwischen unseren gegenüberliegenden Räumen liegt. Nach den Morgenbhajans trifft sich hier öfter in der gemütlichen kleinen Flurecke (etwa 1,5 × 3 Meter) eine Frühstücksrunde. Es gibt nur einen kleinen Tisch, man sitzt zwanglos auf Hockern oder auf dem Boden, balanciert seine Kaffeetasse auf dem Knie, und meistens entstehen angeregte Gespräche. Die Dasara-Zeit hat begonnen, neun Tage, die die verschiedenen Aspekte der Universellen Mutter feiern. Nach der Morgenpuja finden sich wieder einige Devotees hier ein, darunter zwei neue Besucher, die seit vielen Jahren den Ashram von Sathya Sai Baba kennen und die Zwanglosigkeit hier genießen.

Plötzlich drehen alle die Köpfe – mit schnellen Schritten, nur im Dhoti und mit frischgewaschenen, noch feuchten Locken, steuert Baba auf unsere Ecke zu, macht aber wieder kehrt und verschwindet! Wir sind erschrocken, niemand ist um diese Tageszeit auf einen Besuch von Baba eingerichtet – alles ist morgendlich unordentlich und improvisiert! Aber schon taucht Baba wieder auf, schnell wird ein Hocker frei gemacht, und Er setzt sich mitten unter uns. Der Tisch ist bald frisch gedeckt, meine Nachbarin kocht Tee, und im Nu haben sich alle Ashrambewohner versammelt: Genau zwölf Personen sitzen dicht gedrängt in der kleinen Ecke. »Zufällig« haben wir gestern zwölf neue Tassen gekauft – »für alle Fälle«. Ein Devotee bringt kleine Kuchen, genug für alle – als er sie kaufte, wusste er nicht, warum. Baba sitzt neben der älteren neuen Besucherin und hält ihre Hand. Obwohl sie einen Respektabstand wahren will, zieht Er sie immer näher zu sich, bis kein Platz mehr zwischen ihnen ist, wendet sich ihr lachend zu und spricht mit ihr. Sie weint vor Rührung, weil sie das in ihren kühnsten Träumen nicht erwartet hatte. Gleichzeitig scherzt Er mit den anderen, macht Wortspiele, Witze, bringt alle zum Lachen, trinkt Tee und isst Kuchen. Als Er überraschend aufsteht, sind zwei Stunden wie im Fluge vergangen. Schon im Gehen begriffen fragt Er: »Habt ihr verstanden, welche Botschaft ich euch geben wollte?«

Alle sind noch so erfüllt von den letzten Stunden, dass niemand eine Antwort parat hat. Baba beantwortet sie selbst: »Gott sitzt nicht weit entfernt im Himmel mit einem Stock. Er liebt euch und ist immer bei euch, ganz nah, das wollte ich euch zeigen!« Der jüngeren neuen Besucherin kommen die Tränen, wie viele von uns hat sie unter dem Bild des weit entfernten, strafenden Gottes gelitten. Baba: «Mein Sohn Jesus sagte schon: Jede Träne, die du um mich weinst, zeigt, dass du Gott nahe bist!« Balasai Baba, die Mutter des Universums, hat während dieser heiligen Tage, an denen eigentlich die Menschen die Göttin verehren, uns aufgesucht und uns in Menschengestalt und göttlicher Leichtigkeit die immerwährende Liebe und Nähe Gottes vorgelebt.

* * *

19. Oktober 2001 – Am dritten Tag des Dasara-Festes gibt Baba während der Vormittagsrunde im Tempel von Hyderabad eine Botschaft: »Für jeden Menschen ist sein Leben wichtig, daher sollte es auch sinnvoll sein. Es gibt zwei Aspekte des Lebens: den materiellen Aspekt und den spirituellen Aspekt. Beide Wege müssen hundertprozentig gegangen werden, wenn sie zum Erfolg führen sollen. Wenn der materielle Weg nachlässig gegangen wird, wird auch der spirituelle Weg nicht gelingen.

Babas Leben – ein offenes Buch

Beide Wege können gleichzeitig nur dann gegangen werden, wenn das Bewusstsein auf Gott ausgerichtet ist, sonst kann das göttliche Ziel nicht erreicht werden. Wenn jemand beide Wege ohne göttliches Bewusstsein gehen will, ist es so, als ob er in zwei Booten fährt – mit je einem Bein in jedem Boot. Sein Herz wird sich wie in der Hölle fühlen, es wird zerrissen und sein Körper wird leiden. Wenn zum Beispiel jemand hier im Ashram lebt und gleichzeitig in Deutschland sein möchte, dann wird dieser kleine Gedanke, obwohl eine Idee formlos ist, den Körper zerreißen – der Gedanke ist dann in Deutschland, der Körper aber in Indien. Zu viele Wünsche reißen das Denken und den Körper auseinander, man kann nicht mehr im Hier und Jetzt leben. Im materiellen Leben leiden wir physisch und mental, indem wir sowohl den eigenen Anforderungen an uns selbst genügen müssen und dazu die vielen Ansprüche anderer erfüllen sollen. Dadurch entstehen oft Enttäuschungen auf beiden Seiten: *Sei unglücklich, mach andere unglücklich ...* Das spirituelle Leben ist eine Angelegenheit zwischen Gott und Devotee. Während es auf der körperlichen Ebene nur die körperliche Vereinigung gibt, geht es hier um die Verschmelzung von Einzelseele und Superseele. Das Leben im Ashram ist leicht. Wir werden nicht abgelenkt, können uns entspannen und auf Gott konzentrieren. Bei jeder Tätigkeit sollte das Herz mit dem göttlichen Herzen verbunden werden, dann werden alle Wünsche erfüllt. Ich tue alles, damit die Menschen glücklich werden, dabei muss ich die menschlichen Grenzen berücksichtigen. Aber so viele Weinflaschen es auch gibt, der Wein in allen ist derselbe. Die Menschen kommen mit großen Erwartungen hierher. Mein Körper schmerzt vom vielen Zuhören, trotzdem bin ich vierundzwanzig Stunden mit euch. Ihr erwartet von Baba dieselbe körperliche Zuwendung, die ihr früher von anderen Menschen erwartet habt. Aber Gott ist keine Marionette. Beobachtet Baba, wie Er auf Seine Art grundlos glücklich ist, und versucht, dem nachzufolgen. Öffnet euren Verstand und eure Augen, dann liegt Gottes Leben wie ein offenes Buch vor euch. Ich gebe euch jetzt eine ultramoderne Botschaft: Weil ich immer da bin, wo das Herz des Devotees ist, ist auch das Klo mein Tempel! So hat das noch keine Inkarnation ausgedrückt! Alle Inkarnationen haben sich bisher von den Menschen zurückgezogen. (Ihre Physis ist im besonderen Maße empfindlich und damit begrenzt.) Ab meinem 16. Lebensjahr habe ich Darshan gegeben. Immer musste ich reden, bis mein Mund wund wurde und meine Backen schmerzten. Oft kommen die Botschaften so schnell aus der geistigen Welt, dass ich mit dem Sprechen kaum nachkomme. Aber viel lieber als ernst zu reden, mache ich Spiel und Spaß, um die Menschen glücklich und leicht zu machen. Ich habe einen Körper angenommen, um den Menschen nahe zu sein, aber ich kann nur so zu ihnen reden, wie sie es verstehen – im Paradies spreche ich eine andere Sprache.«

* * *

Weitere Erfahrungen mit dem Sitzen aus dem Jahr 2000.

10. April 2000 – Während ich bei der Rezitation der *Dreihundert göttlichen Namen*, die ein Bestandteil der Bhajanstunde ist, Baba visualisiere und in diesem Bild Seine Göttlichkeit wahrnehme, dieses Sein jenseits der Dualität, zieht mich etwas aus den Schmerzen heraus. »Oben« und »unten« entsteht – unten ein dumpfer Schmerz, oben eine helle Ruhe –, so kann ich friedlich über die Zeit sitzen. Seit langer Zeit gibt Baba wieder auf dem Dach einen Gesangsabend. Mein Sitzen macht mir Probleme. Ich sollte, will, kann aber nicht, wechsle die Positionen, entspanne bewusst die Beine, anders geht es nicht. Gegen 1 Uhr nimmt Baba Seine Schuhe, alle, die mehr schlafend als wach waren, werden plötzlich lebendig. Aber dann folgt noch ein Potpourri von etwa fünfzig Liedern, bis Baba gegen 2 Uhr wirklich Schluss macht und aufsteht – in der Hand dreht Er einen Rohrstock wie ein Zirkusdirektor. Es ist immer dasselbe – je müder die Zuhörer werden, umso sprühender und energiegeladener wird Baba …

Nur die Sehnsucht bleibt übrig (2)

11. April 2000 – Schon beim Aufsetzen im Bett um 4.30 Uhr schmerzen die Beine so unerträglich, dass ich sofort aufgeben will, aber ich entschließe mich zu sitzen und bald »taucht« der Schmerz unter und hat keinen Kontakt mehr zum Kopf. Das Drama des Durchhaltens bleibt aus. Es ist 6.30 Uhr, als ich zum ersten Mal auf die Uhr sehe.

12. April 2000 – Am Morgen tun die Beine so weh, dass ich sie strecken muss, später stehen der Schmerz und Babas Bild nebeneinander – das »Gefühl«, mich »herausziehen« zu können, wiederholt sich. Heute ist *Ramas Geburtstag*, nach einem anstrengenden stundenlangen Abenddarshan ruft Baba die Besucher aufs Dach. Baba liegt wie ein Kind auf dem Rücken und hat starke ischias-artige Schmerzen. Eine permanente Devotee bringt eine durchblutungsfördernde Salbe und nach kurzer Zeit sitzt Er wieder aufrecht, singt und strahlt. Heute hat Baba circa neun Stunden mit uns gesessen. Kurz nach 2 Uhr steht Baba auf, alle sind elend müde und freuen sich auf ihr Bett, da fängt der Ehemann der Sängerin ein Gespräch mit Ihm an. Da ohne den göttlichen Segen niemand schlafen gehen will, bleiben alle bis zum Schluss – es ist 3.30 Uhr.

13. April 2000 – Beim Sitzen am frühen Morgen halten sich Schmerz und Konzentration die Waage. Beide stehen nebeneinander, wie durch eine scharfe Linie getrennt. Das Bild der Erde – die eine Hälfte im Dunkeln, die andere von der Sonne beleuchtet – das Gleichgewicht der Kräfte. Abends singt Baba mit den drei Schwestern. Die Konzentration auf Ihn lässt plötzlich alle Eindrücke und Personen verschwimmen, alles ist gleichwertig, wie Ornamente auf einem kostbaren Tuch.

14. April 2000 – Während der morgendlichen Rezitation steigt der Schmerz bis an die erträgliche Grenze. Aber was ist »erträglich«? Im Laufe der Zeit wurde diese Grenze schon mehrfach angehoben. Ich erinnere mich an Baba, wie Er gestern Abend alle segnete: *«I bless you, sleep well! Be fit for tomorrow!»* Sein gelbes Kleid schimmert weiß.

Um den Schmerz loszulassen, muss ich ihn vergrößern, mich in ihn hineinpressen – etwas Weißes, Längliches löst sich ab, bleibt schwebend stehen …

15. April 2000 – Wieder in Kurnool. Im Tempel bei der Rezitation visualisiere ich Baba von gestern – eine weiße Frucht wird aus der Schale gebrochen … Baba hatte schon den ganzen Nachmittag mit den Jugendlichen des Ashrams Carromboard gespielt. Inmitten der jungen Menschen ist Er einer unter ihnen – kraftvoll und schön. Abends wird das Spielprogramm fortgesetzt. Schon nach kurzer Zeit fühle ich mich unfähig, die Schmerzen auszuhalten. Plötzlich erscheinen wie aus dem Nichts zwei Bälle – Baba und die Jugendlichen beginnen, sich die Bälle zuzuwerfen. Baba fängt mit unglaublicher Sicherheit und wirft beide Bälle aus dem Sitzen hoch in die Luft. Eine Weile fliegen die Bälle über mich hinweg, alle konzentrieren sich auf das Spiel, man hört nur kurze Zwischenrufe. Babas Gesicht ist voller Hingabe, Freude und blitzender Energie – und ich vergesse alle Schmerzen. Nach dem Spiel ist der Schmerz wieder da – aber merkwürdig, ich muss ihn nicht mehr als »Schmerz« interpretieren, er ist wie maskiert und ich gebe ihm Namen wie *Schokoladenpudding* oder *Kartoffelpüree*. Immerhin sind jetzt drei Stunden vorbei und ich sitze entspannt, bis das Essen für alle aufgetragen wird.

16. April 2000 – Am Morgen spreche ich das Mantra auf lange Ausatmungen. Wieder ist der Schmerz da, aber wie neutralisiert. Ich erlebe ihn als das, was er in Wirklichkeit ist – nicht gut, nicht schlecht. Nur unser beurteilender Geist macht ihn erträglich oder unerträglich. Obwohl das leicht gesagt ist. Bei den Bhajans rinnt der Schweiß in Strömen, aber es gelingt mir, »oben« zu schwimmen. Um 21 Uhr sitzen wieder alle am Board. Eine weitere Übung von *Mind-Control* beginnt: eine Übung des willentlichen Fokussierens der Aufmerksamkeit auf einen gewählten Inhalt, so dass alle anderen Wahrnehmungen zu einem neutralen Hintergrund verschwimmen. Gestern geschah das ganz natürlich, heute gelingt es nur kurz. Aber geht es um *Fortschritt*? Oder um *Geschehen lassen*? Um 24.30 Uhr ist das Spiel beendet. Baba fährt sich mit der Hand über die Hüfte, zeigt, dass sie schmerzt. Später darf Ihm einer der Jugendlichen die Füße massieren, das lässt Baba nur ausnahmsweise zu.

17. April 2000 – In der letzten Zeit habe ich mehr und mehr das Gefühl, dass das Sitzen, Atmen und Konzentrieren eine positive Wirkung auf meinen Allgemeinzustand hat. Ich fühle mich körperlich fit, wie physisch trainiert, es treten auch spät nachts keine Müdigkeitserscheinungen auf, ich bin tagsüber belastbar, und selbst das frühere Tief in der Mittagshitze ist gegangen. Das abendliche Carromboard beginnt um 21 Uhr. Aber nichts ist von Dauer – nach einer halben Stunde wird das Sitzen unerträglich. Ich wehre mich dagegen, tobe innerlich, befürchte, nicht durchhalten zu können. Als die Brandungszone der Schmerzen überstanden ist, wird mir alles egal, wie groß die Schmerzen, wie lang der Abend … es fängt an zu regnen, gegen 24 Uhr wird das Essen aufgetragen.

18. April 2000 – Am Abend werden die Teppiche früh ausgelegt. Das Carromboard beginnt gegen 21 Uhr. Schon bald wird das Sitzen unmöglich. Ich spreche das Mantra und steigere die Schmerzen bewusst – fast liegt ein »Wohlgefühl« darin, die »mittleren« Schmerzen sind dagegen unangenehmer. Eventuell schüttet das Gehirn bei unerträglichen Schmerzen Morphine aus, die ein Kollabieren verhindern und subjektiv eine Erleichterung erzeugen. Ich experimentiere den ganzen Abend damit, die Gedanken von den Schmerzen zu lösen, und kann mit Babas Hilfe fast ungerührt hindurchgehen, wobei es sich in einigen Momenten so anfühlt, als würde etwas ruckhaft vom Körper gelöst. Um 24 Uhr ist ein Spiel zu Ende, ich atme auf, aber Baba beginnt ein neues. Um 24.30 Uhr wird das Board weggetragen. Baba legt sich auf den Rücken, der offenbar weh tut, jemand bringt Tabletten. Als ich nach dem Händewaschen wieder zurückkomme, liegt

Er noch in der gleichen Stellung, Er wirkt erschöpft und müde. Ich habe nicht den Eindruck, dass Er mich spiegelt, wenn ich bedenke, wie viel Er täglich Seinem physischen Körper zumutet. Auch der Körper eines Avatars unterliegt den physischen Gesetzen. Als Yogi hat Er zwar die völlige Kontrolle über alle Körperfunktionen, aber Seine Mission, als Mensch unter Menschen zu leben, um den Menschen alle Aspekte ihrer eigenen Göttlichkeit zu zeigen, erlaubt nicht, dass Er auf sich selbst die Gesetze anwendet, die Er manchmal bei Wundern oder Wunderheilungen zeigt. Gewiss müsste Er keine Nahrung zu sich nehmen, aber um als Mensch zu erscheinen, isst Er wie jeder von uns. Bei Krankheiten nimmt Er Tabletten und geht zum Arzt. Beim Essen ist Er still und ernst. Wir begleiten Baba zu Seiner Wohnungstür, wo Er uns schnell verabschiedet: »Morgen geht die Arbeit weiter!«

* * *

31. Oktober 2001 – Als Baba am Vormittag in Hyderabad zur Runde ruft, sitzt schon der »Professor« neben Ihm auf der Plastikmatte draußen im Hof vor Babas Eingangstür. Er ist Rechtsanwalt und seit vielen Jahren der Rechtsberater des Ashrams, sieht sich aber hauptsächlich als »Schriftgelehrten«, der sich in den Veden und den übrigen heiligen Schriften des Hinduismus bestens auskennt. Baba ruft ihn immer dann zur Runde, wenn Er eine Autorität braucht, die diese Traditionen vertritt, während Er selbst jenseits aller Heiligen Schriften steht.

Der Verstand – Freund oder Feind

Frage: »Gibt es einen Unterschied zwischen Erleuchtung, Befreiung und Verschmelzung mit Gott? Der Buddhismus will den Verstand leermachen, die Wünsche abschaffen, weil sie die Quelle allen Unglücks sind.«

Baba: »Buddhisten haben auch Wünsche. Sie zu ignorieren, bringt nichts. Deshalb rate ich, alles zu akzeptieren, was kommt.« Er macht ein Wortspiel: »*Buddhism, Christianism, Hinduism, Islamism are only Rheumatism!*« Prof. S. schaltet sich ein: »Es gibt vier Stadien der Erleuchtung: 1. Gott ist auf dieser Erde, in der physischen

Welt, wir finden Ähnlichkeit zwischen Gott und Mensch. 2. Gott ist in der Form von Balasai Baba im Ashram in Domalaguda und wir sind in Seiner Nähe. 3. Gott zu suchen und zu erreichen ist das einzige Ziel. Gott als Balasai Baba ist in meinem Herzen und ich fühle mich fast eins mit Gott. 4. Die Unterscheidung zwischen Baba und mir hört auf, nicht physisch, aber geistig. Das nennt man *Mukti* (Befreiung) – von allen Bindungen der Dualität frei sein. Alle dualen Unterscheidungen lösen sich auf, zum Beispiel die zwischen belebt/unbelebt oder Schatten/Sonne. In diesem Stadium lebt Balasai Baba. Die Unterschiede zwischen Zeit/Nicht-Zeit und Raum/Nicht-Raum existieren für Ihn nicht. Wir unterscheiden drei Geschlechter: männlich, weiblich, sächlich. Baba ist keines davon. Das ist die Ebene der totalen spirituellen Verwirklichung. Durch Yoga und alle Religionen können wir das erreichen, aber bei der Verwirklichung hören alle Religionen auf zu existieren. O Baba, Du bist derjenige, der keine Unterschiede macht, in Dir verschmelzen alle Unterschiede!«

»Welche Rolle spielt der *mind*, der menschliche Geist, dabei?«, wirft eine Besucherin ein. Prof. S.: »*Nevermind what mind is* – biologisch und medizinisch ist er nicht erklärbar. In der Wissenschaft spricht man nur von Gehirn und Nervensystem. Um zu wissen, was unser Mind – Geist – ist, müssen wir ein guter Freund von ihm werden. Der Mind ist das Fahrzeug, in dem wir reisen, wir sitzen am Lenkrad, wir sind die absolute Wahrheit. Unsere Sinnesorgane, die Gliedmaßen, die Sprache – sie sind Diener des Minds, ohne Verbindung zu ihm sind sie tot. Gut Freund mit dem Mind zu sein, heißt: Ein guter Mind macht dich gut, ein glücklicher Mind macht dich glücklich. Glück ist ein Geisteszustand, es wird nicht in äußeren Umständen gefunden. *Alles, was ist,* ist der Schatten des reinen Glücks. Gott ist sowohl unendlich als auch physische Realität.«

Baba: »Ich wiederhole noch einmal: Alle Wünsche aufzugeben ist schwer. Ich gebe euch den Rat, alles zu akzeptieren, was kommt. Wenn man alles gern tut und den Weg zum Ziel gern hat, wird es leicht. Dann sind die

Probleme egal. Was ist schwierig? Alles – das Arbeiten, sogar das Essen und der Stuhlgang. Darum gehe den Weg, den du wählst, mit Freude!« Einige Tage später (19. November 2001) äußert sich Baba noch einmal über die *mind attitudes*, die geistige Einstellung: »Es ist schon schwierig, Übereinkünfte auf der physischen Ebene zu erzielen. Der eine sagt: Da ist eine Maus! Der andere sagt: Das sieht aus wie eine Maus! – Selbst zwei Menschen können sich über eine einfache Sache nicht verständigen! Sie müssen sich abgrenzen, Unterschiede machen – so ist der Mind ständig beschäftigt. Wenn man nur sagen würde: ›Ja, so ist es!‹ hätte der Mind keine Arbeit. Eine philosophisch-diskursive Haltung, die immer mehr Unterscheidungen einführt, führt nicht zur Erkenntnisverbesserung. Darum sind vor allem die Philosophen – die *Philosuffers* – besonders schlimm dran, weil sie nur mit diesen Methoden arbeiten. Alle Menschen haben einen unterschiedlich arbeitenden Mind. Selbst diejenigen, die die gleiche Erziehung und sogar das gleiche Studium haben, haben trotzdem jeder danach eine unterschiedliche Meinung und Sichtweise. Wenn es schon auf dieser physischen Ebene schwierig ist, Verständigungen zu erzielen, wie kann der Mind dann über die spirituelle Ebene, die jenseits des Verstandes liegt, etwas sagen? Darum: Schließt den Mind und öffnet das Herz! Die Fähigkeit zu glauben, ist wichtig! Wie ein Arzt ein Medikament gibt, schickt Baba den verschiedenen Menschen, abhängig von ihrem Entwicklungsstand und ihren Problemen, unterschiedliche Energien. Als Gott muss Ich leben wie ein Mensch, nicht darunter und nicht darüber, sonst erklären Mich die Leute für verrückt – was Ich nach menschlicher Vorstellung auch bin –, mit dem Unterschied, dass Ich weiß, wer Ich bin und was Ich tue! Für euch ist es wichtig, nur das zu betrachten, was da ist, und euch aller Schlüsse und Vermutungen zu enthalten! Mit dem Mind sollte man so umgehen wie mit Geld – nur gebrauchen, wenn man es wirklich braucht!«

Das Verhältnis zwischen dem Professor und den westlichen Besuchern war, gelinde gesagt, gespannt, das wurde wieder deutlich am Ende der Runde, als ein aktuelles

Thema angesprochen wurde. Es ging um die *Atma-Lingam-Puja*, die morgens um 6 Uhr stattfand – für Europäer entschieden zu früh. Die heftige Diskussion, die nun folgte, drehte sich jedoch um die Frage, warum man an der Puja teilnehmen sollte, wenn man doch in Balasai Baba den ganzen Tag Gott selbst vor sich hatte. Den Professor musste grausen ob der Ignoranz und Unwissenheit der Westler, er versuchte aber zu erklären, wie das für ihn heilige Ritual durch die göttliche Energie alle Sinnesorgane aktiviere, alle materiellen und spirituellen Körper reinige und neu ausrichte und die Umwelt feinstofflich ernähre. Je mehr er redete, umso weniger hörte man ihm zu und setzte gelangweilte Gesichter auf.

Schließlich machte Baba ganz pragmatisch der Geschichte ein Ende: »Hier im Ashram habt ihr keine Aufgaben und 24 Stunden Zeit. Bevor ihr euch langweilt oder euch mit sinnlosen Dingen beschäftigt, ist es besser, an der Puja teilzunehmen, gleichzeitig bleibt genug Zeit für euch!«

Obwohl der Professor wusste, wer Baba ist, verunsicherten ihn Seine spielerische Heiterkeit und göttliche Leichtigkeit.

Er selbst nahm alles, besonders seine Religion und ihre Formen, zutiefst ernst. Für die *108 göttlichen Namen Balasai Babas* verfasste er wissenschaftliche Kommentare aus der Tradition des Hinduismus. Für diese Arbeit erwarb er den Doktortitel einer amerikanischen Universität. Damit hatte Baba ihm Gelegenheit gegeben, seinen wissenschaftlichen Ehrgeiz auszuleben.

An Mahashivaratri 1999 materialisierte Balasai Baba hintereinander zwei Lingams. (Mahashivaratri wird traditionell im Ashram von Kurnool gefeiert.) Den ersten kleineren *Devi-Lingam* bekam eine Devotee aus Deutschland. Während ihr der Lingam überreicht wurde, sah ich den Professor noch in der Nähe der Bühne. Für jeden überraschend materialisierte Baba danach einen großen schwarzen *Shiva-Lingam*, den der Professor in Empfang nehmen sollte. Als sein Name aufgerufen wurde, meldete sich niemand, der Professor war verschwunden. Da er nicht wusste, dass ein zweiter Lingam auf ihn wartete, verließ er, wohl aus Enttäuschung und Verärgerung, den ersten Lingam nicht bekommen zu haben, das Ashramgelände. Kurze Zeit später wurde er auch im Ashram von Hyderabad nicht mehr gesehen. Für mich war er ein Beispiel für die Gefangenschaft in den Strukturen des Minds. Der Atma-Lingam wäre für ihn der Höhepunkt seines spirituellen Lebens gewesen.

* * *

Mehr Liebe auf Erden?

8. November 2001 – Nachmittagsrunde mit Baba im Tempel von Hyderabad. Von einer Zahnoperation vor einer Woche ist Babas Backe noch dick. Trotz unerträglicher Schmerzen und Antibiotika ist Baba jeden Tag herausgekommen. Bei der folgenden Botschaft wirkt Baba durchgehend ernst.

Eine Devotee fragt: »Wird in Zukunft mehr Liebe auf der Erde sein?« Baba: »Nein, es wird schlimmer werden«, – Pause –, »aber das Schlimme ist nur dazu da, dass es besser werden kann! Wie soll es auch draußen in der Welt besser sein, wenn es selbst hier im Ashram nicht besser ist, obwohl ihr vierundzwanzig Stunden mit Baba zusammen seid? Ich nenne einige Beispiele:

In der Familie ist die Frau auf den Mann eifersüchtig und der Mann auf die Frau – sie gönnen sich nicht einmal mehr das Essen, alles wird vom Mann genau nachgerechnet. Jeder, der nur für sich selbst lebt, ist nutzlos für die Familie und für die Gesellschaft. Diese Menschen wollen alles haben, möchten es am liebsten ans Bett gebracht bekommen. Viele denken daran, wenn sie jemanden besuchen, was sie da bekommen, und wenn jemand sie besucht, was er mitbringt. Das gilt auch hier. Jeder sieht nur, was die andern für ihn tun, nicht, was er für die andern tut. Damit ist nicht nur finanzielle Hilfe gemeint, sondern jede normale Hilfestellung. Ich erwarte nicht, dass ihr eure schlechten Eigenschaften ablegt oder verändert, aber l e b t wenigstens, seid nicht scheinheilig, drückt aus, was ihr denkt und fühlt, damit ihr fähig werdet, euch hinzugeben. Aber die Hingabe muss mit Liebe verbunden sein, darf kein Opfer sein. Ein Leben ohne Gott ist wie ein Körper ohne Augen – es ist nutzlos. Darum, wenn ihr morgens aufsteht, denkt wenigstens eine Minute an Gott und bittet Ihn um Seine Führung und beendet den Tag mit Gott. Dann schaut Gott vierundzwanzig Stunden am Tag zu und ist euer *security guard* (Wachmann). Für Gott ist e i n Devotee, der hinter Ihm hergeht, genug. Es kommen viele zu Baba, aber zehn gute Menschen sind besser als zehn Millionen andere. Er braucht nur wenige, mit denen Er Seine Arbeit tun kann. Die Schweinemutter hat zehn Kinder, der Löwe aber nur eines! In der Welt gibt es die Lebenden und die Toten, aber im Ashram gibt es die lebenden Toten! Diese Nachmittagsbotschaft ist wie ein Tonikum für euch. Bist du mit meiner Antwort zufrieden?« Die Devotee wirkt berührt und nickt. »Ich sehe, mein Tonikum wirkt schon, das macht mich froh. Ich hoffe, dass es bei allen wirkt. Euer Bundeskanzler würde jetzt denken: *Was ist Baba für ein armer Mann, so ohne Kleider! Und was sind das für Menschen, die bei Ihm sitzen und auf ihr Essen warten?* Was ich bekomme, gebe ich sofort wieder aus für die Bedürftigen. Trotzdem sind wir alle viel reicher als er!«

* * *

Babas Schönheits- und Schlangen- farm

24. *November 2001* – Vor einigen Tagen hatte Baba meiner Nachbarin vorgeschlagen, ihre Haare wieder dunkelbraun färben zu lassen – zwanzig Jahre war sie mit grauen Haaren herumgelaufen. »Ich unterstütze das, jeder soll so schön aussehen, wie es geht, das ist wichtig!« Die Haare werden gefärbt, sie sieht zwanzig Jahre jünger aus, und jetzt soll die Verschönerungsaktion im Beauty-Parlour eines der »Fünf-Sterne-Hotels« in der Nähe fortgesetzt werden. Am Vormittag sitzt Baba mit der Sängerin-Mutter und Jyoti, einer ihrer Töchter, die im Nebenberuf Kosmetikerin ist, in der Puja-Halle. Wir hören, dass sie extra gekommen ist, um uns eine Schönheitsbehandlung zu schenken, mit Fruchtmasken und -massagen. Bis fünf

ältere Frauen durchgeknetet sind, geht der Nachmittag vorbei. Baba lässt es sich nicht nehmen, die ganze Zeit dabei zu sitzen: »Ich passe auf die Schönheit und die Gesundheit meiner Kinder auf!«

Am nächsten Tag am selben Ort, Nachmittag. Heute ist Babas Botschaft ernster: »So bekommt ihr hier eine Gesundheitsberatung (vor kurzem hatte Baba Ratschläge zur Ernährung gegeben), eine Schönheitsberatung, eine psychologische Beratung und eine spirituelle Beratung. Es ist meine Natur, dass ich nicht zeige, was ich weiß, wer ich bin, welche Wunder ich bewirke. Ich bin überall, in euren Herzen, ich kenne eure Gedanken. Ich weiß, was ihr in euren Zimmern sprecht, aber ich stelle mich unwissend und unschuldig. Anstatt meine Projekte zu unterstützen und Euch zu ändern, versucht ihr, mich zu ändern – ich lebe hier wie in einem Tiger- oder Schlangenhaus. Ich bin vierundzwanzig Stunden für euch da. Sie (Baba zeigt auf eine Besucherin) reist heute ab, also komme ich zur üblichen Zeit zu euch. Ich habe nichts verlangt, sie hat nichts gebracht, es gibt kein Bestechungsgeld. Hier sitzen auch psychisch Kranke, um die kümmere ich mich. Wenn Politiker kommen, nehme ich euch wie eine Glucke unter Meine Flügel und stelle euch mit euren Talenten und Berufen vor, damit sie euch respektieren und nicht denken, ihr seid ungebildet und dumm und hängt hier arbeitslos rum!« (Der Anlass zu diesen heftigen Äußerungen war die Indiskretion einer Devotee, die aus einem Privatgespräch mit Baba etwas weitergetragen hatte, obwohl Baba ihr über Wochen viel geholfen hatte.) Am Schluss faltet Baba theatralisch die Hände und schaut zum Himmel: *Balasai Baba, hilf mir!* Dann verabschiedet Er die Besucherin liebevoll und sagt: »Jetzt habe ich es ausgespuckt und es ist gegangen!« Wie zum Beweis zieht Er Seine Robe bis ans Knie hoch und improvisiert mit klappernden Absätzen einen professionellen Stepptanz und verwandelt die Strenge der Botschaft in Lachen und Heiterkeit.

* * *

»Wir sind bereits im Himmel!«

Dezember 2001 – Für Besucher sind die Monate von November bis Januar die klimatisch günstigsten. Tagsüber ist es angenehm warm, in der Nacht kühlt es ab, und morgens kann es sogar empfindlich kalt sein, so dass man unter der Dusche fröstelt. Die Natur ist von der Regenzeit noch grün, die Flüsse führen Wasser, die Trockenheit der Atmosphäre hält die Moskitos in Grenzen. Im Ashram kommen und gehen die Besucher. Balasai Baba stellt sich weiterhin unentwegt für Seine Besucher zur Verfügung. Schon vormittags kommt Er zur ersten Runde, wie immer lässt Er Tee servieren und dazu oft Obst oder Snacks. Oft isst Baba gemeinsam mit den Besuchern zu Mittag, so dass es gegen 15 Uhr wird, wenn wir in unsere Räume gehen, um zu putzen, Wäsche zu waschen oder auszuruhen. Pünktlich um 17 Uhr erscheint Baba meistens als Erster wieder im Tempel oder im Hof zum Nachmittagstee mit allen. Danach ist oft kaum noch Zeit zum Duschen und Umziehen für die Bhajans. Um 19 Uhr, offiziell gekleidet und frisiert, erscheint Baba zum Darshan. Beim Dinner sollte man keine Zeit verlieren, denn Babas Uhren gehen schneller und Sein Schlacht- oder Quietschruf ertönt schon, ehe die Besucher mit Kissen und Wasserflaschen zur Abendrunde eilen. Nach einem ausgedehnten Gute-Nacht-Segen endet ein normaler Ashram-Tag mit Baba zwischen 2 und 3 Uhr morgens. Die Runden laufen niemals gleich ab, denn bei Baba geschieht alles spontan, ohne festes Konzept. In lockerer und zwangloser Reihenfolge ist Raum für alles, was kommen will, seien es ernste spirituelle Fragen und Antworten, Singen und Tanzen, Zeit zum Essen und Trinken, zum Lachen und Witze machen, Zeit für Spiel und Spaß – mit Gott im Mittelpunkt. So sind die Runden selbst ein Beispiel für eine Lebensführung, in der alles zur richtigen Zeit und am richtigen Ort geschieht.

»Wenn man sich auf Gott als das Ziel des Lebens ausrichtet, ist selbst die Schwere der Pflichten mit göttlicher Leichtigkeit erfüllt. Die Europäer meinen, ihr Erfolg sei das Ergebnis ihrer eigenen Aktivität. Sie haben nicht die Idee, Gott in ihr Handeln mit einzubeziehen. In Indien wissen die Menschen noch, dass Erfolg und Misserfolg in der Hand Gottes ist, darum übergeben sie alles Gott«, erklärt Baba während einer Runde.

Kurz darauf entsteht eine Situation, die das deutlich macht: Beim Federballspiel spielen zwei Mannschaften mit je drei Personen gegeneinander. Die zwei Mitspieler in Babas Mannschaft springen bald unter Aufbietung aller Kräfte vor dem Netz hin und her und reißen nach kurzer Zeit das ganze Spiel an sich. Baba zieht sich allmählich in den hinteren Teil des Spielfeldes zurück, aber die Aufmerksamkeit der beiden richtet sich nur auf die Rolle, die sie glauben, spielen zu müssen. Sie vergessen dabei offensichtlich Baba als Mitspieler und merken nicht, dass Er schließlich gelangweilt am Rand des Spielfeldes auf und ab geht, mit Seinem Schläger spielt und beobachtet, wie sie schwitzend und keuchend dem Ball nachlaufen. »Da kann Gott nichts machen, nur zuschauen!«, sagt Baba später achselzuckend.

3. Dezember 2001 – Nach einem gemeinsamen Essen gibt Baba überraschend eine Botschaft. Angeregt von einem Buch eines indischen Heiligen, der im Westen bekannt wurde, fragt ein Devotee, was man sich unter dem Himmel vorstellen solle. Baba: »Dazu müssen wir nicht erst in den Himmel springen, wir sind hier bereits im Himmel! Was andere über den Himmel sagen, könnt ihr vergessen. In Indien gibt es viele Heilige und jeder Inder kann eine Stunde über Spiritualität reden. Das, was die indischen Heiligen, die in den Westen gegangen sind, schreiben, ist dazu da, um im Westen das Interesse für das Spirituelle zu wecken. Viele indische Heilige geben sich nicht zu erkennen, sie leben unauffällig und sind oft Familienväter.

Ich will euch ein Beispiel geben: Ein Heiliger rauchte gern seine Zigarre. Er sagte: *He, Göttin, bring mir mal Feuer!* Die Göttin zündete ihm seine Zigarre an, und er schickte sie wieder fort: *Jetzt kannst du wieder gehen!* Kennt ihr solche mächtigen Heiligen, denen selbst die Götter dienen?

Im Westen gibt es nichts Vergleichbares, in Indien hat jede Familie ihren Familienheiligen. Es ist üblich, dass jede Familie täglich ihre Puja macht. In jeder Wohnung ist schon vom Architekten ein spezieller Pujaraum eingeplant, wo die Bilder und Statuen derjenigen Heiligen und göttlichen Aspekte aufgestellt und verehrt werden, die von dieser Familie gewählt wurden, womöglich schon vor Generationen. Die Kinder wachsen von Geburt an in das spirituelle Wissen hinein. Im Himmel gibt es kein Essen und Trinken, keine Bewegung, keine Gefühle (*motion and emotion*), wenn der Körper noch da ist, bewegt ihr euch wie ein Roboter – sonst ist nichts mehr da. Darum – seid glücklich mit Baba hier in der Dualität. Hier ist Vergnügen, hier ist Spiel, keine Langeweile, aber das Ziel ist immer noch da, mit Gott zu verschmelzen. Nur Baba kann euch etwas zum Himmel sagen, weil Er von da kommt.«

Baba fragt eine Devotee nach ihrem Punjabi, den Er für ein Nachtgewand hält: »Warum ziehst du nicht gern einen Sari an?« Er weiß, dass sie mit dem Sari auf Kriegsfuß steht und lieber den legeren Punjabi trägt. »Anstatt alle Energie in den Sari zu stecken, ist es besser, sie zieht etwas anderes an, denn in der Zwischenzeit vergisst sie Gott. Statt die Aufmerksamkeit auf Schwierigkeiten und Widerstände zu richten, richtet sie diese auf Gott. Ein Meister weiß, wie es in den Köpfen seiner Schüler aussieht. Darum lehrt er durch Beispiele, die ihren Erfahrungen entsprechen. Der Mensch muss zum Ozean kommen, wenn der Ozean zum Menschen kommt, gibt es eine Katastrophe.« Diese Aussage Babas bezieht sich auf die indischen Heiligen, die in den Westen gegangen sind und deren Lehren die Weisheit Indiens oft unvollständig darstellen. »Die eigentlichen göttlichen Inkarnationen stammen aus Indien und bleiben da. Die Menschen müssen zu Ihnen kommen. In meine Robe eingepackt, reise ich verschnürt wie ein Päckchen im Auto zwischen Hyderabad und Kurnool hin und her.« Baba drückt damit aus, dass in Seinem Leben kein Platz für persönliche Freiheit ist. In jedem Augenblick muss Er den Aufgaben nachkommen, die Sein göttlicher Auftrag Ihm stellt. »Die Wahrheit ist wie ein Feuer. Das Feuer kann man nicht verbergen, es verbrennt die Verkleidung. Habt keine Angst, mit dem Feuer umzugehen! Nehmt es mit Vorsicht in eure Hände, mit Freude! Im Feuerzeug ist das Feuer gut verpackt, so dass es uns nicht verbrennt. Deshalb: *Seid glücklich, denn ohne Glück ist es schwer, das Ziel zu erreichen*. Der Weg vom Wald in die Stadt ist oft ermüdend und langweilig. Aber mit Zeitvertreib und Unterhaltung erscheint uns der Weg kurz, so dass wir spielend und lachend ans Ziel kommen. Nicht wie Gorillas, sondern mit Weisheit und Verstand und der Führung eines Meisters wird die Reise leicht. Gott will nicht, dass wir leiden oder traurig sind, Er will uns keine Bürde sein. Wenn das göttliche Ziel für den spirituell Suchenden hart erscheint, wird er den Weg nicht versuchen. Trotzdem habt ihr noch immer die Möglichkeit, euch eure eigene Hölle zu machen. Dabei helfe ich euch auch, für jeden Wunsch bekommt ihr meinen Segen!«

Jemand stellt noch eine Frage: »Wie geht man mit negativen Gefühlen um?« Baba: »Beachtet sie nicht und weist sie von euch, wie ein Diabetiker den Zucker zurückweist, wenn er ihm angeboten wird. Stellt euch vor, dass diese Gedanken nicht zu euch gehören, dass sie euch schaden. Das ist nicht ganz einfach, aber wenn ihr es übt, wird es langsam besser. Nehmt nur das Ziel ernst, alles andere ist nutzlos. Zu viel Wissen verwirrt. Lebt in der Weisheit, Weisheit bedeutet Frieden!«

Zum Schluss gibt Baba ein bildhaftes Beispiel: »Ein Team von Wissenschaftlern wurde aufgefordert, herauszufinden, was der Unterschied zwischen Himmel und Hölle ist. Das Team entdeckte, dass die Hölle ein wunderbarer Ort ist. Sie fanden goldene Gebäude und Gärten und wunderschöne Plätze. Aber sie trafen keine Menschen. Aus einer Richtung hörten sie lautes Schreien. Die Klage drang aus einem herrlichen Gebäude, wo Millionen Menschen vor goldenen Tellern mit köstlichem Essen saßen. Aber sie waren nicht in der Lage, ihren Hunger zu stillen – ihre Ellenbogengelenke waren steif und sie konnten ihre Hände mit dem Löffel nicht zum Mund führen, darum schrien sie vor Hunger. Das Team definierte die Hölle als Ort der Menschen ohne Ellenbogengelenke. Den Himmel entdeckte das Team in der Nachbarschaft der Hölle. Das Team wurde an eine Münze mit unterschiedlicher Vorder- und Rückseite erinnert, denn die Straßen, Gärten und Gebäude waren denen der Hölle völlig gleich. Auch hier sahen sie keine Menschen, aber aus einem wunderschönen Haus klang fröhliches Lachen. Auch hier saßen Millionen Menschen in einer Essenshalle vor Tellern mit köstlichem Essen. Auch ihnen fehlte das Ellenbogengelenk, aber der Eine fütterte den Anderen mit einem Löffel und alle wurden satt.

Wissen ist die Sprache der Hölle, Weisheit die Sprache des Herzens. Der Himmel unterscheidet sich von der Hölle nur in der Weisheit des Zusammenlebens – da, wo sich Wissen und Weisheit vereinigen. Wissen ohne Weisheit ist sehr gefährlich. Wenn das Wissen sich nicht mit der gleichen Menge an Weisheit vereint, kann man das vergleichen mit einem Affen, dem man eine Bombe gegeben hat. Sprecht die Sprache des Herzens, wenn ihr einer göttlichen Inkarnation begegnet. Tretet ihr gegenüber demütig auf, und erzählt nicht, was ihr alles glaubt zu wissen, denn Gott weiß, was du weißt und nicht weißt. Vor Gott wird der Gelehrteste der Ärmste. Geh zu Gott mit der Absicht, etwas zu erfahren. Eure innere Haltung entscheidet, ob ihr euer Leben als *Himmel* oder *Hölle* erfahrt. Macht euch den Mind zum Freund, nicht zum Feind!«

* * *

Alles kommt von der Angst

6. Dezember 2001 – Baba: »Eine der wichtigsten Eigenschaften des spirituell Suchenden (Aspiranten) ist Optimismus. Für den Optimisten (Gläubigen) ist alles da, für den Pessimisten (Atheisten) ist nichts da. Das gilt auch für das Leben in der materiellen Welt: Nur, wenn du etwas versuchst, bekommst du etwas. Für den Gläubigen ist Gott die Verkörperung der Freundlichkeit, der für uns mehr als die eigene Mutter tut. Nur Gott weiß, was für unsere Zukunft wichtig ist. Gott ignoriert niemanden, aber wir wissen nicht, dass Er uns vierundzwanzig Stunden am Tag beobachtet. Er gibt uns alles, was wir für unser Leben brauchen. Er weiß besser, wann und was Er uns gibt, und was gut für uns ist. Der spirituell Suchende sollte sich immer folgenden Satz vergegenwärtigen: *Was immer Gott für mich tut, dient zu meinem Besten!* Wir müssen unsere Pflichten erfüllen und das tun, was getan werden muss, ohne Erwartungen daran zu knüpfen. Wenn wir das Resultat Gott überlassen, sind wir nicht die Handelnden und erzeugen kein neues Karma. Eliminiert eure negativen Eigenschaften. Aber diesen Giftzahn müssen wir uns selber ziehen, Gott bricht nicht unsere Zähne. Negative Menschen sind schlimmer als Verrückte – sie sind nicht in der Hölle und nicht im Himmel –, sie hängen in der Luft. Auch wenn wir denken, dass wir für uns selbst leben können und niemanden brauchen, sollten wir anderen unsere Sympathie zeigen, schließlich brauchen wir selbst nach unserem Tod noch mindestens vier Menschen, die unseren Körper zu Grabe tragen. Aber egal, ob positiv oder negativ, ob Satan oder Gott – alle haben eine gute Zukunft, für alle ist der göttliche Segen da. Jeder Mensch ist gleichzeitig negativ und positiv. Ohne das Negative könnten wir das Positive nicht sehen. Ich segne die Negativen, dass sie weitermachen, denn wenn das Negative hochkommt, ist es gut, dann kann man es in Positives verwandeln. Negativität ist ein Vorhang zwischen Mensch und Gott: ein Vorhang aus Eisen, ein stählerner, ein goldener, einer aus Stoff oder aus Aluminium. Nehmen wir zum Beispiel die Geizigen: Viele sind interessiert an Gott, aber sie haben Angst, sich Gott anzunähern, weil sie fürchten, ihr materielles Glück zu verlieren. Sie wollen nur gewinnen, nicht verlieren, aber wer gierig ist, verliert. Ohne etwas aufzugeben, können wir nichts Neues bekommen. Wenn wir essen wollen, müssen wir uns woanders hinsetzen, das heißt, ohne diesen Platz aufzugeben, bekommen wir nicht zu essen. Viele sind seit Jahren im Ashram oder kommen hierher und bleiben in ihrer Negativität. Ich habe die Nase voll von all dem Negativen! Herz brennt, Kopf brennt, Hals brennt! In diesem Millennium hat Gott realisiert, dass Seine Anstrengungen nutzlos sind, dass Er seit Millionen von Jahren ein Idiot ist, weil die Milch von der Kohle schwarz wird, wenn man die Kohle in Milch wäscht! Ein Geiziger ist jemand, der einen Schrank kauft und sein Vermögen darin einschließt und zu Gott sagt: Alles gehört Dir! Aber Gott kann nur um den Schrank herumlaufen, denn den Schlüssel gibt der Geizige nicht her. Die Hauptangst der Menschen ist, etwas zu verlieren. Ein Reicher betet zum Geldgott. Beim *Arati* wirft er einen Kampferwürfel ins Feuer, bläst aber gleich das Feuer wieder aus, weil er Angst hat, dass das Feuer zu teuer wird und er sich kein Essen mehr kaufen kann. Alles kommt von der Angst, aber die Geizigen haben mehr Angst.«

Baba steht auf und verabschiedet uns: »Meine lieben Devotees, ich war glücklich, mit uns zu sitzen!« Eine Devotee verbessert: »Das heißt mit euch zu sitzen!« Eine andere schüttelt den Kopf: »Nein Baba, mit uns ist richtig, denn Du bist wir alle!« Baba: »Ja, genau!«

Am selben Tag gibt es zur Nachmittagsrunde Tee. Baba nimmt der einschenkenden Devotee die Teekanne aus der Hand und gießt selbst die Tassen voll, indem Er die Kanne so über die Tassen schwenkt, dass der Teestrom nicht unterbrochen wird. Manches fließt daneben, aber alle Tassen sind bis zum Überlaufen gefüllt – in einer kleinen Geste zeigt Er die Fülle und den Überfluss Gottes, den Er bereit ist zu schenken.

12. Dezember 2001 – Zwei Wochen hat Baba eine Devotee ignoriert, die einen schwerwiegenden Vertrauensbruch begangen hatte. Jetzt spricht Er sehr lieb und leise mit ihr. »Soll ich mit dir schimpfen? Komm näher, ich will dir ins Ohr schimpfen!« Er flüstert ihr etwas ins Ohr, worauf sie Ihn dankbar und glücklich ansieht. Dann wendet Er sich mir zu: »Soll ich dich auch ausschimpfen?«, und flüstert mir ins Ohr: »Komm später zum Essen!« Überrascht sage ich laut: »Ja, Baba!«, worauf Er mich mit »Esel!« tituliert, was so viel heißt wie: »Verrat nicht alles!« Zum Essen kommen mehrere Personen. Alle sitzen in der Ashramküche auf dem Boden im Kreis um Baba. Es ist bewegend, wie Baba sich liebevoll darum kümmert, dass jeder von allem genug bekommt, darauf achtet, wie viel jeder isst, Er verschenkt Seine Suppe, wirft einen *Chapati* auf einen gegenüberliegenden Teller, einen Reiskloß auf einen anderen, teilt Sein Stück Papaya mit Seinem Nachbarn zur Rechten und schiebt ein Ghee-Sweet Seiner Nachbarin zur Linken in den Mund. Klein, verletzlich, offen, besorgt, kümmert sich Baba nur um das Wohl Seiner Gäste und isst selbst kaum etwas. »Ich bin nur ein Mitglied in eurem Team!«

* * *

13. Dezember 2001 – Zur Abendrunde kommt Baba wieder früh. Es dürfen Fragen gestellt werden. Devotee: »Ist es auf dem spirituellen Weg zu empfehlen, Drogen zu nehmen?«

Drogen und Illusionen

Ein Devotee, der Drogenerfahrung hat, antwortet sehr kompetent. Er schildert, wie zum Beispiel Schamanen bestimmte Pflanzen zu rituellen Zwecken kontrolliert anwenden, um die Bewusstseinserweiterung zu unterstützen. »Drogen können wie ein Fenster in die geistige Welt sein, aber in der westlichen Welt werden diese Erfahrungen als Ersatz für spirituelle Erfahrungen genommen. Der unkontrollierte Gebrauch führt zu Abhängigkeit und kann die feinen Kanäle zerstören, die man zur spirituellen Entwicklung braucht. Ich habe erfahren, dass der Drogenweg eine Sackgasse ist, und der Weg zurück ist schrecklich. Aber Baba hat mir geholfen. Die Meditation hat mir wahre geistige Erlebnisse vermittelt.«

Baba: »Es sind künstliche Erlebnisse. Ein schlechter Weg. Aber weil ich die Verkörperung der Freundlichkeit bin, werde ich für diese Menschen einen künstlichen Himmel erschaffen.«

16. Dezember 2001 – Abendrunde im Tempel von Hyderabad. Eine Devotee hat eine Frage zum Thema *Karma*.

Baba: »Vergesst alles, was ihr über Karma gehört habt! Lebt in der Gegenwart, vergesst die Vergangenheit und die Zukunft! Das, was ihr in jedem Augenblick tut, bestimmt automatisch die Zukunft, also tut nur Gutes. Denkt nur, alles hängt von unserer Einstellung, unserem Glauben und Vertrauen ab: Um was ihr bittet, das wird euch gegeben! Seid frisch wie ein weißes Stück Papier!«

Er schaut in die Runde: »Wisst ihr, was für mich ein Heiliger ist?« Niemand antwortet. Baba gibt die überraschende Antwort: »Derjenige, der nur in der Gegenwart lebt!« Nur der gegenwärtige Augenblick ist göttlich. Vergangenheit und Zukunft sind Illusion. Aus der Göttlichkeit des Augenblicks, also aus der eigenen Göttlichkeit heraus zu leben bedeutet, aus dem Ursache-/Folge-Prinzip des Karmas herauszutreten.

Als Baba spät in der Nacht aufsteht, gibt Er noch eine überraschende Abschiedsbotschaft: »Gott ist zuverlässig, wahrhaftig, ehrlich, dankbar, klar. Wenn ihr so seid, dann macht Gott sich ganz klein und kommt wie ein Baby in eure Hand. Heute habe ich den Abend ungewaschen, strubbelig und unrasiert mit euch verbracht. Obwohl ich nur ein Tuch umgewickelt habe und mit euch spiele, erkennt ihr mich und habt Respekt vor mir. Gestern sollte Mr. S. einem ehemaligen Schauspieler, der den Weg des *Sannyasin* eingeschlagen hat, ein Interview bei Baba vermitteln, weil er sich als *Heiligen* betrachtete. Mr. S. hat ihm gesagt, er solle erst einmal zum Darshan kommen. Wenn ihr als Vermittler zwischen jemandem und Baba auftretet, wie Mr. S., müsst ihr aufpassen! Denn dann übernehmt ihr Verantwortung und mischt euch in sein Karma, das heißt, wenn ich ihn schlagen will, bekommt ihr die Schläge! Dieser *Heilige* wollte sich als *heilig* hervortun, aber ein echter Heiliger stellt sich nicht als heilig dar! Die Affen sitzen auf dem Baum, machen viel Geschrei und kommen sich groß vor. Unter dem Baum sitzt der Löwe, der gar nichts tut, aber jeder hat automatisch Respekt vor ihm!

Nur diese Shakti-Inkarnation (Balasai Baba wird in Indien als die Verkörperung von *Bala Tripura Sundari* angesehen – der höchsten manifestierenden Kraft im Universum, die als weiblich gilt) hat versprochen, alles Negative der Vergangenheit wegzunehmen (*wipe out*).«

Eine permanente Devotee erzählt, wie Baba öfter bei ihr schwere Krankheiten umgewandelt hat, so dass ihre Lebensspanne verlängert wurde. Nur bei Menschen, die ihr Leben ganz Gott hingegeben haben, greift Baba in das Karma ein und mildert es ab.

18. Dezember 2001 – In der Abendrunde wird die Frage gestellt: »Was sind Todesschmerzen?« Mr. S. meint, sie seien eher psychisch, weil man sich von Menschen und Besitz trennen müsse. Auch andere meinen, diese Schmerzen seien nicht real. Baba: »Todesschmerzen sind wie alle anderen Schmerzen real. Auch wenn man eine lokale Anästhesie macht, sind sie da. Die einzige Hilfe ist, an Gott zu denken, Ihn zu visualisieren, eventuell das Mantra zu sprechen – aber das braucht viele Jahre Übung! Zum physischen Körper gehört der Schmerz. Zu meinen, Schmerz sei nicht real, ist eine Illusion – wie der Bettler, der denkt, er sei reich, wie der Glatzköpfige, der eine Perücke trägt, wie Mr. S. mit seinen elf Zähnen, der glaubt, er habe noch ein ganzes Gebiss! Aber unbedingter Glaube an Gott veranlasst Ihn zu helfen!«

Die Devotee, die die Frage gestellt hat, sagt: »Ich habe geglaubt, wenn der Mind Falsches denkt, wird die Seele traurig und davon wird der Körper krank!« Baba: »Es ist umgekehrt – durch karmische Ursachen bringt der Körper die Anlage zur Krankheit mit und der Geist muss damit umgehen lernen.«

* * *

23. Januar 2002 – Nachdem Baba schon den Vormittag und Nachmittag mit uns verbracht hat, kommt Er nach dem Abenddarshan so früh raus, dass kaum Zeit zum Abendessen ist – Gott selber ist das lebendige Beispiel für Seine totale Hingabe an das Wohl und den spirituellen Fortschritt Seiner Devotees.

Vollständige Hingabe

Das Thema des Abends heißt *total surrender* – vollständige Hingabe. In den Ohren eines Mitteleuropäers klingt das sehr verdächtig nach Selbstaufgabe und Selbstauslöschung. Das Ziel des spirituellen Weges mit Balasai Baba ist die Verschmelzung mit Gott, die Rückkehr der Seele in die göttliche Einheit, ihr ursprüngliches Zuhause und damit die Beendigung des Kreislaufs der Wiedergeburt. Solange wir uns aber noch innerhalb des Körpers in der dualen Welt befinden, bietet Balasai Baba dem Devotee die Möglichkeiten von emotionaler Beziehung an, wie sie auf der materiellen Ebene vorkommen: von Mutter, Vater und Kind, von Ehemann und Ehefrau, von zwei Freunden usw. Immer wieder betont Baba, dass für Ihn die Freundschaft die höchste Form der Beziehung ist, weil hier, bei freiwilliger gegenseitiger Verantwortung, die geringste Gefahr für gegenseitige Abhängigkeit besteht. Jede Runde mit Balasai Baba ähnelt einem Familientreffen. Er begegnet jedem wie eine Mutter oder wie ein Freund. Er segnet jeden, eingeschlossen die ganze Familie, für das materielle Wohlergehen, und übernimmt die Verantwortung für die Entwicklung des Devotees auf der spirituellen Ebene. Wie unter Freunden stellt Balasai Baba eine Beziehung der Gegenseitigkeit her, die ein einmaliges göttliches Angebot ist, was es in dieser Form wohl noch nie gegeben hat. Baba will deutlich machen: »Auch wenn wir uns in getrennten Körpern auf der physischen Ebene befinden, wir sind alle eins! Ich bin nicht entfernt von euch!« Und jedem Abreisenden versichert Er: »Baba ist immer bei dir!« Wer diesem Angebot einer Freundschaft mit Baba antwortet, also Verantwortung übernimmt, begibt sich auf den Weg der totalen Hingabe. Es geht um die Verpflichtungen und Zuständigkeiten, um das Verhältnis von Geben und Nehmen, Passivität und Aktivität, Liebe und Vertrauen.

Das größte Hindernis für *völlige Hingabe* ist beispielsweise beim Geld die Furcht, alle Absicherungen zu verlieren: »Was passiert mit meiner Frau, meinen (erwachsenen) Kindern?«

Immer geht es darum, den Handlungsspielraum, den wir in unserem Sicherheits- und Abhängigkeitsdenken glauben, selbst kontrollieren zu können, an Gott zurückzugeben in dem Bewusstsein: Alles kommt von Gott, alles geht zu Gott zurück. Nur Gott handelt! Ich bin nur ein göttliches Instrument! Es ist ein großer Schritt auf dem Weg in die göttliche Einheit, wo an Stelle des alten Ichs die göttliche Freiheit getreten ist. Baba: »Wenn ihr etwas gebt, ist es nur für euch selbst – aber ohne ein Opfer (*sacrifice*) kann Gott nichts geben!« »Wenn du etwas gewinnen willst, musst du etwas verlieren!« (Gleichzeitig empfiehlt Baba immer, dafür zu sorgen, dass man selbst ein sorgenfreies und komfortables Leben führen kann.) »Wenn du dich völlig hingibst, ergibt sich Gott dir!«

Eine Devotee erzählt von ihrem Schuldienst, den sie meistens als qualvolles Opfer erlebt. Baba: »Und jetzt quäle ich dich auch noch! Aber nicht nur dein Sari soll weiß sein, sondern auch deine Seele, damit wir uns Stück für Stück näher kommen können!« Die Devotee nimmt es widerspruchslos hin – auch das ist eine Übung in Hingabe. Baba: »In deiner Liebe musst du stur sein, du weißt, ich lehre, indem ich euch necke!« Unvermittelt sagt Baba: »Jetzt ist es 5 Minuten vor 12!« Alle sehen auf die Uhr, ein Devotee schaltet die Beleuchtung seiner Armbanduhr ein. »Ihr müsst auf die Uhr gucken und das Licht dazu anmachen! Ihr seht – ich habe doch einige Kräfte!« Mit diesen Worten steht Baba lachend auf und segnet uns für eine Gute Nacht: »Ich segne euch! Schlaft gut, seid fit für Morgen!«

* * *

21. *März 2002* – *Mahashivaratri* ist vorbei. Für meine Devotee-Kollegin und mich beginnt die Arbeit in der *Sri Balasai Baba International Residential School*. Ich bin froh, einen *Seva* gefunden zu haben, bei dem ich etwas von meiner ehemaligen Berufserfahrung einbringen kann. Zurzeit ist das Pensum noch begrenzt – nur wenn Baba in Kurnool ist, werden wir Deutsch als Fremdsprache

»Ich zeige euch nur meine materielle Seite!«

unterrichten. Mit den Worten: »Siehst du, ich halte mein Versprechen!«, holt mich Baba nach längerer Zeit wieder zur Vormittagsrunde. Er hat meine Stimmungen der letzten Tage aufgenommen – ich fühlte mich vergessen und unglücklich. Die Hitze, das Alleinsein, kleine gesundheitliche Einschränkungen, die geringe Abwechslung, das anstrengende *Sadhana*, die wenige Bewegung, das lange Sitzen, kaum Schlaf (Baba sitzt täglich oft länger als zehn Stunden mit uns), bringt mir zu Bewusstsein, welches Leben ich gewählt habe, und was es bedeutet, in der Nähe einer göttlichen Inkarnation leben zu dürfen. In Hyderabad hat Baba Seine tägliche Routine wieder begonnen und ruft uns zum Carromboard, Seinem *göttlichen Spielbrett*, dem Symbol für eine Welt, in der Gott und Mensch zusammenarbeiten. »Wenn Menschen einen kleinen Fehler machen, erholen sie sich nie mehr davon – du hast den kleinen Fehler gemacht, in meine Liebe zu fallen, davon wirst du dich nie mehr erholen!«

Von der Geburt des *Lingam* hat Er noch Halsschmerzen und kann nicht viel sprechen. Nach zwei Stunden steht Er auf, um sich die Beine zu vertreten. An der Eingangstür springt Er hinaus, um sofort wieder einen Schritt zurück ins Haus zu gehen. Das wiederholt sich einige Male – vor und zurück –, dabei probiert Er, wo es wärmer und kälter ist. Dann wendet Er sich einer Devotee zu, die sich selbst oft den Himmel zur Hölle macht: «Siehst du, Himmel und Hölle liegen eng nebeneinander!«

Der kleine Ashram in Hyderabad lässt nicht viel Möglichkeiten zu, um sich zu bewegen, nur Runden um den Tempel sind möglich. Baba geht an der Gruppe vorbei, um die Runde anzuführen: klein, zart, lächelnd, das Gesicht entspannt und ruhig, kindlich offen, unberührt von der Welt. Was macht diese atemberaubende Schönheit aus, die mir immer wieder den Atem verschlägt? Ist es die selbstverständliche Einheit mit jedem Wesen der Schöpfung, die aus der Essenz der universellen Liebe nur IST und spontan erschafft, ohne persönliches Denken, Fühlen und Wollen? Und war der Mensch so geplant? Als Zuschauer seiner selbst und der Welt? Ohne die Bindungen und Verstrickungen durch Gedanken und Gefühle? Nach den Worten der Bibel schuf Gott den Menschen *nach Seinem Bilde*. Jeden Augenblick Seines Daseins gibt uns Balasai Baba die Möglichkeit, unser *wirkliches* göttliches Bild zu erkennen.

Unter dem Jackfruit-Baum bleibt Baba stehen. Die Haare sind mit einem Stirnband hochgebunden – Babas beliebte sommerliche »Ananas-Frisur«. Das Sommer-Outfit wird ergänzt durch den leichten Baumwoll-Dhoti, der den Oberkörper frei lässt. Die stacheligen Früchte sind noch grün und hart. Wie ein trotziges Kind springt Baba in die Luft: »Aber ich will jetzt eine! Werdet reif!« Die Frucht, die der Wachmann dann herunterholt, ist weich – sonst werden sie erst im Juli reif. Die Köchin kennt die notwendige Technik, um die gelben, aromatischen Früchte vom zähen, faserigen Bindegewebe zu trennen. Mit einem kräftigen Messer öffnet sie die harte Schale – jeder naive Neuling wäre damit überfordert, denn das Bindegewebe überzieht die Hände mit einer klebstoffähnlichen Substanz, die allen Reinigungsversuchen widersteht und eine weitere Arbeit unmöglich macht. Nur mit gewöhnlichem Sand kann sie mühsam entfernt werden. Aber es gibt einen einfachen Trick – mit eingeölten Händen schält die Köchin die hühnereigroßen Früchte leicht heraus und lässt sie in eine Schüssel gleiten. Ein willkommener Nachtisch!

Beim Essen sagt Baba unvermittelt: »Worin könnt ihr Meine Göttlichkeit erkennen?« Man spekuliert über Wunder, Babas Allwissenheit und alle möglichen übermenschlichen Qualitäten Seines göttlichen kosmischen Bewusstseins, aber Babas Antwort ist wie immer überraschend einfach und führt zurück auf die menschliche physische Ebene: »Meine Liebe drückt sich darin aus, dass ich jeden gleich behandele, ob Mann oder Frau, jung oder alt, arm oder reich, krank oder gesund. Ich selbst habe kein Geschlecht und gehe nicht wie ihr physisch auf die Menschen zu, zum Beispiel mit Umarmungen. Wenn ich nicht als Gott erkannt würde, würde man mich als geisteskrank erklären und ins Irrenhaus stecken! Ich zeige euch nur meine materielle Seite, wie ich spreche, lache, mich bewege, nicht meine spirituelle. Ich bin weder ein Entertainer, Joker oder Kasper – Ich mache Witze und bin bei euch, damit ihr lacht und glücklich seid, sonst ist das Leben hier wie in einem Käfig, nur *Sadhana*!«

Diesen Weg Balasai Babas, sich als Avatar mit allen göttlichen Kräften im Hintergrund der Welt nur als Mensch zu zeigen, also den Menschen nur über die Spiegelung seines eigenen Wesens zu lehren, bestätigt Meher Baba: »Die höchste Funktion der großen spirituellen Wesen liegt nicht in dem, was sie außerhalb der Gesetze unserer physischen Welt tun, sondern was sie innerhalb leisten.« (Meher Baba: *Der göttliche Plan der Schöpfung*, S.34)

* * *

Geburtstags-ringe

Vormittägliches Treffen mit Baba. Ich sitze gerade, als Seine Hand kreist und ein Goldring mit neunzehn kleinen Steinen, der Anzahl der Steine beim Carromboard, erscheint. »Herzsymbol!«, sagt Baba. Er passt nur auf den kleinen Finger, und auch da ist er zu groß. »Ich muss aufpassen!«, schießt es mir durch den Kopf, und ich beschließe, sofort einen kleinen Vorsteckring zu kaufen. Heute ist mein Geburtstag. Am nächsten Tag habe ich ausnahmsweise die Aufgabe, Babas Räume mit zu putzen. Als das Esszimmer fertig ist, kommt Baba gegen seine Gewohnheit raus, Seine Hand kreist – ein neuer Ring mit einem weißen Stein! »Aber Baba, du hast doch gerade …« »Macht nichts, du arbeitest gut!« Vier Tage später ist der kleine Geburtstagsring verschwunden. »Wahrscheinlich ist er mit dem Putzwasser für immer ins Klo verschwunden«, grübele ich, »wieder nicht aufgepasst …!« Baba fragt: »Was ist passiert? Ist der Ring weg? Du passt nicht genug auf!« Er streichelt eine leere Wasserflasche: »Das ist mein wirklicher Freund! Nicht gut und nicht schlecht!«

Mein unüberlegter Umgang mit Babas Geschenken hat eine lange Tradition. Vor etwa einem Jahr schenkte Baba mir einen Stapel Saris, Blusen und Sariunterröcke einer verstorbenen Devotee, die Er lange in Seinen Räumen aufbewahrt hatte. Was mir nicht passte, verschenkte ich kurzerhand an Seine jüngere Schwester. Eine Ansichtskarte, die Er kurze Zeit später mit den Worten: »Meine Geschenke gebe ich immer den richtigen Personen!«, einer japanischen Devotee gab, nahm diese gerührt und ehrfürchtig entgegen. Mir lief es dabei heiß und kalt den Rücken herunter und ich zählte mit den Fingern die Situationen, in denen ich mich zwar über Babas Geschenke gefreut, sie aber dann nicht sorgfältig genug beachtet hatte.

Abendrunde im neu angelegten Gartenstück in Hyderabad. Auf Babas Matte sitzt der Polizeiinspektor. Sie scheinen ein vergnügtes Gespräch zu haben, denn beide lachen ununterbrochen, obwohl Baba wegen Schulterschmerzen erst am Morgen mit Rotlicht und Massagen behandelt wurde. Ich sitze und schwitze, das Gras sticht, die Ameisen beißen, die Beine schmerzen, der Magen knurrt. In der Küche klappert die Köchin mit dem Geschirr – noch einige Stunden bis zum Abendessen … Später im Singraum ist Babas Gesicht schmerzverzerrt und Er hält seine Schulter: »Ich will in jeder Hinsicht leiden und den Schmerz nicht leicht akzeptieren!« Spiegelt Er meinen Ärger? Spät in der Nacht gibt es das Essen. Mein Hunger ist gewaltig und Baba fordert mich auf, nachzunehmen: »Wenn du deine Wünsche unterdrückst, tötest du Gott in dir!«

Anfang Juni ist mein Rückflug – das Visum geht zuende, die 180 Tage gehen immer viel zu schnell vorbei. Der Koffer ist gepackt. Abendliche Abschiedsrunde. Baba faltet Sein Taschentuch als Krankenschwesterhäubchen, setzt es auf und reicht eine Schale mit Jammun-Kirschen herum. »Nimm dir von den Kirschen welche mit!« Wieder finde ich einen Grund, um das Angebot abzulehnen: »Sie werden zu Saft zerquetscht!« Baba sieht mich ermunternd an: »Wir wollen sehen, was passiert!« Als ich welche nehmen will, ist die Schale verschwunden. Das Taxi kommt. Baba hält meine Hand: »Ich werde ganz nah bei dir sein!

Geh, sonst muss ich dich festhalten!« In Dubai auf der Toilette entdecke ich, dass der zweite Ring auch nicht mehr da ist, dabei saß er ganz fest. Es heißt, wenn man ein Schmuckstück verliert, oder der Stein herausfällt, ist ein Stück Karma gegangen…

Die Wochen in Deutschland gehen schnell vorbei. Beim Kofferpacken beschließe ich, eine indische Handtasche, deren Futter völlig zerrissen ist, zu entsorgen und untersuche sie nach Kulis, Münzen und Taschentüchern. Schon am Abfalleimer stehend wiederhole ich ganz gegen meine Gewohnheit die Suchaktion noch einmal. Im Futter taste ich plötzlich etwas Kleines, Hartes, Rundes und ziehe den Ring mit den neunzehn kleinen Steinen heraus, das Herzsymbol!

* * *

»Liebt Gott nicht auf menschliche Weise!«

August 2002 – Runde mit Baba in Hyderabad. Eine Besucherin beklagt sich, dass alles ihr »zu wenig fortschrittlich« sei und die Devotees »zu wenig spirituell entwickelt« seien, weil sie Baba für sich »festhalten« wollten. Baba beachtet das Gerede nicht und bemerkt: »Und wenn du jede Minute mit Gott verbringen würdest, es wäre noch zu wenig!« Ich genieße die Seligkeit Seiner Nähe. »Wer will mit Gott verschmelzen?«, unterbricht Baba die Stille. Da ich mir im Augenblick nichts Schöneres vorstellen kann als dieses Zusammensein auf der physischen Ebene, zeige ich nicht auf, sondern rudere mit den Armen wie ein hilfloser Vogel in der Luft. »*You want rebirth?*« (Du wünschst dir die Wiedergeburt?) Mir wird heiß und kalt, ich wollte nur ausdrücken, dass für unsere spirituelle Entwicklung Babas physische Anwesenheit die größte Hilfe ist. Baba wendet sich einer Besucherin neben Ihm zu. Sie leidet unter einer strengen Mutter und Baba gibt ihr ein *Mantra*: »Mach, was d u willst, nur Baba ist wichtig!« Dann fährt Er fort: »Das göttliche Bewusstsein hängt von der Hingabe ab. Um Wasser aus einem Brunnen zu schöpfen, braucht man einen Haken und ein Seil, um den Eimer festzumachen. Das Herz des Devotees ist wie der Haken, mit dem man sich an Gott festklammert! Dann fällt es leicht, Babas Wesen und Handlungen zu verstehen! Seid im göttlichen Dienst mit Liebe u n d Hingabe – so verlängert ihr euer Leben! Ich darf euch meine Liebe zu euch nicht zeigen, sonst würdet ihr zu schnell den Körper verlassen. Wenn eure Liebe so groß wäre wie Babas Liebe, würde euer Körper diese Energie nicht aushalten, zumindest würdet ihr krank. Physische Liebe ist sowieso nicht möglich, aber auch seelisch stelle ich darum die nötige Distanz her. Als meine Mutter starb, hatte sie das mütterliche Bedürfnis, mich bei sich zu haben, aber ich gab ihr nur die Erfahrung von intensivem Rosenduft, den sogar die Ärzte bemerkten. Ich gab ihr so die Sicherheit, dass Gott immer bei ihr ist. Gott nur zu lieben, bedeutet emotionale Abhängigkeit, und das erzeugt Stress, der sich auf das Herz auswirkt. Erinnert ihr euch an den Hund, der auf meinem Schoß an einer Herzattacke starb? Nach der Befreiung ist nichts mehr, darum genießt das Leben im Ashram mit Baba als die wahre Befreiung! Nur Gefühl (*sentiment*) ist Bindung! Liebt Gott nicht menschlich!«

* * *

September 2002 – Vormittagsrunde mit Baba in Hyderabad. Das Tempelputzen war anstrengend, aber als ich zur Runde komme, ist der Tee schon ausgetrunken. Baba spürt meine Enttäuschung und teilt Seinen Tee mit mir: »Mein Körper fühlt ein Haar auf einer Unterlage!« Zwei Permanente machen Vorschläge für den Putzdienst. Ich habe eine einschränkende Idee dazu, aber Baba schüttelt den Kopf: »Verstehst du?« Ich verstehe: Nicht einmischen, alles akzeptieren, jeder macht das, wozu es ihn drängt, Auseinandersetzungen vermeiden. Nur so kann das *Göttliche Spiel* deutlich werden: Anschauen, wie die *Spieler* sich ihren *Raum* nehmen und ihre *Rolle* gestalten. Denn so können sie sich und ihre karmischen Tendenzen mit der Zeit erkennen. »Ein perfekter Koch ist der, der immer schneller seine Fehler bemerkt und sie ausgleichen kann!«, bemerkt Baba.

Der Freie menschliche Wille und der Göttliche Wille

Die Akteure im *Göttlichen Spiel* sind die Menschen mit ihrem *Freien Willen* – der *Göttliche Wille* führt Regie. Die Welt ist das *göttliche Spielbrett*, auf dem der Freie Wille des Menschen agiert, bis er letztendlich erkennt, dass nur der göttliche Wille existiert. Dann können Gott und Mensch als Partner auf der Erde zusammenarbeiten. Wir werden mit Sehnsüchten und Wünschen (*Karma*) aus dem letzten Leben geboren. Große Bindungen werden mitgenommen und entscheiden darüber, in welche Familie wir geboren werden, welchen Menschen wir begegnen und wie wir unser Leben führen. Daraus resultieren wieder neue Wünsche und Bindungen – und eine neue Wiedergeburt. Nur die göttliche Gnade kann diesen ewigen Kreislauf unterbrechen.

Baba: »Vergiss das Karma, wenn du bei Gott bist! Alles ist Gott, darum ist alles schlechte und gute Karma jetzt unter der göttlichen Gnade. Gott ist mächtiger als das Karma! Aber nur die eigene Anstrengung zieht die göttliche Gnade herbei!« Eine Devotee fragt: »Wie kann ich erkennen, ob meine eigene Anstrengung mein Wille oder der göttliche Wille ist?« Baba: »Gib dein Bestes und überlass das Ergebnis Gott. Wenn zwei Studenten das gleiche Studium machen, dieselben Lehrer haben und aus denselben Büchern lernen, so werden sie doch unterschiedliche Resultate erzielen, denn Gott entscheidet letztlich über den Ausgang des Studiums. Gott gab euch den Freien Willen, damit ihr den Göttlichen Willen finden könnt: Um zu hören, was Er möchte, Ihn genau zu verstehen, für Ihn zu arbeiten, Hingabe zu entwickeln, Ihn zu lieben und schließlich mit Ihm zu verschmelzen. Ohne den Göttlichen Willen zu leben bedeutet, nur in der eigenen Hölle zu leben – dann entsteht der *Krieg der Sterne*. Alles, was begrenzt ist, was also gierig und geizig ist, ist der eigene Wille. Mit dem Göttlichen Willen zu leben heißt, frei von Bindungen, von Sünde und von Furcht zu sein, weil Er alle Zeit mit dir ist. Wenn Gott jederzeit da ist, um dir dein Ziel zu zeigen, warum willst du es allein tun? Die göttliche Energie ist unbegrenzt und unvorstellbar – wie kannst du mit deinem kleinen Mind den göttlichen Geist verstehen? Habt den freien Willen, mit dem göttlichen Willen zusammenzuarbeiten, dann könnt ihr alles erreichen – Gottes Liebe, Gottes Segen. Ohne Zusammenarbeit produziert der menschliche Geist nur Waffen für die Menschheit! Gott und Devotee sind wie eineiige Zwillinge: Ohne Gott kein Devotee – ohne Devotee kein Gott. Darum gibt es keine Meinungsverschiedenheiten zwischen Gott und Devotee: Der Devotee will Gottes Willen erfüllen, Gott will die Wünsche des Devotee erfüllen.« Devotee: »Ich habe verstanden, dass der freie Wille nur dazu da ist, um zu erkennen, wie er Gottes Willen tun kann.«

In der Abendrunde wird das Thema fortgesetzt. »Wenn wir auf dem Weg zu Gott sind, warum handeln wir nicht so?«, fragt eine Devotee. Baba: »Der Grund dafür ist das Ego, das Ich-Gefühl, das Gefühl der eigenen Größe. Dadurch identifiziert sich der Mensch mit dem Körper: Ich bin der Körper. Um das Ego zu überwinden, muss das Bewusstsein wachsen, um zu erkennen, dass die Seele nicht der Körper ist. Wie ein Krümel eines Kuchens die gleiche Substanz hat wie der ganze Kuchen, so kann man sich vorstellen, ist die Seele (*Atman*) dasselbe wie die Überseele (*Param Atman*). Der Körper ist ein von Gott gegebenes Instrument, mit dem wir erkennen können, wer wir sind – jeder wahre Suchende erkennt auf dem Weg, dass sein Selbst Gott ist. Das Körperbewusstsein loszulassen, setzt einen langen Reinigungsprozess voraus. Der Schlüsselsatz dafür lautet: *Gib mir alle deine Probleme!* Dadurch ergibst du dich immer mehr Gott, du vergisst dich selbst und weißt, dass du nicht der Handelnde bist. Dieses: *Dein Wille geschehe!* wird durch meinen direkten Segen, meine Energie, dadurch dass du mich siehst, mit mir sprichst, mich berührst, beschleunigt.

Nun gebe ich euch die *Vier-Punkte-Formel*, wie ihr von vier Seiten Gott erreichen könnt: 1. Es gibt nur die materielle und die spirituelle Ebene. 2. Die materielle Ebene bezieht sich auf den Körper, die spirituelle auf die Seele. 3. Materielle und spirituelle Ebene dürfen nicht voneinander getrennt werden. 4. Ohne Körper gibt es keine Seele. Wie der Körper hungrig nach Essen ist, muss die Seele hungrig nach Gott sein. Neben guter physischer Nahrung gehört auch gutes Handeln zur Nahrung des Körpers. Alle spirituellen Übungen (Meditation, Rezitation, *Seva* usw.) sind Nahrung für die Seele. Ihr müsst beiden Aspekten gerecht werden!«

Baba steht auf.

»Ihr seht, Egoismus ist absolute Verschwendung, er trennt uns von allem Guten. Wir sind in jeder Hinsicht nichts, nur ein Tropfen im Ozean. Im Symbol des Kreuzes wird deutlich, dass das Ego durchgeschnitten wird: die horizontale Linie durchschneidet die vertikale. Wenn ihr nichts damit anfangt, ist es, als ob man Milch in den Dreck schüttet. Ich sehe alles, was in eurem Verstand vorgeht. Seit Millionen von Jahren erzähle ich es Millionen von Menschen, aber nur zwei oder drei sind mit mir verschmolzen. Es bedarf der Anstrengung … Danke, dass ihr mir zugehört habt, entschuldigt meine harten Worte und wenn ich euch gelangweilt, euch Zeit gekostet und eure Geduld beansprucht habe! Nun esst gut und ruht euch aus, gute Nacht!«

* * *

»*Ihr seid hier am Rande der Verschmelzung!*«

Anfang Oktober beginnt *Dasara*, das zehntägige Fest der Göttin, wo an jedem Tag einer der *Ego-Dämonen* symbolisch getötet wird. In den Runden mit Baba bekommen alle diese Energie mehr oder weniger handfest zu spüren. Nach einem der anstrengenden Tage steht während eines abendlichen Essens mit Baba eine Devotee mit den Worten »Ich bin müde und kann nicht mehr!« auf und will gehen. Babas scharfe Reaktion zeigt, dass es nicht nur um schmerzfreie Symbolik geht: »Wie oft habe ich täglich mit dir gesessen, und wie oft werde ich noch mit dir sitzen? Bis es mir zum Hals heraushängt!« Die Worte verfehlen ihre Wirkung nicht. Ich kann die Kollegin gut verstehen, ich bin auch chronisch müde und vom vielen Sitzen tun mir die Beine weh. Zum Nachtisch verteilt Baba Bananen.

Bevor Er mir eine zuwirft, warnt Er mich: »Ich werfe sie hoch, fang sie, sonst kommt sie dir ins Auge!« Baba sitzt in der Nähe und ich bin sicher, dass ich sie fangen kann, aber sie rutscht mir durch die Hände und knallt mit unerwarteter Wucht auf meine Backe. »Siehst du«, sagt Baba und dann übertrieben fürsorglich: »Hast du dir wehgetan?«, während ich die schmerzende Stelle reibe und mich still bedanke für den Segen, dass nichts »ins Auge« ging.

    Nach der Regenzeit kann es im Oktober noch einmal sommerlich heiß werden – über vierzig Grad. In Kurnool wird der Ashram aufgestockt. Das ganze Gebäude ist eingerüstet, in Indien werden dafür dickere Äste genommen. Eine schwankende Bambusleiter führt nach oben. Es gibt nur eine alte Betonmischmaschine, alles andere ist Handarbeit. Während die Männer die Ziegelsteinmauern hochziehen, machen die Frauen die körperlich schwerere Arbeit: auf jeder Stufe der Bambusleiter steht eine Arbeiterin und reicht die flachen Schalen mit Mörtel von einer zur anderen weiter. Es ist heiß, die Luft ist staubig. Im Garten ist es etwas luftiger, aber Baba wirkt erschöpft: »Ich merke es selber nicht, wie es mir geht. Für die anderen kann ich etwas tun, aber nicht für mich!«

    Das Thema des heutigen Vormittags heißt *Sadhana*. Baba: »In der Bibel werden nicht die zahlreichen Namen Gottes erwähnt!« Devotee: »Weil Gott jenseits von Namen und Formen ist!« Baba: »Aber dahin kommt man nur, wenn man die Namen rezitiert! Wenn ein Suchender ernsthaft Gott erreichen will, weiß er zunächst nicht, was er macht. Aber das Gesuchte (Gott) weiß davon und lässt sich finden. Auf dem Weg dahin gibt das Gesuchte spirituelle Erlebnisse. Nur über die eigene Erfahrung kann spirituelles Wissen erlangt werden, Gott ist jenseits der geistigen Vorstellung. Es gibt viele spirituell Reisende, aber nur wenige bekommen eine Führung. Die spirituelle Übung stärkt das Interesse und die Sehnsucht nach Gott, darum sollten wir so, wie wir jeden Tag essen müssen, unsere Übungen machen und fest dabei bleiben, wozu wir uns entschlossen haben, solange, bis Gott mehr und mehr innen bleibt, nicht nur für Augenblicke, sondern für immer. Versucht, euch Stück für Stück aus dem Loch des Materiellen herauszuarbeiten. Jeder macht sein persönliches *Sadhana*. Die Übungen sollen *sweet and simple* sein, keine Quälerei. Einige bekommen leichte Übungen, andere schwere – das hängt von der Persönlichkeit ab!« Das Gespräch kommt auf *Yoga* als eine mögliche Form der Übung. Devotee: »Ich mache *Hatha Yoga*!« – »Ich mache *Kriya Yoga*!« Baba: »Ich mache *Karma Yoga*! Seit Millionen von Jahren, bis diese Schöpfung sich auflöst, übernehme ich das Karma der Devotees, die ihr Leben ganz hingegeben haben, die werden beschützt. Alles Gott zu übergeben und hier bei Ihm zu leben, sind siebzig Prozent des spirituellen Weges, das andere ist Gottes Gnade und Segen. Habt Glauben und Vertrauen, fragt nicht: Was soll ich tun, was nicht, wie weit bin ich? Das ist Dummheit, damit macht ihr euch unglücklich. Ihr seid hier am Rande der Verschmelzung!«

24. Oktober 2002 – Die Abendrunde fällt aus, Baba hat Interviews. Ich laufe mit einigen Besuchern Runden und mache über eine Devotee, die Gewichtsprobleme hat, die lieblose Bemerkung: »Das kommt davon, weil sie so viel isst!« Während der letzten Runde – alle anderen sind schon in ihren Zimmern – werde ich überraschend zum Essen geholt. Wir sitzen mit Baba im kleinen Familienkreis, und die Hausfrau füllt mir gewaltig den Teller voll: verschiedene Curries und Chutneys, Reis, mehrere Stücke Fettgebackenes – dabei hatte ich schon zu Abend gegessen.

Bei der Morgenmeditation ist kaum Konzentration möglich – ich fühle mich vollgestopft wie eine Wurst, die kurz vor dem Platzen ist. Gegen Ende kommt mir der Gedanke, dass die Ursache meine überhebliche Bemerkung von gestern ist. Kein Frühstück. Nach dem Lunch auf dem Balkon schaue ich auf und sehe Baba an Seinem Fenster winken. Ich gehe rüber – das Mittagessen wartet schon. Wieder füllt mir die Hausfrau Berge auf den Teller und mir bricht der Schweiß aus. Auch die übergewichtige Devotee wurde eingeladen. Sie bemerkt meinen inneren Kampf und sagt: »Ich habe Hunger. Du kannst mir geben, was du nicht willst!« Ich hätte sie küssen können und kriege erstmals eine Ahnung, was ein Essproblem ist, wühle mich aber mühsam durch den Berg auf meinem Teller, bis Baba sagt: »Du arbeitest hart!«

Bevor Baba die Runde auflöst, materialisiert Er einer Devotee einen Goldring, die ihn überrascht und sprachlos betrachtet. Erst kurz vorher hatte sie den gleichen Ring in Silber für ihre Tochter gekauft. Baba: »Das ist, weil ich in deinem Herzen bin und deine Wünsche kenne!«

In der Abendrunde fragt ein Besucher: »Was macht Baba mit seiner *menschlichen* Liebe?« Baba: »Ich bin gekommen als Vermittler für die göttliche Liebe. Die Menschen führen das weiter. Aber diese Ebene gehört nicht zu mir und interessiert mich nicht! Übermäßiges Essen, Schlafen und Sex sind heute Hindernisse auf dem Weg zu Gott. Setzt euren Geist dafür ein, diese Bereiche zu kontrollieren! Der spirituelle Aspirant muss optimistisch und positiv sein, denn hinter ihm steht die göttliche Kraft. Je mehr ihr auf dem Weg fortschreitet, umso mehr wirkt die göttliche Kraft in euch, umso schneller verwirklichen sich eure Wünsche und Gedanken. Darum seid vorsichtig, was ihr denkt und was ihr über andere denkt!«

Als Baba spät in der Nacht den Segen gibt, zähle ich zusammen: Heute hat Baba dreizehn Stunden mit uns gesessen!

* * *

Weitere Beobachtungen zur Meditationspraxis aus dem Jahr 2000.

19. April 2000 – Im Tempel kommt mir eine Devotee entgegen und sagt: »Nur der Moment zählt, nicht die Vergangenheit, nicht die Zukunft, nur die Konzentration auf Baba!« Ich gebe ihr recht und denke: »Und diese Arbeit ist schwerer als jede anstrengende Berufstätigkeit!«

Nur die Sehnsucht bleibt übrig (3)

Gestern war Vollmond. Der noch runde, orangefarbene Mond hängt groß in den Palmen, es geht kein Luftzug, die Hitze steht. Nach dem Abenddarshan kommt Baba schnell wieder raus. Das rote Kleid als Umhang, ein orangefarbener Dhoti. Er kickt einen Stein und die konzentrierte Energie in den Beinen wird sichtbar. Er geht erst zu Ganesha, Hanuman und Shiva. Gegen 22 Uhr sitzen alle am Board. Ich sitze eine Weile so bequem, dass ich mir den Schmerz wünsche, der die Müdigkeit vertreibt – er kommt früh genug, steigert sich auch wellenförmig, aber der Mind wird nicht völlig absorbiert. Ich kann mich an der kleinen Katze erfreuen, die sich auf meine Beine gelegt hat.

20. April 2000 – Sitzen von 6 bis 7 Uhr. Ich spreche das Mantra auf die lange Ausatmung und kann die Schmerzen »unten« halten. Um 7 Uhr kommt die Entscheidung: Soll ich noch bis 7.30 Uhr weitermachen oder noch eine halbe Stunde schlafen? Sich jetzt auszustrecken wäre himmlisch, außerdem – unter den Umständen ist eine Stunde genug … Ein kurzer innerer Kampf, dann denke ich: Das wäre das Alte, jetzt sitzen zu bleiben wäre neu. Die Schmerzen steigen, ich greife das Mantra bewusster, Laut für Laut, baue mit den Lauten einen Wall gegen die heranbrandenden Fluten … um 7.30 Uhr stehe ich wach und erfrischt auf.

21. April 2000 – Heute war wohl der heißeste Tag mit 42/43 Grad Celsius. Am Abend hat es kaum abgekühlt. Vom Boden steigt Hitze auf. Baba sitzt schon auf dem roten Teppich am Board, überirdisch schön, mit einem roten Punkt zwischen den Augen. Babas Anblick macht alles vergessen, die Jugendlichen sind versierte Spieler und die Spiele sind schnell und spannend. Baba sorgt für alle Erleichterungen und Ablenkungen. Mein Ziel ist es, den Schmerz nicht zu bewerten, ihn zu neutralisieren. Die aktive Anstrengung bewirkt natürlich das Gegenteil – und ich versuche, ihn auf den gefühllosen Mond zu projizieren. In dem Moment singt Baba das Lied: *Chanda-*

mama – Onkel Mond … Aber heute saugt der Schmerz sich fest, ist durch nichts zu verändern oder abzuschwächen. Im Gegenteil, er steigert sich so, dass ich zittere und mein Herzschlag unregelmäßig wird. In solchen Situationen taucht dann die Frage auf, die zusätzlich alles übertrifft: »Warum das alles?« Der Uhrzeiger kriecht langsam, ich weiß nicht, wie Baba mir über die Stunden hilft. Gegen 23 Uhr sitze ich plötzlich bequemer – ist es nur der Mind, der »meint«?

26. April 2000 – Abends ruft Baba zum Spiel. Die Luft steht, der Schweiß läuft, die Lemon-Salz-Brühe in der Plastikflasche ist lauwarm. Die Schmerzen steigen an bis an eine Grenze, wo sie stehen bleiben. Immer wieder kommen süße Düfte von Baba.

28. April 2000 – Abends ist Baba noch nicht unten. Es ist heiß und windstill. Das ist das Schlimmste. Mit Wind ist jede Hitze auszuhalten. Die Verdunstung des Schweißes ist ein perfektes natürliches Kühlsystem für den Körper. Ich laufe Runden um den Tempel. Plötzlich höre ich Baba auf Seiner Terrasse singen. In der Stille des Abends klingt Seine klare, helle, leichte und bewegliche Stimme weit über den Garten und den Fluss. Er winkt und ruft: »Ich komme später – dann sitzen wir in der Runde!«

Gegen 22 Uhr am Board. Die Zeit bis 24.30 Uhr überstehe ich gerade so, meine Müdigkeit verschwindet. Ein Bild, als trenne sich *bewusst* der Schmerz vom Körper – wie man eine Pflanze aus dem Boden hebt. Vor einigen Tagen hatte Baba Magenschmerzen vom vielen Sitzen. Wenn man bedenkt, dass Er rund um die Uhr für alle da ist – für die Familie, die Jugendlichen, die Besucher, die Permanenten, nur von kurzen Essenszeiten unterbrochen, anstatt sich selbst die dringend notwendige Bewegung zu verschaffen … »Jedes meiner Haare denkt den ganzen Tag an das Wohlergehen meiner Devotees«, sagte Baba einmal.

* * *

»Gott ist wie ein Diamant, der gefunden wurde …«

November 2002 – Ende Oktober ist das *Diwali*-Fest. Von den Frauen werden abends Öllämpchen auf die Flüsse gesetzt, die dann zu Tausenden langsam das Wasser hinuntergleiten. Der Höhepunkt des Festes sind die nächtlichen Feuerwerke. Gegen 22 Uhr schleppen die Jugendlichen des Ashrams große Kartons voller Raketen und Kracher in den Tempelhof, voller Vorfreude auf zwei Stunden Feuerzauber, dabei ist Baba jedes Mal der begeistertste und unvorsichtigste Feuerwerker. Angesteckt von Seiner Freude werden allmählich alle Besucher aktiv, zünden Kracher und Raketen, begeistern sich am Sternenregen, springen über zischende Feuerschlangen und wirbeln überdimensionale Wunderkerzen herum. Bei dem Durcheinander ist in diesem Jahr Baba ein Kracher unter die Robe gesprungen und hat eine heftige Brandwunde am Knie verursacht. Die Wunde, die an Ort und Stelle mit einem dicken, luftundurchlässigen Plastik-Spray versorgt wurde, ist auch Mitte November noch nicht verheilt. Zwei Besucher, beides Mediziner, bekommen die Erlaubnis, Babas Wunde zu inspizieren. Der eine schneidet ein Loch in die Plastik-Tasche – sofort fließt Eiter heraus. Äußerst vorsichtig versucht er, die Öffnung zu vergrößern, aber plötzlich wird Baba bleich, bekommt scheinbar einen Brechreiz und ist einer Ohnmacht nahe. Unverzüglich lagert man Ihn auf den Tempelboden und schickt mich zur nächsten Apotheke, um neue Kompressen zu holen. Als ich wiederkomme, hat sich Baba etwas erholt. Der Plastik-Verband ist entfernt, die Wunde ist gereinigt und wird frisch verbunden. Pünktlich kommt Baba zur Abendrunde. Zu Seinem Schwächeanfall am Nachmittag erklärt Er: »Ich war nicht darauf vorbereitet, darum wusste ich nicht, was passierte. Ich glaube, H. schneidet in meine Haut. Etwas Angst kommt aus dem Bauch und steigt in den Kopf. Jetzt habe ich mich darauf eingestellt und denke, es ist das Knie eines anderen. Es ist alles eine Frage der geistigen Einstellung!« Zu einem der Ärzte: »Du bist feinfühlig, aber ich bin hundertmal sensitiver, sonst könnte ich nicht so viel fühlen!«

Eine Besucherin wird mit Tee und Süßigkeiten verabschiedet. Vor zwei Tagen hatte sie geglaubt, am Abend sei ihr Flugtermin, aber eine Freundin hatte sie auf den Irrtum aufmerksam gemacht. Durch die zusätzliche Frist wurde ihr Abschiedsschmerz gemildert, und uns wurde wieder einmal deutlich, dass nicht wir die Handelnden sind. »Bist du froh, nach Hause zu kommen?«, fragt Baba scheinheilig. Sie schüttelt den Kopf: »Nein, ich möchte hier bleiben!« Ihre Situation zu Hause ist nicht leicht, und sie wünscht sich nichts weiter, als einmal für längere Zeit im Ashram bleiben zu können. Baba sagt ihr noch tröstende und stärkende Worte ins Ohr – dann zur ganzen Runde: »Gott ist wie ein Diamant, der gefunden wurde, aber jeder muss ständig daran arbeiten, Ihn nicht wieder zu verlieren!« Nach einer Pause fragt Baba unvermittelt: »Wisst ihr, wie viel Länder es gibt?« Niemand weiß es genau. »Auch wenn ihr die Länder nicht kennt, sie sind da, ob ihr es wisst oder nicht. Genau so ist es mit Gott – Ihm ist es egal, ob die Menschen an Ihn glauben oder nicht. Es ist nur für ihr Bestes. Gott hat davon nichts. Er überzeugt die Menschen nicht, dass es Ihn gibt. Auch ich tue nur meine Pflicht. Stellt euch einen Löwen im Dschungel vor, er kommt nicht heraus und brüllt: *Seht her, ich bin der Löwe!* Gott gibt sich dem Sucher zu erkennen, für andere sieht Er wie ein normaler Mensch aus!« Das Taxi kommt, die Besucherin fährt glücklich zurück, Baba winkt zum Abschied.

* * *

Morgenrunde in Hyderabad – Ein neuer, noch junger Besucher versucht, Baba zu provozieren: »Wie lange kann ich noch die Bhajans schwänzen, ehe du ärgerlich wirst?« Baba: »Ich biete den Menschen etwas an, seit Jahrmillionen habe ich Geduld – ob sie es annehmen, ist ihre Sache. Ich bin wie ein Fluss, jeder kann sich erfrischen, trinken, baden, wie er möchte, aber der Fluss fließt unberührt weiter.«

Der junge Mann lässt nicht locker, er ist wach und wissbegierig. »Woher kommt die Hingabe?« Baba: »Da,

»Alles ist in euch!«

wo die Liebe herkommt, aus dem Herzen!« »Sind Liebe und Hingabe an Gott nur durch Gottes Gnade möglich?« Baba: »Alles ist in euch. Das kann man nicht lernen. Aber wie aus dem menschlichen Körper zu gewissen Zeiten neue Organe erscheinen, zum Beispiel der Busen beim Mädchen, so erscheinen Liebe und Hingabe zum richtigen Zeitpunkt – wie ein Same, der sich entwickelt. Wenn ein Same in der Erde ist, kannst du nicht daran ziehen, du musst warten, bis die Pflanze gewachsen ist! Die stärksten Abhängigkeiten entstehen innerhalb der Familie durch die Emotionen und Gefühle – Tiere haben das nicht. Wenn diese Verbindungen gelöst sind, dann ist die Zeit reif und ihr fallt automatisch in die göttliche Hand. Vorher muss die Frucht in Verbindung mit dem Baum reifen, die Verpflichtungen und Aufgaben müssen erledigt werden. Auch die *Universelle Liebe* kann man nicht lernen, lehren oder zwingen. Sie ist unsichtbar und kommt vom Grunde des Herzens. Auch sie wächst und ist da wie ein Organ, wie Leber, Herz oder Niere – und sie beginnt mit der Liebe zu einer Person.«

25. November 2002 – Vormittagsrunde im Tempel von Kurnool. Babas Schwägerin bringt eine Flasche mit Kokosnussöl. Eine Permanente ölt Babas Locken und Kopfhaut ein. »Montags werden bei uns in Indien die Lampen mit Öl aufgefüllt, das ist ein besonderer Segen für dich!«, bemerkt die Inderin anerkennend zur Deutschen. Sie sieht in Baba das höchste Licht und erkennt, dass diese Geste eine symbolische Bedeutung hat. Baba gibt mir die Flasche mit Öl: »Das ist gut für dein Haar!« Ich reibe die Haare ein. »Lass es bis morgen in deinem Haar, dann waschen wir das Öl raus, jeder in seinem Bad!«

Die Umbauarbeiten im Ashram sind noch in vollem Gange. Etwa hundert Arbeiterinnen bilden eine lange Kette die Bambusleitern hinauf und reichen die flachen Zementschalen hoch, womit die Decke des zweiten Stockes gegossen wird. Babas Kniewunde wird nach fast vier Wochen immer noch versorgt, sie ist geschlossen, aber braucht noch Schutz. Zwei Devotees setzen sich zur Runde, obwohl sie nicht geholt wurden. Baba reagiert eher traurig als ärgerlich: »Bei mir geschieht alles öffentlich, selbst das Verbinden, ihr braucht schon zum Schreiben eure Privatheit!« Und gleich darauf: »Aber ich bin dankbar, mit uns zu sitzen, mein Glück bringt Segen für euch und eure Familien! Ich bin nur gekommen, um meine Devotees zu retten. Wenn jemand den materiellen Weg wählt, segne ich ihn und erfülle seine Wünsche, wenn jemand auf dem spirituellen Weg ist, passe ich auf, dass er nicht davon abweicht, und sei es mit strikten Methoden!«

Heute hat Baba wieder über zehn Stunden mit uns gesessen. Auch mein Körper schmerzt, die Muskeln sind übermüdet, die Nerven strapaziert, ruhiges Sitzen ist unmöglich, alle paar Sekunden wechsele ich die Position. Baba bläst die Backen auf und singt auf die Ausatmung einen langen Ton. Nach einer Weile verstehe ich, dass ich die Atmung verlängern und vertiefen soll – es wirkt, ich werde wach und ruhig …

* * *

21. November 2002 – Obwohl Baba schon so viel Zeit wie möglich mit Seinen Devotees verbringt, kann Er außerhalb Seines Zimmers kaum eine Minute unterwegs sein, ohne »aufgespürt« zu werden. Manchmal hat Baba das Bedürfnis, kurze Zeit auf dem kleinen freien Platz vor Seiner Haustür oder auf den Tempelstufen allein frische Luft zu schnappen. Nun öffnen sich aber mein Fenster, das meiner Schulkollegin und unser Frühstücksplatz auf diese Aussicht. Meine Freundin ist gerade in Deutschland und die Besucherin, die das freie Zimmer bewohnt, konnte der Versuchung nicht widerstehen, Baba heimlich zu beobachten. Auch ich war nicht gefeit vor der Versuchung, ab und zu vom Flurfenster einen kurzen Blick herunterzuwerfen.

Es passiert selten, aber diesmal ergreift Baba eine strikte Maßnahme, um den Devotees zu zeigen, wo sie ihre Grenzen überschreiten. Nach dem Tempelputzen

Gruppenkarma

kommt Baba zum Verbinden. Trotz Tee überfällt mich eine unüberwindliche Müdigkeit und ich schlafe auf dem Boden ein. Nach dem Essen steht fest, dass ich mich sofort schlafen legen werde, obwohl ich Baba immer bitte, mich trotz der kurzen Nächte ohne Schlaf über den Tag zu bringen. Um vier Uhr wache ich auf, falle aber sofort wieder in Tiefschlaf und stehe um fünf Uhr endgültig auf. Als ich auf den Flur trete, ist alles merkwürdig dunkel – es dauert eine Weile, bis ich merke, dass die Fensterscheiben dunkel gestrichen wurden! Die Nachbarin erzählt mir, was passiert ist: Gegen vier Uhr war unser »Ashramhandwerker« Ch. gekommen. Obwohl meine Tür nicht von außen verriegelt, aber geschlossen war, hatte er den Eindruck, dass abgeschlossen sei. »Vielleicht ist sie bei Baba«, hatte er zu der Nachbarin gesagt und dann das Gitter vom Flurfenster abgenommen. Offenbar wollte Baba ihm das Gefühl geben, ungestört arbeiten zu können. Nachdem das Fenster gestrichen war, hatte er das Gitter wieder eingesetzt und auch das Fenster im Nachbarzimmer dunkel gestrichen. Dann war er kurz vor fünf gegangen, kurz bevor ich aufwachte. Ein perfektes Timing! Jeder konnte sich auf seine Weise entspannen … Ich hatte noch Glück – von meinem Fenster aus konnte ich nicht in den Hof schauen, darum hatte Baba mich geschont.

Beim Singabend bin ich innerlich beschäftigt mit dem Vorfall, versuche aber, mich auf Babas Lieder zu konzentrieren. Baba fragt: »Okay, Ulgurke?« »Yes, Baba!« »Das ist meine Entspannungstechnik«, sagt Baba, »zu fragen, ob alles in Ordnung ist und dann die Antwort *Ja* zu hören!« Wahrscheinlich bin ich so abgelenkt, dass ich die vier Stunden bis 1 Uhr ohne Probleme sitze. Zwischendurch kommt der Gedanke, dass das Fenster sicher noch geöffnet werden kann – und wenn nicht? Ein kurzer Schwindel. Oben untersuche ich das Fenster – es kann wirklich nicht geöffnet werden. Baba gibt die Schocks dosiert – ich heule bis 2 Uhr.

Als meine Freundin aus Deutschland zurückkommt, ist sie geschockt über ihr dunkles Fenster und kann sich kaum beruhigen – was nichts helfen sollte, denn erst nach etwa eineinhalb Jahren wurden wieder helle Fensterscheiben eingesetzt. Das nennt man Gruppenkarma. Das erste »Gruft-Frühstück« am nächsten Morgen ist merkwürdig – kein Blick in den Baum, keine Luft, keine Vögel …

Drei Tage später trage ich das Carromboard-Brett in Babas Ankleideraum zurück – erstmals fällt mir auf, wie dunkel es hier ist. Durch die dicken Gardinen fällt kaum ein Lichtstrahl in Babas einfache, mit braunem Linoleum ausgelegten Räume, die nur mit dem Notwendigsten ausgestattet sind. Dagegen erscheinen mir unsere Räume mit ihren weißen Bodenfliesen und dem persönlichen Interieur luxuriös. Die verdunkelten Fenster in Babas Räumen sind schlicht eine Notwendigkeit: Babas Räume liegen ebenerdig und jeder würde versuchen, vom Tempel aus einen Blick in Seine Privatsphäre zu werfen. Letztendlich hat Baba mit Seiner Verdunkelungsaktion bewirkt, dass uns bewusst wird, wie glücklich wir uns schätzen dürfen, so hell, angenehm und bequem wohnen zu können.

Beim nächsten Abendessen gibt Baba wieder ein Beispiel für seine Methode, indirekt zu lehren. Zwischen *Rasam* (einer scharfe Suppe am Schluss der Mahlzeit) und Früchten zum Nachtisch wendet Er sich mir zu: »Während der Bhajans wollte ich dich schon rufen. Ich stand im Singraum und sah dich im Tempel in deinem roten Schal, du kamst etwas zu spät – etwa 7.15 Uhr, aber du hast dich nur einmal Richtung B. umgeschaut, so konnte ich dich nicht rufen!« Tatsache war, dass ich mir angewöhnt hatte, später zu den Abendbhajans zu kommen, und mir war klar, dass Baba mir vermitteln wollte, pünktlich zu erscheinen.

Im Ashram von Balasai Baba gibt es für die Devotees kein festes Programm, das den Tagesablauf bestimmt. Jeder muss selbst verantwortlich mit seiner Zeit umgehen und seine spirituellen Übungen, sein *Seva* und seine Ruhephasen selbst bestimmen, nichts wird vorgeschrieben. Nur die jeweils einstündigen Bhajans morgens und abends sind für jeden Besucher Pflicht und die einzige Regelmäßigkeit des Tages, unter anderem deshalb, weil das Singen nur in der Gemeinschaft Sinn macht und weil so gemeinsam der Tag mit Gott begonnen und beendet wird. Die große persönliche Freiheit, die dem Einzelnen zugestanden wird, verleitet jedoch dazu, auch diese Zeiten locker zu nehmen. Wer, außer Baba konnte mich so liebevoll einladend an diese einzige Regel erinnern!

* * *

Pada-Puja *Kurnool, 9. Dezember 2002* – Gegen 11 Uhr ist die Tempeltür geöffnet, das Zeichen, dass die Besucher zur Runde mit Baba eintreten dürfen. Er sitzt auf einer Plastik-Matte im leichten Dhoti vor einem der großen Bilder von sich. Als alle versammelt sind, steht der Gärtner in der Tür, bepackt mit Tüten, Kannen und Schüsseln. Er ist ein langjähriger Devotee im fortgeschrittenen Alter und dient seit geraumer Zeit Baba, indem er den Garten und die Außenanlagen des Ashrams pflegt. Baba sieht nicht begeistert aus, aber lässt ihn nähertreten. Der Gärtner verbeugt sich respektvoll, aber auch im Bewusstsein seines Rechtes. Die Zeit im November/Dezember ist Shiva geweiht und große Menschenmengen sind seit Wochen unterwegs und pilgern von Tempel zu Tempel, um Shiva zu huldigen. Der Gärtner muss dazu nicht weit pilgern und er sieht eine besondere Chance: Er will Babas (Shivas) Füße baden. Baba sieht hilflos und ergeben aus: »Dies ist noch der Shiva-Shakti-Monat – er ist bald zu Ende!«, seufzt Er. Der Gärtner packt Bananen, einen neuen Dhoti und verschiedene Fläschchen aus und stellt Babas Füße in eine Schüssel: »Er hat großes Glück, niemand ist hier, seit Millionen von Jahren habe ich das niemandem erlaubt!« Der Gärtner übergießt Babas Füße mit Wasser, fügt einige duftende Flüssigkeiten hinzu, streut Rosenblätter darüber und legt Baba den neuen Dhoti über die Knie. Nachdem er die Füße abgetrocknet hat – andere Einreibungen zum Beispiel mit Kum Kum und Kurkuma verweigert Baba –, versprengt er das Wasser als besonderen Segen über uns. Die Bananen werden als Prasad nach dieser Opferhandlung an alle verteilt, und

Baba segnet den Glücklichen. Als der Gärtner gegangen ist, nimmt Baba mein Tagebuch – angeblich als Schreibunterlage, blättert darin und findet ein Foto mit Seinen Füßen. »Hast du eine Absicht mit dem Tagebuch?« »Nein, das schreibe ich nur für mich!« »Aber du kannst ein Buch daraus machen, nicht heute, nicht in einem Jahr – einige kleine Geschichten …« Danach erzählt Baba eine »kleine Geschichte«, wie Er heute Morgen von Seinem fensterlosen Raum unseren Versuch beobachtet hat, das Auto von Mr. Rama Rao anzuhalten, damit er uns mit zur Schule nimmt. »Ich habe euch gesehen, wie ihr hinter ihm her gewunken und gerufen habt und wie das Auto euch vor der Nase weggefahren ist.« Mit Seinen physischen Augen konnte Er es nicht sehen, sein Raum hat kein Fenster. »K.-H. stand da in kurzer Hose (in Indien verstößt dies gegen den Anstand), T-Shirt, Brustbeutel, wie ein Kindergartenkind. Bist du so zur Bank gegangen?«, fragt Er ihn. Ein kurzes Teaching schließt die Runde ab: »Ihr habt in diesem Leben ehrliche Sehnsucht nach Gott. Ihr könnt mich nicht mehr vergessen, nichts von eurem *Sadhana* ist vergeblich, es bringt euch näher und näher zu Gott. Wenn ihr – vielleicht – ein nächstes Leben habt, dann werdet ihr euch wieder an mich erinnern, und ihr werdet eure Göttlichkeit höher und höher entwickeln. Wenn ich euch mitnehme und wieder aus mir herausgebe, dann seid ihr Menschen von beispielhaftem Format, aber nach dem Tod seid ihr mit mir vereint.«

Wir essen mit Baba und bleiben den ganzen Nachmittag mit Ihm im Tempel. Er singt hinreißend für uns. Auch in dieser Jahreszeit ist es mittags warm und das reichhaltige Essen macht schläfrig. »Legt euch hin und ruht euch aus!«, sagt Baba und singt mit zwei indischen Devotees weiter. Die meisten schlafen sofort ein. Als ich aufwache, liegt ein Bonbon neben meinem Kopf. Baba ist unterdessen weggegangen und hat allen Schlafenden ein Bonbon hingelegt. »Ich bin auch euer Vater!«, hatte Er vorher gesagt.

* * *

Gottes ausgestreckte Hand

12. Dezember 2002 – Wieder ist es Zeit für Deutschland, das Visum läuft ab. Das Taxi kommt um 3 Uhr. Gestern hatte Baba mich für morgen zum Tee eingeladen: »Klopf nach dem Putzen an meine Tür, vielleicht musst du öfter klopfen, weil ich an vielen anderen Plätzen bin – nicht wie du, irgendwo …« Beim Abendessen mit Baba heißt es: »Baba fährt morgen in die Schule.« Bei der Morgenmeditation kommen Enttäuschung und Schmerz hoch über die geplatzte Teestunde und darüber, dass ich Baba wohl nicht mehr sehen werde, da ich nicht mit in die Schule fahren kann, weil mein Taxi schon um 3 Uhr wartet. Dann tauchen Gefühle auf, die freier, gelassener und heller sind, mit ihnen ein Bild: Die dunklen Teile kommen »unter die Räder«, etwas Mächtiges braust über sie dahin und löst sie auf. Alle fahren in die Schule, ich fange an, den Tempel zu putzen. Babas Auto fährt vor, gegen 11 Uhr tritt Baba aus Seiner Tür – sehr blass –, sieht Er immer so aus, wenn Er von »anderen Plätzen« kommt? Er steht auf der Treppe und winkt mir. Als ich vor Ihm stehe, macht Sein Arm die bekannte kreisende Bewegung – ein kräftiges goldenes Armband: »Geh und genieße das Leben! Fahr mit in die Schule, es ist Zeit genug!« In der Schule warten alle Schüler unter einem Zelt. Baba hält eine Ansprache und besucht die einzelnen Klassen. Sein Gesicht ist glänzend, jung und lebendig.

Im Ashram wartet das Taxi, die letzten Sachen werden gepackt, das Zimmer abgeschlossen. Auf dem Weg zum Auto steht Baba in Seiner Tür und winkt zur versprochenen Teestunde. Wir sitzen zu Babas Füßen, Er zeigt auf das neue Armband: »Das ist Gottes Kette, du bist eng an Gott angebunden!« Dann auf bayrisch: »Pack ma's!« Er steht auf, begleitet uns zur Treppe und ruft winkend und segnend sicher zehnmal: »Ich segne dich, ich liebe dich!« Unten an der Treppe hält mich Mr. S. fest: »Du hast großes Glück, Baba hat dir die Hand gegeben!« Ich blicke mich um: Baba steht lächelnd oben auf der Treppe, Seine Hand ist immer noch ausgestreckt – und ich habe sie übersehen …

* * *

Mitte Februar 2003 bin ich zurück in Hyderabad. Baba sieht müde und grau aus, Er muss sich einer ärztlichen Behandlung unterziehen. Trotzdem setzt Er Seinen anstrengenden Stundenplan fort. Während einer Runde stellt Baba »sachlich« fest: »Du warst nicht bei meinem Geburtstag!« Alle anderen bekommen Süßigkeiten, am Schluss gibt mir jemand ein paar Bonbons: »Baba hat gesagt, ich soll dir welche geben!«

»Planst du deine Wiedergeburt?«

In den nächsten Tagen wiederholt sich der gleiche Ablauf: während des Wartens im Tempel wird einer nach dem anderen zur Runde mit Baba geholt – ich muss draußen bleiben. Es tut scheußlich weh und ich kann die Tränen nicht zurückhalten, aber nur so kann ich gezwungen werden, einen Blick auf ein altes Lebensmuster zu werfen, den ich bisher vermieden hatte. Jahrelang hatte ich alles »cool« akzeptieren können, weil in einer versteckten seelischen Ecke der Satz lauerte: »Für mich sowieso nicht!« Verstärkt wurde dieser Satz durch eine Situation, die ich von meinem ersten Aufenthalt bei Baba erinnerte: Wenn Baba sich nachts von uns verabschiedete, stand Er auf den Stufen der kleinen Küche der Familie Seines Bruders, wo Er später im Familienkreise aß. Vor Ihm saß die Katze, die Ihn bewegungslos anschaute. Wiederholt wies Baba auf die Katze hin: »Nehmt euch ein Beispiel an ihr, sie weiß, wann sie kommen darf – nur dann, wenn sie gerufen wird!« Offenbar ist die Zeit der »coolen Akzeptanz« vorbei, und ein tiefer Schmerz, ausgeschlossen zu sein, den ich mein ganzes Leben nicht angeschaut habe, bricht durch. Ich sehe jetzt, dass ich im Gegenteil andere ermutigt hatte, mich links liegen zu lassen, indem ich vorgab, »großzügig« und nicht eifersüchtig zu sein. Das Gefühl von Eifersucht kannte ich nicht, aber jetzt wird klar, mit welcher Gewalt ich es verbannt hatte, um den Schmerz der Verletzung nicht zu fühlen.

Während der Meditation an diesem Morgen ist ein Bild aufgetaucht, das deutlich macht, wie meine mutlose Seele sich Beistand holt: Ich sehe, wie Heere von bogenbewaffneten, behelmten weißen Gestalten in mich einziehen … Nach Tagen werde ich wieder hereingerufen. Baba sagt: »Für arme Leute öffnet Gott eine Tür!«

Eine Devotee, die geplant hatte, permanent zu werden, hat ihre Entscheidung rückgängig gemacht. Baba: »Sie will weg! Jeder macht sich das Leben so, wie er es haben will!«

Draußen wird es schon gegen 6 Uhr dunkel. Baba: »Ich mag die Dunkelheit nicht. Ihr mögt sie. Kinder lieben auch das Licht mehr. Verlasst die Dunkelheit und eure dunklen Qualitäten. Werdet wie die Kinder, sie haben noch die göttlichen Qualitäten. Ihr könnt Diamanten und Autos um sie herum aufbauen, sie beachten sie nicht und spielen nur. Stellt euch vor, wie ihr als Kinder wart. Das hilft euch. Kinder sorgen sich nicht, sie werden versorgt. Ich lasse mich auch von den Devotees versorgen. Ich brauche mich um nichts zu kümmern, erwachsen bin ich nur, wenn ich lehre. Wenn einer diese göttlichen Qualitäten hat, braucht er nicht zu kommen, dann kommt Gott zu ihm!«

Die Devotee, die ihre Entscheidung rückgängig gemacht hat, sagt: »Das ist nicht leicht!« Baba: »Du musst üben, immer wieder, wie man in der Schule übt!« Baba nimmt ein Blatt, das sich krümmt wie ein Hundeschwanz. Er streicht mehrfach darüber, aber es richtet sich wieder auf. »Wenn ich immer weiter streiche, wird es nachgiebig werden. So müsst ihr eure Seelen immer wieder in Gott einweichen!« Kurz vor den Abendbhajans steht Baba auf: »Ich danke meinen Devotees, dass ich eine Möglichkeit hatte, herauszukommen und eine Botschaft zu geben!«

Am nächsten Tag kommt Baba in einer dunkellila Robe zur Runde. Die neue Farbe ist atemberaubend, aber wirkt auch streng und feierlich. Das Thema heißt *Abhängigkeit*. Am Beginn steht die schon bekannte Geschichte, in der ein Devotee Gott um Hilfe bittet. Dieser macht sich auf den Weg, kehrt aber auf halbem Wege wieder um. Seine Frau Lakshmi fragt ihn, warum er so früh wieder zurück sei. Gott: »Der Devotee braucht mich nicht, er hat sich schon selbst geholfen!«

Baba: »Mein neuer Segen lautet: Ich segne euch, dass ihr zu euren Familien zurückkehrt! Ulgurke, planst du deine Wiedergeburt? In Indien oder Europa?« Mir wird heiß und kalt. Längst ist mir klar, dass es ein Zeichen von fehlendem Vertrauen und Feigheit war, nicht zu Babas Geburtstag zu kommen, sondern zu meinen, ich hätte eine Pflicht meiner Mutter gegenüber zu erfüllen (ich hatte sie für die Dauer von zehn Tagen zu einer augenmedizinischen Behandlung begleitet), anstatt sie völlig in Babas Hand zu lassen. Möglicherweise ginge es ihr heute besser, wenn ich hätte zulassen können, dass Baba die Führung in meinem, beziehungsweise ihrem Leben übernimmt. Aber ein Pflichtgefühl, das aus der Angst geboren war, hat diese göttliche Arbeit in der Welt verhindert. Und ich erkenne erstmals meine lebenslange Abhängigkeit von meiner Mutter. Mein ganzes Leben lang waren unbegründete Ängste aufgestiegen um ihr Wohl, und wie oft hat sie zu mir gesagt: »Mach dir keine Sorgen!« Dieser ganze Angst- und Sorgenberg tauchte vor mir auf und lag zwischen mir und Gott. Nie war ich ein Mensch mit Gottvertrauen und Vertrauen ins Leben gewesen, nie das sorgenlose Kind – einen äußeren Grund dafür kann ich nicht erkennen.

Das anschließende Carromboardspiel begleitet Baba mit Singen, und Er erklärt Seinem Spielpartner, dass die spirituellen Übungen dazu dienen, alle *attachments* (Abhängigkeiten) aufzulösen: »Ohne sie gibt es keinen spirituellen Fortschritt!« Ohne Babas »Hebammenarbeit« hätte ich meine Wahrheit nie erkannt. Mein Lebenskartenhaus bricht in einem Augenblick zusammen, aber gleichzeitig tritt aus allem Schmerz, aller Angst, aller Hilflosigkeit noch undeutlich und schwach etwas Neues heraus: Dankbarkeit, dass ich dieses als Illusion erkennen und annehmen kann, auch das, was ich als Vertrauen, Hingabe und Devotion ansah. Hinter all diesem Geschehen taucht ein alter Bekannter auf: die Angst vor dem strafenden Gott, dessen Liebe ich nicht verdiene.

Eine spirituell erfahrene Besucherin sagt mir dazu: »Zunächst zeigt Baba, wie stark man noch gebunden ist. Dann geschieht die Auflösung unter Schmerzen und Ängsten.« Wie gut, dass ich von den kommenden Herausforderungen noch nichts ahne.

Am nächsten Tag holt Baba nach dem Essen eine Kassette mit Mozart-Arien als »Musik zum Ausruhen«. Als die Arie *In diesen heil'gen Hallen kennt man die Rache nicht* erklingt, weiß ich, dass das Babas Antwort auf meine Phantasie vom »strafenden Gott« ist.

* * *

»Gott sagt immer Ja!«

Ostern 2003 – Baba: »Das ist Seine Qualität, um Seine Devotees nicht zu verletzen. Egal, ob sich die Devotees Probleme, Sorgen oder Depressionen machen, alle strengen sich hier über ihr *Soll* an, jeder auf seine Weise – der eine arbeitet praktisch, der andere schreibt Artikel, der dritte meditiert, jeder offeriert Gott mehr als genug. Gott nimmt dafür alle Probleme auf sich und verwandelt alles Gute und Schlechte in Segen für den Devotee und seine Familie.«

Am nächsten Tag setzt Baba das Thema fort: »Ich bin eine Inkarnation, die mit euch in eure Tiefen geht – ich will all das Negative hochholen. Dabei behandele ich jeden anders. Jeder hat seinen eigenen Weg! Probleme gibt es nur für nicht intelligente Leute. Probleme sind dazu da, um sie zu überwinden und Profit aus ihnen zu machen!« Eine Devotee weint. Baba: »Warum weinst du? Sag den Grund!« »Weil ich einen Fehler gemacht habe!« Baba: »Du hast keinen Fehler gemacht. Wenn du besser bist, bin ich unglücklich, wenn du schlechter bist, bin ich unglücklich – du bist perfekt, sei, wie du bist!«

Am Ostersonntag verlegt Baba das Spielprogramm auf die Bühne des Tempels in Hyderabad. Alles atmet österlichen Frieden, bis sich plötzlich zwei Devotees prügeln. Baba heizt mit Mimik und Bewegungen den Streit an, damit die Beweggründe klar werden, die Wahrheit ans Licht kommt. Die eine der beiden, der es immer wichtig ist, einen guten Eindruck zu hinterlassen und ein untadeliges Verhalten an den Tag zu legen, weint den ganzen

Tag, bis sie abends mit Baba Carromboard spielen darf, wo Er sie tröstet und streichelt wie Großmutter, Freundin und Liebhaber gleichzeitig. »Wenn ich hier so nah mit ihr sitze, dann ist nie der Körper gemeint, sondern nur die Seele – aber Körper und Seele sind zusammen!«

Über das *Balasai Baba-Yantra,* die geometrische Form aus sieben Kreisen, die sowohl in Kurnool als auch Hyderabad hinter Babas Thron sichtbar ist, ist ein Buch entstanden. Die Autorinnen sind mittellos und suchen Sponsoren, damit es verlegt werden kann. Das Buch interessiert mich sehr und ich wünsche mir, dass es sobald wie möglich erscheint, darum habe ich eine überschaubare Spende gegeben.

Runde mit Baba auf der Bühne in Hyderabad. Eine neue Ausgabe der *Balasai News* wird durchgeblättert und Baba stellt Fragen zu den einzelnen Artikeln. Zur Diskussion steht auch ein Artikel der beiden Autorinnen des *Yantra-Buches* und Baba fragt mich, ob ich ihnen eine Spende gegeben hätte. Jeder weiß, dass ich beide Frauen und ihre Arbeit sehr ernst nehme und unterstütze, trotzdem geht alles so schnell, dass mir spontan ein »Nein« herausrutscht. Ich stehe wie »neben mir«, kann meine Reaktion nicht verstehen, gleichzeitig ist es nicht möglich, mich sofort zu korrigieren. So laufe ich zwei Tage mit einem tiefen Schmerzgefühl herum. Während der Runden in dieser Zeit holt Baba durch simple Fragen bei mehreren Devotees die Tendenz hoch, sich zu rechtfertigen, anstatt zur Wahrheit zu stehen. Mehrfach sagt Baba: »Sie lügt! Siehst du, Ulgurke!« Am nächsten Tag beschimpfen sich mehrere Devotees gegenseitig mit »Lügner«. Aber das tröstet mich gar nicht, zu sehr bin ich mit der Verurteilung meiner »Schlechtigkeit« beschäftigt, die Mutlosigkeit und gewiss keinen spirituellen Optimismus hervorruft. In einer dieser Runden sagt Baba: »Für alles braucht ihr den göttlichen Segen! Ihr könnt eure Bemühungen machen, aber der Segen ist Uns überlassen!«

Am Abend des zweiten Tages kommt Baba nach den Bhajans früh auf den Hof und fragt mich: »Willst du mir was sagen?« Erleichtert beichte ich meine Spende: »Ich habe sofort gemerkt, dass ich nicht die Wahrheit gesagt habe!« Baba sieht mich lächelnd an: »*For heaven, such a realisation is the greatest!* (Lieber Himmel, dass dir das bewusst wurde, ist das Größte!) Dadurch wird sofort die Sünde hinweggenommen, das steht schon in der Bibel – jetzt bist du wie ein neugeborenes Kind!«

Neugeboren sitze ich später neben Baba. Das Thema des Abends ist das neue Buch *Der moderne Avatar*: »Die Inkarnationen müssen sich an die jeweiligen zeitlichen und örtlichen Bedingungen anpassen. Eine Schreibmaschine ist heute nicht mehr zeitgemäß. In einer Welt mit Internet und E-Mail muss ein Avatar noch ultramoderner und präziser sein. So wie ihr ins Internet schaut, lese ich in euren Herzen und eurem Geist!« Devotee: »Wenn Du unser Herz und unseren Geist wie im Internet siehst, musst Du dafür ein spezielles Programm einschalten?« Baba: »Ich sehe das Programm, das ihr seit eurer Geburt mitbringt. Es gibt nur dieses eine Programm, das die Seele sich vorgenommen hat – materiell und spirituell. Der materielle Mensch backt den Kuchen für sich selbst, der spirituelle offeriert ihn Gott, denkt also bei jeder Handlung an Gott.«

*　*　*

Höllensteine   Die morgendliche Meditation lässt keinen wirklichen »Fortschritt« erkennen, manchmal ist der Schmerz unverrückbar, jeder Versuch von Konzentration erstickt im Keim und unsichtbare Messer schneiden in die Gelenke. Sitzen wie auf glühenden Kohlen, undurchdringlich, zäh, die Zeit wird endlos. Ich denke an eine ärztliche Untersuchung. Meine Ängste sind grundlos: niemals sind die Kniegelenke überdehnt, nach jeder Übung funktionieren sie optimal.

Am nächsten Tag stecken Mantra und Schmerz wie ein klebriger Kloß in meinem Kopf. Gegen Ende ziehe ich mühsam Babas Bild heran. Je intensiver ich mich konzentrieren kann und je ruhiger es vor dem inneren Auge steht, umso mehr taucht der Schmerz unter. Die letzte Hälfte vergeht ohne Schmerz- und Zeitgefühl. Aber gibt es etwas zu *erreichen*?

Beim Rasieren hat sich Baba mit Höllenstein eine Wunde am Hals geätzt. Alle sitzen zur Runde im Hof. Eine Devotee bekommt den Auftrag, Babas Wunde im Büro zu versorgen. Eine andere Devotee empfindet dies als Einmischung in ihre Aufgabe und rauscht wütend ins Büro, wo sie sich anscheinend beklagt. Als alle in der Runde sitzen, entlädt sich die lange aufgestaute Wut der behandelnden Devotee über die andere, welche mit harten Bandagen zurückschlägt. Wie ein Feuer weitet sich der Streit aus auf weitere Devotees, so dass schließlich jeder über jeden herfällt und schließlich diejenige Devotee, die Baba verarztet hat, alle Aggressionen auf sich zieht. Da sie sich nicht mehr verteidigt, mahnt Baba: »Beachtet die Grenzen!«

Es scheint, dass dieses Schauspiel gerade für diese Devotee ein »Gesundheitsprogramm« ist, um aus Depression und Selbstmitleid in ehrlichen und offenen Selbstausdruck zu kommen. Baba hatte die notwendige Selbstsicherheit über Monate aufgebaut, indem Er täglich mit ihr Carromboard gespielt hat. Eine über Jahre schwelende Wunde ist aufgebrochen und hat die Tür zu mehr Lebensfreude und Kraft geöffnet. Die Wunde an Babas Hals, die Er sich selbst zugefügt hatte, brachte den Stein ins Rollen. Als Zeichen der neuen Stärke materialisiert Er ihr einige Tage später eine kräftige goldene Halskette. Am nächsten Tag sitzt Baba mit den beiden Devotees, deren Antipathien am Vortag so dramatisch ans Licht kamen, und macht »Koordinierungsarbeit«: Beiden schenkt Er Seine Aufmerksamkeit, wie sie es gerade brauchen – die eine streichelt Er, mit der anderen redet Er und schenkt ihr eine Spezial-Maus für den Computer.

Bei der Morgenmeditation begegne ich der neuen Art von schneidendem Schmerz mit den langen Atemzügen, die Baba mir gezeigt hat. Durch die Gedankenruhe gelingt die Konzentration auf Babas Form, die sich über den Schmerz legt. Wieder erscheint das Bild von den beiden Folien, die sich voneinander lösen. Ich fange an zu verstehen: Die enge Verzahnung von Körper und Seele beginnt sich zu lockern – die Schmerzen sind das Zeichen, dass sich der Körper (als Wohnsitz des Ego) dagegen wehrt, um nicht die Vorherrschaft zu verlieren. Vor einigen Tagen fragte Baba: »Ulgurke, hast du noch einen Körper?« Nie war mir klarer, wie stark die Macht des Körpers ist und dass er immer kämpfen wird.

Es ist Mitte Mai. Täglich steigen die Temperaturen und der Körper kann nicht abkühlen. Abends im Singraum ist es dank der Klimaanlage kühl. Alle sitzen auf dem Boden und machen es sich mit Kissen und Decken so bequem, wie es geht. Baba sitzt auf dickeren Polstern. Gestern wollte jemand, dass Baba bequemer sitzt: »*No, I like to suffer!*« Er wirkt müde. Baba bestätigt: »Ich bin todmüde, aber ich will noch müder werden, dann wird es besser!« Es ist 22 Uhr. Schmerzen in Rücken und Beinen. Ein Bild taucht auf: Die Schmerzen steigen auf wie Blasen vom Grund eines Sees, an der Oberfläche zerplatzen sie, in der entstehenden Wärme vergeht der Schmerz. Entspannung und Ruhe bis zum Segen um 1.30 Uhr. Am nächsten Abend am gleichen Ort. Es gibt Tee. Sitzen ab 21.30 Uhr. Vor meinem inneren Auge taucht das Bild Krishnas auf, wie er auf der Schlange Kaliya tanzt. Neben dem Haupteingang des Ashrams ist diese Szene in einem beeindruckenden Relief festgehalten – der Sieg des Geistes über die Materie. Plötzlich der Impuls: »einfach« die Schmerzen ausknipsen und sie in die Dunkelheit legen. Das Bild wirkt: bis zum Ende um 1.15 Uhr Ruhe ohne Schmerzen, danach Essen mit Baba. Am nächsten Morgen ist das Sitzen unerträglich, die Schmerzen unbeeinflussbar, die Zeit nimmt kein Ende ...

* * *

»Ein Ashram ist ein Lernplatz!«

Juli 2003 – Beim Mühlespiel fragt Baba: »Hast du eine Depression?« Ich bin überrascht und erstaunt – es gibt zwar chronische Konflikte mit der befreundeten Devotee, depressiv bin ich deswegen nicht, aber manchmal mehr oder weniger bedrückt. Also antworte ich: »Nein, überhaupt nicht!« Aber Baba lässt sich dadurch nicht täuschen: »Ich bin überall, und ich bin in jedem, und ich kenne sehr gut euer Denken und eure Gefühle! Wenn du sagst, was ist, wird dich das sehr erleichtern! Spuck es sofort aus, wenn es etwas Negatives ist, muss ich es zerstören!«

Ich stecke in den dicksten Konflikten mit der Schulkollegin und schaffe es nicht, sie innerlich auszubalancieren, gebe aber vor, nichts zu verstehen. Baba: »Morgen frage ich noch einmal!« Das geschieht beim nächsten Mühle-Spiel. Jetzt muss ich Farbe bekennen, obwohl ich lieber Baba damit nicht behelligen würde. »Wem willst du es sagen, wenn nicht mir?« Ich bekenne: »Es ist wegen X. Alle Gespräche und Versuche von Konfliktlösungen verursachen nur noch mehr Missverständnisse und neue Konflikte. Darum sprechen wir schon lange nicht mehr über persönliche Dinge, weil es unendlich viel Energie kostet. Zurzeit weiß ich nichts Besseres als zu schweigen, aber starker innerer Druck, Nervosität und ungeduldige Reaktionen sind der Preis dafür.« Ich weiß, dass wir uns auf der gleichen Ebene von Negativität treffen – Baba bestätigt das: »Eineiige Zwillinge!«

Anstelle einer weiteren Antwort wendet Er sich zwei Permanenten zu, die gerade den Raum betreten haben, und stellt diejenige, die meistens vorgibt, »unschuldig« zu sein, gehörig in den Senkel: »Du änderst dich nie!« Diese reagiert mit: »Aber ich habe doch nur … das war ganz unbewusst … das war ich nicht selbst!« Baba betont, dass sie so ihre Abhängigkeit zeigt, weil sie glaubt, ihrer Kollegin damit zu gefallen: »Wenn du das unbewusst machst, heißt das, dass du es schon oft gemacht hast. Denke, bevor du handelst! Ein Mörder vor Gericht sagt auch: *Ich kann nichts dafür, ich hatte einen Blackout, ich war es nicht selbst*, aber trotzdem wird er verurteilt.« Die Kollegin entschuldigt sich: »Das ist mein Karma!« Baba: »Mach nicht das Karma verantwortlich! Ich gebe euch ein Bild für das Karma: Ein Auto kommt auf euch zu. Das ist das Karma. Was tut ihr? Ihr geht ihm aus dem Weg. Oder: Ihr sitzt in einem dunklen Zimmer. Macht nicht die Dunkelheit verantwortlich, zündet eine Kerze an!« Die Permanente weint und Baba ist sofort wieder ganz Liebe und Vergebung: »Jetzt ist es vorbei, nimm es an, akzeptiere es und vergiss es! Ein Ashram ist ein Lernplatz!« Ein undeutliches Gefühl, dass diese Szene etwas mit mir zu tun hat, beschleicht mich – hat Baba mir doch vor einigen Tagen die gleichen bestürzenden Worte gesagt: »Du änderst dich nie!«

Am nächsten Nachmittag, beim Mühle-Spiel, erkundigt sich Baba, ob wir »unser Problem« gelöst hätten: »Was hast du gemacht?« »Ich habe das gesagt, was ich seit Jahren im Hinterkopf zurückgehalten habe, und es war erleichternd, das auszusprechen!« Tatsächlich hatte ich mit meiner Schulkollegin und Freundin beim Frühstück ein Gespräch gehabt, in dem wir beide unsere gegensätzlichen Gefühle ausdrücken konnten und schon dadurch wurde die Luft gereinigt. Nach einigen Detailfragen zieht Baba den Schlussstrich: »Geht mit der Zeit, gestern ist vorbei, immer ist ein neuer Tag, immer ist ein neuer Anfang! Vergesst das, was gestern war, fangt neu an. Um eurer Freundschaft willen habe ich euch zusammen in die Schule geschickt! Macht weiter, ich brauche euch noch!« Wir besiegeln unsere Freundschaft mit einem Handschlag. Baba bietet uns an, Ihn beim nächsten Mal früher anzusprechen. Ohne Seine Hilfe wären wir diesmal ganz festgefahren.

Im Jahre 2000 hatte uns Baba symbolisch »verheiratet« mit der Begründung, dass wir uns auf der materiellen Ebene und im Alltag nicht langweilen sollten. Damals zeichnete sich schon ab, dass wir gemeinsam *Seva* in Form von Deutschunterricht für Baba in der neu gegründeten großen *Sri Balasai Baba International Residential School* machen würden. Ich empfand die Aktion der »Heirat« nur lustig, war naiv und optimistisch und witzelte: »Das ist eine typisch indische Hochzeit, die Eltern haben uns ausgesucht!« Tatsächlich hätten wir uns freiwillig nie gegenseitig als Freundinnen gewählt. Es dauerte viele Jahre, bis ich nach und nach erkannte, wie ähnlich unsere inneren Strukturen waren und warum es so schwer war, aus dem Mechanismus der gleichen Projektionen auszubrechen.

An dem Abend beschließe ich, ganz unbeweglich zu sitzen. In den letzten Wochen hatte ich alle möglichen »Tricks« erfunden, um diese Herausforderung zu umgehen, obwohl mir klar war, dass die äußere Ruhe die Grundvoraussetzung für innere Ruhe ist. Die Schmerzen steigen schnell, alle mentalen Versuche, mich zu arrangieren, scheitern. Erst als Baba ein positives Zeichen macht, kann ich mit Seiner Hilfe sitzen und mit tiefer Atmung durch die Schmerzwellen tauchen. Gegen 2 Uhr steht Baba auf: »Geh langsam!«

* * *

»Es gibt keinen Unterschied zwischen den so genannten *entwickelten* oder *unterentwickelten* Ländern!«, beginnt Baba Seine Botschaft. »Überall leben Menschen mit den gleichen Bedürfnissen, Empfindungen und Wünschen. Mit dem Wort *Entwicklung* meint man nur die größeren Bequemlichkeiten und den Komfort. Es meint nicht die Entwicklung des Charakters oder Verstandes. In den so genannten *fortschrittlichen* Ländern geht es nur um das Glück des Körpers (*physical happiness*): um Geld, Nahrung, Sex und Sicherheit (*shelter*). Hier in Indien gibt es keinen freien Sex, alle Entscheidungen werden von der Familie getroffen. Wer seine eigenen Schritte macht, wird bald allein dastehen. In den westlichen Ländern ist es normal, wenn eine Dreizehnjährige Sex hat! Sex, Hunger, Schlaf und Angst teilt der Mensch mit dem Tier. Darum entwickelt euren Verstand, euren Charakter und eure Qualitäten. Wenn wir wirklich gebildet sind, sollten wir unterscheiden zwischen dem, was richtig und falsch ist. Versucht auf dem spirituellen Weg das, was nicht leicht zu erreichen ist, leicht zu machen. Sagt euch: *Obwohl es hart ist, kann ich es erreichen!*

In diesem Augenblick kommt ein Devotee mit einer Mausefalle – die Maus steckt in der Falle fest, zwei Drittel ihres Körpers sind draußen, aber ohne Hilfe wird sie sich zu Tode strampeln. Baba gibt klare Anweisungen: »Jedes Wesen will leben, wenn du Hilfe gibst, kommt sie

»Macht das Schwere leicht!«

raus, aber nicht durch Drücken – sie zu töten ist ganz leicht! Versuch, sie herauszuziehen, ganz langsam!« Als es nicht sofort geht, will der Devotee aufgeben: »Ich muss sie töten!« »Tu, was Baba sagt! (Baba spricht von sich entweder in der dritten Person oder in der ersten Person Mehrzahl.) Sie wird den Körper geschmeidig machen, versuch es weiter, ganz vorsichtig, dann wird sie herauskommen! Dein Glaube wird dich retten!« Vorsichtig zieht der Devotee an dem vorderen Teil des winzigen Körpers. Die Maus merkt, dass jemand ihr helfen will, macht sich dünn und geschmeidig, bewegt sich kraftvoll nach rechts und links und rutscht millimeterweise nach vorne. »Sie kommt heraus! Sie hat selbst mitgeholfen!« Endlich ist sie frei und der erleichterte Devotee trägt sie hinaus in den Garten. Baba: »Du siehst, wie es Gott geht, wenn der Mensch in einem engen Loch sitzt. Nur wenn er selbst mithilft, wenn er strampelt und sich geschmeidig macht, kann er mit Gottes Hilfe und Segen herausgezogen werden. Wenn ein Mensch auf einen anderen wartet, kann er nie das Ziel erreichen. Nur mit Gottes Hilfe und Seinem Segen kann der Mensch aus dem materiellen Leben herauskommen. Die Menschen haben die Möglichkeit, den Himmel zu betreten, aber sie wollen nicht! Wenn es den Kuchen hier schon gibt, warum sollten sie sich für den himmlischen Kuchen anstrengen?«

Abends beim Singabend singt Baba auf japanisch. Er mixt Seinen japanischen Wortschatz zu offensichtlich lustigen Nonsens-Texten und mit zwei Bleistiften im Haar, Schlitzaugen, gezierten Handbewegungen und einem förmlichen Lächeln wirkt Er professioneller als jede echte Geisha.

Am nächsten Tag, gegen 17 Uhr. Es ist Baba-Time, alle laufen Runden um den Tempel. Kurz vor 18 Uhr holt Baba die Rundenläufer in die Puja-Halle. Von jedem weiß Er genau die Zeit, wann jeder in den Tempel kam: »X. kam um 16.33 Uhr, Y. um zwei Minuten vor 17 Uhr!« Damit alle drankommen, soll jeder ein Mühle-Spiel mit Baba machen. Als eine Devotee ungeniert das zweite anfängt, protestiere ich. Baba: »Du hast spontan reagiert, so bleibt es nicht im Kopf stecken!« Baba erklärt, wie Er ohne geistige Beurteilung spielt: »Ich weiß nicht, was ich tue. Ich setze nur einen Stein auf einen freien Punkt. Alles ist spontan, nichts wird geplant oder gedacht!«

Nach der Abendrunde lädt Baba zum Essen ein. Es gibt vorzügliche lockere *Idlis*, scharfes, wachmachendes Chutney, würziges *Sambar*. Während alle genießen, bemerkt Baba, dass heute ein *Festival-Day* sei. Baba spricht auf Telugu und ein indischer Devotee übersetzt: »Heute feiern wir den Tag deiner ersten Rente. Alle Dinge der Vergangenheit sind abgeschlossen, nur die Tür zu Gott ist offen.« Baba weist darauf hin, dass Er mich extra meinen feierlichen lila-pinkfarbenen Sari hat anziehen lassen – Er selbst kam in einer lila Robe: »Konzentriere dich nur auf Gott!« Ich gehe in Gedanken die Reihen der Menschen durch, die in meiner Vergangenheit wichtig waren: zu den meisten besteht kein Kontakt mehr, Balasai Baba polarisiert jedes Leben. Als eine symbolische Geste hatte ich Baba meine erste Rente gespendet: »Wegen des Geldes hast du meinen Segen bekommen und noch weiteren Segen, weil du G. (eine indische Devotee) angeregt hast, dasselbe zu tun – seit sieben Jahren denkt sie schon darüber nach!« So endet dieser Tag voller Idlis, Segen und Überraschungen …

Bei der Morgenmeditation unerträgliche Schmerzen im linken Knie, kann sie durch Konzentration »hochheben«. Die Konzentration wirkt wie eine Lokalanästhesie – wie unter einem Schleier sind die Schmerzen nur dumpf spürbar. Sie scheinen heftig zu sein, denn in einem Nasenloch knackt es und es öffnet sich – jetzt kann der Luftstrom ungehindert durch beide Nasenlöcher fließen (ein physisches Symptom für die Aktivierung der *Kundalini*), dazu Extrasystolen als Stresssymptome. Das feine Knacken in der Nase trat irgendwann spontan auf, erst geraume Zeit später las ich die tiefere Bedeutung.[2]

Mit Babas Bild und Mantra rutsche ich in einen gedankenlosen Frieden. Eine beglückende Nähe zu Gott.

* * *

> *»Ich gebe mein ganzes Leben für euch!«*

Mit dem neuen Schuljahr im Juni begann nach einem Jahr Pause, in dem ein neuer Schulleiter eingearbeitet wurde, wieder unser Schuldienst. Während einer Abendrunde in Hyderabad fragt Baba, ob wir in diesem Schuljahr nicht voll unterrichten wollen (bis jetzt fand unser Unterricht nur statt, wenn Baba mit dem ganzen Ashram in Kurnool war). »Nur, wenn ihr wollt, ihr könnt selbst entscheiden!«

Ich war auf diese Frage seit langem vorbereitet, eine Fremdsprache muss regelmäßig unterrichtet werden oder gar nicht. Mit dem indischen Kollegium und den Schülern gab es bisher keine Probleme, im Gegenteil, wir bekamen jede Unterstützung, man war interessiert und die Schüler freuten sich auf die Deutschstunden. Auch tat die gemeinsame Aufgabe unserer Kommunikation gut. Die räumliche und zeitliche Entfernung von Balasai Baba ist der einzige Schmerzpunkt. Meine Kollegin und Freundin weint den ganzen Abend. Bei den Bhajans kommen mir die Konsequenzen in den Sinn, die entstehen, wenn wir Babas Angebot annehmen: die langen einsamen Abende in Kurnool, in Hyderabad sind wir nur Wochenendgäste, wir verpflichten uns für Jahre, Baba werden wir nur noch selten sehen, außer der Morgenmeditation wird mein *Sadhana* abgebrochen, das mir wichtig ist – das stundenlange abendliche Sitzen macht nur Sinn, wenn es während einer Sing- oder Abendrunde mit Baba geschieht, unsere schwierige Beziehung würde in dieser Einsamkeit nicht leichter. Würden wir uns nicht total überfordern? Die gedrückte Stimmung weicht nicht.

Das morgendliche Sitzen ist einfach, ein leichter Zustand, wie »hochgehoben«. Eine halbe Stunde später beginnt der alte unerträgliche Schmerz, mir laufen die Tränen vor Enttäuschung. Plötzlich verschwindet der Schmerz, nur Leere bleibt …

Die Schulstunden lenken von unnützen Gedanken ab. Abends gibt Baba eine Botschaft: »Bleibt in meinem Dienst.« Er sitzt auf der Flussmauer in Kurnool, die Devotees auf Stühlen vor Ihm. »Nur durch den selbstlosen Dienst für andere kann zu Gott eine Beziehung aufgebaut werden – das ist heute der einzige Weg, um Gott zu erreichen.« Baba nimmt einen kleinen Plastik-Ventilator und setzt ihn durch Knopfdruck in Gang. »Dies ist nur ein Plastikteil mit einer Batterie. Ohne Batterie ist das Plastikteil nichts wert. An diesem kleinen Gegenstand könnt ihr die Beziehung des Devotee zu Gott erkennen. Gott kann durch Knopfdruck – das ist der selbstlose Dienst – die Beziehung aktivieren. Wenn der Knopf nicht mehr gedrückt ist, hört die Energie Gottes auf zu fließen. Es ist nicht so, dass ich es stoppe, es endet von selbst, ganz automatisch! Eure Anstrengung fließt in die Projekte für die Menschen, Baba bekommt nichts davon. Alles, was ihr gebt, kommt zu euch zurück. Dem Ozean ist es egal, ob der Fluss in ihn mündet, aber die Reise des Flusses ist zu Ende. Manche geben alles, was sie haben, aber jede Kleinigkeit, die von Herzen kommt, bewirkt dasselbe. Ein König ließ eine Festung bauen. Alle Spender würden in goldenen Buchstaben verewigt werden. Eine arme Frau wollte etwas zum Bau der Festung beitragen, aber sie besaß nichts. Da sah sie ein Pferd, von der Arbeit erschöpft und übermüdet, das vor Durst fast starb. Sie gab ihm Wasser und rettete so das Tier. Augenblicklich kam sie dadurch in den Himmel. Es gibt viele Wege zu Gott. Ich habe euch meinen Weg genannt, es ist der Weg der Liebe und Hingabe.« Es ist still. Nur die Palmen rascheln in dem leichten Wind vom Fluss. Niemand spricht. Nach einer Pause – leise: »Ich gebe mein ganzes Leben für euch!«

Diese Botschaft war sicherlich mit entscheidend dafür, dass wir uns entschieden, eine volle Stelle in der Schule zu übernehmen. Baba reagiert unbestimmt, weder erfreut noch ablehnend: »Ich möchte, dass ihr glücklich seid und keine stressvolle Arbeitszeit habt!« Am nächsten Tag fahren wir mit Babas Manager, Mr. Rama Rao, zur Schulleiterin. Der Beginn unserer Vollzeitarbeit wird auf die kommende Woche festgelegt. Die folgenden sieben Jahre sollten die härteste Lernzeit in meinem bisherigen Leben werden.

Fahrt nach Hyderabad. Abendrunde mit Baba im Singraum. Baba sitzt auf seinem Bodenpolster und spielt mit dem großen Zeh, verloren wie ein kleines Kind. »Auch Gott muss arbeiten«, bemerkt Er unvermittelt. »Ich könnte leicht irgendwo sitzen und meine Arbeit mit euch von innen tun. Stattdessen komme ich regelmäßig zu euch raus, spreche, spiele und lache mit euch und rede auch beim Darshan mit den Menschen. Zu festgesetzten Zeiten mache ich mein tägliches Programm (*daily routine*) mit euch.« Vom Darshan, zu dem Er gestylt und in traditioneller Robe erscheinen muss, sind die Haare noch gekämmt, in Seinen Privaträumen fällt diese formelle Rolle sofort von Ihm ab und Er wird zum Kind, Spielgefährten, Sänger, Freund, Bruder, Vater, Mutter, Lehrer – zum Spiegel von allen Aspekten des Lebens.

Beim Sitzen fällt mir das linke Knie fast ab, ein heftiger, kontinuierlicher Schmerz, ich atme, fühle mich konfus. Baba nickt und lacht und wirft mir ein Bonbon zu. Am Mühlebrett spielt Baba lustlos: »Immer dasselbe, jeden Tag, jeder will nur Aufmerksamkeit! Macht euch klar, wie viel Stress es für mich bedeutet, wenn jeder immer verwöhnt und anerkannt werden will, ständiges Lächeln und Blickkontakt erwartet. Leute, die sich ständig ignoriert fühlen, sollten sich in psychiatrische Behandlung begeben. Alle Erwartungen von euch verursachen bei mir ein Piksen im Gehirn! Wie glaubt ihr, geht es mir, wenn ich wissentlich so tun muss, als wüsste ich nichts, aber jede Kleinigkeit von euch kenne? Stellt euch vor, ich würde wegen jeder Kleinigkeit in Depressionen fallen – ich habe unendlich viele Probleme zu lösen und sitze trotzdem lachend und Witze machend bei euch!« Er zeigt, wie in seinem Kopf die Probleme hin- und herzischen. Um 2 Uhr nachts macht Baba noch keine Anstalten aufzustehen. Viele stöhnen über das lange Sitzen: »Ich gebe dem Körper Schmerzen, um die Seele zu erreichen! Ihr könnt ins Bett gehen und euch ausruhen, wohin soll ich gehen? Ich kann nur hierbleiben!« Später verabschiedet sich Baba mit den Worten: »Ich bin glücklich, dass meine Devotees mir die Chance geben, für uns zu singen.« Er klatscht für Seine Co-Sänger, die geholfen haben, den Abend zu gestalten: »Jeder Künstler braucht das Publikum, ohne

Publikum ist er nichts – darum klatscht auch für euch selbst! Ich liebe euch und segne euch!«

* * *

Mittagsrunde in Hyderabad. Baba materialisiert ein Armband für eine Besucherin, deren Zeit im Ashram bald zu Ende ist: »Devotees haben es immer eilig, sie haben Wünsche und sind ungeduldig. Aber Gott weiß darum und erfüllt deswegen die Wünsche nicht sofort. Was Er dann macht, ist mehr, als die Menschen je vermuten. Alles ist zu unserem Besten!« Es geht ums Thema *Erwartungen*. So wie das Leben allgemein den eigenen Wünschen entsprechen soll, wird dasselbe auch vom Anderen erwartet – von den Eltern, vom Kind, vom Ehepartner. Alle Bereiche des Lebens werden wegen der starken Erwartungshaltungen von Kontrollsystemen dominiert. Ich frage mich innerlich, in welcher Form sich meine eigenen Kontrollsysteme zeigen und erschrecke – jeder Lebensabschnitt wurde geprägt von Kontrolle und Gegenkontrolle – und die Beziehungen in der Gegenwart sind davon unverändert: ein Geflecht von kontrolliert werden und selbst kontrollieren – keine Chance für innere und äußere Freiheit … Baba zuckt die Achseln: »*Lifestyle*! Aber der Lebensstil ist in deiner Hand! Das ganze Leben hängt vom Lebensstil in der Gegenwart ab, und das ist auch die Basis für das nächste Leben. Welchen Lebensstil man sich aussucht, davon hängt unser Leben und Sterben ab. Das könnt ihr euch selbst aussuchen.« Baba warnt immer wieder davor, dass *Abhängigkeit*, egal wovon, die Garantie für eine erneute Wiedergeburt ist.

»Der Lebensstil liegt in eurer Hand!«

Abends werden die Anstreicherarbeiten im Tempel besichtigt. Am Dasara-Fest in Kürze soll er in Gold und Weiß erstrahlen.

Babas Botschaft skizziert, wie das Gegenprogramm zu *kontrollieren* aussehen kann: Wer nur dafür lebt, dass seine Wünsche erfüllt werden, zum Beispiel nur die eigene Befreiung im Sinn hat, dessen Leben und Energie ist vergeudet: »Selbst kleine Dinge, die ihr für die

Gesellschaft tut, bringen großen spirituellen Erfolg! Wenn man sich zurückzieht und nur für sich selbst meditiert, dann stirbt man wie ein Waisenkind, weil man sich von der Gesellschaft trennt. Besser ist es, auf dem Weg zu Gott über den Dienst am Nächsten viele mitzuziehen und gemeinsam das Ziel zu erreichen. Seid erst Menschen mit guten menschlichen Eigenschaften, mit einem weichen und freundlichen Herzen, dann kommt Gott von selbst! Wenn ihr euch nicht immer nur um euer *Ich* und *Mein* dreht, dann übergebt ihr alles Gott, und alle Probleme gehören Mir! Gott hat alle Probleme, weil Er alle lösen muss – was wir erwarten und wünschen, muss Er für uns lösen – persönlich hat Er kein Problem! Habt keine Angst vor Problemen, kämpft mit ihnen, nicht mit den Menschen. Gebt euer Bestes und versucht es immer wieder. Kämpfen ist Übung und hat nichts mit Gewalt zu tun! Ihr müsst ja nicht allein kämpfen! Löst das Problem mit der göttlichen Kraft und dem göttlichen Segen! Der Intelligente sollte denken: Wo ist der, der alles ist und hat? Es gibt nichts Schöneres, Mächtigeres und Kraftvolleres als Gott! Er ist nicht nur an einem Platz, Er kann dich retten, wo immer du bist! Der Ungläubige hat vielleicht eine Familie, aber die kann nichts für ihn tun. Seht, um wie viel glücklicher ihr seid! Tut alles, um Gott für euch zu gewinnen!« Es ist nach 2 Uhr nachts, als Baba schließlich den Segen gibt.

* * *

Schmetterlings-botschaften

Baba verabschiedet meine Schulfreundin und mich, damit wir den Hightech-Bus nach Kurnool erreichen. Der neue Lebensabschnitt beginnt. Die meiste Zeit werden wir jetzt in Kurnool verbringen, die Schule liegt 7 km entfernt, Baba wird die meiste Zeit in Hyderabad sein … Die indischen Ashrambewohner, die wir nach der Ankunft kurz begrüßen, servieren uns eine Tasse Tee und bei Lachen und Späßen fliegt ein bizarr geformter Schmetterling hin und her. »In dieser Form kommt Baba mich öfter besuchen!«, bemerkt Madam U., Babas Schwägerin.

Am nächsten Abend sitzen wir nach Abendessen und Schulvorbereitungen auf dem Balkon vor unseren Zimmern. Der Blick geht auf den Fluss, zum Greifen nahe ist die Krone des großen Jammun-Kirschbaumes, die Wedel der Kokospalme vor meinem Zimmer streifen über die Balkonmauer. Tagsüber sind diese Bäume Affenspielplatz, Vogelsingplatz und Futtersuchplatz für die Streifenhörnchen. Jetzt am Abend sind die kleinen Fledermäuse auf lautloser Insektenjagd. Wir sprechen darüber, wie es möglich sein könnte, sich gegenseitig mit mehr Verständnis mitzuteilen, ohne dass alles in Missverständnissen endet. Während des Gespräches schaukelt ein auffallend großer orangefarbener Schmetterling von einem zum andern – ein Botschafter aus der Dimension der All-Verbundenheit in unserer Welt der getrennten Ego-Standpunkte. Baba wird nicht müde, uns zu koordinieren, wenn nötig, uns sogar wieder mit einer symbolischen Geste zu »verheiraten«: »*Love each other to establish peace on earth!*« Zuletzt gab Er mir die deutliche Anweisung: »Versuche nichts zu klären! Das ist eine Übung!« Zu jenem Zeitpunkt war ich nicht fähig, diese Übung über längere Zeit zu praktizieren – zu stark war mein Bedürfnis, verstanden zu werden.

Am nächsten Wochenende sind wir zurück in Hyderabad. Im Tempel wird auf Hochtouren gearbeitet, er erstrahlt schon in Gold und Weiß, aber noch ist der Raum von Lärm und Staub erfüllt. Eine verhüllte Statue der *Durga* bekommt ihren Platz auf der Bühne. Als die großen Tempelbilder von Baba befestigt werden, betritt dieser den Raum und wir genießen bei einer Tasse Tee den strahlenden Anblick ringsherum. Am nächsten Tag sind die Tempelarbeiten auf die letzte Minute fertig geworden, direkt nach dem Saubermachen beginnen die abendlichen Bhajans. Baba kommt in feierlicher magenta-farbener Robe. Am Vortag hatte Er mich ausdrücklich aufgefordert, beim Fotografieren »nahe zu kommen«, darum gehe ich vor zur Bühne. Plötzlich flattern fünf große Schmetterlinge in der Mitte des Tempels hintereinander in akkurater Formation auf Baba zu: einer setzt sich auf

Babas Knie – Baba schaut lange liebevoll auf ihn herunter –, ein Foto könnte diese einzigartige Szene festhalten, aber ich bin längst zurück auf meinem Platz und lasse die Chance ungenutzt. »Warum bist du nicht nach vorne gegangen?«, werde ich später gefragt. Was soll ich antworten? Wie oft hatte Baba schon gesagt: »Komm nahe!«

Beim anschließenden Singabend trommelt und schlägt Baba mit Trommelstock und Kugelschreiber wild auf Handtrommel, Flasche und Handy, als ob Er etwas totschlagen wollte. »Eine moderne Inkarnation tötet das Ego, nicht den Menschen!«, erinnere ich. Beim Sitzen Kampf gegen den Schmerz, Hitze baut sich auf, Konzentration auf den Atem und Babas Form, wie Er wild um sich haut. Schmerz und Konzentration heben den Energiepegel und unerwartet blitzt das sichere Wissen auf, dass sich hinter allem Schmerz in Wirklichkeit das Gegenteil verbirgt, die unendliche Freude unserer Göttlichkeit, von der wir uns vor langer Zeit getrennt haben und die sich darum vielleicht heute dem Körper als Schmerz mitteilt.

Gleichzeitig entsteht das Bild eines Kristalls, der aus amorphem Gestein herausgebrochen wird. Je mehr Konzentration sich auf den Kristall richtet, umso leichter löst er sich aus dem Gestein. Erstmals die Erfahrung, dass gebündelte Konzentration wie der Sonnenstrahl in einem Brennglas wirkt.

Beim Bhajansingen am nächsten Morgen starke Schmerzen. Gleichzeitig als plötzliches Wissen: »Es gibt keinen Schmerz!« Völlig paradox, denn der Schmerz ist voll da und gleichzeitig nicht, doch es gibt ihn nur als »schlechte Gewohnheit«. Diese Erfahrung macht mich nicht euphorisch, sie fällt mir zu wie eine reife Frucht: Je nachdem, worauf wir unser Bewusstsein richten, werden die Schmerzen herangezogen oder sie entfernen sich.

Auf dem Puja-Altar keimen während der neun Tage und Nächte in neun Schalen neun verschiedene Getreide als Zeichen für die neun Erscheinungen der Göttin als Quelle allen Lebens.

* * *

Januar 2004 – Mittagsrunde mit Baba in Hyderabad. Wie immer fädelt Baba eine Unterhaltung ein, aber die Runde reagiert schwerfällig. So spricht Er wie zu sich selbst: »Ich bin mit einigen fixen Ideen geboren – ich will der Gesellschaft dienen. Jeden Tag sitze ich mit euch, gebe immer denselben Darshan, sage immer dasselbe, trinke immer wieder Tee mit euch und sorge für das Wohlergehen meiner Devotees! Ich sage zum Beispiel zu einem engstirnigen Minister: *Wegen deiner Toleranz solltest du den Nobelpreis erhalten!* – und beschäme ihn damit. Ich gebe euch eine gute Lebenstechnik: Ich fühle mich wie eine Lokomotive, die stolz ist, dass sie so viele Wagen ziehen darf – darum wird mir die Arbeit nicht schwer! Ihr habt euch entschieden, zur rechten Zeit aufzuspringen! Euch gegenüber fühle ich mich wie ein älterer Freund (*elder*), nicht wie ein Gott. Egal, was ist, seid glücklich! Das sage ich immer! Wenn das Glück von innen nach außen sichtbar ist, wird der Mensch schöner – weil der göttliche Geist nach außen scheint. Wenn die Menschen miteinander glücklich sind, ist auch Gott glücklich!« Baba schaut in die Runde der Besucher, aber alle bleiben stumm. Babas Bemühungen, Seinen Darshan kurzweilig und lebendig zu machen, laufen ins Leere, und Baba »hasst« Langeweile. Schwere breitet sich aus. »Was sollen wir jetzt tun? Es ist noch eine Stunde Zeit!« Baba erfindet ein Wortspiel nach dem andern, teils englisch, teils deutsch – eine hohe Kunst, denn kaum ein Muttersprachler kann den gleichen Worten immer wieder eine andere überraschende Bedeutung geben. Aber niemand kann Seinem Tempo folgen, geschweige denn die verborgene Bedeutung erkennen. Baba lernt eine neue Sprache vor allem über Klang und Rhythmus und behält dadurch die spielerische Kreativität, die ein kleines Kind hat, das noch nicht im Raster von konventionellen Bedeutungen feststeckt. Immer wieder gibt Baba Seine Leichtigkeit, Phantasie, Seinen Humor und Seine Geduld in die Gruppe. Eine zusätzliche Prüfung ist die Unwilligkeit einer Übersetzerin, die nach jedem Satz extra aufgefordert werden muss. Es ist deutlich, dass Baba mit nichts die Bedürfnisse der Gruppe trifft.

»Immer dasselbe!«

Als ich lache, weil Baba als letzte Rettung nach »sexuellen Tipps« fragt, reagiert Baba menschlich verzweifelt: »Das mache ich nur, weil andere Dinge nicht gefragt sind!« Kann es einen größeren »Beweis« für Göttlichkeit geben? Ein Besucher will schließlich wissen, wie Er alles wissen kann. »Das ist nicht unsere Aufgabe«, sagt Baba: »Im Spirituellen geht es nur darum, über Gott etwas zu wissen. Die einzig wichtige Weisheit ist die, etwas über das Verschmelzen mit Gott zu wissen, alles andere ist nutzlos. Der Mensch baut sich seinen Käfig selbst, setzt sich hinein, schließt ab und wirft den Schlüssel weg. Ich komme mit dem Schlüssel in den Käfig – ihr könnt dann wählen, ob ihr weiter in eurem Käfig sitzen wollt oder in dem Käfig meines Herzens!«

»Immer wieder Schmerzen!«, hatte Baba im August 2000 gesagt. Er inspizierte mit Permanenten und Besuchern die Tempelhalle, vor allem um zu prüfen, ob das neue Dach wasserdicht ist. Aber der Boden ist noch nass vom letzten Regen, an etlichen Stellen regnet es durch. Baba wirkt unter der dunklen Haut blass, ein Auge ist gerötet. Er scheint Rückenschmerzen zu haben, denn Er streicht mehrfach über Seinen Rücken und setzt sich dann schließlich in einen angebotenen Stuhl. Elektriker arbeiten an der Beleuchtung – eine permanente Devotee erklärt Baba, dass sie Lampen versetzen. »Haben sie schon stärkere Birnen eingebaut?«, fragt Baba zurück und da sie die Frage nicht beantworten kann, schaut sie verständnislos abwechselnd zur Lampe über ihr und zu Baba und ist vollends verdattert als Baba bemerkt: »*Appreciate!*« Das Wort *appreciate* lässt Er mich übersetzen und ich sage: »Sei dankbar! Wisse es zu schätzen!« – das muss ich mehrmals wiederholen. Ich spüre intuitiv, dass Baba auch auf meine Schmerzen angespielt hat, und obwohl ich ahne, dass die Bemerkung von der stärkeren Beleuchtung eine Bedeutung für mich hat, kann ich sie in dem Moment noch nicht verstehen.

Erst viel später wird mir klar, dass Babas Sitztraining den Sinn hat, das Nervensystem langsam auf stärkere elektrische Impulse und höhere Frequenzen einzuschwingen.

»*Collect the fruits!*« Baba zeigt auf die gelb-grünen Amla-Früchte, die der Regen vom Baum vor dem Buchladen auf den Boden geschlagen hat. Sie sind in Indien geschätzt wegen ihres hohen Vitamin C-Gehalts, aber der saure Geschmack hält die meisten davon ab, den erfrischenden Snack zu genießen. *Die Früchte einsammeln* ist auch ein Bild für den spirituellen Fortschritt – es trägt mich bis zum nächsten Zweifel. Das Sitzen am nächsten Morgen ist eine einzige Durchhalteprobe. Bei den Bhajans kann ich nicht mitsingen, der Schmerz »saugt« – es fühlt sich hell an – *appreciate*!

* * *

In der nächsten Nacht gibt Baba vor dem Segen eine Botschaft: »Ohne Gott geht nichts. Alle Hingabe, aller Erfolg oder Misserfolg, selbst, wie wir uns bemühen, hängt von Seinem Segen ab. Aber der Mensch hat die Gabe des Verstandes bekommen, was die Tiere nicht haben – er weiß um Vergangenheit und Zukunft, er kann planen, er kann fragen: Woher komme ich? Wohin gehe ich? Was soll ich tun?«

»Ich segne die spirituelle Übung!«

Eine befreundete Devotee, die seit vielen Jahren zu Baba fährt, erzählt mir, wie sie sich vor Sehnsucht nach Baba verzehrt. Sie kann dann nur mit Weinen reagieren, fällt in Depressionen und bleibt dann auf ihrem Zimmer, anstatt in die Runden zu kommen. Irgendwie beneide ich die Devotee um ihre starken Gefühle, sehe nicht den Widerspruch in ihnen und vergleiche mich unwillkürlich mit ihr, obwohl ich weiß, dass jeder seinen ureigenen Weg zu Gott geht. Ich weiß, dass sich in den letzten Jahren eine tiefe innere Beziehung zu Baba entwickelt hat und dass mir oft bei Seinem Anblick unwillkürlich vor Berührung die Tränen in die Augen steigen, die jedoch Ausdruck einer tiefen Freude sind und mit Depression nichts zu tun haben. Im Gegenteil, Babas äußere Aufmerksamkeit suche ich möglichst nicht, was mir dann Bemerkungen einbringt wie: »Sie macht es mir bequem!« oder »Aufmerksamkeit für U. nur einmal im Jahr!«, worauf mir schlagartig klar wird, wie unnatürlich distanziert ich mich verhalte. Am nächsten Abend fragt Baba sie: »Wo warst du den ganzen Tag? Du hattest Sehnsucht und Depressionen? Seid ruhig und friedlich, ich gebe zur richtigen Zeit alles!« Gleichzeitig wirft Er mir einen Keks zu, bestätigt durch ein Kopfnicken meine Sitzübung, und als sie besonders schmerzhaft wird, sieht Er mich an und verdreht die Augen, was so viel bedeutet wie: Ich weiß Bescheid! Beim Segen wendet Er sich mir zu: »Bist du müde von der Arbeit?«, und damit ist nicht das Tempelputzen gemeint. »Ich segne die spirituelle Übung!«

Auf dem Bett liegend geht mir durch den Kopf, dass ich diese emotionale Sehnsucht, von der die Devotee sprach, nicht erstrebenswert finde, weil sie von teils angenehmen, teils unangenehmen Gefühlsschwankungen und körperlichen Reaktionen begleitet ist. Im Gegenteil, ich fühle mich leer und fast roboterhaft, während die innere Nähe zu Baba ständig wächst und nicht mehr von Seiner physischen Anwesenheit abhängt. Es ist eine neue Art von Beziehung, die sich wie außerhalb des Körpers abspielt. In dem Moment fällt hohl scheppernd eine leere Wasserflasche auf den Boden.

Am nächsten Tag kommt Baba im rosa Kleid zum Abenddarshan. Gedankliche Experimente mit der Zeit helfen mir, mich besser zu konzentrieren und von der Fixierung auf die Uhr zu lösen. Was ist Gegenwart? Ein Sein in der Gegenwart würde ein Schmerzerlebnis unmöglich machen – so stelle ich es mir vor. Der Mind registriert den Schmerz immer erst »nachher«. Wenn die geistige Wahrnehmung also etwas schneller wäre und der Schmerzerfahrung einen Augenblick voraus, müsste es möglich sein, ihr zu entkommen. Begleitet werden diese Gedanken von dem Bild, dass die Zeit sich zu einem Spalt öffnet, dann zu einem Strich zusammenschrumpft, durch den man im letzten Moment in die Zeitlosigkeit schlüpft. Bewegungslosigkeit ist angesagt, denn jede kleinste Veränderung ist äußerst schmerzhaft, aber die Kraft der Konzentration hält den Schmerz gleichsam von außen zusammen. Eingespannt wie in einen Schraubstock, habe ich keine Angst umzukippen oder ohnmächtig zu werden. »Niemand kann mir entfliehen!«, erinnere ich Babas Worte. Als Er aufsteht und die Hand zum Segen hebt, lacht Er herüber – ich sehe ein Zimmer mit rosa Vorhängen, die im Wind wehen und manchmal den Blick hinein freigeben – es ist leer.

Schon eine Stunde später ruft Baba zum Carromboard. Diesmal versuche ich, die Schmerzen willkürlich bis zu einem höchsten Punkt zu verstärken, um dann einfach »auszusteigen«, aber so einfach ist das wohl nicht. Wie gewöhnlich zieht sich das Spiel in die Länge, aber ich kann das Ende gelassener abwarten. Gegen 1 Uhr macht Baba die bekannte Handbewegung, die eindeutig *fertig* anzeigt.

»Du bist schon dreimal gefallen!« Mit diesen Worten überrascht Baba mich in der nächsten Runde. Die blauen Flecken vom letzten Sturz sind noch deutlich sichtbar. Im regennassen Tempel wollte ich vor einigen Tagen den Schemel mit den blumengeschmückten silbernen Füßen, die anstelle der echten göttlichen Füße traditionell bei jedem Darshan von den Besuchern berührt werden, nach vorne tragen, achtete jedoch nicht auf den seifig-glatten Marmorboden. Während ich das Gleichgewicht verliere und mich mit schmerzendem Hinterteil auf dem Boden sitzend wiederfinde, kann ich gerade noch den Schemel festhalten, die heiligen Silberfüße jedoch fliegen in hohem Bogen in alle Richtungen, aber später sind weder Dellen noch Schrammen zu sehen. Nur ein Bein des hölzernen Schemels ist abgebrochen – symbolisch für mein eigenes? Andere Sturzsituationen erinnere ich nicht. »Der Boden ist glatt, spiegelglatt!«, fährt Baba fort, das letzte Wort sagt Er, wie um es noch einmal besonders zu betonen, auf Deutsch. Damals verstand ich Babas Worte nur ganz allgemein so, dass der spirituelle Weg über spiegelglattes Eis führt, auf dem man bei jedem Schritt Gefahr läuft, auszurutschen. Aber ich fühlte mich sicher. Jahrelang hatte ich konsequent geübt. Balasai Baba hatte mich immer unterstützt. Physisch und mental erlebte ich mich kraftvoll, und als Wichtigstes beobachtete ich neuerdings die wachsende Anwesenheit des Göttlichen in meinem Inneren.

Erst fast zehn Jahre später wurde mir klar, dass auf dem spirituellen Weg jedes »sichere« Gefühl gefährlich ist, weil es Vorsicht, Wachsamkeit und die Bereitschaft, um die göttliche Hilfe zu bitten, schwächt. Ein Absturz war näher, als ich es mir je vorstellen konnte.

Anfang 2004, nach sechs Jahren ununterbrochener Übung, beobachtete ich, dass sich die Phasen von unerträglichem Schmerz und Auflösung des Schmerzes in der Waage halten. Die Konzentration ist zunehmend ungestörter und intensiver und bewirkt, dass der Fokus sich immer leichter und schneller auf den göttlichen Namen und Seine Form richtet und dort in Zeitlosigkeit verweilt, wobei jedes Körper-Gefühl verschwindet.

9. März 2004: Ruhe, Frieden, Zeitlosigkeit – ein schwarzer Diamant vor meinem Brustraum.

12. März 2004: 5.30 Uhr: Zunächst wird die Zeit lang, dann kann ich die Schmerzen durch Konzentration auf die Klänge des Mantras »ablegen«, wodurch sie sich auflösen. Erstmals ein Zustand von *bliss*, nicht nur eine momentane Erfahrung. Es ist nicht nur kein Schmerz da, sondern – weil mit dem Schmerz auch das gesamte Körperbewusstsein verschwindet – eine reine und direkte Erfahrung von seliger Freude, ohne die Vermittlung durch das Medium Körper – nie erfahren und schwer zu beschreiben …

Bliss könnte man übersetzen mit *Göttliche Glückseligkeit*, aber da Gott reines Licht und formlos ist, beschreibt es keinen Körperzustand. Als Menschen kennen wir nur Gefühle, die durch den Körper gefiltert, geschwächt und verzerrt werden. Die Seligkeit Gottes ist dagegen Ausdruck der Allseele (*Paramatman*).

13. März 2004: Abendsingrunde mit Baba. Baba singt hingebungsvoll, begleitet von einem Feuerwerk an lustigen

Einfällen. Starke Schmerzen beim Sitzen, ich konzentriere mich auf Seine Form und fühle mich urplötzlich wie in einen anderen Kraftraum »hochgehoben«. Ein anderer *Seinszustand* – physisch schmerzfrei, Leere der Gedanken und Gefühle, Anflug von *Seligkeit*. Irgendwann macht Baba eine Handbewegung neben den Augen: öffnet und schließt die Hand, als würde Er eine Glühbirne andeuten, die an- und ausgeht, dann hebt Er vom Scheitel aus den gestreckten Zeigefinger in die Luft. Obwohl ich das alles deutlich erinnere, konnte ich damals in der Situation die Bedeutung nicht erkennen. Im Rückblick würde ich sagen, dass Baba auf etwas wie *Erleuchtung* hinweisen wollte und der sich hebende Zeigefinger die Öffnung des Scheitelchakras andeutete, wodurch höhere Erkenntnisse möglich werden. Aber damals war mir Erleuchtung egal und vom Scheitelchakra hatte ich keine Ahnung.

* * *

Am 16. März 2004 während einer Gartenrunde in Kurnool:

»Genau so, wie wir einem persönlichen Gesundheits-System folgen, müssen wir im Spirituellen auch ein System haben. Wenn wir nicht den Anleitungen und Regeln des jeweiligen Meisters folgen, nutzt uns das System nichts und es dauert länger, bis wir das Ziel erreichen.« Baba fährt fort: »Ihr werdet von Baba geführt. Beim Verschmelzen mit Gott gibt es keine Gefühle, keine Erwartungen, keine Fragen mehr, weder Wissen noch Schmerz, nur Seligkeit, Frieden und Ruhe – sprachlos, grundlos, fraglos – Eure Identität (*identity = idiotity*) ist tot, es gibt nur noch die göttliche Identität. Derjenige, der ständig mit Baba mental verbunden ist, ist schon jetzt ein lebender Befreiter. In diesem Zustand gibt es viele Ebenen und viele Erfahrungen als Bestätigung und Sicherheit für die Devotees. Nach der Verschmelzung, also nach dem Ablegen des Körpers, gibt es nichts mehr. Darum gibt Baba uns schon vorher den Geschmack und das Glücksgefühl. Wenn wir schon hier mit Gott leben,

In der Einheit mit Gott

ist *Extra-Verschmelzung* nicht wichtig! Bei guten Augen braucht man auch keine Extra-Brille! Wenn man Zucker in Wasser verrührt, waren vorher Zucker und Wasser getrennt da, später ist der Zucker im Wasser und kann nicht mehr getrennt werden. Dann seid ihr in der Einheit mit Gott! Hier in Indien gibt es ein Insekt, es ist etwas dicker als eine Biene und schwarz, eine Art Käfer. Es sperrt ein Insekt in ein Loch und fliegt unaufhörlich um es herum. Von den Vibrationen der Summgeräusche verwandelt sich das Insekt in dieselbe Art Käfer. Ebenso verwandelt Gott den Devotee durch Seine Vibrationen in Gott. Oder denkt daran, wie sich die hässliche Raupe in den schönen Schmetterling verwandelt. Wenn schon ein kleiner Pups den Körper erleichtert, welch eine Erleichterung ist es, wenn wir den Körper verlieren – ähnlich der Erleichterung, die eine Frau nach der Geburt empfindet! Was immer aus dem Körper kommt, gibt Erleichterung. Mit der Seele ist es dasselbe, sie ist im Körper, und beim Tod trennen sich Körper und Seele. Den materiellen Körper lassen wir in der materiellen Welt der Elemente zurück, nur die Essenz dieses Lebens nehmen wir mit. Wohin auch immer ihr dann springt, ihr könnt nur in meine Arme springen!«

Die drei kleinen Welpen der Ashramhündin Täng haben in den letzten zehn Tagen ihr Gewicht verdreifacht. Obwohl sie gerade die ersten Schritte laufen, lassen sie die geduldige und erschöpfte Mutter kaum in Ruhe und saugen gierig, wenn sie sich hinlegt. Der kräftigste der drei ist so gut genährt, dass sein Bauch fast auf dem Boden schleift. Als Baba zur Vormittagsrunde herauskommt, nimmt Er sich lange Zeit, um der spielenden Hundefamilie zuzuschauen. In diesen heißen Wochen mit nur wenigen Besuchern ist Baba fast den ganzen Tag mit den Permanenten zusammen. Diese *heilige Zeit* ist geprägt von ruhiger, fast gemütlicher Familienatmosphäre, was natürlich nicht ausschließt, dass Baba jede Gelegenheit nutzt, um mit den Einzelnen oder der Gruppe zu arbeiten. Nach der Vormittagsrunde mit Tee und Snacks essen wir zusammen mit Baba und einigen indischen Devotees des Ashrams im Tempel zu Mittag, um uns danach während der heißesten Stunden auf dem (relativ) kühlen Steinfußboden auszustrecken, um zu schlafen oder wenigstens zu ruhen. Nur selten nutzt Baba die Gelegenheit, im Liegen zu entspannen, meistens ist Er im Gespräch mit einem der indischen Ashrambewohner. Um 17 Uhr beginnt die Nachmittagsrunde mit einem Tee, um 19 Uhr ist Bhajanzeit, unter Umständen gefolgt vom offiziellen Darshan. Spätestens um 21 Uhr erscheint Baba wieder draußen – höchste Zeit zur Abendrunde im Hof oder auf der Flussmauer. Meistens lädt Baba gegen 1 Uhr nachts, oft auch später, noch zum Dinner ein, um dann nicht selten erst gegen 3 Uhr den immer liebevollen und ausgedehnten Segen zu geben.

Am nächsten Tag betont Baba in der Runde, wie wichtig es sei, im Alter auf sexuelle Erlebnisse zurückblicken zu können: »Sex ist ein Gesetz der Natur, wir könnten uns jetzt nicht an den jungen Hunden erfreuen, wenn es vorher keinen Sex gegeben hätte! Man kann alles verändern, sogar den eigenen Charakter, aber eine versäumte Jugendzeit kann man nie mehr nachholen!« Baba wendet sich an diejenigen, die meinen, der spirituelle Weg würde Sex oder Geldverdienen ausschließen – im Gegenteil. Er wird nicht müde zu betonen, wie wichtig es ist, das Leben mit allen seinen Aspekten zu leben:

»Ich habe schon oft darüber gesprochen – wofür ist Sex ein Symbol?« »Für die Einheit!«, antwortet eine Devotee. Baba fährt fort: »Wenn zwei Menschen sich lieben, wollen sie schließlich die körperliche Vereinigung. Wenn es dazu nicht kommt, fehlt etwas, immerhin empfindet man das als den Gipfel der Freude (*peak of joy*). Genau so sehnen sich Gott und Devotee nacheinander und wollen auch zusammenkommen – der Höhepunkt ist das Verschmelzen. Ohne Sex wärt ihr nicht da, und wenn ihr nicht da wärt, wäre ich nicht in meiner menschlichen Form gekommen!«

* * *

Familien- *April 2004* – Im Tempel von Kurnool läutet Baba für alle
konferenz hörbar um 12 Uhr mit der Glocke zur Runde und schlägt
mit den Stöcken auf die große Trommel. Nachdem Er mir
die Trommelstöcke gegeben hat, nennt Er einige Namen
aus der Gruppe, die sich jetzt »die Köpfe zusammen-
schlagen«. Eine weint schon, weil sie angeblich von einer
anderen zurechtgewiesen wurde. Baba fühlt sich von unwichtigen Briefen und belanglosen Fragen behelligt, zum
Beispiel »ob sie sich die Nasenhaare oder die Schamhaare
schneiden sollen«. Eine andere Devotee, bei der man
befürchten muss, dass sie selbst bei diesen kleinen Konflikten in Tränen ausbricht, erntet von Baba vorbeugend
die Warnung: »Das Weinen ist jetzt beendet!«

Seit kurzer Zeit gibt es zwei »offizielle« E-Mail-An-
schlüsse im Ashram, wodurch die Gefahr besteht, dass
unterschiedliche Fragenbeantwortungen und Informationen verschickt werden. Der Grund sind Kompetenz-
streitigkeiten und Rivalität. Ergebnis: Nur ein offizieller
E-Mail-Anschluss wird erlaubt. Das manipulative und
rüde Verhalten einer anderen Devotee gegenüber ihren
Mitbewohnern bringt ihr von Baba die strenge Bemerkung ein: »Auf mich wirkt nur Hingabe!«

Die Nachmittagsrunde wird von einer Devotee verhindert, die trotz Verbot in diesem Raum mit einigen
Besuchern *Satsang* macht. Baba weist mit klaren Worten
auf die Ashramregeln hin und droht Konsequenzen
an. Am nächsten Tag ist sie von der Permanentenrun-
de ausgeschlossen, was sie jedoch nicht versteht, weil
sie immer noch glaubt, nur ihre Pflicht getan zu haben.
Plötzlich bricht eine Devotee in einen Wutanfall aus, ihr
Nachbar beschäftigt sich unaufhörlich mit seinen Füßen,
und sie empfindet das als unappetitlich. Dieser ist jetzt
umgekehrt beleidigt, weil er das lieber »unter vier Augen«
geklärt haben wollte. Danach muss er noch eine weitere
Kritik aushalten, wobei er sogar Tränen in die Augen
bekommt. Baba appelliert, freundlich statt hart zu reden
und Fehler taktvoll anzusprechen. »Jeder hat Vorlieben
und Abneigungen, aber wenn man für Baba arbeitet,
sollte man das zurückstellen! Wir sind hier eine Fami-

lie! Wir sind menschliche Wesen mit unterschiedlichen Gefühlen und Emotionen und müssen uns gegenseitig verzeihen, damit wir mit guten Gefühlen weitermachen können!«

Jetzt fängt die nächste Devotee an zu weinen. Seit Tagen laufen ihr beim geringsten Anlass die Tränen, weil sie auf eigenen Wunsch aus ihrem Zimmer ausgezogen ist und nun in einem besseren wohnt, aber die Gründe für den Umzug gehen ihr weiter nach. Baba wendet sich ihr zu: »Denke nie über die Vergangenheit nach, höchstens über gute Dinge! *Go for good feelings!*« Ein Besucher hatte den Auftrag, von einem befreundeten Devotee, der Babas Projekte von Anfang an großzügigst unterstützt, eine größere Spende mitzubringen, die hier dringend für schon begonnene Bauarbeiten benötigt wird. Er meint jedoch treuherzig, dass das Geld besser bei seinem Auftraggeber aufgehoben sei. Alle sind sprachlos über diese Dreistigkeit, während Baba vor sich hin singt: »Sorge dich nicht, sei nicht traurig!«

Osterzeit 2004 – Nicht zu aller Vergnügen hat Baba eine neue Nachmittagsbeschäftigung eingerichtet, die heute beginnt: von 17 Uhr bis 18 Uhr wird jetzt Federball gespielt! »Für Spaß und Gesundheit!«, versucht Baba die neue Aktivität auch den nicht so Sportlichen schmackhaft zu machen. Danach segnet Er die vier Schläger. Eine Devotee kann die Veränderung des Nachmittagsprogramms nicht verkraften. Obwohl Baba verspricht: »Wir sind nur eine Stunde getrennt!«, fällt sie in Depression und zieht sich zurück. Es zeigt sich schnell, dass Baba zu dieser Zeit mit einigen total Unsportlichen in Seinen Räumen sitzt, was Eifersuchtsreaktionen bei manchen Spielern hervorruft. Später versuche ich, der depressiven Devotee das Spielen schmackhaft zu machen, aber Baba hält mich zurück: »Sie macht sich ihre Hölle selbst! Kein Trost, sie ist intelligent und kann selber nachdenken!« Nach diesem Tag voller Tränendramen, Klagen und Streitigkeiten, betastet Baba Seinen Hals, der Ihm vom vielen Sprechen wehtut, zusätzlicher Lärm von draußen zwingt Ihn dazu, lauter als sonst zu reden: »Immer muss ich alles wiederholen, weil ihr es mental oder akustisch nicht versteht, und dann mit hängenden Gesichtern da sitzt. Das ist anstrengend und langweilig für mich, weil ich mit meinen Gedanken und Worten schon weiter bin. Gebe ich euch nicht genug Liebe? So, wie ihr da sitzt, könnte man es denken, aber mehr geht nicht! Ich habe es satt! Immer muss ich in eure leeren Gesichter sehen, ohne Emotionen, ohne Gefühle – Jesus wurde nur einmal gekreuzigt, ich werde jeden Tag gekreuzigt, jeder Devotee ist ein Kreuz für mich!«

Schon früh sitzt Baba abends im Singraum. Draußen steht nur eine Teekanne statt zwei. Der Wachmann ist dabei, eine große Lache Tee aufzuwischen. Ich erfahre, dass Baba kurz draußen war und beim Reingehen der Teekanne einen Fußtritt versetzt hat. In der Zwischenzeit hat Baba Seine Haare kürzer geschnitten: »Ihr seht, mir gehen vor Kummer die Haare aus!« Aber das sagt Er schon wieder mit einem Lächeln: »Eine große Seele ist nur einen Moment ärgerlich, dann ist sie wieder freundlich!«

Am nächsten Morgen läutet Baba am späten Vormittag wieder zur Runde. Beim Tee legt Er wegen der Sommerhitze den um die Schultern gelegten Dhoti ab und deutet auf Seinen Bauchnabel, der, wie seine ganze Gestalt, besonders klein und fein ist. Da der Sari von den indischen Frauen oft unterhalb des Bauchnabels gebunden wird und beim Gehen und Arbeiten häufig sichtbar ist, ist er kein Tabuthema. Eine deutsche Besucherin zeigt ihren großen Bauchnabel, der deutlich hervorsteht. Beim Gespräch über »Bauchnabel« fällt von Baba die Bemerkung: »Manchmal werden Fehler beim Abbinden der Nabelschnur gemacht!« Etwas irritiert frage ich innerlich, was dieses Thema soll, und sofort kommt die deutliche Antwort: »Abnabeln!« – wie die gut genährten Babyhunde, die bald genügend Kraft haben werden, auf eigenen Füßen zu stehen und die erschöpfte Mutter in Ruhe lassen …

»Einige verstehen, was ich sagen will«, beginnt Baba Seine Botschaft am nächsten Morgen. »Egal, ob ich in der

Gegenwart, Vergangenheit oder Zukunft spreche, durch ihre Hingabe sind sie ständig auf mich ausgerichtet. Sie reflektieren Gott wie eine Glasscherbe das Sonnenlicht. Das Stück Glas ist wie die Sonne selbst! Einheit mit Gott kann ein Zustand sein oder ein Gefühl oder kann in einem Symbol wie diesem ausgedrückt werden. Um Einheit zu erfahren, braucht man nicht zu sterben! Die Pflicht, die jeder sich auferlegt hat, wenn er sie mit Liebe erfüllt – das ist Gott!« Devotee: »Mich hat beschäftigt, dass Baba vor einigen Tagen gesagt hat: *Ich tue nur meine Pflicht!*« Baba: »Ich fühle keine Langeweile, weil ich alles aus ganzem Herzen, mit Liebe und Hingabe tue. Darum ist nichts eine Bürde für mich. Bevor ich geboren wurde, wurde ich auf meine zukünftigen Aufgaben eingestimmt (*tuned*), wie der Ventilator dort an der Decke – nicht weniger und nicht mehr. Ich kann ein Modell sein für euch, dass ihr eure Pflichten auch so mit Hingabe und Liebe erfüllt!«

Am nächsten Tag überrascht uns Baba zur Vormittagsrunde mit dem Plan, gemeinsam den Film *Die Passion* anzusehen. Die Grausamkeiten der Kreuzigung Christi sind realistisch und sicherlich nicht übertrieben dargestellt. Beim anschließenden Essen fragt Baba: »Warum haben wir den Film gesehen?« Als alle schweigen, gibt Er die Antwort selber: »*To cross the cross!*« Dieses englische Wortspiel kann in Deutsch nur sinngemäß übersetzt werden mit: »Um das Kreuz hinter uns zu lassen!« / »Um das Kreuz zu durchkreuzen!«

Wie immer bleibt es bei Baba nicht bei Worten, sondern die spirituelle Übung folgt schon bald – immer dann, wenn es niemand vermutet. In der Abendrunde beschimpfen sich mehrere Devotees in alter Weise. Einige ältere Devotees liegen seit langem im Clinch mit einem jüngeren Mitbewohner, der sich über die älteren, sehr aktiven Ladies und ihre Arbeit abfällig äußert, obwohl diese alles andere als wehleidig sind. Sie fühlen sich an alte ähnliche Kränkungen erinnert, und nutzen die Situation, um ihren Herzen lautstark Luft zu machen. Eine erzählt, wie sie sich gefreut hat, dass er einmal lächelnd auf sie zukam, dann aber an ihr vorbeiging, weil er jemand anderes meinte, und drückt dabei sehr authentisch ihren Schmerz und ihre Enttäuschung aus. Diese persönliche und mutige Offenbarung ändert die ganze Situation. Der junge Mann sieht sie erstmals ernsthaft an und drückt aus, dass er nie realisiert hat, was seine Bemerkungen anrichten: »Das wusste ich nicht!«, sagt er und seine Entschuldigung ist ehrlich. Allen rollt sichtbar ein Stein von der Seele: »Eine neue Zeit fängt an!« »So eine Versöhnungsrunde gab es noch nie!« »Das war ein Beispiel für *to cross the cross*!« Alle sagen, dass sie in Zukunft mehr Verständnis füreinander haben wollen. Baba, der bis jetzt still zugesehen hat, spricht das Schlusswort: »In allen Familien wird gestritten, jedes Ehepaar streitet und versöhnt sich. Eine Zitrone bleibt eine Zitrone, egal, was man macht, aber es ist nett, sich zu entschuldigen!« Noch am nächsten Tag sind viele bewegt und glücklich über diesen Abend. Solche spontanen Versöhnungen sind im Ashram nicht selbstverständlich und nicht das Ergebnis therapeutischer Bemühungen. Die Verantwortung für das, was heilen will, trägt jeder selbst. Wie immer hat Baba nur den Kampfplatz abgesteckt und zugelassen, dass das, was im Verborgenen schwelte und die Atmosphäre vergiftete, sich entladen konnte und die Luft rein wurde wie nach einem Gewitter.

* * *

»Das göttliche Mysterium«

Nach den Abendbhajans bekommt der Besucher, der aus unverständlichen Gründen die aufgetragene Spende nicht an Baba abgeben wollte, den besonderen Segen, das Arati zu geben, also die Kampferflamme zu schwenken. »Ja, das war ein spezieller Segen für ihn«, bestätigt Baba: »Er hat viele Aufgaben für Baba zu erledigen! Wenn mich etwas berührt, macht sich Gott sofort zum Diener für den Devotee und möchte ihm die Füße küssen – andererseits kann ich sehr wild werden!«

»Ich bin ein ewiger Kämpfer«, Baba zeigt auf Herz und Kopf, »physisch will ich den Menschen ein Beispiel geben. Die Kräfte eines Menschen sind sehr begrenzt, wie ein Moskito (er gehört ja auch zu den Tieren) – aber wenn er sich sehr anstrengt, nicht aufgibt und immer kämpft, dann kann er so viel Wissen und Weisheit erringen und sich so hoch entwickeln, dass alles und jeder sich ihm unterwirft (*surrender*). Wenn man ein großes Ziel vor Augen hat, dann kämpft man, strengt sich an und merkt die Unannehmlichkeiten nicht! Die Leute, die zu mir kommen, werden ganz klein und falten die Hände, und mögen sie noch so einflussreiche Positionen haben, es ist, wie wenn ein Stern zur Sonne kommt.«

Vor zwei Monaten hat Balasai Baba als *chancellor* und *governor* die Leitung der *Kalinga*-Universität in Raipur bekommen, zur gleichen Zeit ehrt Ihn die UNO mit dem Titel *Botschafter des Friedens*. Der Gouverneur des Bundesstaats Chatthishgar hat Balasai Baba ins Ministerkabinett auf Lebenszeit berufen. Die indische Regierung schlägt Balasai Baba als *Friedensnobelpreisträger für Asien* vor. Baba hat Seine medizinische Ausbildung abgeschlossen und mehrere wissenschaftliche Diplome an verschiedenen Universitäten erworben, aber trotzdem schüttelt der indische Ashram-Manager den Kopf und versteht nicht, warum Baba ohne eine spezielle Ausbildung solche Ehren zuteil werden. Eine deutsche Devotee gibt ihm die Antwort: »Das ist ein Mysterium!« Wobei sie hinzufügt: »Baba ist jenseits der Regeln und Gesetze der Schöpfung, Er ist die Verkörperung der Liebe und gleichzeitig durch nichts zu berühren, Er ist Alles und Nichts!« Baba zupft an den Fingern herum und die aufmerksame Devotee bringt Ihm eine kleine Spezialschere. Baba: »Seht, das ist ein Beispiel! Wenn ein Devotee sich ganz Gott übergibt, kommt Gott sofort und gibt ihm das, was notwendig ist!« Bevor Er aufsteht, betont Baba noch einmal: »Arbeitet hart, um Gott zu erreichen!« Und noch einmal nachdrücklich, wobei Er mich ansieht: »Arbeitet hart!«

Gegen 23.30 Uhr mit Baba im Singraum: »Um ein Uhr machen wir Schluss!« Ich sitze, Müdigkeit überkommt mich, bevor der Schmerz sich richtig aufbaut. Dann plötzliches Schwitzen – der Schmerz steht. Ich bleibe mental ganz auf der physischen Ebene. Der Schmerz bleibt, aber ein neuer *neutraler* Zustand von Schmerz/Nichtschmerz stellt sich ein, der große Konzentration braucht, um ihn zu halten. Das Bild einer Wohnung, die eine Etage höher liegt, tritt dazu. Ein anstrengender »Umzug«! Der Abend endet um 2 Uhr – ein »Trick«, um länger durchzuhalten? Länger geht wirklich nicht mehr, denn ich muss pinkeln, was ich meiner Nachbarin mit aufeinander gebissenen Zähnen zuflüstere – aber Baba entgeht nichts und niemand versteht, warum Er vor dem Segen das Wort *Pinky* sagt. Baba bedankt sich, dass alle solange mit Ihm ausgehalten haben: »Mit mir zu sitzen bedeutet, Kraft zu bekommen!«

Mai 2004 – Es ist heiß. Die Vormittagsspielwiese findet heute auf dem kühlen Marmorboden der Bühne im Tempel in Hyderabad statt. Wegen ihrer starken Rückenschmerzen ist es einer Devotee erlaubt, sich auf den Rücken zu legen. Das Thema: *Schmerzen*. »Vielleicht bin ich in einem halben Jahr schon tot«, sagt die Devotee. »Sicher nicht«, antwortet Baba »Ich habe dich für ein langes Leben gesegnet!« »Aber das kann Baba doch zurücknehmen!«, hofft die Devotee. »Ich bin nicht wie die Menschen, was ich einmal entschieden habe, ziehe ich nie mehr zurück, aber vorher denke ich zweimal!«

Baba erzählt, wie als junger Mann niemand Seinen gebrochenen Arm bemerkt hat, stattdessen bekam Er eine Woche lang jeden Tag schmerzhafte Massagen, bis schließlich ein Röntgenbild zeigte, dass die Knochen (so zart wie Kinderknochen) total verschoben waren. Seit Seiner Geburt erschwert Ihm eine Anomalität von Steißbein und Wirbelsäule das Sitzen, und die Ärzte haben Ihm empfohlen, wenig zu sitzen und zu stehen, aber Baba sagt: »Darum kümmere ich mich nicht!«, und wenn Er nicht sitzt, dann steht Er. »Ich weiß bis heute nicht, ob ich lebe, ich handele spontan, wie ein Roboter!« Unvermittelt wechselt Er das Thema: »In unserem göttlichen Königreich ist jeder Einzelne ein König. Ich bin der Kaiser. Ich bin der Devotee meiner Devotees. Ich bin der Sklave meiner Devotees. Die Devotees sind meine Könige!« Dann lässt Er sich die neueste Ausgabe der *Balasai News* geben, blättert darin herum und lässt sich von mir einen Artikel vorlesen und übersetzen, den ich aus Anlass der Übernahme von Balasai Babas Leitung der *Kalinga*-Universität in Raipur geschrieben habe. Obwohl ich überzeugt war, die neuen Rechte und Funktionen Babas korrekt dargestellt zu haben, reagiert Baba sehr ärgerlich und drückt aus, dass Er völlig missverstanden worden sei und alles Unsinn wäre. Ich gerate sofort unter massiven Stress, gehe nach dem gemeinsamen Essen in mein Zimmer, wo ich meiner depressiven Müdigkeit nachgebe und sogar das Federballspielen und anschließende Treffen mit Baba verschlafe.

In der Abendrunde spielt Baba deutlich darauf an: »Wenn es ein Problem gibt, wird ein *Hero* zur *Zero* (ein Held wird zur Null)! Durch Furcht entsteht Stress, daraus resultiert der Verlust des Selbstvertrauens, was in Konfusion mündet. Das Schwarze Loch wird dein Grab, das du auch noch zuschüttest! Statt Furcht entwickele Vertrauen, Hingabe und Liebe – das ist eine Übung!« Damit hat Baba mir die Treppe nach unten vom Nachmittag perfekt beschrieben – an dieser Übung hatte ich noch lange zu arbeiten …

Scheinbar wechselt Er jetzt das Thema – Baba berichtet, dass in der *Balasai Baba International Residential School* alle Schüler der 10. Klasse das Schlussexamen mit dem ersten Rang abgeschlossen haben. »Könnt ihr euch vorstellen, wie hart die Lehrer mit den schwachen Schülern arbeiten mussten? Auch hier nimmt jeder meine Botschaften unterschiedlich auf, je nach der geistigen Kapazität, der Sprache und der Konzentration – niemand kann es hundertprozentig erfassen!«

Danach beginnt Baba den Singabend – die Co-Sängerin und ihr Ehemann sitzen die ganze Zeit dabei, und als Baba spät in der Nacht den Segen gibt, wendet Er sich ihnen in einem nicht enden wollenden Gespräch zu. Allen fallen die Augen zu und das ungewohnte Stehen lässt alle von einem Fuß auf den anderen treten. Bevor sich die Tür hinter Baba schließt, gibt Er allen »ein Wort zur Nacht« mit auf den Weg: »Wenn ich ein Devotee wäre, wäre ich dankbar um jede Stunde, die Gott länger Darshan gibt!«

16. Mai 2004 – Mittagsrunde mit Baba. Gleich zu Beginn der Runde fängt eine Devotee an zu weinen. Baba fragt nach dem Grund: »Es kommt von innen, ich fühle mich so schwer!« Scheinbar ausweichend antwortet Baba: »Die Natur hat auch Probleme! Sieh die Elefanten, sie können nicht leicht Liebe machen – immer rutschen sie ab! Oder die Löwen – sie haben nur an einem Tag im Jahr Sex und das nur, um Kinder zu machen.«

Ein Devotee bringt ein anderes Beispiel: »Bei den Spinnen gibt es Sorten, da fressen die Weibchen die Männchen!« Baba führt die Beispiele fort: »Bei den Tausendfüßlern und Schlangen geht jedes nach der Geburt seinen eigenen Weg, ohne sich um die Mutter zu kümmern!«

Das Thema, auf das Baba abzielt, heißt *attachment* – Bindung: »Der Mensch entwickelt vor allem Bindungen zur Mutter, zum Ehepartner und zu den Kindern.« »Aber der Mensch würde nach der Geburt allein nicht überleben!«, wirft eine Devotee ein. »Wie kommt das? Nur weil er einen *mind* hat, das beurteilende Denken!«, konkretisiert Baba das Thema weiter: »Davon hängt seine Größe oder seine Niedrigkeit ab! Die Inhalte des Minds bestehen vorwiegend aus Emotionen und Gefühlen. Wenn du ein gutes Essen siehst, wirst du verführt, es zu essen. Wenn du nach draußen in die Natur schaust, wird dich ihre Schönheit zu Gefühlen verführen. Was du am meisten liebst, daran bindest du dich! Daraus folgt: Kontrolliere den Mind, die Emotionen und Gefühle, entwickle keine starken Vorlieben oder Abneigungen. Dann ist der Mind friedlich. Führt auch eure Pflichten ohne Bindung aus, bleibt neutral!« Die anfangs weinende Devotee hakt hier ein: »Wie kann ich meine Gefühle kontrollieren? Und wenn mein Körper so schwer ist?« »Dann denke nicht an ihn!«, schlägt Baba vor. »Nimm ihn aus deinem Mind heraus. Sieh den Teller! Du brauchst ihn, um zu essen, und stellst ihn dann wieder weg. Du läufst nicht den ganzen Tag mit ihm herum. So hänge nicht immer an deinen Gedanken oder Gefühlen!« »Baba, hilfst du mir dabei?« »Merkst du nicht, dass ich dir die ganze Zeit helfe? Dafür bin ich hier! Wenn du zum Beispiel eine Verstopfung hast, bin ich der Wind, der von oben drückt, dass der Stuhl unten herauskommt. Aber du musst die Anstrengung selber machen! Diese Anstrengung ist die spirituelle Übung, durch die du auf den spirituellen Weg kommst. Ich sage noch einmal: Die menschlichen Beziehungen (also die emotionalen Bindungen) sind das Schwierige im Leben, der Fehler! Wer in der Liebe mehr Bindung entwickelt, stirbt schneller, weil er sich mehr Stress und Sorgen macht. Wer kontrollierter ist, lebt länger!« Devotee: »Dann sollten wir an den weltlichen Dingen nicht mehr interessiert sein, sondern nur noch die Bindung an Gott haben?« Baba: »Soll ich euch die Wahrheit verraten? Ich habe selbst eine Bindung.« Er unterbricht und schaut in die Runde – alle heben erwartungsvoll den Kopf: »Es ist die zu meinen Devotees! Die Devotees sind an Gott gebunden, Gott ist an seine Devotees gebunden. Jetzt sage ich euch die ganze Wahrheit (*the secret of the mystery*): Diese Bindung ist das einzig Gesunde, sie ist immer grün, immer jung, immer frisch. Wir gehen Hand in Hand zusammen zum Ziel. Die Natur dieser Bindung ist nicht physisch: Sie bedeutet, dass ihr dahin zurückkehrt, woher ihr kommt.« Devotee: »Darum braucht Baba die Kraft unserer Liebe!« Baba: »Wie die Nahrung euer Leben erhält, ist das Herz der Devotees das Leben für mich! Jetzt habe ich euch das Geheimnis zwischen Gott und Devotee verraten!« Zum Schluss wendet Baba sich noch einmal an die anfangs weinende Devotee, die jetzt nachdenklich wirkt: »Seit meiner Jugend kommen die Menschen mit Problemen zu mir. Wenn ich weinen würde, könnte niemand mich trösten. Darum habe ich den anderen Weg gewählt!« – und lächelt sie mit Seiner allumfassenden Liebe an.

* * *

Niemand lebt für sich

Juli 2004 – Zur Mittagsrunde zieht Baba mit den wenigen Besuchern und Permanenten in den Essraum im ersten Stock des Ashrams von Hyderabad. Durch die offenen Fenster weht frische Luft und in den Zweigen des Jammunkirschenbaumes kreischen und flattern Schwärme von Vögeln, für die die reifen, saftigen violetten Früchte eine Delikatesse sind. Baba sitzt im unbequemen Plastikstuhl, die Beine ausgestreckt auf einem Hocker. Eine Weile beobachtet Er das lebhafte Treiben im Baum und nippt an einer Tasse Tee, der gerade von der Köchin serviert wurde. Wie selbstvergessen beginnt Er zu sprechen: »Manche Menschen sind wie Bienen, die Honig sammeln, aber selber nichts davon haben – irgendwann bekommen es andere Menschen, die davon profitieren – solche Leben sind verschwendet!« Baba spricht hier von Menschen, die sich aus Geiz oder übergroßer Sparsamkeit nicht erlauben, ein für sich und andere großzügiges und komfortables Leben zu führen. »Anders ist es, wenn Menschen ihr Leben für Gott opfern und dann den Geizigen oder Über-Sparsamen die Möglichkeiten aufzeigen, wie sie das Leben sinnvoll machen können. Sie legen quasi deren Schalter herum, indem zum Beispiel die angesammelten Güter Gott zur Verfügung gestellt werden. Damit kann das Leben dieser Menschen soweit verändert werden, dass sie – ich will nicht übertreiben – beim Tode mit befreit werden können. Es ist möglich, so die ganze Familie und die ganze Generation mit zu Gott zu ziehen! Das geschieht aber nur, wenn der Devotee aus ganzem Herzen hingegeben ist und keine eigenen Interessen verfolgt.« Frage: »Wenn jemand aus der Familie selbst den spirituellen Weg geht, aber sich vielleicht falsch verhält, was ist mit dem?« (Verwandte der Fragenden hatten etliche Jahre als Devotees von Balasai Baba regelmäßig den Ashram besucht. Aus Angst um ihr Vermögen, um das nie jemand sie gefragt hatte, zogen sie es dann vor, ihre Besuche einzustellen.) Baba: »Wir sind großzügig, auch diejenigen werden mitgezogen, wenn die Hingabe des Devotees groß genug ist. Wichtig ist, dass man nicht negativ denkt. Die Entscheidung wird letztlich erst beim *eigenen Jüngsten Gericht* gefällt, wo der Devotee die Messskala für die anderen ist. Seine Liebe und Hingabe sind das Maß.« Wegen der fragenden Gesichter gibt Baba eine Erklärung: »Wenn ihr beim Fliegen das Gepäck eincheckt und euch in der Schlange vorwärts bewegt, können sich alle Menschen hinter euch mit bewegen. Wenn ihr stehen bleibt, geht das nicht! Für diese Arbeit zum Wohle der Menschheit brauche ich nicht Millionen von Leuten, sondern eine Handvoll echter Devotees, die ich mitnehme.« Frage: »Wie ist das, wenn man Zweifel hat?« Baba:»Das liegt nicht in meiner Verantwortung. Ich kann nur helfen, wenn Glauben und Vertrauen da sind. Schon Jesus sagte: *Dein Glaube wird dich retten!* Wege des Dienens sind entweder *worship* (Verehrung) oder *service* (Dienen). Hier bei Baba sind wir *service-oriented*, hier dienen wir gleichzeitig der Menschheit und Ihm selbst, indem wir Ihn auf diese Weise verehren. So ernten wir mit beiden Händen!«

* * *

Anfang Oktober 2004 hält Balasai Baba sich in Kurnool auf. Die nach der Regenzeit oft wieder einsetzende Hitze wird durch einen leichten Wind gemildert, der Tungabhadra ist voll Wasser, alle Pflanzen und Bäume im Garten des Ashrams strotzen vor Üppigkeit. Der Gärtner, ein abgezehrter Mann, für einen Südinder auffallend groß, ist ein langjähriger Devotee Balasai Babas. Er hat sein Dorf verlassen, um *Seva* für Baba zu machen, ein immer freundlicher, hilfsbereiter Mann, der den Garten hingebungsvoll pflegt. Geschickt nutzt er den wenigen Platz unter den hohen Bäumen und pflanzt auf engstem Raum die unterschiedlichsten tropischen Gewächse. Gerade hat er den Garten gesprengt: die Kokospalmen, Papayas mit Generationen von Früchten, die nacheinander reifen, gelbe essbare und kleine unreife grüne, Frangipani-Bäume, deren weiße, fünfblättrige Blütensterne das ganze Jahr betörend duften, spitze Agaven, Guavenbäume, deren Früchte gerade reifen und in die von Zeit zu Zeit

Gartentage

Scharen von aufgeregten Vögeln einfallen, lilafarbene Bougainvilleen und üppige Bananenstauden. In den Wassertropfen bricht sich die Sonne, auf der Flussmauer spielen unbefangen die Erdhörnchen, die für sie gefährlichen Milane kreisen hoch oben auf den aufsteigenden warmen Winden. Die Vielfalt von Formen und Farben ist in Europa unbekannt.

Baba sitzt im tiefen Schatten des Gummibaumes, halb verborgen vom Stamm. Er trägt nur einen Dhoti, und die Sonnenkringel spielen auf Seinem nackten braunen Oberkörper. Manchmal verschwindet Er im Spiel der hellen und dunklen Schatten, zumal eine Zwergpalme den ausländischen und den indischen Devotees des Ashrams, deren Stühle in einigem Abstand zwischen den Hibiskussträuchern stehen, zusätzlich die Sicht erschwert. Bei Mr. Rama Rao – Babas Projekt-Manager ist auch hier im Amt – klingelt immer wieder das Handy: Baba wird für 2005 von Vertretern der UNO für den Nobelpreis vorgeschlagen, eine Gruppe von indischen Devotees hat an der Küste des Golfs von Bengalen einen Tempel gebaut – *Balasai-City*. Heute Abend bekommt eine Delegation von ihnen Babas Segen und ein lebensgroßes Bild.

Die Sonne steht schon höher, als Baba alle zum Essen einlädt: Man holt Seinen Essteller und bedient sich selber vom großen Tisch mit den Töpfen voller Reis, Gemüse, Dhal und Joghurt, der extra in die Nähe getragen wurde. Baba und den indischen Devotees wird von der Hausherrin auf großen Tellern persönlich serviert. Nach dem Tischgebet verstummen die Gespräche, lautlos wird nachgefüllt oder ein Nachschlag geholt. Nachdem alles abgeräumt ist, beginnt der zweite Teil des Nachmittags: Babas Plastikmatte wird ausgerollt und wer will, darf bleiben und mit Ihm *Siesta* machen und entweder auf dem Stuhl oder auf dem Boden ein Nickerchen halten. Baba sitzt (jetzt vor dem Gummibaum) auf der Matte, entfaltet die noch ungelesene Tageszeitung und verschwindet hinter den Seiten – Zeit für einige Minuten Privatheit –, bevor Er sich auf der Matte ausstreckt und sich zumindest physisch entspannt, indem Er der Runde den Rücken zukehrt. Manche ziehen die Kühle des Zimmers und das bequeme eigene Bett vor. Um diese Zeit nimmt die Hitze zu, der Wind legt sich, die Moskitos sind ungestört und der Schweiß läuft, nur die Krähen unterbrechen die Mittagsstille …

Gegen 17 Uhr ist die obligatorische Teepause. Längst haben sich die meisten wieder eingefunden und sind dankbar für das muntermachende, süße Getränk: alle warten, bis Baba sich auf Seiner Matte aufgerichtet hat und Seine dampfende Tasse erhebt: »*Cheers!*« Die Zeit der Dämmerung ist in den Tropen kurz, es dauert nicht lange, bis die Farben verschwinden. Baba macht tierisch-menschliche Grimassen: »Gott sei Dank können wir uns nicht mehr sehen!« Wie mit Blättergewand und -krone geschmückt löst sich Seine dunkle Form in das Blatt- und Zweiggewirr auf und verschmilzt mit der Umgebung – der »Herr der Natur« …

From Baba's form over colourless to formless (Von Babas Form über die Farblosigkeit zur Formlosigkeit) erinnere ich einen Satz von Ihm an einem Singabend vor nicht allzu langer Zeit. Beim langen Sitzen, als nur die absolute Konzentration auf Seine Form half, die Schmerzen zu überlagern, sah ich einige Abende lang Babas Gestalt und die Umgebung nur in Grautönen – alle Farbtöne waren verschwunden. Zunächst glaubte ich, meine Augen seien überanstrengt, aber das gleiche Phänomen wiederholte sich mehrere Abende, bis Baba es mit den oben genannten Worten bestätigte.[3]

Es ist schon dunkel, als Babas dunkle Gestalt sich plötzlich erhebt. Im Vorbeigehen steckt Er mir eine Guave zu: »Sie ist von mir, nicht von den Vögeln!« Die Zeitung unter den Arm geklemmt, tritt Er ins Licht der Scheinwerfer, die den Tempelhof beleuchten, und eine entspannte Gruppe bewegt sich über den Platz in Richtung Babas Wohnraum: voran Täng, die noch junge Ashramhündin, die vom ersten Tag ihres Ashramlebens nicht von Babas Seite weicht, dann Mr. Rama Rao mit Baba, der, mehr als einen Kopf kleiner, ihm die Hand auf die Schulter gelegt hat, dahinter in lockerer Anordnung die indischen Ashrambewohner und ausländischen Besucher.

Baba steigt die Stufen herauf zu Seiner Tür, wo Er sich noch einmal winkend umwendet: »Wir sehen uns später!« Die Bhajanzeit hat schon begonnen. Im Osten färben die purpurnen, orangenen und lilafarbenen Wolken der Abenddämmerung die Wellen des Tungabhadra. Unter zartrosa-hellblau getuschten Federwolken fliegen wie immer um diese Zeit die weißen Reiher in exakten keilförmigen Schwärmen über das Ashramgelände zurück zu ihren Schlafplätzen.

* * *

Die Arbeit der Göttin

In der Abendrunde gibt Baba einen kleinen Vorgeschmack auf *Dasara*, das zehntägige Fest der göttlichen Mutter, die verehrt wird als höchste Schöpfungskraft. Unter dem Einfluss dieser Energie reagieren automatisch die Schwachstellen der schwerstofflichen Körper in Form von Ängsten, Panikattacken, wütender Abwehr oder Depression. Obwohl Babas Worte neutral und wenig konkret sind, reagiert eine Gruppe von Besuchern heftig auf das nicht neue Geld- und Spendenthema mit ärgerlichen Rechtfertigungen und Distanzierungen. Das Hauptargument: Gott und Geld haben nichts miteinander zu tun!

Bis jetzt hat kaum jemand verstanden, dass Balasai Baba die Finanzierung der sozialen Projekte in die Hände der Devotees legt, da Er selbst über kein Einkommen verfügt. Was jeder beiträgt, ist ihm allein überlassen, aber der Segen, vielleicht nur eine kleine Summe von Herzen zu geben und mit Gott zusammen arbeiten zu dürfen, ist ihm gewiss – Baba spricht oft über die Bedeutung des »kosmischen Bankkontos«, nur das begleitet uns über die Todesschwelle. Baba heizt die Aufregungen an. Sein Vorschlag, wir Lehrerinnen könnten einen zehntägigen Deutschkurs für die Einwohner Kurnools geben, stößt nicht auf Begeisterung, doch ich weiß, dass sich ein praktischer Weg finden lassen wird. Die japanische permanente Devotee soll einen Japanisch-Kurs geben, und die Krankenschwester-Riege soll sich mit der Idee vertraut machen, die verschiedenen Inhalte eines »Erste-Hilfe-Kurses« an die Bevölkerung weiterzugeben. Verschiedene Grade von Weinen, Abwehr und Schock spiegeln sich auf den Gesichtern, aber Baba schaut zufrieden in die Runde: »*I was successful!*« und wechselt das Thema. Die angesprochen Devotees haben Zeit, vor sich hin zu kochen.

Die nächste Überraschung ist, dass Baba die Festeszeit in der Schule verbringen will, obwohl man in Hyderabad schon begonnen hat, die üblichen Vorbereitungen zu treffen. Die schon bestellte Statue der Göttin lässt Baba kurzum telefonisch canceln, um das Geld zu sparen. Der Devotee soll stattdessen das vorgesehene Geld spenden, denn »wenn Baba nicht da ist, kommt niemand!«.

Am nächsten Tag beginnt die Dasara-Zeit. Noch vor der Abfahrt in die Schule ruft Baba zur Runde: »Was habt ihr entschieden?« Niemand antwortet, einige stehen unbewegt abwartend im Hintergrund, andere kramen nach Taschentüchern, um heimliche Tränen abzuwischen, eine erklärt sich laut schluchzend für nicht fähig und die Japanerin hat ihr Problem so gelöst, dass sie einen Ersatz aus Japan vorschlägt. Nichts wird stattfinden, aber es dauert noch eine Weile, bis die emotionalen Aufgeregtheiten, um die es Baba in dieser Schocktherapie allein ging, verebben. Gegen Mittag beginnt die Abfahrt zur Schule.

Am einem der letzten Tage der Festeszeit wird Baba von einer Gruppe älterer Wandermönche auf dem Schulgelände aufgesucht. Vier Tage haben sie im Tempel von Kurnool auf Babas Darshan gewartet, heute empfängt Er sie hier, auf dem Rasenstück vor seinem Wohnraum, im Kreise von Lehrern und indischen und ausländischen Devotees. Es ist berührend, die ausgemergelten Gestalten mit teils zerschlissenen Dhotis in ihrer Schlichtheit, Andacht und Hingabe zu sehen. Baba holt sie nah zu sich heran und wirkt im lebhaften und unbefangenen Gespräch wie einer von ihnen. Dann verteilt Er unter Scherzen und Lachen eine Schüssel Äpfel und segnet jeden Einzelnen. Sie nehmen ihre Stöcke und ihre Taschen und verabschieden sich rückwärts gehend und ehrfürchtig verbeugend. Von den Indern bekommen sie Geldscheine und in der Schulküche ein warmes Essen – heute ist *Annapurna*, der ernährende Aspekt der Göttin. Nur eine halbe Stunde waren diese alten Gottsucher Baba nah und ziehen bescheiden, dankbar und zufrieden fort. Zumindest die ausländischen Besucher blicken ihnen nachdenklich und tief berührt nach.

Die Festtage auf dem Schulgelände sind für Balasai Baba harte Arbeit. Die Zeit ist ausgefüllt mit Besprechungen mit den Schulleitern, dem Lehrerkollegium, den Angestellten. Nach vier Jahren leben hier annähernd eintausend Schüler, etwa sechzig Lehrer und ihre Familien und fast zweihundert Angestellte, die in der Küche, im Internat, in der Wäscherei, auf den Gemüsefeldern und im Büffelstall und als Reinigungspersonal, Fahrer, Gärtner und Wachpersonal arbeiten. Nur eine detaillierte Planung garantiert einen reibungslosen Tagesablauf. Eine permanente Devotee, die beobachtet, dass Baba den ganzen Tag während der vielen Gespräche sitzt, sich keine Entspannung gönnt und die Rückenschmerzen in Kauf nimmt, rät Ihm mütterlich: »Baba, Du musst mehr laufen!« Baba, der niemandem eine abschlägige Antwort gibt, antwortet: »Ich will darüber nachdenken!«, und dann, kaum hörbar: »Warum einen Umweg machen?«, was so viel bedeutet wie: »Bevor ich nicht meine Pflicht auf der Erde erfüllt habe, kann ich nicht zurückgehen, warum soll ich Zeit verschwenden, indem ich mich um meine Gesundheit kümmere?«

Am nächsten Tag fährt Er zurück nach Hyderabad, um die indischen Devotees nicht zu enttäuschen, für die der *Zehnte Siegreiche Tag* (*Vijaya Dasami*) einer der religiösen Höhepunkte des Jahres ist und sie den Segen Balasai Babas erwarten.

Die Tage in Hyderabad sind durchorganisiert: ab 6.30 Uhr folgt eine Puja nach der anderen und jede dauert Stunden, dazwischen werden besondere Übungen praktiziert, zum Beispiel sollen die *300 Göttlichen Namen* hunderttausendmal rezitiert werden, was auch bei einer Anzahl von fünfundzwanzig Frauen – jeder Name zählt dann 25mal – seine Zeit dauert. Mehr aus Neugier habe ich mich auf diese Übung eingelassen. Die Gruppe rezitiert zügig und konzentriert und nach etwa zweieinhalb Stunden hebt eine Devotee die Hand, um das Ende anzuzeigen. Ich fühle mich erstaunlich wach, klar, erfrischt und entspannt.

Gegen Mittag ruft Baba zur Runde. Frage: »Wenn alles Gottes Wille ist, ist es dann egal, was ich tue?« Baba: »Es kann so sein, das hängt von deinem Bewusstsein ab. Wenn du alles in vollem Glauben und Vertrauen auf Gott tust, verändert sich alles in den göttlichen Willen. Darum verbinde immer bei allem, was du tust, dein Herz mit Gott und sei positiv! Wenn du auch das Negative positiv nimmst, dann ändert sich das Negative automatisch ins Positive!« Frage eines gerade angekommenen neuen Besuchers: »Während der Reisevorbereitungen sah ich in meiner Meditation Baba und Ganesha. Wie kann das sein?« Baba: »Früher musstet ihr erst lange streben und zu Gott beten, bevor Er euch gesegnet hat. Heute segnet euch Baba mit spirituellen Erfahrungen schon bevor ihr zu Ihm kommt! Früher war Gott Gott und der Devotee der Devotee. Heute stehen Gott und Devotee zusammen auf der gleichen Ebene.«

Nach einem langen Tag lädt Baba noch um 22.30 Uhr zu einem Singabend ein. Er singt außergewöhnlich spritzig und lebendig und *verschenkt* bis 2 Uhr morgens Seine Lieder vor allem an die neuen Besucher, die überrascht und beglückt sind.

Der *Zehnte Siegreiche Tag* beginnt bei mir mit Tränen. Das Sitzen bei der Morgenpuja bereitet elende Schmerzen und zum tausendsten Mal frage ich nach dem Sinn des Ganzen. Will ich leiden? Ist alles nur Teil eines selbst erzeugten Druckes, den ich auch in anderen Situationen an mir beobachtet habe? Sollte ich beim Singprogramm doch auf einem bequemen Stuhl sitzen? Aber immer wieder hatte Baba mir ein ermutigendes Zeichen gegeben, das habe ich mir nicht eingebildet. Abends ist der

Tempel gedrängt voll, auch Nicht-Devotees holen sich den Segen dieses für sie wichtigen Tages. Als Baba die Stufen von der Bühne heruntersteigt, rutschen alle noch enger zusammen, um Ihm einen Weg durch die Menge zu ermöglichen. Baba beginnt auf der Männerseite und automatisch ziehe ich die Beine an, um sie zu entspannen. Obwohl Baba gerade *Vibhuti* verteilt und mir den Rücken zuwendet, unterbricht Er, dreht sich herum und schaut direkt herüber …

Später, auf der Frauenseite, reicht eine Mutter mit einem etwa dreijährigen Kind auf dem Arm Ihm eine Tafel, auf die Baba langsam ein OM-Zeichen malt. Das Kind steht vor dem Eintritt in den Kindergarten, in Indien der Beginn der Schulzeit. Vor diesem wichtigen Lebensabschnitt suchen die Eltern den Segen des spirituellen Meisters. Neben mir sitzt eine alte, ärmlich aussehende Frau. Lange bleibt Baba bei ihr stehen, hält ihre Hand, lacht und spricht mit ihr, beantwortet ihre Fragen, die sie unbefangen stellt. Er geht erst weiter, nachdem sie Seine Füße berührt hat, deutlich gestärkt und lebendig lächelt sie mich an. Nach zwei langen Stunden gibt Baba den Segen, um schon eine Stunde später zum Singprogramm einzuladen. Baba sagt nur zwei Worte: »Ulgurke, okay?« Alles klar … Obwohl man Ihm die Anstrengungen des Darshans ansieht, singt Er kraftvoll und fast übermütig die nächsten drei Stunden mit der unerschöpflichen Energie der Göttin.

* * *

Die Kraft des Mantras

Eine Gruppe neuer Besucher wundert sich. Eigentlich hatten sie eine Reise zu Sathya Sai Baba gebucht, in dessen Namen sie sich schon seit einigen Jahren in Deutschland regelmäßig getroffen haben. Nur aus Neugier und weil Hyderabad bequem auf dem Weg nach Puttaparthi liegt, wird ein kurzer Zwischenstopp bei Balasai Baba eingelegt, über den man wenig weiß. Aber schon nach einem Tag ist man im Zweifel, ob man weiter fahren soll oder ob die Kursänderung doch kein Zufall ist. Beim

Vormittagstee am *Zehnten Siegreichen Tag* lüftet Baba das »Geheimnis«: »Sathya Sai und Bala Sai waren in einem Wettstreit. Die Gruppe hatte zunächst bei Sathya gebucht, war aber zuerst bei Bala Sai angekommen. Jetzt hat Bala Sai gewonnen!«

Von der Sonne knackt das Plastikdach heftig, es klingt, als ob dicke Wassertropfen regneten. Mehrere Besucher sollen die Ursache herausfinden, aber Wasser wird nicht entdeckt. Baba formuliert das Thema der Untersuchung: »Um die Verhältnisse zu kennen, muss man sie genau prüfen!« Das ist eine Botschaft an die Gruppe und deren analytisch und kritisch denkende Initiatorin. Die Gruppe ist nicht zu Sathya Sai Baba weitergefahren, sondern kommt seitdem zweimal im Jahr.

Nach vielen Witzen und Wortspielen ist es Baba warm geworden, Er zieht die förmliche Robe aus und knotet sie sich um den Hals: »Früher war ich Suppenkasper, jetzt bin ich Superman!« Mit diesen Worten steht Er auf und gibt das Signal zur Essenspause. Winkend verschwindet Baba um die Hausecke – mit wehendem Superman-Umhang.

Am Spätnachmittag ist die Abschlusspuja. Am Ende der Zeremonie trägt der Priester einen dicken, prallen, prunkenden Kürbis bis zur Straße und wirft ihn mit aller Kraft auf den Boden, wo von der stolzen Gestalt nur faserige Stücke aus mürbem Fleisch übrigbleiben: der symbolische Tod des Ego …

Pünktlich um 12 Uhr eröffnet Baba am nächsten Tag die Runde. Frage: »Ich meditiere schon seit Jahren über *Wer bin ich?*, aber ich habe große Schwierigkeiten, meine Gedanken ruhig zu halten. Kann Baba mir helfen?« (Der große indische Heilige Ramana Maharshi empfahl seinen Schülern, bei der Meditation von dieser Frage auszugehen.) Baba: »Verändere deine Frage in *Wo bin ich?*, dann bekommst du die Antwort für *Wer bin ich?* Zwischen Gott und dem Menschen gibt es keine Trennung. Auf die Frage: Wer bin ich? sagt Gott: *Ich bin Du! Du bist Ich! Wir sind Eins!* Du bist M. Und du kannst mich fragen: *Wer bist Du?* Ich bin Gott und Wir sind Eins! Darum geht es in dieser Erkenntnis. Das steht in allen Heiligen Schriften. Aber die Priester und alten Institutionen maßten sich an, die Menschen zu unterdrücken und zu kontrollieren. Darum verschwiegen sie diese Wahrheit. Darum bin ich kein Freund der Heiligen Schriften. Wer bist du? Du bist ein Teil von mir! Jedes Stück von einem Kuchen ist der Kuchen selbst! Aber nur zuzuhören ist nicht genug, diese Wahrheit muss gelebt und praktiziert werden. Fang mit irgend etwas an, zum Beispiel mit dem Namen Gottes. Heute gibt es Tee und Nüsse. Wenn wir im Zimmer geblieben wären, hätten wir uns gefragt: *Was gibt es heute wohl? Wie schmeckt der Tee?* Und wir hätten es nicht erfahren – so habt ihr es geschmeckt und euch daran erfreut!« Baba schließt mit einem Seiner spontanen Wortspiele: »Zehn mal Baba ist besser als Laber Laber!«

Frage: »Sollen wir bei einem Mantra bleiben?« Baba: »Sprichst du von einem Gott? Was ist ein Mantra? Es ist nicht vom Himmel gefallen, es ist Teil des Alphabets. Ein Name für Shiva ist zum Beispiel *Hare shambo*. Um das zu verstehen, ist göttliches Bewusstsein notwendig, sonst ist es *Haarshampoo*. Der Name *Jesus* ist ein Teil des Alphabets, das Wort *Satan* sind Buchstaben des Alphabets. Was wir als *gut* oder *böse* bezeichnen, sind nur Buchstaben des Alphabets. Wie wir etwas verstehen, hängt immer von unserem Bewusstsein ab. Wenn du an Baba denkst, ist jeder Name heilig, wenn du ein gutes Gefühl dabei hast. Damit wachsen Glauben und Vertrauen. Jedes Mantra hat die gleiche Kraft und das gleiche Ergebnis. Wenn du zum Beispiel nur eines nimmst, etwa das von Baba, erinnerst du sofort seine Form. Jedes Mantra verselbständigt sich innerlich und hilft bei der Konzentration.« Frage: »Was ist die Kraft des Mantras?« Baba: »Wenn es mit hundert Prozent Vertrauen und Liebe gesprochen wird, dann sind Wohlgefallen und Sympathie dabei und das Ergebnis ist größer. Wenn du nur eines wählst, läuft es automatisch, auch beim Einschlafen und beim Schlafen. Wenn du stirbst und das Mantra in der Todesminute sprichst, ist Gottes Hand da, um dir zu helfen. Unter dem

Wasserhahn ist ein Stein. Jeder Tropfen vertieft das Loch in dem Stein. Wenn ihr euch auf e i n Mantra konzentriert, wirkt es wie der Tropfen, der den Stein höhlt. Es ist besser, sich auf e i n e n Gott, e i n e Form und e i n e n Namen zu konzentrieren. Dann wird ein gutes Ergebnis eintreten. Wenn wir e i n e n Ehemann haben, können wir den unaufhörlich lieben, bei hundert Ehemännern geht das nicht. Löwen und Tiger jagen gewöhnlich nur e i n Tier, das sie sich aus der Herde aussuchen. Unter Millionen Menschen konzentrieren sich e i n Freund und e i n e Freundin aufeinander, so konzentrieren sich e i n Gott und e i n Mensch aufeinander – es gibt unzählige Gottheiten!«

Devotee: »Ich hatte sieben Jahre ein Mantra von einem Meister und habe die positive Wirkung erlebt. Jetzt habe ich ein neues Mantra von Baba. Ist es möglich, dass ich das alte vergesse?« Baba: »Das alte Mantra gab dir die Kraft und Energie, um Baba zu erreichen. Du wirst das alte vergessen, es ist nicht schlimm, wenn sie sich vermischen, das ist normal, aber bleib bei dem neuen. Nach der siebten Klasse kommt man in die achte. Wenn jemand in der siebten Klasse bleiben will, wie kommt er weiter?« Devotee: »Ich verstehe, ich kann die Energie des alten Mantras nutzen, ich muss nicht dagegen angehen!« Baba: »Da ist kein Gegner, du musst nicht kämpfen! Durch Kämpfen erreichst du nichts, nur durch das, was du magst, kannst du alles bekommen! Ich segne dich für deine wichtige Frage! Sieh, Ph. hat einen Bart, der bleibt. Ob er isst, liebt oder lacht, der Bart stört ihn dabei nicht. Seine Frau akzeptiert ihn. Akzeptiert die Probleme, dann stören sie nicht. Dies ist ein Radio, ob wir es akzeptieren oder nicht. Denken wir, es ist eine Bombe, kriegen wir Angst. So ist es mit Problemen – wenn wir sie akzeptieren, lösen sie sich auf! Die Beispiele aus dem Leben sollen euch die spirituelle Technik besser verständlich machen. Ich sage oft: *Mach weiter! Weiter* ist ein Symbol für die Zukunft, wenn du still stehst, kommt kein Fortschritt!«

Besucher: »Wie hängen Vergangenheit, Gegenwart und Zukunft zusammen?« Baba: »Die Natur ist zeitlos, ewig. Die Seele ist zeitlos, ewig. Bis zum Ende des Kosmos sind das Physische und die Seele ewig. Nur während wir leben, haben wir drei Zeiten, die für unsere spirituelle Entwicklung sehr wichtig sind, denn damit realisieren wir, was wir gemacht haben. Vergangenheit wirkt sich in Gegenwart aus, die wiederum die Zukunft bestimmt: so können wir unser Karma realisieren. *Karma* heißt Tat und bezieht sich auf Vergangenheit, Gegenwart und Zukunft. Die Folgen dessen, was wir früher getan haben, bekommen wir jetzt präsentiert. Um das zu verstehen, wurden die Zeiten *erfunden*, damit wir unsere Taten realisieren. Wenn du in der Mitte bist, also immer in der Gegenwart lebst, bist du im Göttlichen Bewusstsein, dann hört das Karma auf.« Besucher: »Wann entsteht neues Leben?« Baba: »Sofort nach der Empfängnis, wenn das Ei sich teilt. In dem Moment betritt auch die Seele den mütterlichen Körper, den sie sich gemäß ihrem Karma vorgeburtlich ausgesucht hat. Alles ist vorher festgelegt, alle Charaktereigenschaften – so wie alles erst auf den Markt kommt, wenn es vorbereitet ist. Wann geht W. zu E.? Wenn er Lust hat. Erst der Wille, dann das Geschehen!«

* * *

Nur die Sehnsucht bleibt übrig (4)

Die letzte Reihe von Beobachtungen der Sitzpraxis aus dem Jahr 2000.

5. Mai 2000 – Während der Sitz-/Meditationsübungen habe ich bisher keine außergewöhnlichen göttlichen Erfahrungen gemacht, nur die der eigenen, mühsamen sehr irdischen Anstrengungen und Grenzen. Das Erlebnis, dass die Schmerzempfindungen abrupt aufhörten, war immer unerwartet und überraschend, und »es geschah einfach«, ohne mein bewusstes Dazutun. Manchmal, vor allem in Entspannungsphasen, traten spontan Bilder auf, unter Umständen begleitet von intensiven Gefühlen wie Sehnsucht, Liebe, Einheit, Leichtigkeit, Auflösung usw., die darauf hinweisen, dass sich zwischen Körper (*body*) und Körperseele (*Jiva*) etwas veränderte.

10. Mai 2000 – Abends gegen 22 Uhr singt Baba mit der »Lerchenfamilie« (Babas Co-Sängerin mit ihren drei Töchtern) auf dem Dach. Der »Lerchenvater« schläft, das Ashrammanagerehepaar liegt flach, den andern fallen die Augen zu. Baba singt unermüdlich, während sich Seine Energie steigert, mit der jüngsten Tochter der Familie, fast noch ein Kind. Parallel dazu steigt bei mir die Unbequemlichkeit des Sitzens. Außerdem ist nicht abzusehen, wann der natürliche Abschluss durch das Essen kommt, denn die Köchin, eine gutsituierte beleibte Lady, die für Baba *Seva* macht, schnarcht erschöpft etwas im Abseits. Gegen 24.30 Uhr steht der Lerchenvater auf und signalisiert deutlich, dass er genug hat, aber Baba singt ungerührt – jetzt mit seiner Frau – weiter. Ich bin längst an meiner Grenze. Da klappt Baba die Bücher zu – um ohne Bücher weiter zu singen. Der Trommler packt die Trommeln ein. Jeder wartet, dass Baba die Schuhe anzieht, was irgendwann passiert, aber in Schuhen lässt sich ebenso gut singen. Baba spielt mit unseren Erwartungen, Wünschen, Körperbefindlichkeiten, setzt mehrere Male an zum Aufstehen, um dann doch sitzen zu bleiben – da merke ich zum ersten Mal, wie es ist, wenn sich die Spannung in einem hysterischen Lachanfall löst … In der letzten, besonders harten Stunde hatte Baba öfter zu mir rüber gesehen und gelacht. Als ich runtergehe, ist es kurz vor 2 Uhr. Auf der Treppe fragt mich der Ashrammanager, wie ich so viele Stunden aufrecht sitzen könne. Mir ist die Frage peinlich – bisher ist das keinem aufgefallen –, und so antworte ich ausweichend, das sei letztlich bequemer, als ständig die Stellung zu wechseln, außerdem würde ich so am besten wach bleiben. Als Inder, der es gewohnt ist, lange im Schneidersitz zu sitzen, ist er damit zufrieden.

11. Mai 2000 – Es ist die Zeit des Umzugs in den neuen großen Ashram in Hyderabad. In den letzten Tagen wurde alles – Bücherkisten, Teppiche, Betten, Möbel usw. dorthin transportiert. Der Umbau des Ashrams ist zügig fortgeschritten. Babas Räume sind fertig, die Zimmer und Nasszellen der Devotees sind zu erkennen, der Puja-Raum (wo später der *Atma-Lingam* verehrt werden soll) ist mit Marmor ausgelegt. Neben dem Haupteingang wird ein Zement-Relief gestaltet: der Krishna-Knabe, der auf der 16-köpfigen Schlange Kaliya tanzt – der Sieg des Geistes über die Materie … Der Abend läuft ab wie der vorige. Baba winkt mir: »Eine Stunde Sadhana!« Es wird 1 Uhr, es wird 2 Uhr. Meine Gedanken spielen verrückt. »Ich kann nicht mehr, ich schaffe es nicht, kein Erfolg, überfordert, was soll ich hier«, so jammere ich vor mich hin und bade mich in Selbstmitleid, Trotz, Mutlosigkeit. Mein Kopf ist wach und klar, meine Gedanken toben. Baba nimmt keine Notiz.

14. Mai 2000 – Während der Morgenmeditation halte ich mich an Babas Hand fest im starken Vertrauen, dass alles zu meinem Besten ist. Der Schmerz wühlt und sticht, aber ich schwebe wie schlafend darüber.

15. Mai 2000 – Es ist noch Nacht, aber der Regenpfeifer lässt schon seinen klagenden Ruf hören. Den ganzen Tag über wird er unermüdlich sehnsüchtig schreien, bis er heiser wird und der langgezogene abwärtsfallende Ton kläglich »abbröckelt«. Nach einer Stunde Sitzen kann ich keine Minute weitermachen. Als ich gerade aufgeben will, merke ich, wie ich entspanne, dadurch, dass eine Kraft in mich hereinfließt wie in einen leeren Behälter. Das Bild eines verstaubten Raumes mit Gartengeräten taucht auf. Alles liegt durcheinander, als sei es lange nicht benutzt. Baba kommt mit Gärtnerschürze, im Nu ist Ordnung. Er steckt Samen in flache Behälter zum Vorziehen. Als ich auf die Uhr schaue ist es eine Stunde später – eine halbe Stunde Zeitlosigkeit.

16. Mai 2000 – Morgenmeditation. Ich verschwimme mit Baba zu einer hellen pulsierenden Scheibe, um die der Klang des Mantras kreist. Die Schmerzen haben keinen

Eintritt. Durch eine Art Leitung zum unteren Ende meiner Wirbelsäule strömt eine ungeheuer starke Kraft in mich ein. Als Taucher mit zwei Sauerstoffflaschen auf dem Rücken fühle ich mich leicht wie ein Luftballon und werde über die Schmerzen erhoben, ich muss mich nur dieser Kraft überlassen.

20. Mai 2000 – Seit einigen Tagen ruft der Regenpfeifer seinen eigenartig klagenden, langgezogenen Ton. Dicke graue Wolken am Himmel. Der Sturm biegt die Palmen, die ersten Tropfen fallen. Ein Bild bei der Morgenmeditation: Ein Staubsauger saugt alle Nägel und Verfugungen aus einem Holzhaus. Die einzelnen Teile des Hauses zerbrechen und werden in ein tiefes schwarzes Loch gesaugt. Nichts ist mehr da – nur die Sehnsucht bleibt – ein Same senkt sich hinein.

Diese Tagebuchauszüge aus dem Jahr 2000 sollten vor allem zeigen, wie Baba sich ohne Unterlass zur Verfügung stellt, um, wie zum Beispiel in diesem Fall, neue und schwierige Gewohnheiten einzuüben. Ohne diese Hilfe wäre ich über die ein- bis eineinhalb Stunden, die ich mir selbst gesetzt hatte und die ich als schwierig genug empfand, nicht hinausgekommen. Da Er jedoch das Ziel dieser Übung und die Art ihrer Durchführung kannte (was mir noch lange verborgen bleiben sollte), musste Er mir zumuten, mindestens drei Stunden bewegungslos sitzen zu können.

Balasai Baba macht mit jedem Seiner Devotees eine ganz persönliche Arbeit, die speziell auf dessen spirituelle Bedürfnisse abgestimmt ist. Dabei gibt es eine innere und eine äußere Seite. Weil die »äußere« Seite sich immer öffentlich, vor den Augen aller anderen abspielt (Baba: »*There is no privacy with Baba!*« – Bei Baba gibt es nichts Privates!), sind falsche Wahrnehmungen und Fehlinterpretationen vorprogrammiert, weil nur derjenige, den es betrifft, die genaue Absicht Babas kennt.

* * *

Baba mit der Ashramhündin Täng: GOD is DOG

Täng, die Ashramhündin, ist keine Schönheit. Ein schwarz-weißer Allerweltsmischling, im Fell noch eine Dalmatinerspur. Von Geburt an läuft sie auf zwei krummen, nach außen gebogenen Vorderbeinen. Sie hätte in der Hierarchie der Straßenhunde wohl niemals eine Überlebenschance gehabt, hätte das Schicksal sie nicht in die Hände von Ch., der jüngeren Schwester Balasai Babas, laufen lassen. Sie hat ein großes Herz für Tiere, was für eine Inderin völlig ungewöhnlich ist, und sich im Laufe der Jahre ein erstaunliches Wissen über Tierpflege und -ernährung angeeignet. Da sie weder die Klaue und den Schnabel eines Adlers noch den Biss eines Affen oder die Krallen einer von Schmerz gepeinigten Katze fürchtet, spürt jedes verletzte Tier ihre helfende Absicht, gibt jeden Widerstand auf und lässt sich versorgen. So ist es kein Wunder, wenn die Menschen in der Umgebung sie laufend mit angefahrenen, sterbenden oder verlassenen Jungtieren aufsuchen. Ein aus dem Nest gefallenes zwei Zentimeter großes Streifenhörnchen, das auf Watte gebettet und mit einer Pipette gepäppelt wurde, machte seinem Namen *Ramdas* alle Ehre und übertraf schließlich seine Artgenossen an Größe und Schnelligkeit. Nur – es weigerte sich, wieder in die Freiheit entlassen zu werden, und folgte seiner Ziehmutter auf Schritt und Tritt. Babas Anordnung, es an die Freiheit zu gewöhnen, folgte sie notgedrungen, aber alle Versuche der Entwöhnung waren umsonst, entweder rettete es sich in seinen Korb oder flüchtete auf den Rücken oder die Schulter seiner Ziehmutter. Schließlich starb es an Herzverfettung infolge zu guter Pflege.

So war der Ashram immer bevölkert mit genesenden Katzen, denen meistens bald eine Anzahl Nachkömmlinge folgte, und Hunden mit Verbänden, weil ihre Wunden nur schwer heilten.

Täng war vom ersten Tag an der Liebling der Besucher. Mit ihren Stammesgenossen gab sie sich wenig ab, gern war sie in der Nähe von Menschen, ließ sich kraulen und streicheln, ohne aufdringlich zu sein. Das von Anfang an Erstaunlichste jedoch war, dass, sobald

Gott und Hund – GOD and DOG

Baba einen Schritt auf das Tempelgelände von Kurnool tat, sie oft wie aus dem Nichts auftauchte, im höheren Alter Ihn schon lange vor seiner Tür erwartete und sich an Seine Füße heftete, um Ihm – wohin auch immer – zu folgen, sich schließlich neben Seinen Sitzplatz legte und von Zeit zu Zeit zu Ihm aufschaute, wie um sich Seines Einverständnisses zu vergewissern. Selbst als junges Tier war Täng nie ungebärdig oder distanzlos, sondern verfügte über eine Klugheit und Feinfühligkeit, die sie immer den richtigen Abstand wahren ließ. Verteilte Baba Kekse oder Süßigkeiten, stand sie auf, schaute Ihn aufmerksam an und wartete, bis sie an der Reihe war. Erst in hohem Alter bestand sie manchmal lautstärker und ungeduldiger auf ihren Privilegien. Gleichzeitig war sie ein Tier mit allen wachen Instinkten: Auch wenn sie wie schlafend zu Babas Füßen lag – tauchte eine Katze auf, sprang sie mit kurzem Knurren auf und schoss pfeilschnell auf sie los, allerdings ohne Erfolg. Nachdem sie zurückgetrottet war, hielt sie wieder bewegungslos Wache neben Babas Stuhl.

 Ein Kind hatte Täng als verlassenen Welpen auf dem Gelände des Shirdi Sai Baba-Tempels gefunden und in den Ashram gebracht. Kurz nachdem Täng etwa ein Jahr alt war, wurde sie trächtig, denn sie hatte mit den Besuchern freien Ausgang auf die Straße. Irgendwo muss sie das Junge geworfen haben – unwissend, was mit ihr passierte – und es vergessen haben, hatte sie ja selbst keine Hundemutter erlebt. Das Junge wurde nie gefunden. Danach wurde Täng noch mehrfach Mutter und sie war die rührendste und aufopferndste Hundemutter, die man sich denken kann. Auch als die Kinder schon selbständig waren und längst festes Futter bekamen, liefen sie hinter ihr her, um weiter Milch zu fordern, und Täng legte sich geduldig zur Seite, um von den kräftigen Sprösslingen überfallen und bis auf den letzten Tropfen ausgesaugt zu werden.

 Die drei letzten Jungen waren laut und ungebärdig, und da sie zusätzlich den Ashram verdreckten und die Ruhe störten, kam die Anordnung, dass die Hundefamilie etwa hundert Kilometer entfernt in die Wildnis entlassen werden sollte. Täng selbst ging zum Pinkeln vor die Tore des Ashrams, doch dies hatte sie ihren Jungen nicht beibringen können. Um die Hündin trauerten alle Ashrambewohner, die längst ihren besonderen Charakter erkannt hatten.

Acht Wochen später, auf der morgendlichen Fahrt mit dem Schulbus zur Schule, stieß meine Schulkollegin mich aufgeregt an und wies auf einen Stand an der Straße, der Frischgebackenes zum Frühstück anbot: »Ist das nicht Täng?« Im letzten Moment erkannte ich einen schwarz-weißen Hund mit den unverkennbar krummen Vorderbeinen, der wartete, dass etwas Essbares für ihn abfiel. Ich war sicher, Täng erkannt zu haben. Eine Woche später trabte schmutzig und erschöpft ein unscheinbarer, krummbeiniger Hund mit aufgerecktem Schwanz und spitzen Ohren durch das Ashramtor. Das Tier wurde empfangen wie *der verlorene Sohn*, den man tot geglaubt hatte, und man brachte Täng Reis mit Joghurt (ihr vegetarisches Ashramfutter), streichelte und bewunderte sie und konnte es nicht fassen, wie sie den weiten Weg hatte zurückfinden können. Am glücklichsten aber war Täng, sie sprang und tanzte von einem zum andern, jaulte vor Wiedersehensfreude, begrüßte ihre Lieblingsplätze und erst, als sie sich beruhigt hatte, schlang sie hungrig das Futter hinunter. Bald wurde sichtbar, dass sie wieder trächtig war – es wurden sechs Junge …

Das Schicksal der Hündin hatte sich bei den europäischen Besuchern herumgesprochen und allen war klar, dass sie nur eine Chance hatte, im Ashram zu bleiben: Sie musste sterilisiert werden! In Kurnool gab es zwar eine renommierte Tierklinik, die vor allem die Schafe, Ziegen und Rinder der Bauern behandelte, daneben zwar auch Haustiere, aber auf Sterilisationen war man nicht eingestellt – kein Arzt hatte jemals einen Hund sterilisiert. Das war Glück im Unglück – auf diese Weise wurde Täng der erste Versuchshund in der Geschichte der Klinik, der kostenlos erfolgreich operiert wurde.

Die nächsten fünf Wochen wurden die Hölle für alle Beteiligten. Die freiheitsliebende Hündin wurde in ein Zimmer eingesperrt, wo ihre Wunde in Ruhe heilen sollte. Von Ruhe konnte keine Rede sein, sie bellte und jaulte wütend oder herzzerreißend, kratzte an der Tür, sprang zum Fenster hinauf und zerbiss aus Frust und Bewegungsstau alles, was sie klein kriegen konnte, vom Besenstiel bis zur Plastikhandfegerschaufel. Mehrere Male platzte die Naht auf und musste alle paar Stunden versorgt werden – die Aufgabe fiel uns Lehrerinnen zu, die wir die meisten Schulwochen allein im Ashram waren. Hörte Täng ihre Kinder im Hof bellen, versetzte sie ihr Mutterinstinkt in große Aufregung – es dauerte Wochen, bis sie sich in ihr Schicksal ergab und ruhiger wurde. Endlich teilte Baba nach sechs Wochen den Befreiungstermin mit. Ahnungslos trabte Täng an der Leine die Treppe herunter in den Hof, die Kette wurde ausgeklinkt und sie schoss wie ein Pfeil in den Garten, um ihre Kinder zu begrüßen – wir wurden Zeugen eines vitalen, kraftvoll-spielerischen Schauspiels – sieben Hunde fielen aus purer Lebensfreude übereinander her, rollten im Sand, leckten einander, genossen die körperliche Nähe, um sofort ein Wettrennen über den ganzen Platz zu starten, mit kurzen Verschnaufpausen zwischen weiteren Kampfspielen und Verfolgungsjagden, ehe man sich nach geraumer Zeit erschöpft im Sand niederließ. Als Zuschauer konnte man fast neidisch werden über den ungebremsten Ausdruck dieser geballten, jedoch immer zärtlichen Gefühlsenergie.

Zwei Tage später wurde deutlich, dass Täng von einem Bandwurm befallen war. Während der Tage der Behandlung wurde sie von ihren Kindern getrennt, die genau zu dieser Zeit Opfer einer grassierenden Hunde-Seuche wurden: zwei starben sofort und wurden über die Ashrammauer in den Fluss geworfen, den übrigen machte man ein Lager im *Alten Mandir* und brachte sie noch in die Tierklinik, aber trotz der medizinischen Behandlung klagten sie jämmerlich die ganze Nacht – innerhalb von drei Tagen waren alle sechs der Seuche erlegen ... Am Wochenende besuchte Baba den Ashram – Täng war die Erste zu Seinen Füssen und schlief nachts vor der Tür Seines Zimmers.

Noch einmal – schon in fortgeschrittenem Alter – wurde Täng zusammen mit zwei anderen Hunden aus dem Ashram verwiesen, als menschlicher Nachwuchs angekommen war. Für mehrere Personen und drei Hunde war die Wohnung aus hygienischen Gründen schlicht zu klein. Baba tröstete Seine weinende Schwester und versicherte ihr, dass Täng schon bald wieder zurückkommen würde. Genau so geschah es – eine aufgeregte Täng stand bald wieder im Hof, während die anderen beiden Genossen bei einem Herzinfarkt und einer Rauferei ums Leben kamen.

Während einer Runde mit Baba an den *Dasara*-Tagen auf dem Schulgelände kam durch die Frage eines Besuchers die Rede auf die bisher bei keinem Tier des Ashrams beobachtete Hingabe dieses Hundes. Babas Antwort fiel aus dem Rahmen: »Was ich euch jetzt sage, kann ich nicht beweisen, ihr müsst es mir glauben«, er zögerte einen Moment: »Täng wird in ihrem nächsten Leben ein Mensch!« Und Er wiederholte Sein Wortspiel: »GOD is DOG and DOG is GOD!« (Liest man das englische Wort GOD rückwärts, heißt es DOG.)

Heute ist Tängs Schnauze vom Alter ergraut, auf einem Auge ist sie durch den Grauen Star fast blind, ihre Wirbelsäule ist arthritisch versteift. Das Gehen fällt ihr schwer, und Treppenstufen vermeidet sie. Nur wenn Baba aus Seinem Wohnraum über dem Tempel von Kurnool zur Abendrunde mit den Besuchern die lange Treppe in den Hof heruntersteigen will, liegt Täng längst vor Seiner Tür, um Ihn Schritt für Schritt herab zu führen, sich immer wieder vergewissernd, ob Baba ihr folgt. Am Schluss der Runde erfolgt das Ritual umgekehrt – Baba betritt zuerst die Stufen und Täng folgt Ihm. Ein besonderes Privileg erlaubt man ihr im Alter: Es war ungeschriebenes Gesetz, dass Täng während der Bhajans und Babas Darshan vor der Tempeltür bleiben musste. Aber seit einiger Zeit weigert sich Täng, während des Darshans von Baba getrennt zu sein: bemerkt sie Baba auf dem Thron, trottet sie gemächlich auf dem Mittelgang vor bis zu den Stufen, wo Baba ihr sogleich das Handzeichen zum Hochkommen gibt. Dann schleppt sie sich mühsam herauf und legt sich neben Babas Füße: DOG und GOD geben gemeinsam Darshan ... Nach einer Runde mit den Besuchern im Tempelhof steigt Baba die Treppe zu Seinen Räumen hinauf. Er ruft Täng, die bis zum letzten Augenblick neben seinem Stuhl gelegen hat und jetzt noch an der Mauer schnuppert: »Nur der Hund kommt mit mir, er schläft mit mir! GOD and DOG!« Täng, die schon neben Baba auf der Treppe wartet, steigt die Stufen wieder herab: »Er muss noch Pipi machen!« Dann folgt sie Baba in Seine Räume.

Am Sylvesterabend 2015 gibt Baba Darshan. Eine völlig verschmutzte Täng trottet in Richtung Treppe und Baba winkt ihr. Täng macht mehrere Ansätze, ohne dass es ihr gelingt, die Vorderpfoten auf die erste Stufe zu heben. Schließlich gibt sie auf und bewegt sich mühsam zur Seite, wo sie sich erschöpft hinlegt. 15 Jahre ist sie alt. Eine Hundegreisin. Auch die Zeit, in den Räumen von Baba ein- und ausgehen zu dürfen, ist bald vorbei. Sie ist inkontinent und pinkelt auf die Teppiche. Eine Weile heult sie abends wie ein einsamer Mensch, mit seltsam menschlich klingenden Lauten.

Eines Tages schlich sich ein Hundecasanova am Wachmann vorbei in den Ashram und fand in Täng eine sehnsüchtige Liebhaberin. Wurde er verjagt, stand Täng wartend am Tor. Kam er nicht, heulte sie mit ihrem Schmerz den Mond an, bis er über den Nachbargarten einen Weg zu ihr fand. Ein letzter Hundehonigmond. Irgendwann kam er nicht mehr. Täng tröstete sich für den Verlust von Liebaba und Baba, indem sie jetzt 24 Stunden vor der Tür Babas liegenblieb und selbst Essen und Trinken vergaß. Nur wenn Hunger und Durst sie übermannten, stieg sie die 40 Stufen herab. Nachdem sie sich im Schatten ausgeruht hatte, stieg sie langsam mit langen Pausen die 40 Stufen wieder herauf. Jeden anderen bequemen Platz verweigerte sie.

Die Hitze des extrem heißen indischen Sommers 2016 überstand Täng nicht. Sie lag gerade auf den kühlen Fliesen des Tempelvorbaus, als Baba zu Seinem monatlichen

Besuch des Ashrams mit dem Auto vorgefahren kam. Um diese Zeit erwarteten Ihn die Bewohner des Ashrams, und gewöhnlich begrüßte Baba sie ausführlich, oft mit einer Tasse Tee. An diesem Tag ging Er ohne ein Wort an den Besuchern vorbei direkt auf Täng zu und begann leise mit ihr zu sprechen. Da das Podest etwa 80 cm hoch ist, brauchte Er sich nicht zu bücken. Die Hündin hob ihren Kopf und antwortete mit hohen, kaum hörbaren Lauten: eine letzte Zwiesprache zwischen GOD und DOG. Danach ging Baba, ohne sich um die Wartenden zu kümmern, die Treppe hinauf zu Seinen Räumen. Wenige Tage später starb Täng, man begrub sie im Garten.

* * *

Ende Oktober 2004, Abendrunde mit Balasai Baba im Singraum in Hyderabad. Die lockere Teerunde ist vorbei, als Baba ernstere Töne anschlägt: »Jedem, der zu mir betet, dem nehme ich alles Schlechte weg, ohne dass er es weiß. Wichtig ist, dass ihr euch jeden Tag mit Baba verbindet – egal, wo oder wann, denke an Baba! So, wie ihr euer Gepäck mitnehmt, nimmt Baba mit, dann kommt ihr automatisch aus allen Sünden und Krankheiten heraus!« »Welche Fehler machen wir am meisten?«, will eine Besucherin wissen. Baba: »Gott zählt die Fehler nicht, denn Fehler zu machen, ist menschlich, zu vergeben ist göttlich!«

Drogentherapie

Die Singrunde beginnt, der Hobbytrommler wird mit mehreren musikalischen Herausforderungen konfrontiert. M., einer der vielen jugendlichen Besucher, bei denen man den Eindruck hat, dass er hofft, ein spiritueller »Trip« würde ihn vor den Herausforderungen und Schwierigkeiten des Lebens bewahren, beschwert sich: »Ich bin sauer, weil ihr immer über den Trommler lacht!« Und direkt zu Baba: »Echt, ich finde das Scheiße!« Einige wollen ihn unterbrechen, aber Baba gibt Anweisung, ihn ausreden zu lassen, und wendet sich ihm zunächst freundlich erklärend zu: »Wir haben ihn nicht ausgelacht, aber Lachen muss überall erlaubt sein!

Wir haben ihn gelehrt und auf seine Fehler aufmerksam gemacht, aber er nimmt nichts an!« Doch unvermittelt wird Babas Ton schärfer: »Wer bist du, dass du glaubst, du hättest das Recht zu kritisieren? Du vergleichst deine Situation mit seiner – du hast noch nichts geleistet, weder für dich, deine Familie oder dein Land, aber mischst dich ein, um zu kritisieren!« Dann fährt Baba sachlicher fort: »Er ist Babas Devotee, darum darf er spielen! Einen Profi-Spieler können wir uns nicht leisten, der müsste bezahlt werden, und das Geld brauchen wir für wichtigere Dinge als Babas Unterhaltung. Jede Rupie geht in die sozialen Projekte, Baba nimmt nichts davon. Hinter Baba stehen tausend Kinder, für die ich verantwortlich bin, damit sie eine gute Erziehung bekommen!« (Baba spricht ausführlich über die sozialen Projekte.)

»Du nimmst Drogen, nicht wahr? Darum bist du so intolerant und schnell mit dem Wort dabei!« Der Besucher, etwas kleinlauter: »Ich versuche seit zwei Jahren davon wegzukommen, aber es gelingt mir nicht!« Baba: »Okay, ich segne dich, denn du hast mir Gelegenheit gegeben, über Babas Projekte zu sprechen. Übergib mir deine Probleme, dann will ich dir helfen herauszukommen. Jetzt bist du negativ, ein Armleuchter, und machst der Gesellschaft keine Ehre. Ich segne dich!« Baba hatte ihn schon am Vortag auf die Prioritäten seines Lebens hingewiesen. Anlass war gewesen, dass der Besucher sich im Ashram neu verliebt hatte und sich kurzerhand ohne ein Wort der Erklärung von seiner alten Freundin trennen wollte. Baba: »Sie wird unglücklich sein. Es ist deine Verantwortlichkeit, es ihr zu sagen und mit ihr darüber zu sprechen, warum du dich trennen möchtest und warum du dich mit ihr zusammen getan hast! Du kannst deine Probleme erklären – oder bist du wieder neu verliebt? In wen?« Besucher: »In K.« Baba: »Über K. kann ich nur eines sagen: Es ist nicht das Alter für solche Sachen. Es ist das Alter für die berufliche Ausbildung. Du hast einen freien Willen. Aber ehe du dich nicht im Leben gefestigt hast und eine Ausbildung hast, ist es besser, allein zu bleiben. Später bist du frei für alles, das

ist wie ein Segen – aber du kannst machen, was du willst.«
Babas Arm kreist und der junge Besucher M. bekommt
ein Armband: »Daran führe ich dich!«

Babas Methode, um festgefahrene Lebensläufe wieder
flott zu kriegen, ist *Anziehung und Abstoßung*: erst freundlich erklärend und unterstützend, dann die unangenehme,
bittere Wahrheit – ein Auf und Ab von Konfrontation,
Liebe und Segen. M. ist freudig überrascht über Babas
»sichtbaren Segen« und beichtet: »Ich schwänze durch
den Aufenthalt bei Baba eine Woche die Schule!« Baba:
»Eine Woche bei Baba ist besser als deine Schule. Ich
segne dich. Nach dieser Zeit hier gebe ich dir die Energie, deine Ausbildung zu beenden, von deinen Problemen
loszukommen und dich im Leben zu festigen. Wenn du
das geschafft hast, bin ich der Glücklichste! Aber denke
einmal am Tag an Baba!« »Ich habe viel Mist in meinem
Leben gemacht«, bekennt M.. Baba: »Das war keine Sünde, das war ein Kinderspiel. Diese Zeit ist jetzt vorbei,
nun bist du ein junger Mann. Du hast erkannt, was du
gemacht hast, deshalb hat Gott dir verziehen. Selbsterkenntnis ist das Höchste! Darum bist du jetzt hier, du
kannst ein neues Leben beginnen!« M. kam nie wieder.

* * *

Zerstörer der Illusionen

Beim morgendlichen Sitzen am 3. November 2004 erlebte
ich erstmals bewusst und klar, dass bei der Konzentration
auf Babas Form sich nicht nur der Schmerz unmittelbar
auflöste, das trat seit Monaten mit kleineren Unterbrechungen regelmäßig ein, sondern dass statt der Gefühls-
und Gedankenleere ein deutlich »nie erlebter« Zustand
auftauchte. Die *Leere*, das *Nichts* füllte sich mit etwas, das
ich in diesem Leben noch nie wahrgenommen hatte und
darum mit Worten nicht beschreiben kann. Babas Form
verschwand und dies war formlos, aber nicht leer! Seit
Jahren war das Sitzen so automatisch und regelmäßig wie
das Zähneputzen. Ich kümmerte mich wenig darum, was
»passierte«, oder hatte keine Erwartungen und konnte
darum dieses Neue nur mit nichtssagenden Worten aus-

drücken – immerhin konnte ich es erinnern! War es eine neue Form der Illusion? So wie die Farbe eine Illusion in der Illusion ist? Immerhin hatte ich schon mehrmals erlebt, wie sich die Farbe auflöste in Weiß- und Grautöne, ohne dass etwas an Schönheit verloren ging oder etwas fehlte.

Am 10. Dezember 2004 sagte Baba in der Abendrunde: »Der spirituelle Meister zerstört die Illusion. Ohne direkte Führung baut man sich eine materielle und eine spirituelle Illusionswelt auf!« Langsam ahnte ich, dass seit Jahren ein wohlgeplantes Programm ablief, bei dem Baba über die Schmerzerfahrung die Welt der Illusion auflösen wollte. (Sicher waren auch karmische Ursachen im Spiel.) Um die Welt der göttlichen Wirklichkeit zu realisieren, musste ich den Schmerz und seine Überwindung kennenlernen. Schmerzen gehören dem Körperbewusstsein an. Wie lange hatte es gedauert, bis die Gedanken und Gefühle nicht mehr zwanghaft auf den Schmerz – die Illusion – fokussiert waren, sondern allmählich davon loslassen konnten und sich schließlich auf die göttliche Form – die erste Schicht der ewigen Wirklichkeit – konzentrieren konnten und den Schmerz nicht mehr beachteten! Keine Körperempfindung, weder Gefühle noch Gedanken, verstellten jetzt den geistigen Blick auf die formlose göttliche Wirklichkeit. Wiederholt hatte Baba betont: »Ob ihr den Gott in der Form oder den formlosen Gott anbetet, ist egal, beides ist dasselbe und führt zum gleichen Ziel!« Er empfahl den Weg über die göttliche Form, weil nur sie eine direkte Erfahrung der göttlichen, universellen Liebe vermitteln konnte.

Und wie viel Liebe hatte mir Baba in den letzten sieben Jahren seit Beginn des Übens 1998 zukommen lassen, indem Er jeden Abend, sei es beim Carromboardspiel oder beim Singabend unaufhörlich die korrekte Sitzposition, den Atem, die innere Konzentration und die kleinste störende Bewegung meistens non-verbal bestätigte oder korrigierte. Nur durch dieses »Korsett« war es möglich, Gewohnheiten zu entwickeln, die über alle Zweifel und Krisen trugen. Gleichzeitig begleitete

Er alle anderen Anwesenden mit genau der Liebe und Aufmerksamkeit, die jeder Einzelne jeweils brauchte. Oft saßen wir im Tempelhof von Kurnool von abends neun Uhr bis morgens drei oder vier Uhr auf den rauhen, roten Baumwollteppichen. Von Hitze und Schweiß wurden unsere Hinterteile wund und schmerzten. Babas Brettspiel oder Gesang, zwischendurch mit Witzen und kleinen Botschaften, immer vollendet und berührend, gaben nur den mentalen Teppich ab, auf dem Gott mit Seinen Devotees allabendlich das Desillusionsspiel spielte. Oft zogen sich die Nächte auch bis zum frühen Morgen hin. Wenn Baba dann gegen 4.30 Uhr Seine Schuhe näher zog, saßen die vom Schlaf übermannten und zusammengesunkenen Devotees augenblicklich aufrecht, und die Vorstellung, das bequeme Bett aufzusuchen, machte die Gemüter hellwach. Gewöhnlich begann Baba damit Sein ausgedehntes Aufsteh-Ritual, denn meistens verlor Er sich gleich darauf wieder in ein Privatgespräch und vergaß Seine Schuhe. Wenn Er nach einer weiteren halben Stunde vielleicht einen Schuh anzog, öffneten die wieder Eingenickten ihre Augen und machten Anstalten aufzustehen, um sich gleich darauf wieder resigniert niederzulassen, weil Baba sich hellwach in einer angeregten Diskussion befand und keine Anstalten machte, den zweiten Schuh anzuziehen. Niemand wäre auf die Idee gekommen, vor dem Segen Babas ins Bett zu gehen! Irgendwann stand Baba wirklich auf, machte einige Schritte in Richtung auf Seine Wohnung und fragte im Vorbeigehen den nächstbesten Devotee, was eigentlich die Ursachen dafür gewesen seien, dass sich damals in Deutschland die Protestanten von den Katholiken trennten. Schlagartig waren alle wieder wach, scharten sich um Baba und jeder beeilte sich, Baba eine schlüssige, historisch begründete Antwort zu geben. Die lebhafte Diskussion wurde bis zu Babas Treppe vor Seiner Wohnungstür geführt, und der Morgen dämmerte schon, als Baba schließlich den Segen gab.

Hätte Baba deutlicher zeigen können, wie sehr der Mind den Körper beherrscht beziehungsweise wie man durch Disziplin den Mind unabhängig vom Körper macht und so die Illusion entlarvt, dass der Körper den Mind beherrscht?

Wenig später spricht Baba in einer Runde im Mai 2005 davon, wie er als Kind schon harte Disziplin lernen musste: »Ich wurde in schwierige Situationen hineingeboren. Ich lebe mit zahllosen Problemen, wenn ich keine Probleme mehr habe, werde ich schwermütig, ich entspanne, während ich hart arbeite! Ich will es immer unbequem, um bewusst zu bleiben. Wenn das Leben zu bequem ist, wird man faul!« Babas Kunst der Unterhaltung dient nicht zuletzt dazu, unseren Mind zu aktivieren und damit allmählich unabhängig von äußeren Bedingungen zu machen. An diesem Abend segnet Er uns für »Wissen, Weisheit, Erleuchtung und Befreiung!«

* * *

Horror versus Be happy!

Im Jahr 2004 hatten sich meine »Sitzübungen« stabilisiert und wurden weniger als in den letzten Jahren durch Zweifel an ihrer Sinnhaftigkeit in Frage gestellt. Die Zweifel, die ja nur Ausdruck meiner Selbstzweifel waren, verlagerten sich mehr und mehr auf eine andere Ebene. Baba lobte und kritisierte und spielte mit *Anziehung* und *Abstoßung*. Bis dahin hatte ich versucht, mein Verhalten jedes Mal dem anzupassen, was Baba scheinbar »wollte«, aber dann begann die Zeit, wo ich immer weniger verstand, worauf Baba abzielte, und Baba innerlich nur noch um Unabhängigkeit und Unterscheidungsfähigkeit bat. Die Beziehung zu meiner Freundin und Schulkollegin war alles andere als entspannt, doch ich tat, was ich konnte, und empfand unsere Kommunikation unter diesen Umständen als »normal«. Erst als Baba Ende 2004 über mich sagte: »Nur einen Schritt vom Positiven zum Negativen« und »sie hat einen starken Rücken und keine Gesundheitsprobleme, nur Herz-Probleme«, setzte ein Prozess ein, der mich von einer durchaus konstruktiven selbstkritischen Betrachtung in eine mich selbst abwürgende Sackgasse aus Gefühlen und Gedanken führte. Baba holte meine tief vergrabene und bis dahin unbekannte »Angst vor Gott« hoch, die mich wegen Kleinigkeiten in Panik geraten ließ, weil ich glaubte, dass *»so, wie ich bin«* Gott mich nicht lieben könne. Das Gefühl, dass Babas Liebe mich nicht meinen könnte, hatte ich schon früher wahrgenommen, aber in der Meditation war ich von Seiner inneren Nähe immer tief berührt. Damals realisierte ich noch nicht, dass Baba mich mit meinen Selbstzweifeln konfrontierte sowie mit meiner Angst, Fehler zu machen. Aus Furcht vor Seiner Kritik verleugnete ich meine spontanen Gefühle und verbog und verriet meine gesamte Kreatürlichkeit aus dem Wunsch heraus, »den Willen Gottes« zu tun. Damals war mir noch nicht klar, dass Gott nur eines *will*: *Sei nur du selbst!* und *Sei glücklich!* Wie oft hatte Baba von diesen neuen Botschaften für die heutige Menschheit gesprochen: »Gott ist reine Glückseligkeit, darum *Sei glücklich!* Nur auf dieser Ebene treffen wir uns!«

Es war wohl kein Zufall, dass in diesen Wochen die »Horrorfilmzeit« begann: Jeden Nachmittag lud Baba die permanenten Devotees in Seine Räume ein, wo eine Devotee Horrorfilmvideos einlegen musste: meistens unappetitliche, langweilige, billige Streifen. »*Only see!*«, sagte Baba und schloss die Augen, um in den Kosmos auszuweichen. Es war eine Übung in Neutralität, in Nicht-Identifikation, egal wie eklig oder abwegig etwas dargestellt wurde. Gleichzeitig tauchte der Gedanke auf, wie viel tägliche Horrorfilme im Ashram ablaufen …

Es geschah weiterhin, dass ich Babas Angebote, zum Beispiel zum Runden laufen, zu Gesprächen oder einfach zu physischer Nähe oft nicht bemerkte oder überhörte. Oft brauchte es mehrfache Aufforderungen von Baba, ehe ich reagierte. Abends saß Baba in Kurnool gewöhnlich auf der Mauer zum Fluss, während die Devotees ihre Runden um den Tempel liefen. Meistens geschah es, dass Baba irgendwann nacheinander die Namen derjenigen rief, die sich zu ihm setzen durften, manchmal so klanglich verfremdet, dass man sehr wachsam sein musste, um zu erkennen, wer gemeint war. Nur auf den Verdacht hin, dass ich meinen Namen gehört hatte, ergriff ich nie die Gelegenheit und verpasste so manche Chance. Immer wieder machte sich das verinnerlichte Lebensgefühl breit: »Ich bin nicht gemeint!«

Dagegen bewunderte ich diejenigen, die den Mut und die Geistesgegenwart aufbrachten, in Babas Nähe zu stürzen, egal, ob sie gemeint waren oder nicht, und gewöhnlich willkommen waren. Eines Abends war ich wieder in eine negative Stimmung abgedriftet und überhörte meinen Namen – als ich schließlich reagierte und mich auf einem Stuhl niederließ, kommentierte Baba kühl: »Dinge, die man nicht will, sollte man nicht nah an sich heranlassen!« Die Bemerkung Babas half mir nicht, frei davon zu werden.

Als an diesem Abend alle schließlich auf der Mauer oder auf den Stühlen sitzen, startet Baba Sein beliebtes Entspannungsprogramm. Er imitiert, wie ein Mensch zu Gott »oben« betet – verzweifelt, bettelnd, einladend, mit gefalteten Händen um eine Antwort ringend – Er lacht: »Komisch, dabei sitzt Gott hier neben uns!«

Die gewohnten Meditations- und Sitzübungen praktiziere ich regelmäßig und fast jedes Mal bestätigt sich die Erfahrung, dass bei Konzentration auf Mantra und Form Balasai Babas der weiterhin intensive, unerträgliche Schmerz augenblicklich in einen Zustand von Gedanken- und Zeitlosigkeit erlöst wird und eine tiefe innere Ruhe und Kraft jede Zelle durchdringt, jenseits von Mind- und Körperbewusstsein. Die *Leere*, in die ich gleite, ist weder neutral noch *leer*, es ist ein Zustand von bewusstloser, gleichzeitig erfüllter Ruhe. In die stehende, zeitlose Ruhe dieses neuen Seins mischt sich eines Tages – zunächst unmerklich – etwas Neues: wie ein Goldfaden webt sich eine Empfindung hinein, die dem ähnelt, was auf der physischen Ebene *Glück* genannt wird, aber gleichzeitig nichts mit dem Freude-Schmerz-Spektrum des physischen Leibes zu tun hat. Es kam mir vor, als ob er mich aufwecken sollte aus dem bewusstlosen *Schlaf*, aber ich musste erst langsam lernen, den *Goldfaden* deutlicher wahrzunehmen, um ihn erinnern und benennen zu können.

Außerhalb der Meditation überwältigen mich jedoch die Ängste des Tagesgeschehens, meine Unfähigkeit,

Baba zu verstehen und mit Menschen zu kommunizieren. Ich beschließe zum hundertsten Male, das Programm zu streichen, weil es mir offensichtlich nicht hilft, die normalen Alltagsprobleme zu lösen. Neben der überwältigenden Erfahrung, einen Blick in ein neues *Sein* getan zu haben, beginnt ein schrecklicher depressiver Abstieg, bei dem ich auch die Schönheit dieses Ashrams, der für mich lange Zeit das »Paradies auf Erden« war, nicht mehr aufnehme.

Es ist kurz vor *Mahashivaratri* 2005. Baba läuft Runden um den Tempel von Kurnool und setzt sich nach einiger Zeit auf die Mauer zum Fluss und führt die kleine Mundharmonika an den Mund, die Ihm vor einiger Zeit eine Devotee geschenkt hat. Unbekümmert, welche Tonfolgen zufällig entstehen, atmet Er ein und aus und bewegt das Instrument von rechts nach links, gleichzeitig klappert Er mit dem Teelöffel in der leeren Tasse. Kurze Zeit später kommt Mr. S., Babas ältester Devotee, der das Privileg hat, im Ashram wohnen zu dürfen. Nach einer Tasse Tee mit Baba beginnt Mr. S. nach alter Gewohnheit für Baba zu singen: Ehrfürchtig steht er auf, schließt die Augen und beginnt eines der auf indische Art hoch emotional vorgetragenen, nicht aufhören wollenden Loblieder für Balasai Baba. Baba übernimmt den Part der Begleitung, die Mundharmonika quietscht in den höchsten Tönen, der Löffel klappert die rhythmischen Akzente, gleichzeitig jaulen und toben die Hunde – ein Konzert nach Babas Geschmack.

Zu Beginn hatte ich die Aufgabe (die reihum den permanenten Devotees zufällt), von Babas Rücken mit einem Wedel die lästigen Mücken zu verscheuchen, jetzt drückt Er mir die Mundharmonika in die Hand, um den Gesang musikalisch weiter zu kommentieren. Ich gebe mein Bestes an Quietschen und Pfeifen, und als der Gesang endet, sagt Baba: »Nimm sie mit auf dein Zimmer. Nur, wenn du etwas opferst, hast du den Profit – übe!« Wieder gab Baba mir die Antwort auf die destruktiven Gedanken, die Meditation zu beenden: Das Ein- und

Ausatmen beim Mundharmonikaspielen entsprach dem tiefen Atmen während des Sitzens, was er mir so oft nonverbal deutlich vorgemacht hatte.

Baba setzt den Abend auf den dicken roten Baumwollteppichen fort, die in der Nähe des Wohnhauses ausgerollt werden. Mit einigen indischen Besuchern will Baba Carromboard spielen. Es gibt Tee und Snacks. Baba schiebt mir Sein Schälchen mit Chips zu – automatisch, als ob es mir nicht zustünde, schiebe ich es zurück und meine Nachbarin bekommt es, die sich dankbar bedient. Sofort ist der alte Schmerz, aus einem mir unbekannten Grunde Gottes Liebe und Aufmerksamkeit zurückzuweisen, wieder da. »Ihr seid meine Kinder, meine Töchter!« Mit diesen Worten gibt Baba mir das Schälchen zurück und fährt fort: »Ich bin auch oft lebensmüde und depressiv, aber ich lache – niemand weiß das! War mein Arztbesuch gestern? Ich vergesse so etwas sofort. Wie könnte ich sonst in der Gegenwart leben? *Be happy* ist sehr schwierig, aber seht mich an!« Dankbar, aber mit einem Kloß im Hals, esse ich den Rest.

Es wird Mahashivaratri.

Normalerweise ist der Ashram schon Tage vorher mit internationalen Besuchern gefüllt, aber diesmal zähle ich nur zehn Ausländer. Für die Bühne wird aus Spargründen der Bühnenhintergrund vom letzten Jahr genommen. Zum abendlichen Darshan kommen indische Besucher, aber der Platz füllt sich erst gegen 23 Uhr, vor allem mit den Schülern der *Balasai Baba International Residential School* und ihren Betreuern. Während Baba nach der Geburt des Lingam noch schwer atmet und sich den schmerzenden Mund und die Zähne betupft, hebt Mr. Rama Rao das Glas mit dem großen, schwarzen Lingam hoch und sagt: »Für alle! Mit Segen!« Niemand wird aufgerufen. Ein universeller Lingam, ein Lingam für das Universum … »Der Lingam ist verduftet, es war niemand da!«, erklärt Baba wenig später. Nur das Universum.

* * *

Höllen-erfahrungen

Im Juli 2005 begann das neue Schuljahr. Baba hatte einer permanenten Kollegin angeboten, das »Deutschteam« zu erweitern, und sie war bereit zu einer »Schnupperphase«. Die neue Konstellation bedeutete Abwechslung, forderte aber auch von jedem Mut, Flexibilität und Offenheit für ein Experiment mit ungewissem Ausgang. Waren wir doch alle mehr oder weniger kurz vor dem Pensionsalter, lebenserfahren und entsprechend überzeugt, dass wir alles Notwendige gelernt hatten. Wie immer war ich optimistisch, weil ich auch gerne einen Teil der Realität verdränge. Eines Morgens entdeckte ich einen großen roten Kreis am Ende meiner Wirbelsäule. Nur dadurch, dass ich einen Hocker in das kleine Badezimmer schleppte und meinen Rücken im Spiegel besichtigte, konnte ich sehen, was seit Tagen einen störenden Juckreiz verursacht hatte, den ich aber der Hitze zugeschrieben hatte. Bei einer Wanderung in Österreich mit meinem Mann vor drei Wochen, bei der wir unter einem Zaun durchkriechen mussten, hatte eine Zecke den Augenblick genutzt! Die üblichen Antibiotika waren leicht zu bekommen, und am Wochenende fuhren wir nach Hyderabad.

In einer der Runden mit Baba ging es um Devotees, die durch die Verehrung anderer Gurus leichtfertig ihre Nähe zu Balasai Baba aufs Spiel setzen: »Wenn sie einmal draußen sind, wird die Tür geschlossen, und sie können keinen Fuß mehr dazwischen setzen. Ich werde freundlich zu ihnen sein, aber einen roten Kreis um ihren Namen machen, du verstehst, Ulrike?«

Ich verstand nicht, aber die unmittelbar einsetzende Panik *verstand*. Was war passiert? Zu den zwei Autorinnen des Yantra-Buches, Devotees von Balasai Baba, hatte ich seit dem Jahre 2000 eine geschwisterliche Beziehung. Sie schrieben ein neues Weisheitswissen und ihre Arbeit nahm ich sehr ernst. Bei einem meiner Besuche luden sie mich ein, bei ihnen, am Ort der »formlosen Quelle«, mitzuarbeiten. Das hätte jedoch bedeutet, nach Deutschland zurückkehren zu müssen! Vor sechs Jahren erst war ich in den Ashram von Balasai Baba geführt worden, und ich war jeden Tag dankbar, hier dem Gott in der Form zu begegnen. Und ich wusste, die Arbeit mit Ihm hatte kaum begonnen! Ich kam unter einen Stress, den ich mir selber kaum erklären konnte, hatte ich doch nie vor, den Ashram und Balasai Baba zu verlassen. Nach meiner Rückkehr in Indien erzählte ich Baba sofort von dem »Angebot« und Er gab eine klare Antwort: »Du bleibst hier auf Deinem Weg!«

Nichts anderes wollte ich, aber was hatte mich in Stress und Konfusion gebracht? Ich war Baba dankbar um Seine deutliche Führung, die ich jetzt dringend brauchte. Nur Balasai Baba wusste, in welcher gefährlichen Situation ich mich befand und dass ich alles aufs Spiel setzte, selbst wenn mir klar war, dass ich in Ihm meinen »Erlöser« gefunden hatte und meine Suche zuende war und ich nichts davon riskieren wollte. Aber nun hatte Baba einen roten Kreis um meinen Namen gemacht! Obwohl das sicherlich nur eine Warnung war, phantasierte ich schon einen halben »Rauswurf« und mein Panikpegel stieg unaufhaltsam. Und hatte Baba nicht beim Abschied vor meinem Flug nach Deutschland gesagt: »Wir sind lange genug zusammen gewesen!«? Mit einigen Permanenten durfte ich Baba auf eine dreiwöchige Reise durch Nordindien begleiten und hatte zunächst die Aussage auf diese Zeit bezogen. Bei der gleichen Situation hatte eine Devotee mir vermittelt: »Du hast nicht getan, was du solltest!« Ich verstand nichts mehr und die Verwirrung steigerte sich weiter. Was hatte ich falsch gemacht? Ich fühlte mich leicht schuldig und ständig gab es Anlässe für »Fettnäpfchen und Co«, aber ich fand keinen Grund für einen »roten Kreis« – *Sei glücklich* war unter diesen Umständen schwer. Nach weiteren völlig aus der Luft gegriffenen »Anschuldigungen«, bei denen nie ganz klar wurde, wer was behauptet oder in die Welt gesetzt hatte, aber die meinen Angst-Level weiter anhoben, dämmerte mir langsam, dass Baba das Buch meines Lebens bei dem Kapitel mit der Überschrift *Meine Angst vor Gott* aufschlug. Langsam konnte ich einen Zusammenhang herstellen zwischen diesen Wochen und den Tagen vor und nach meiner ersten Ankunft im Ashram von Kurnool im Jahre 1997. In meine

Reisefreude hatte sich schon damals eine mehr und mehr diffuse Beklemmung eingeschlichen. Nach der inneren Erfahrung »Du bist bei Gott!« während der ersten Tage im Ashram, war meine spontane panische Angstreaktion »Was will Gott von mir?« noch heute deutlich lebendig. Dazu kam die Traumbotschaft von Baba auf meine Frage, ob ich im Ashram leben darf: »Es wird Himmel und Hölle werden – willst du das?« Dies war der Anfang der Hölle. Baba bestätigte das einige Zeit später öffentlich in einer Runde: »Am liebsten würde sie Selbstmord verüben!« Das stimmte zwar nicht, aber Gott sei Dank wusste niemand, was Baba meinte.

Ich identifizierte mich so sehr mit diesen negativen Emotionen, dass ich sie jedes Mal verstärkte, anstatt sie als das zu erleben, weswegen Baba sie mich wiederholen ließ: als Erfahrungen einer Vergangenheit, die nichts mit dem Heute, geschweige denn mit meinem göttlichen Wesenskern – was immer ich damals darüber glaubte – zu tun hatten. Aber anstatt sie als wesenlose und unbegründete Phantasien zu erkennen, mich von ihnen zu distanzieren, sie dankbar als »Erfahrung« aus vergangenen Leben stehen zu lassen und sie damit zu lockern, schnürten mich diese emotionalen Bindungen von Mal zu Mal enger ein, und ich kam mir vor wie der Fisch, dem man vorwirft, dass er im Wasser – seinem Lebenselement – schwimmt. Ich hatte immer deutlicher das Gefühl, dass diese Ängste vor Gott uralt sein mussten und dass ich sie seit Tausenden von Jahren von einer Inkarnation zur anderen mitgeschleppt hatte. Balasai Baba fand, dass es jetzt an der Zeit sei, sie aufzulösen, die Identifikation mit ihnen zu lockern und sie als das zu erkennen, was sie sind: Ausdruck eines Ego, das glaubt, sich durch Schuld, Sünde und den Glauben an die eigene Kleinheit am Leben erhalten zu können. Er gab mir die Chance, im Angesicht Gottes die Dualität von gut und böse aufzugeben, im Vertrauen auf Sein lebendiges Beispiel: »Ich und Du sind Eins!«

Der Teil, der das zutiefst und ohne jeden Zweifel wusste, hatte mich hierher geführt. Dieser Teil liebte, glaubte und vertraute. Ein anderer, offenbar ebenso mächtiger Teil, der aus unbewussten Dunkelheiten aufstieg, hielt mich in Angst, Schuld und Widerstand gefangen. Für den Glauben an die eigene Göttlichkeit blieb dabei kein Platz. Gott saß vor mir, und etwas Uraltes machte sich in mir breit, das heute noch von den christlichen Kirchen vertreten wird: Es ist nichts anderes als Ketzerei, Gott im eigenen Inneren finden zu wollen! Die Worte *O Herr, ich bin nicht würdig...* stiegen wieder in mir auf.

Erst viele Jahre später konnte ich den Hochmut darin erkennen. Das Angebot Gottes, die eigene göttliche Größe zu erkennen, hätte Verantwortung bedeutet, aber die Ego-Natur versteckte sich hinter der Opferrolle, um möglichst anerkannt und unerkannt zu überleben. Es gibt nichts, was erfinderischer ist als das Ego. Unser Körperbewusstsein identifiziert sich ununterbrochen mit der Erfahrung der Trennung von seinem Ursprung. Überblicke ich die vergangenen Jahre im Ashram mit Balasai Baba, erkenne ich die vielen Situationen, in denen ich die immerwährenden Hilfsangebote Babas sah, aber meinte, sie aus eigener Kraft bewältigen zu müssen. Gott ist der eigentlich Handelnde. Bei der Hingabe geht es nur darum, ALLES Gott zu übergeben.

* * *

Das Lied von Balasai (1): GOTT SINGT

Singabend, Ende Juli 2005 – Wie kann man sich einer Stimme nähern, die als das höchste Licht aus der Sphäre der geistigen Vibrationen und Klänge in irdisch hörbare und begrenzte Klangwelten abgestiegen ist? Wie kann man dem höchsten Licht, das sich in einen menschlichen Körper herunter gestimmt hat, in der Stimme nachspüren?

Balasai Baba sitzt im Singraum von Hyderabad auf Seinen roten Polstern am Boden und singt. Die Melodien strömen natürlich und frei. Baba beherrscht alle hohen und tiefen Tonlagen. Obwohl Seine Stimme sämtliche Qualitäten der männlichen wie der weiblichen Stimme besitzt, klingt sie jenseits von männlich oder weiblich. Ähnlich wie in einem chemischen Prozess zwei Substanzen so miteinander reagieren, dass ein neuer Stoff entsteht, offenbart diese Stimme neue, nie gehörte Klangfarben, die man keinem bekannten »Register« zuordnen kann. Baba bewältigt alle technischen Schwierigkeiten, ungewohnte Intervallsprünge, schnelle und komplizierte Melodieführungen. Er meistert die anspruchsvollen Koloraturen der indischen Musik mit Klarheit und Transparenz, verbindet geschmeidig die Töne im unaufdringlichsten Legato und verfügt über die gesamte Lautstärke-Skala, vom zartesten Pianissimo in den hohen Lagen wie bei den heiteren Krishna-Liedern, bis zur metallischen Kraft der herben Shiva-Songs mit ihren archaischen Trommelrhythmen. Jedes Lied ist, was Technik und Ausdruck betrifft, vollendet gestaltet, obwohl man nie den Eindruck hat, dass Baba die unterschiedlichen Stilmittel bewusst plant. Babas Gesangsstil kann man weder einer westlichen noch östlichen Tradition zuordnen. Die Stimme hat eine erstaunlich helle Färbung, ein schnelles und feines Vibrato moduliert die außergewöhnliche Weichheit und verleiht den Tönen einen Glanz und eine Leichtigkeit, die an die Schwerelosigkeit aufsteigender Seifenblasen erinnern. Niemals – auch nicht bei kraftvollen Passagen – hemmt ein forcierter Druck die freie und natürliche Entfaltung der Melodie. In den indischen Liedern ist kein Platz für subjektiven, emotionalen Ausdruck. Auch die populären Filmlieder werden mit »devotionaler«, objektiver Haltung gesungen, sentimentale Interpretationen und *Herz-Schmerz*-Dramen wie in der westlichen Musik sind unbekannt.

Natürlich gehen die meisten Liebesgeschichten tragisch aus – warum sollte man sie sonst erzählen? Aber im irdischen Geliebten wird hier gleichzeitig der göttliche Geliebte besungen, und darum ist das tiefere Motiv all dieser Geschichten die Sehnsucht nach Gott, die sich nicht vordergründig im Kummer ergeht, sondern im Untergrund als gelassene Heiterkeit schwingt. Das ist die Essenz von Balasai Babas Stimme, das unaufhörliche Fließen von hingegebener Zärtlichkeit, göttlicher Süße und ewigem Einssein, ein Versprechen, das die Universelle Liebe ihrer Schöpfung erweist. Damit öffnet Er das innerste Herz aller, die Ihm zuhören.

Baba sitzt entspannt im Schneidersitz. Westliche Sänger singen gewöhnlich im Stehen, um Lungen und Bauch möglichst weit ausdehnen zu können und die Kraft des Stehens auszunutzen. Baba singt unangestrengt, völlig mühelos – ohne dass eine besondere Konzentration oder eine spezielle Technik zu erkennen wäre –, wie ein Kind, das versunken vor sich hin singt, ohne sich auf ein Publikum zu beziehen. Er liebt es, Madam Sh. als bekannte Berufssängerin vorzustellen, während Er selbst kein Profi sei und nur da sitze, um uns glücklich zu machen. Das ist nur insofern richtig, als dass Baba wohl nie »systematisch« gelernt hat zu singen, denn als *kosmischem Sänger* gehören alle musikalischen und gesangstechnischen Parameter zu seiner natürlichen Ausstattung.

Sein Körper ist ein vollkommenes Instrument, das scheinbar den Ton nicht erzeugt, sondern »freigibt«. Ebenso wie Baba jeden Gedanken, jede Emotion des Gegenübers direkt wahrnimmt und spontan darauf reagiert, scheinen sich Seine Tonvorstellungen sofort in das entsprechende klangliche Resultat umzusetzen. Seine Atemorgane, der Kehlkopf, die Stimmbänder, der Rachenraum – ungemein diffizile und sensible Formen – scheinen spontan zu »gehorchen« und exakt die Stellung einzunehmen, die dem vorgestellten Klangverlauf entspricht. Der Klang fließt unbehindert wie das Wasser in einem Bachbett, dessen Steine für das Wasser keine Hindernisse bilden, sondern nur dazu dienen, seinen Strom aufzuhalten, einzuengen, umzuleiten oder zu verstärken, um die unendliche Skala der Klänge zu erzeugen und zu modulieren. Obwohl speziell die indischen Lieder mit ihren ausgedehnten Phrasen oft einen extrem langen Atem fordern, sieht man nie, dass Baba Atem holt oder Ihm die Luft ausginge. Die Liedertexte müssen meistens äußerst schnell und deutlich gesprochen werden – Babas Mundbewegungen bleiben immer normal und natürlich und selbst bei zungenbrecherischen Silbenkombinationen entsteht keine Spur von Stress. Das Gesicht wirkt immer entspannt, ohne Spuren von Anstrengung oder gar Erschöpfung – auch nicht nach vielen Stunden intensiven Singens. Während der Dialogpausen der Lieder (die Lieder sind häufig Duette zwischen zwei Liebenden) wendet Baba sich wie in einem Intermezzo oft den zuhörenden Devotees zu, indem Er zum Beispiel einen überraschenden Kommentar zu einem Gespräch zwischen zwei Besuchern in der letzten Reihe abgibt (das Er während des Singens aufgenommen hat), einen Besucher mit deutlichen Gesten auffordert, noch etwas Tee zu nehmen, einer Ehefrau mimisch zeigt, dass sie ihrem Mann über den Kopf streicheln und ihm ein Bonbon in den Mund stecken soll, einem anderen lachend und mit *thumps up* dessen innere Gedanken bestätigt, den Kuli als Zigarette anzündet, routiniert den Rauch einzieht und hustend einem Devotee zuwinkt, der gerade aufsteht. »Er geht aufs Dach, um zu rauchen – ich helfe ihm, damit aufzuhören!« Im nächsten Moment verwandelt sich der Kuli in einen Dolch, mit dem eine imaginäre Person mit entsprechendem Gesichtsausdruck blutrünstig ermordet wird, um unmittelbar danach in Babas Haarschopf zur eleganten Haarnadel einer Geisha zu werden, die mit Schlitzaugen und gespitztem Mund einen japanischen Tanz mimt. Bei aller Komik – die Besucher biegen sich vor Lachen –, Babas Darstellungen wirken echter und authentischer als jede professionelle Show. Mittlerweile ist der Trommler fast eingeschlafen – blitzschnell verwandelt Baba sich in einen galoppierenden Cowboy, der sein Lasso schwingt, um ihn anzutreiben, um genau im richtigen Moment in sein Buch zu schauen und vollkommen konzentriert die unterbrochene Melodie wieder aufzunehmen. (Die Sänger haben nur eine Textvorlage, denn die indischen Lieder sind lang und kompliziert, die Melodien müssen sie auswendig beherrschen, sie werden nicht notiert.) Der ganze Körper bleibt locker, Kopf und Schulter betonen die Akzente, der rechte Arm reagiert wie ein Dirigent auf die Unterbrechungen der Melodie, der rechte Fuß hält den Takt im scheinbaren rhythmischen Chaos. Nichts wird zurückgehalten, nichts wird forciert, nur derjenige Muskel wird aktiviert, der für den beabsichtigten Ausdruck gebraucht wird, keine überflüssigen Energien – die vollkommene Balance.

Der ganze Körper schwingt im Fluss der Melodie mit feinen, entspannten und eleganten Bewegungen. Selbst wenn Baba während des Singens mit dem Trommler kommuniziert, um ihn zu korrigieren, niemals entsteht ein störender Bruch im Bewegungsablauf. Das ist nur möglich, weil für Balasai Baba keinerlei Identifikation mit dem Körper besteht. Ein normaler Sänger muss üben, die Kapazität seiner Organe kennen, lernen, sie zu kontrollieren, ihre Funktionsfähigkeit erweitern, bewusst an ihnen arbeiten, bis sie die Flexibilität und Anpassungsfähigkeit erworben haben, um schließlich auf jeden feinsten Willensimpuls reagieren zu können. Das ist dann Meisterschaft nach einem langen Weg. Balasai Baba wurde mit diesen Fähigkeiten geboren. Auch für das Singen gelten Seine Worte: »Alles geschieht spontan, ich *mache* nichts, es geschieht einfach!« Und: »Bevor ich geboren wurde, wurde ich für meine Aufgaben gestimmt!« (Baba wählte das englische Wort *tuned*, was das Stimmen eines Musikinstrumentes bezeichnet.) Jede Muskelfaser, jede Körperzelle, jede kleinste Bewegung gehorcht direkt dem Impuls des Geistes ohne den Umweg über das körpergebundene Gehirn und das Nervensystem. Die schwierigsten Passagen, die höchsten Töne, die kompliziertesten Tonfolgen, die komplexesten rhythmischen Abläufe – all dies präsentiert Baba lachend als Sein perfektes göttliches Spiel. Nur im Ensemble gibt es manchmal Verständigungsproben, die Baba dann ankündigt: »Jetzt kommt ein Übungslied!«

* * *

Das Lied von Balasai (2): Nadabrahma

»Man kann auf verschiedene Arten singen, ich singe über die Ohren, über den Klang«, verriet Baba einmal, als durch eine Erkältung Seine Sprechstimme rauh und heiser war, beim Singabend jedoch alle Töne leicht, frei und unbeeinträchtigt klangen. Beim *Arati* wird Balasai Baba täglich als *Nadabrahma* verehrt, als Urklang, aus dem die Schöpfung hervorgeht (*Nada*: der Klang, *Brahman*: das formlose schöpferische Prinzip).

In der Rolle als Schöpfer wird Balasai Baba die Zahl Sieben zugeordnet. Ein kurzer Einschub soll klären, warum die Zahl Sieben die »Schöpfungszahl« ist und wo sie erstmals auftaucht.

Die Zahl Sieben als Summe aus der Drei (die göttliche Dreifaltigkeit) und der Vier als Zahl der Erde (in den vier Elementen, den vier Tageszeiten, den vier Himmelsrichtungen usw.) gilt seit alten Zeiten nicht nur im christlichen Raum als Zahl der Vereinigung von Geist und Materie. »Jetzt ist der große Göttliche auf der Erde, der sich als Sieben bezeichnet ... Balasai Baba gibt Seine Weisheit, gibt Seine Worte, gibt Sein Leben für die Vollendung der Sieben ... Als göttliche Gestalt in menschengleichem Gewand senkt sich die gestaltlose QUELLE in der göttlichen Person Balasai Baba auf die Erde. Die Sieben schreitet vom unendlichen Licht auf die endliche Erde,« schreiben Hannelore Biella und Marie-Luise Soltmann im *Yantra Schöpfungsbuch der QUELLE*.

Weitergehende Erklärung bietet ein Ausflug in die Welt der Töne. Jedes Musiksystem der Welt ist in den sieben Tönen der Dur-Tonleiter zu finden, auch alle modalen Tonsysteme. Die siebentönige Skala erscheint zuerst in der Musik des alten Indien: die »Sapta Swaras«. Auf den gleichen Tönen ruht später die westliche klassische Musik. Heute ist sich kaum noch jemand bewusst, dass die sieben Töne der Dur-Tonleiter der rudimentäre Rest eines unendlichen »Klangkosmos« sind und nur die Abstraktion einer das ganze Weltall durchdringenden Fülle von Klängen und Schwingungen. Um ein »Klang-Bild« von dieser Fülle zu bekommen, stelle man sich vor, wie sich über einem Grund-Ton weitere »Klangwolken« aufbauen, die gleichzeitig erklingen, wenn der Grundton etwa durch ein Instrument angeschlagen wird. Diese »OBERTÖNE« stehen zueinander in einer gesetzlichen Abfolge von harmonischen Schwingungsverhältnissen von ganzzahligen Proportionen, Abständen, Intervallen usw.. Wir hören sie gewöhnlich nicht, sie klingen aber bei jedem gesungenen oder von einem Instrument erzeugten Ton mit. Diese gesetzmäßigen und sich wiederholenden Zahlenverhältnisse der Obertöne spiegeln sich in den sieben Tönen und zwölf Halbtönen der Dur-Tonleiter. So sind die irdischen Tonsysteme kleine Abbilder eines gewaltigen kosmischen Klangraumes, der das gesamte Universum bis in den letzten Winkel durchdringt und ernährt.

Jedes Geschaffene, sei es im Mikro- oder Makrokosmos, wird von den Zahlenverhältnissen dieser »Naturtonreihe« geschaffen, in der die Sieben und die Zwölf – entstanden aus der Sieben – eine besondere Rolle spielen (beide Zahlen gelten in den mystischen Traditionen als heilig). Die indischen Veden (göttliche Uroffenbarungen) werden »Shrutis« genannt: das, was nur gehört oder gesprochen werden soll. Darum wurden sie in der Form von Hymnen oder Mantren gegeben, deren Bedeutung von den exakten Betonungen abhängt. Alle Silben, Klänge, Tonhöhen, Rhythmen usw. wurden systematisch mit mathematischer Genauigkeit arrangiert: Eine einzigartige Wissenschaft vom Klang entstand.

Es sind sehr alte Vorstellungen, die die Schöpfung als etwas sehen, das aus dem Klang, also aus energetischen Schwingungen entstanden ist.[4]

Heute gehört es zum Allgemeinwissen, dass alle Materie bis in die kleinsten subatomaren Teilchen in unaufhörlicher Bewegung schwingt und vibriert und Klangfrequenzen aussendet. Die alten Weisen sprachen von *Sphärenharmonien* und meinten damit, dass auf der Harmonie der Bewegungs- und Klangfrequenzen aller Himmelskörper die Stabilität des Kosmos beruhe. Der Physiker Friedrich Chladni (1756–1827) wandte sich als erster Physiker der Neuzeit wieder den Schwingungen des Weltalls zu. Jeder Schüler kennt vom Physikunterricht seine beeindruckenden Experimente, bei denen eine mit feinem Sand bestreute Metallscheibe mit Hilfe eines Geigenbogens in Schwingung versetzt wird. Je regelmäßiger, *harmonischer* die Scheibe schwingt, in umso klarere symmetrische Stern- oder Blütenformen ordnen sich die Sandkörnchen. Gelingen nur unregelmäßige, *unharmonische* Schwingungen, bleiben die Anordnungen des Sandes verschwommen oder chaotisch. Klangfrequenzen beeinflussen Materie, bewirken geordnete Formstrukturen oder führen zu Chaos oder gar Auflösung von Materie.

Obwohl man erst heute in der Zeit des Elektronenmikroskops und der Quantentheorie diesen Zuständen der *Materie* systematisch wissenschaftlich auf der Spur ist, wussten schon die Pythagoräer (300 vor Chr.) und die alten Weisen Asiens darüber Bescheid, dass alle so genannten »festen« Teilchen bis in die subatomaren Strukturen, je näher man sie untersucht, einfach verschwinden und nur noch Vibration, Schwingung, Klang, Licht bleiben. Etwas, das gerade noch *Teilchen* war, erscheint im nächsten Augenblick als *Welle* und umgekehrt.

Johannes Kepler, der sich nicht nur als Astronom, sondern mehr noch als Musiker verstand, legte in seiner fünfbändigen (!) »Harmonie der Welt« dar, dass die elliptischen Bahnen der Planeten in den Proportionen der »Obertonreihe« (der eigentlichen Naturtonskala) schwingen. Es ist erstaunlich, dass die Planeten aus der unendlichen Fülle möglicher Schwingungen gerade die ausgewählt haben, die den niedrigen ganzzahligen, d. h. harmonischen Proportionen entsprechen: »... von den 78 Tönen, die durch die verschiedenen Planetenproportionen gebildet werden, gehören 74 der Dur-Tonleiter an ...« (Joachim Ernst Berendt: *Nada Brahma – die Welt ist Klang*, S. 99).

Aber nicht nur im Makrokosmos, auch im Mikrokosmos, bis in den atomaren (und subatomaren) Aufbau der Materie spielen die Zahlen 7 und 12 eine besondere Rolle: etwa bei der Photosynthese, bei der durch Sonnenlicht Chlorophyll erzeugt wird: die Grundbedingung für jedes höhere Leben.

»Wir wissen heute, dass jede Partikel im physischen Universum ihre Eigenschaften durch Frequenz, Muster und Obertöne ihrer speziellen Schwingungen, also durch ihren *Gesang* erhält. Dasselbe gilt für alle Formen von Strahlung, alle starken und schwachen Naturkräfte und für alle Informationen. Bevor wir Musik machen, macht die Musik uns… Die Art und Weise, wie Musik entsteht, ist auch die Art und Weise der Entstehung der Welt.« (*Nada Brahma – die Welt ist Klang*, S. 142 f.)

Können wir noch eine Vorstellung davon haben, dass auch während der menschlichen Entwicklung der ganze Körper einmal Klang war, also auf Klänge reagiert hat? Noch beim Kleinkind scheint der ganze Körper *Ohr* zu sein, wenn es auf ein akustisches Signal mit heftigen Bewegungen antwortet. Es zappelt mit Händen und Füßen und reagiert mit Weinen und Geschrei, weil laute Geräusche es sofort emotional überfordern – so tief dringen Klänge in den Körper ein. Auch wenn sich beim Erwachsenen das Hören mehr und mehr auf das eigentliche Hörorgan konzentriert, sich also verengt auf das physikalisch Hörbare, es bleibt verglichen mit dem Auge das empfindlichere Organ, u. a. deshalb, weil man es nicht völlig schließen kann und immer in seelischer Fühlung mit der Umwelt bleibt. Das ist nur ein Hinweis darauf, dass das Ohr auch beim heutigen Menschen die Fähigkeit hat, über das Physische hinaus die Wirklichkeit des Geistig-Seelischen zu ertasten. Bei den Sehern und *Rishis* der alten Zeiten war diese Fähigkeit noch vollkommen ausgebildet, wenn sie die nicht-physischen Klänge der göttlichen Offenbarungen – des *Weltenwortes* – geistig-hörend aufnahmen und in menschliche Sprache übersetzten.

Der Avatar nimmt einen Körper an, um aus purer Liebe dem Sinneswesen Mensch die göttlich-geistige Welt praktisch erfahrbar zu machen, um ihre Wahrheit, Güte und Schönheit zu bezeugen. Es ist die Grundbotschaft, die Er lehrt, die aber an unsere duale Sichtweise des Körperbewusstseins stößt und die wir darum so schwer verstehen: Spirituelle Welt und materielle Welt sind Eins, das Eine existiert nicht ohne das andere. In beiden Welten walten dieselben Schwingungsgesetze – *Nadabrahma*.

Die Anziehungskraft, die von der Form Balasai Baba ausgeht, beruht nicht darauf, dass Er Wunder und Ähnliches bewirken kann, sondern darauf, dass dieser physisch wirkende Körper die besondere Eigenschaft hat, in allem menschlichen, alltäglichen Tun und Sein die höchste Göttlichkeit als lichtvolle Wahrheit, geistige Schönheit und universelle Liebe auszustrahlen, und damit unmittelbar in Resonanz unsere Herzen erreicht.

Auf den Reisen mit Baba wurde das so oft deutlich: Weit entfernt, im Norden Indiens, Baba war durch Sonnenhut, Sonnenbrille, Oberhemd und Jeans nicht als der Avatar Balasai zu erkennen, blieben die Menschen stehen und schauten Ihm nach. Saßen wir während einer Ruhepause auf einer Bank, kamen unweigerlich die Händler und Bettler, aber als beträten sie einen Zauberkreis, vergaßen sie ihr gutes Geschäft mit uns Ausländern, scharten sich um Baba und schauten Ihn mit offenem Mund wie weltverlorene Kinder an. Meistens begann Baba sofort eine witzige Unterhaltung, so dass Erstaunen und Befangenheit sich in Fröhlichkeit und lockeres Hin und Her auflösten. Beim Aufbruch sah man Gesten von Ehrfurcht, Freude und Dankbarkeit.

Mit Seinen Liedern schenkt Balasai Baba der Welt etwas noch weit Kostbareres. Alle Beschreibungen Seiner Stimme und Seines Singens sind nur hilflose Versuche und erfassen das Wesentliche nicht. Wenn Balasai Baba singt, ist es, als öffne sich ein Vorhang, der den Hör-Blick in die Klangwelt der nie versiegenden Quelle der Schöpfung freigibt. An jedem Singabend lässt Baba die lebensspendenden Klangfluten in die Welt strömen. Wir, die wir zuhören dürfen, sind uns nicht bewusst, wie unsere Zellen ernährt werden, was an Heilung in uns bewirkt wird, wie wir von Baba, der kosmischen Mutter, auch singtherapeutisch umsorgt werden. Jeden Singabend erneuert Baba den Urklang der Schöpfung OM und heilt und erfrischt den ganzen Kosmos.

Jeder Audiologe weiß, dass wir nur darum etwas hören, weil der Kehlkopf in feinster Form »mitspricht« und »mitsingt«, was das Ohr hört. Beide Organe sind aufeinander bezogen und reagieren gleichzeitig. Wir kennen das Phänomen, dass eine gepresste Stimme ein unangenehmes Gefühl im Kehlkopfbereich hervorruft oder dass man sich räuspern möchte, wenn jemand heiser ist. Wir als Zuhörer haben an jedem Singabend mit Balasai Baba die Gelegenheit, Seinen kosmischen Gesang innerlich nachahmend mitzusingen und unsere Zellen mit Klang und Licht, mit Schöpfungsenergie aufzufüllen und zu regenerieren.

* * *

Das Lied von Balasai (3): Die Mutter des Universums

Der Singraum von Balasai Baba in Hyderabad ist mittelgroß und erinnert an ein Wohnzimmer, stünden da nicht die Stühle für die Zuhörer. Bodenlange weiße Satingardinen geben dem weißgestrichenen Raum, der zur Decke mit Gold abgesetzt ist, einen eleganten Glanz. Die hellen Fliesen des Bodens sorgen während der heißen Monate für angenehme Kühle. Am Kopfende steht Babas Sofa und an der rechten Wand das Sofa von Madam Shakuntala, der Co-Sängerin. Beide Sofas sind belegt mit Textbüchern, die nur den Sitz freilassen. Zwischen Papieren, Liederbüchern und Behältnissen mit Schreibgeräten gräbt Baba, wenn Ihm die Idee kommt, unterschiedliche Spielzeuge aus: Tröten und Trompeten vom Jahrmarkt, eine »Pupsmaschine«, einen Lachsack. Lange Zeit lehnte ein quäkender Dinosaurier an der Rückenlehne des Sofas. Sein erklärter Liebling ist ein kleiner bunter Ganesha mit Turban und *Vina* (indisches Saiteninstrument), der jeden Tag gestreichelt und mit frischen Blüten geschmückt wird. An der linken Fensterseite bearbeitet Mr. Sh., der Trommler, drei große Kongas und – für indische Musik unentbehrlich – zwei Tablas. Neben ihm sitzt Mr. M., Rechtsanwalt – gleichzeitig Co-Sänger und Discjockey für die Karaoke-Programme. Wenn der Musikraum am fortgeschrittenen Abend für die Besucher geöffnet wird, sitzt Baba schon auf Seinem zusätzlich dicken Sofakissen, im unoffiziellen Dhoti und bequemen Hemd und blättert meistens in diversen Papieren, ein Bein angewinkelt,

Baba als »Bala Tripura Sundari«,
die Mutter des Universums, mit der »Vina«, der ›Königin
der Musikinstrumente‹ – Symbol des Kosmos
und des menschlichen Körpers

ein Fuß abgestützt auf einem Polsterhocker, wenn Er nicht, wie ein Kind, beide Beine in der Luft baumeln lässt.

Zwei weitere Einrichtungsgegenstände müssen noch erwähnt werden, nicht, weil sie dringend gebraucht werden, sondern weil sie Hinweise sind, dass dieser Raum mehr ist als nur Sing-, Wohn- oder Kinderzimmer. Über Seinem Sofa hängt ein großes Foto, das Baba in jüngeren Jahren in orangefarbener Robe zeigt. Er sitzt auf einem Sofa und zupft eine *Vina*, die in Seinem Schoß liegt. Manchmal schaut Baba in komischer, gespielt hilfesuchender Gebetshaltung zu diesem Bild auf, berührt es und segnet sich – sogar mit den Worten: »O Balasai Baba segne mich!«, wenn die Devotees mal wieder allzu begriffsstutzig sind.

Diese Geste ist immer witzig übertrieben, jedoch macht es keinen Sinn, dass Er Seine eigene Form meint, von der Er den Segen erwartet. Wen mag das Bild darstellen?

Balasai Baba wird in Indien als Verkörperung der höchsten universalen Schöpfungsenergie verehrt. Diese dynamische Manifestationskraft wird als weiblich, als *Universale Mutter* angesehen (*Shakti*). Das höchste statische Bewusstseinsprinzip, das dem Universum zugrunde liegt, wird *Shiva* genannt. Die Schöpfung ist ein Produkt dieser beiden Gegensätze, die auch als *kosmisches Sein* und *kosmischer Wille* beschrieben werden. Obwohl *Shiva / Shakti* ein Prinzip sind, werden sie in der Praxis als zwei angesehen: Als Mutter und Vater des Universums. Shiva wird auch als der beschrieben, der »den Blick auf das Universum freigibt, es beleuchtet« (*he illumines, reveals the universe – Saundarya-Lahari* von Sri Shankaracarya, Chennai, 2008).

Der Mythos zeigt Shiva auf seinem Wohnsitz, dem Berg Kailash (heute ein Berg in Tibet), wo er in Eis und Schnee über den Plan meditiert, der dem Universum zugrunde liegt. Da er in immerwährender Meditation versunken ist und kein Interesse hat, von sich aus den Plan zu realisieren, ist es Aufgabe Seiner Shakti, der Göttlichen Mutter, die »Zentrale« einzurichten, von der aus die verschiedenen Götter angewiesen werden, das Universum zu erschaffen. Wie in einer großen Firma ist sie der »Boss«, sie setzt durch das *Runzeln ihrer Augenbrauen innerhalb des Bruchteils einer Sekunde* das Rad des Lebens in Gang. Durch ihre Lebenskraft fließen die Energien in die Welt, mit denen die Götter aufgerufen werden, das Schöpfungswerk zu beginnen. Selbst *Brahma* (Schöpfer), *Vishnu* (Erhalter) und auch *Shiva* als Gott der Zerstörung (hier nicht als höchstes kosmisches Bewusstseinsprinzip!) wären ohne sie leblos und unfähig, diese Aufgabe zu erfüllen.

»Ich bin *Adi Parashakti*, das allerhöchste göttliche Prinzip. Alles ist aus mir entsprungen … sowie alle Gottheiten. Selbst Brahma, Vishnu und Shiva finden ihren Ursprung in mir. Wenn die Götter für bestimmte Aufgaben ganz besondere Kräfte brauchen, beten sie zu *Adi Parashakti*.« (So ein Zitat von Baba in Bernida Zangls Buch *Das Licht bricht sich Bahn*, Kurnool, 2000)

Adi Shankara (um 800) ist der große Philosoph des *Advaita*, der Nicht-Dualität. Obwohl personalisierte Konzepte seinem Denken fremd sind, hat er einige der schönsten Hymnen über die Göttliche Mutter geschrieben. In Indien wird Balasai Baba als Verkörperung der höchsten Schöpfungskraft angesehen: Bala Tripura Sundari. Die kleine Schrift *Tripura Sundari Ashtakam*[5] beschreibt die *Mutter der ganzen Welt* in kurzen poetischen und vieldeutigen Bildern:

> »Sie lebt in allen Dreiheiten (Triaden): in Himmel, Erde und Unterwelt, im physischen Körper, im subtilen Körper und im kausalen Körper, im Wach-, Traum- und Tiefschlafbewusstsein, in Brahma, Vishnu und Shiva usw. Unter allen Göttern ist Tripura Sundari die Schönste.«

Die Vollkommenheit ihres Körpers, die exquisite Kleidung, der Schmuck, der Gesichtsausdruck, die Frisur, die Attribute – alles wird in dichten, symbolischen, traditionellen Bildern visualisiert:

»Suche ich Zuflucht bei Tripura Sundari,
die im Kadamba-Wald umherstreift,
die eine goldene Vina in den Händen hält,
deren Gesicht strahlt vom Nektar der
    Unsterblichkeit,
die Kläräugige, frei Wandernde ...«,

so lauten einige Zeilen aus den ersten zwei Versen.

Die *Vina* wird in Indien als die Königin der Musikinstrumente angesehen. Zwei Resonanzkörper aus Kürbis sind durch einen langen Hals miteinander verbunden. Die auf den Hals gespannten Saiten werden vom Spieler gezupft. In der traditionellen Bildersprache steht die Vina für das Universum und ihre Musik für die harmonische Ordnung aller Bewegungen und Abläufe in ihm. Gleichzeitig ist die Vina das Symbol für den menschlichen Körper: der lange Hals stellt die Wirbelsäule dar, die Saiten sind die Nervenbahnen. Schon eine Vina anzuschauen, wird als Segen angesehen: Alle Götter haben ihren Platz in ihr. Die Göttliche Mutter ist der Spieler, sie belebt die drei Welten (*Tripura*), das Universum (Makrokosmos), den menschlichen Körper (Mikrokosmos) und gibt allen Göttern die nötige Energie, um die übernommenen Aufgaben zu verrichten.

Der Wohnort der Göttin ist der *Kadamba*-Wald, der aus Bäumen mit orange-rot-farbenen, unscheinbaren, aber stark duftenden, kugelförmigen Blüten besteht (Nauclea cadamba). Während die Vina das belebte, in unaufhörlicher Bewegung schwingende und klingende Universum darstellt, stellt der Kadamba-Wald das räumliche Universum dar, das sie bewohnt und durchstreift. Rechts und links neben Babas Sofa stehen zwei künstliche Topfpflanzen (wegen der Hitze gedeihen natürliche Topfpflanzen in Wohnräumen nicht) – zwei Bäume mit auffallenden, großen orange-roten Blüten – leider nicht aus dem Kadamba-Wald. Mir schien immer, dass diese beiden Bäume Babas Sing- und Wohnzimmer wie einen Theaterraum auch noch ins Universum verwandeln.

Unabhängig davon, ob Baba gesund oder krank ist, ob Er Lust hat oder nicht, immer inspiriert Er Seine Devotees mit Seinem Lachen, Seinen Ideen, Seiner Lebendigkeit, Seiner Aufmerksamkeit, der nichts entgeht. Babas Gesicht strahlt immer den *Nektar der Unsterblichkeit* aus. Eine göttliche Inkarnation, die das höchste Licht repräsentiert, ruft auf der Erde dunkelste Kräfte von Gegnerschaft hervor, die Seiner Mission Schwierigkeiten und Widerstände in den Weg legen, bei denen jeder Mensch resignieren würde. Baba bleibt bei all diesen Problemen der unberührte, distanzierte, »kläräugige« Beobachter jenseits der Erdensphäre. Er belebt alle Wesen und erfüllt ihre weltlichen und geistigen Wünsche nach einem glücklichen, komfortablen Leben und dem Wunsch nach Verschmelzung mit Gott (*bhukti-mukti-marga*). Außer dem Wunsch, Seine Devotees glücklich zu machen, ist Baba nicht durch Wünsche gebunden, und wird darum als Tripura Sundari hier der *Frei-Wandernde* genannt.

Im dritten Vers werden die prallen Brüste der Göttin beschrieben, *die mit den Bergen rivalisieren*, und der nie versiegende Fluss ihrer kosmischen Mütterlichkeit, die spirituelle und materielle Nahrung im Überfluss bereithält.

Vor vielen Jahren wurde ich unerwartet Zeuge dieser nie versiegenden mütterlichen Nahrung. Ein indischer Devotee hatte einige Tage vorher berichtet, wie Baba ihm den Zweifel nahm, dass Balasai Baba wirklich die immer mütterlich Sorgende ist: Während er in Kurnool mit Baba beim Darshan sprach, bemerkte er, wie die Robe ihre Farbe änderte, dadurch, dass aus einer Brust Flüssigkeit quoll, die aber in Sekundenschnelle wieder getrocknet war. Der Überfluss der mütterlichen Nahrung hatte ihn zu Tränen gerührt.

Einige Zeit später, in Hyderabad, schlenderte Baba vormittags Richtung Bücherverkaufsstand mit freiem Oberkörper, nur leger mit dem Dhoti gekleidet. Ich putzte noch den Tempel und war überrascht, als Baba so unerwartet auftauchte. Den Devotee, der am Buchstand arbeitete, schickte Baba in Seine Räume, um Seine Robe zu holen. Ich vermutete, dass Baba eine Vormittagsrunde im Buchstand plante und darum offiziell angezogen sein wollte. Kaum hatte Baba die Robe angezogen, verfärbte sich der Stoff über der linken Brust durch eine schnell quellende Flüssigkeit, die offenbar aus der Brust austrat. Auf ein solches Zeichen war ich nicht vorbereitet und bemerkte es nur »zufällig« – im nächsten Moment war alles getrocknet. Wahrscheinlich hätte ich das Geschehen als Einbildung abgetan, wäre mir nicht augenblicklich der Bericht des Devotees eingefallen. Da ich nie auf »Wunder« spekulierte, hatte Baba zum Trick mit der Robe gegriffen: durch den vorher nackten Oberkörper musste mir die feuchtwerdende Stelle doppelt auffallen! In der Zwischenzeit hatten sich etliche Devotees versammelt und so war keine Zeit, mit Baba darüber zu sprechen. Erst Jahre später, als ich in einer Runde das Erlebnis mitteilte, tat Baba überrascht: »Hast du es doch bemerkt!«

An den Singabenden ist es Sitte, dass die Devotees Teller mit Süßigkeiten, Keksen, Nüssen und Schokolade bereithalten. Man kann sich nicht nur selbst bedienen, sondern zusätzlich wirft Baba den Besuchern Kekse und Bonbons zu oder füttert sie sogar selbst – immer sorgt Er für Nahrung im Überfluss.

Im vierten Vers der Tripura Sundari nun werden ihre *melodische, musikalische Stimme* und ihr *unergründliches Spiel* gepriesen.

Eine Mutter spricht zu ihren Kindern gewöhnlich mit zärtlicher, wohlklingender Stimme. Jeder Erstbesucher schmilzt vom ungewöhnlichen Wohlklang von Babas Sprechstimme dahin, besonders, wenn er unerwartet in seiner Muttersprache angesprochen wird, damit er sich gleich zuhause fühlt. Im Gespräch ist Babas Stimme immer leise zurückgenommen, sie klingt hell, weich und zärtlich und bleibt auch bei kontrovers diskutierten Themen freundlich-humorvoll, ohne je die geringste Spannung aufzubauen, etwa um überzeugen zu wollen oder um das Gespräch in eine bestimmte Richtung zu lenken. Die Stimme ist das wichtigste Instrument, um

Menschen zu beeinflussen und zu manipulieren. Baba ist jenseits all dieser Machtspiele, Seine Stimme ist immer Ausdruck der göttlichen Wahrheit, sie ist Liebe und Mitgefühl.

Ich war einmal unfreiwilliger Zuhörer eines Gespräches, das aus Babas Räumen ins Treppenhaus schallte. Baba hatte indischen Besuch, dem offenbar nur daran gelegen war, Frust, Zorn und Ärger abzureagieren. Durchs Treppenhaus brandete eine Welle von hemmungslosem, lautstarkem Wutgebrüll von durcheinander schreienden Menschen, die ihre kulturelle Prägung und die Anwesenheit einer göttlichen Inkarnation offenbar vergessen hatten. Nur während der seltenen Atempausen schaltete sich eine Stimme ein (die nur Baba sein konnte) und ergriff die Gelegenheit, sich leise und liebevoll-sachlich zu äußern, bis die nächste Wutwelle sie stoppte.

Der fünfte Vers weist auf die sanfte, honigsüß fließende und freundliche Stimme hin.

Würde Baba nach weltlichen Maßstäben handeln, wäre es für Ihn ein Leichtes gewesen, Seine Autorität einzusetzen und das Gespräch in Seinem Sinne zu lenken, oder wenigstens auf das Mindestmaß an Höflichkeit hinzuweisen, aber soweit ich es verfolgen konnte, nutzte Baba nur die wenigen Atempausen für ein paar kurze Einwürfe und ließ die Emotionen und Demonstrationen von Macht und Gewalt sich austoben ohne einzugreifen.

Ich war an dem Tag durch den hinteren Eingang des Ashrams gegangen, wo das Treppenhaus direkt an Babas Räumen vorbeiführt. Eine Tür trennt zwar die Bereiche, aber der obere Teil der Tür ist offen, so dass das Gespräch ungehindert im ganzen Treppenhaus zu hören war. Die Auseinandersetzung fand auf Telugu statt und ich verstand die Ursache der Erregung nicht. Da der Verstand sich kein Bild machen konnte, wirkten die Emotionen in den Stimmen umso direkter. Ich war schockiert von dem Kontrollverlust, gleichzeitig tief berührt von dem, was in Babas Stimme an Mitgefühl und Zurückhaltung schwang. Da die Geistige Welt nie in die Freiheit des

Menschen eingreift, war Gott gezwungen, dem Willen der Menschen freien Lauf zu lassen. Wie schon bei der Geschichte von Jesus: Auch die größte Gewaltausübung und Drohung können Gott nicht manipulieren. Nie kann Er Seine Natur verleugnen – die Liebe reagiert nur auf Liebe, ansonsten bleibt Er der unberührte Beobachter.

Ganz anders kann man Baba erleben, wenn Er tiefsitzende negative Charaktereigenschaften eines Devotee, die seine spirituelle Entwicklung behindern, ans Licht des Bewusstseins heben muss. Diese Situationen sind selten, und betreffen gewöhnlich Devotees, die schon viele Jahre zu Baba kommen, aber sie laufen alle nach einem ähnlichen Schema ab.

Baba schneidet ein zunächst harmlos klingendes Thema an, und bis der Devotee merkt, worum es geht, ist er schon mittendrin. Babas Sprechtempo hat sich gesteigert, und der Klang seiner Stimme wird schärfer. Die Ausgangsgeschichte wird mit bekannten und unbekannten Tatsachen gemischt und der Devotee wird zusehends verwirrter. Er erkennt die Rolle, die er glaubt, gespielt zu haben, nicht wieder und fühlt sich mehr und mehr unbehaglich. Baba spricht dann non-stop und führt immer neue Beispiele an, die dem Devotee einerseits bekannt vorkommen, andererseits in einem fremden Lichte erscheinen. So verwirrt er auch ist, er weiß genau, an welchem Punkt Baba bei ihm das Seziermesser ansetzt. Ihm ist klar, dass er sich zu keinem Zeitpunkt verteidigen oder »falsche Anschuldigungen« korrigieren darf. Die ganze Palette von seelischen Ego-Schmerzen muss ertragen werden. Alles gehört zu Babas Plan, und Er setzt jedes Mittel ein, dieses Geschwür aufzuschneiden. Baba redet ohne Punkt und Komma, Sein Gesichtsausdruck ist streng und abweisend, aber was wirkt, sind weniger die Worte als der Klang Seiner Stimme, der jetzt alles andere als freundlich und süß ist. Es ist die Vorahnung eines *Jüngsten Gerichtes*, und je nach Temperament kann man glauben, auf ewig verdammt zu sein. Wie nach einer richtigen Operation, ist danach bei den meisten das gesamte System mitgenommen und erholungsbedürftig, aber das Thema, an dem Baba gearbeitet hat, liegt frei und der Devotee kann es, wenn er möchte, auflösen.

Ist der Eingriff beendet, atmet alles auf. Die meisten Besucher kennen diese Seite Babas nicht und sind zunächst schockiert. Baba aber ist wie »auf Knopfdruck« gleich wieder die liebevolle Mutter, lacht und scherzt, wirft Kekse und Bonbons, und den größten Süßigkeiten-Segen bekommt der Devotee, der gerade so viel hat durchstehen müssen.

Einer Devotee materialisierte Baba zwei Tage nach einer solchen »Kur« eine wunderschöne goldene Halskette. Mit den Worten: »Du warst ein gutes Instrument!«, legte Er sie ihr liebevoll um den Hals. Wenn Baba weiß, dass ein Devotee so einen Ego-Crash nicht unbeschadet überstehen würde, wählt er jemand anderen stellvertretend aus, der sich zu keinem Zeitpunkt involviert fühlt, weil er weiß, dass er mit dem Thema nichts zu tun hat. Der Einzelne nimmt auch immer etwas für die ganze Gruppe (das kann auch die Menschheit sein) stellvertretend auf sich, weil die meisten oft gleiche oder ähnliche Themen haben, wie Geiz, Eifersucht, Unverträglichkeit, Lieblosigkeit, Klatschsucht und dergleichen.

> »Suche ich Zuflucht bei Tripura Sundari, die die erste Blume von Manmatha (Liebesgott) trägt, die in ihren Händen die Pfeile, den Bogen, die Schlinge und den Stachel hält ...«
>
> (Beschreibungen von Tripura Sundari aus dem sechsten und siebten Vers).

In der *Nama Mala*, den dreihundert Namen der Göttin, die im Ashram täglich zweimal vor den Bhajans rezitiert werden, werden die in den Versen genannten vier Attribute als »die Waffen der Göttin« bezeichnet: Es sind die fünf Blumenpfeile des Liebesgottes (*Manmatha* oder *Kama*), die die fünf Sinnesorgane symbolisieren (die Lotusblüte, die Blüte des Ashokabaumes, die Mangoblüte, der Jasmin und der Blaue Lotus), der Zuckerrohrbogen, der für den Geist steht, weil er die süßen Seiten des Lebens bevorzugt, die Schlinge der Liebe, mit der die Göttin den Devotee zu sich heranzieht und damit auch die Anhaftung an die Welt lockert, und schließlich der Stachel, mit dessen Hilfe Elefanten gezähmt und für die Arbeit abgerichtet werden.

Die Blumenpfeile, vom Zuckerrohrbogen abgeschossen, aktivieren die Sinnesorgane und machen die äußere Welt attraktiv – es sind die Waffen der *Anziehung* – auch der spirituellen Welt. Trifft Babas Liebespfeil ins Herz eines Menschen, wird dieser unweigerlich zu Ihm hingezogen. Die Schlinge und der Stachel werden unter Umständen auch gegen den Willen des Menschen eingesetzt, ihr Gebrauch kann mit Schmerzen verbunden sein (wie am Beispiel gezeigt). Aber auch diese *Waffen der Abstoßung* sind Waffen der Liebe. Mit diesen Waffen regiert Tripura Sundari das ganze Universum und spielt ihr *unergründliches Spiel*. Auch wenn der Zuckerrohrbogen für unsere Augen unsichtbar ist und unsichtbare Herzenspfeile abschießt – Baba »materialisiert« ihn hin und wieder während der Singabende. Er legt dann ein Bonbon auf die Kuppe des rechten Zeige- oder Mittelfingers, spannt den »Bogen« mit der linken Hand und schießt: das Bonbon trifft selbst in der letzten Reihe erstaunlich genau das anvisierte Ziel.

Die Dunkelhäutige mit zerzausten Locken, mit dieser Zeile endet der sechste Vers.

Baba mag keine Formalitäten. Zum offiziellen Darshan passt sich Baba den Ansprüchen der indischen Devotees an, die ihren Gott in traditioneller Robe und sorgfältig frisiert sehen wollen. Aber es kommt durchaus vor, dass Babas Frisur ungekämmt und zerzaust wirkt, was Ihn zumindest bei den westlichen Besuchern natürlicher und attraktiver erscheinen lässt. Zu den Singabenden befolgt Baba weniger Etikette – Dhoti und Hemd – und die Besucher sind entzückt, wenn Babas Haare wild und unfrisiert abstehen.

Vor Jahren, als Baba öfter mit einigen Besuchern eine kurze Spritztour mit dem Auto machte, gehörte es zum Programm, dass man an einem Kokosnussstand Halt machte. Eine Kokosnuss zu trinken will gelernt sein, sonst bekleckert man sich unweigerlich mit dem Wasser, das hartnäckige Flecken hervorruft. Da Baba diesen Problemen keine Beachtung schenkt, war seine Robe bald mit etlichen Kokosnusswasserflecken verziert. Eine Mitfahrerin meinte, Baba darauf hinweisen zu müssen und sagte mit einigem Vorwurf: »Baba, so kannst Du nicht herumlaufen!«, aber Baba schaute sie nur kindlich-unschuldig an und plemperte das übrige Wasser auch noch auf die Robe.

* * *

Das Lied von Balasai (4): Balasai – Ganesha

Im Jahre 2001 gebar Balasai Baba an Mahashivaratri als Göttliche Mutter einen *Shiva-Lingam*, der dem Ashram in Hyderabad übergeben wurde. Seitdem wird er täglich in einem gesonderten Altarraum mit einer Puja verehrt. Neben dem Shiva-Lingam ist das wichtigste Verehrungsobjekt auf dem Altar eine kleine Pyramide, die von Elefanten und Schlangen getragen wird: Sie ist das Symbol für die Göttliche Mutter in Form des dreidimensionalen *Sri Yantra (Chakra)*, wo sich auf neun Ebenen vier Shiva-Dreiecke mit fünf Shakti-Dreiecken durchdringen, bis Shiva und Shakti im höchsten Punkt, dem *Bindu*, eins werden. Die Einheit von Shiva und Shakti ist das Ziel aller yogischen Praktiken und geistigen Übungen.

Auf dem Altar ist immer auch Ganesha dabei. Welche Rolle spielt er? Noch ehe die Schöpfung beginnt, ist er der *Erstgeborene* der Göttlichen Mutter: um ihn, als den energetischen Mittelpunkt, versammeln sich alle später manifestierten Kräfte.

Nach tantrischer Ansicht ist Ganesha die regierende Gottheit über das »Gesetz der Schwerkraft« (Anziehung), das die Grundlage für die Ordnung und Balance des Universums ist (siehe Pandit Rajmani Tigunait: *Tantra reveiled*, S. 83, The Himalayan Institute Press, Honesdale, Pennsylvania, 1999).

Balasai Baba mit dem tanzenden Ganesha
vor der Tempeltür in Kurnool

Es ist nicht schwierig, Ganesha mit seinem massigen Körper, in dem das ganze Universum Platz zu haben scheint, und den weit in den Umkreis ausgreifenden Sinnesorganen eines Elefanten als Repräsentanten dieses *Gesetzes* anzusehen. Die Klangschwingungen des Muschelhorns, die das OM in die Leere des Alls tönen, und die Vibrationen der wirbelnden, schnellen, stampfenden und drehenden Tanzschritte erzeugen durch Zentrieren, Ausdehnen und Richtunggeben den Beginn der Schöpfung: Klangbewegungen schaffen erste Strukturen in einem »Raum«, in dem später alle schwerstofflichen Objekte durch das Gesetz der Schwerkraft (Anziehung) in Beziehung stehen und so die Ordnung, Stabilität und Balance des Universums garantieren.

Auch Ganesha ist *Nadabrahma*. Schon auf den frühen Evolutionsstufen ist es das Gesetz der Anziehung, das die subatomaren Teilchen in einer Art »Sympathie« (griechisch »Mitgefühl«) zusammenstreben und zu Atomen vereinen lässt. Auf einer höheren Ebene finden sich diese wiederum zu Molekülen zusammen, und so bilden die den Teilchen inhärenten Anziehungskräfte immer komplizierter werdende Strukturen, die die Grundlage der materiellen Welt werden.

Auf den späteren Evolutionsstufen lässt die Kraft der Anziehung Menschen einander in Sympathie, Mitgefühl, Zuneigung, Empfindungen innerer Verwandtschaft und Freundschaft beggenen und Beziehungen des Respekts, der Wertschätzung und Liebe füreinander entwickeln – die höchsten Werte jeder menschlichen Gemeinschaft. Als Gott der Schwerkraft beziehungsweise der Anziehung repräsentiert Ganesha diese »Sympathie des Kosmos« von den »unbewussten« Zellorganisationen über die Lebensgemeinschaften des Pflanzenreiches, die weisheitsvollen Ordnungen des Tierreiches, bis zu den höchsten menschlichen Empfindungen, die die Grundlage aller Religionen und Ethik bilden.

Ganesha ist der Sohn von Shiva und Shakti. Mit seinen Elefanten-Geistesorganen erspürt er den göttlichen Plan der Schöpfung (das Erbe seines Vaters), mit dem

Urlaut OM (= A-U-M) ruft er diesen Plan in die Erscheinung (das Erbe seiner Mutter). Ganesha heißt »Herr der Wesen« (Gana= Wesen, Isha = Herr). Er ist es, der bis zur Auflösung des Kosmos der Evolution Impulse zur Erneuerung, zur Höherentwicklung der Formen und des Bewusstseins gibt. In den jüdisch-christlichen Religionen kennen wir den gleichen Schöpfungslaut. Abgeleitet vom A-U-M ist AMEN – alle Gebete und Anrufungen werden am Ende noch einmal mit geistigem Feuer aufgeladen: »SO SEI ES!«

Kein Wunder, dass in Indien die Sympathie für Ganesha über alle Kastengrenzen, Religionen und persönlichen Glaubensformen des Hinduismus alle Herzen vereint.

Als Herr der Schwerkraft zieht Ganesha auch die menschlichen karmischen Bindungen an und setzt so das Rad des Karmas in Bewegung. Er ist es, der zum richtigen Zeitpunkt einen wahren Meister in unser Leben schickt, durch dessen Gnade unser Karma beendet wird und Befreiung möglich ist.

In Indien und Tibet wusste man, dass im Urlaut OM alle Klänge, Laute und Bewusstseinszustände enthalten sind, und kultivierte Gesang und Aussprache. In Tibet entwickelte man die Kunst des *Obertonsingens*, weil bekannt war, dass in jedem Einzelton die gesamte Obertonreihe, also die ganze Tonleiter enthalten ist. Durch Modulation von Kehle, Rachenraum und Zunge wird ein Teil des unhörbar mitklingenden Akkordes der Obertöne so verstärkt, dass die Töne so kräftig mitklingen wie der gesungene Grundton. Es ist beeindruckend, einen Chor von tibetischen Mönchen zu hören, die den Einzelton noch als Teil der Obertonreihe in seiner harmonischen Urform hören und singen, nämlich als Akkord, als Zusammenklang. Wir haben den Einzelton längst aus seinem Zusammenhang gelöst und bekommen eine Idee davon, dass Schöpfungskraft für ein Universum in nur einem Ton steckt, wenn man wahrnimmt, wie machtvoll es klingt, wenn das ganze Klangspektrum dieses einen Tones hörbar mitklingt.

In Indien ist das OM der *Knotenpunkt* zwischen der Welt des Geistes und der erschaffenen Welt. Es wird als A-U-M gesungen, vom hinteren Rachenraum bis zu den Lippen und repräsentiert den Übergang der Bewusstseinszustände vom Wachen über das Träumen zum Tiefschlaf. Im Schriftzeichen werden diese Bewusstseinswelten durch drei Kurven symbolisiert: die untere, größere Kurve steht für die grobstoffliche Welt und das Wachbewusstsein. Die obere kleinere Kurve symbolisiert das Unbewusste des Tiefschlafes und die Kurve zwischen beiden repräsentiert die Traumwelt zwischen Wachen und Schlafen. Das höchste Bewusstsein des Selbst, das in der Stille ausgedrückt wird, entspricht dem Punkt mit dem Halbkreis. In beiden Kulturen lebt noch das Wissen um das Schöpfungsgeheimnis, dass das Universum durch Klangschwingung aus dem unmanifestierten Geistigen entstanden ist.

Dasselbe gilt für die christlich-jüdischen Kulturen des Westens. Die Bibel drückt es so aus: »Und Gott sprach: *Es werde ...!*« Jede Erschaffung beruht auf dem Mantra: *Es werde ...* Darum heißt es zu Beginn des Johannes-Evangeliums: »Am Anfang war das Wort. Und das Wort war bei Gott. Und Gott war das Wort.«

Gott erschafft durch den Klang, der das Schöpfungswort ist. Unter diesem Aspekt ist Ganesha das erste Wort, die erste Ursache. Als Beginn der Schöpfung repräsentiert er die höchste kosmische Realität.

Bis vor einigen Jahren stand vor der Tempeltür des Balasai Baba Ashrams in Kurnool ein kleiner tanzender Ganesha. An jedem Ganesha-Fest (August/ September) steht auf der Bühne des Tempels in Hyderabad eine große Ganesha-Figur: als ruhende, energetische Ursache des Universums wird er meistens in seiner sitzenden Form dargestellt. Weil er die Süße der Schöpfung liebt, trägt er neben Schlinge und Stachel eine Schale mit Laddus. Ganesha hat immer großen Appetit. Egal, was ihm mit Liebe angeboten wird, seien es Probleme oder Wünsche, er schluckt alles – unsere Ängste, Bindungen, unser Ego. Darum wird er *der Beseitiger der Hindernisse* genannt.

Der kleine Ganesha auf dem Tempelpodest in Kurnool musste wegen Umbauarbeiten seinen Platz wechseln: In vergrößerter Form sitzt er jetzt in seinem eigenen Tempel, unter dessen Dach er seinen Platz auf einer Schildkröte hat und unbewegt über den Tungabhadra in die Ferne schaut.

Als die Dämonen und Götter gemeinsam den Milchozean quirlten, um die Welt der Formen zu manifestieren (so wie Butter entsteht, wenn man die Milch kräftig schlägt), hatten sie vergessen, vorher Ganesha anzurufen, damit ihr Werk gelingen möge. Also ging zunächst alles schief: der Quirl (der Berg Meru), der mit Hilfe der Schlange Vasuki als Seil von beiden Parteien gedreht wurde, versank in den Fluten! Man hatte vergessen, dem Quirl ein festes Widerlager zu geben, aber Vishnu als *Erhalter* der Schöpfung erbarmte sich und verwandelte sich in eine Schildkröte, auf deren Panzer der Quirl einen festen Stand hatte. Dank des festen Fundamentes konnten auch im Jahre 2009 die Fluten des Tungabhadra dem Hüter des Ashrams nichts anhaben. Drei Tage lang lagen der Tempel bis zur Decke und die ersten zwei Stockwerke der Wohngebäude unter Wasser. Obwohl Ganesha mehr als drei Meter groß ist (und zu den größten Indiens zählt), tauchte er zwar an Farbe bleicher, aber unversehrt aus den Fluten auf.

Wie schon beschrieben, haben gleich mehrere Ganeshas im Singraum in Hyderabad ihren festen Platz. Ein Singabend mit Balasai Baba lässt niemanden unverändert. Jeder Zuhörer, ob musikalisch oder nicht, ob interessiert oder gelangweilt, ob er schläft oder aufmerksam zuhört, wird tief in das Geschehen hineingezogen und fühlt sich nach drei Stunden entweder erfrischt und belebt oder auch müde und schwer. Alle Körper (physisch, energetisch, emotional, mental) werden berührt und neu ausgerichtet. Wer in dieser Phase offen bleibt, kann erleben, wie »aus dem Durcheinander nacheinander *Ananda* (Glückseligkeit) wird« – ein Wortspiel von Baba. So ist jeder Singabend nicht nur Unterhaltung, sondern immer auch Transformation.

»Wisst ihr eigentlich, wie glücklich ihr euch schätzen könnt, dass Gott für euch singt?«, sagte Mr. M. in den ersten Monaten seines Sängerdaseins bei Baba wiederholt zu uns. Oft drückte er spontan seine Berührung durch Babas Gesang mit Tränen in den Augen und *standing ovations* aus. Gefragt, wie er als indischer Sänger Babas Singen empfindet, konnte er das mit Worten kaum ausdrücken. Er zeigte auf seine Kehle und sagte: »Wir normalen Sänger singen mit der Kehle. Babas Singen ist – *attraction* …« (Anziehung). Er legte die Hand auf sein Herz und fand dann keine Worte mehr. Er wollte wohl ausdrücken, dass Babas Singen universale Liebe, göttliches Licht und reine Schöpferkraft ausstrahlt, die jeden zu Ihm hinzieht. Unser Sänger hatte sicherlich nicht daran gedacht, dass der Begriff *attraction* auch das *Gesetz der Anziehung* meint, das unser gesamtes Sonnensystem vom kleinsten Teilchen bis zum größten Planeten durchdringt, und dass Ganesha die darüber herrschende Gottheit ist. »Baba ist der beste Sänger im Universum!« Mit diesen Worten fasste er seine Überwältigung wenig später zusammen.

Dieses Urteil eines professionellen Sängers, der die indische Musik kennt, ihre hohen stimmlichen und technischen Anforderungen und die künstlerischen Fähigkeiten der berühmtesten indischen Sänger, ist einerseits eine objektive Aussage, andererseits scheint er innerlich zu wissen, dass Balasai Babas Gesang sich jedem Vergleich entzieht, weil sein Ursprung nicht die irdische Dimension ist.

* * *

Shiva, Tripura Sundari (Shakti) und Ganesha sind Personifikationen des traditionellen hinduistischen metaphysischen Schöpfungs-Konzeptes, die sich nicht verkörpern. In symbolischer Form werden sie auf dem kleinen Altar, der mittlerweile von seinem Platz in der Pujahalle auf die Bühne des Tempels von Hyderabad umgezogen ist, in der Form des *Shiva-Lingams*, der dreidimensionalen Form des *Sri Chakras* (aus einer Legierung von fünf Metallen) und einer Ganesha-Figur täglich mit einer Puja verehrt.

Das Lied von Balasai (5): Das Sri Balasai Baba Maha Yantra – die Erneuerung der Schöpfung

Balasai Baba – Maha Yantra, ein geometrisches Symbol als Abbild
der Gesamtheit Seiner kosmischen Kräfte

Ganesha hat seine überaus feinen Elefanten-Sinnesorgane von Shiva, die übrige menschliche Gestalt hat ihm seine Mutter (Shakti) gegeben. In jedem von uns ist *Shiva* als höchstes *Bewusstsein* repräsentiert und im Sinnes-Nervensystem anwesend. *Shakti* als höchste manifestierende *Energie* lebt im Blut-Muskelsystem, das wir bei jeder Tätigkeit unserer Gliedmaßen aktivieren.

Den optischen Hintergrund der Symbole der »alten« Schöpferfamilie auf dem kleinen Altar bildet eine Silberplatte, auf die sieben Kreise eingraviert sind: das *Sri Balasai Baba Maha Yantra*. Wir begegnen hier der gleichen Sieben, wie sie schon im Zusammenhang mit *Nadabrahma* beschrieben wurde: hier als Zusammenfügung der göttlichen Drei und der irdischen Vier. Drei konzentrische Kreise und vier Kreise, die sich im selben Mittelpunkt berühren und ihn zu umtanzen scheinen, ergeben eine scheinbar einfache und harmonische, bei näherem Hinsehen jedoch rhythmisch-bewegte Form mit einer Fülle von unterschiedlichen geometrischen Beziehungen. Aus dem Mittelpunkt (dem OM-Punkt als Zeichen der Quelle) strömen die drei konzentrischen Kreise wie Wellen aus einer Quelle in den Umkreis. Die vier »irdischen« Kreise, jeweils auf den vier Abschnitten des Achsenkreuzes, berühren sich im Mittelpunkt und überschneiden sich und die drei konzentrischen Kreise.

Dieses uralte Yantra stellt die kosmische Form der hier lebenden göttlichen Inkarnation dar, des Avatars Bhagavan Sri Balasai Baba, der sich selbst »der Uralte und der moderne Gott« nennt.

»Ich bin die Quelle. In mir hat das höchste Licht Gestalt angenommen«, sagt Balasai Baba. Vom Uranfang der Schöpfung hat Er diese begleitet durch alle Phasen der Evolution der Formen und – parallel dazu – des Bewusstseins. Als Avatar kehrt Er zu bestimmten Zeiten in Seine Schöpfung zurück, um ihr die notwendigen Evolutionsschübe zu geben, für die das jeweilige menschliche Bewusstsein bereit ist. Dieses Yantra, eine kleine geometrische Form, ist Sein *Licht-Bild*, mit Seinen Worten »mein geometrisches Logo«, das Bild Seines kosmischen formlosen Schöpfungslichtes. Die schlichte Grafik zeigt, wie göttliche und menschliche Welt seit Beginn der Schöpfung ineinander und miteinander wirken. *Dahinter* segnet Balasai Baba den Verehrer von einem Foto, was für Baba keinen Unterschied zu Seiner physischen Form macht: »Stellt ihr zu Hause ein Foto von Mir auf, wird es euch nicht nur vor Menschen mit unguten Gedanken und Absichten schützen, sondern es wird euch auch Meine persönliche Anwesenheit garantieren. Auf den Fotos bin Ich genauso gegenwärtig wie in Wirklichkeit.« (Bernida Zangl: *Göttliche Diamanten*, 2006, S. 190)

Alle alten und gegenwärtigen Aspekte der Schöpfergottheiten sind auf dem kleinen Altar versammelt: in symbolischer Form und als lebendige Wirklichkeit. Fast jeden Abend sitzt Balasai Baba in Fleisch und Blut ein paar Meter von uns entfernt auf Seinem Thron und Seine Hände tanzen über den Armlehnen den Rhythmus der Gesänge. Wer eine Zeit mit Balasai Baba in Seinem Ashram verbringt, auch derjenige, der andere Avatare und Heilige kennt, ist überrascht, welch zwanglose, familiäre, private, persönliche Nähe Baba zu jedem Einzelnen herstellt, wie Er als Gleicher unter Gleichen auf der Wiese, im Sand oder auf den harten Treppenstufen sitzt, jeden Einzelnen mit Seiner liebevollen Aufmerksamkeit beglückt, jede Verlegenheit, Unsicherheit, Steifheit und alle kulturellen Unterschiede durch einen Witz oder ein schallendes »Prost, Herzliebchens!« mit erhobener Teetasse auflöst. Im schlichten, menschlichen und heiteren, natürlichen Zusammensein verströmt Balasai Baba Seine göttliche Leichtigkeit. Durch die Bedingungslosigkeit Seiner Liebe verflüchtigt sich in den Besuchern jede Erdenschwere, alle Fragen und Probleme werden vergessen, die Herzen öffnen sich und fließen über in Licht und Glück. Viele erleben zum ersten Mal die *Leichtigkeit des Seins* als ihren natürlichen, göttlichen Seinszustand. Manche sind in allen ihren Körpern so berührt, dass sie ihren Tränen freien Lauf lassen.

Diese kurze Beschreibung ist ein Versuch, die Bedeutung des *Yantra* in Worte zu fassen:

Balasai Baba – als das höchste Licht der Quelle – und der unbewusste, von seinem ursprünglichen Wesen her göttliche Mensch treffen sich auf der Erde, um hier die Einheit von Gott und Mensch zu verwirklichen. Immer wieder erinnert Balasai Baba Seine Devotees, dass sie auf ihrem langen Erdenweg mit all seiner Mühsal und seinen Leidenserfahrungen nicht erkennen, wer sie eigentlich sind: »Du und ich, wir sind eineiige Zwillinge! Vergiss nicht, du bist göttlich!«

Durch seine Identifikation mit der materiellen Welt kann der Mensch sich seiner Göttlichkeit nicht bewusst werden. Das Verfolgen materieller Interessen führt zu Gewalt, Unmenschlichkeit und der Zerstörung der Natur. Dieser Prozess ist an seinem tiefsten Punkt angekommen. Nur über die Transformation des materiellen Bewusstseins, das Baba auch Körperbewusstsein nennt, in universelles bzw. göttliches Bewusstsein, kann es in der Zusammenarbeit mit Gott gelingen, Mensch und Erde ihr Evolutionsziel erreichen zu lassen. Das ist die Aufgabe Balasai Babas auf dieser Erde.

Wenn Baba betont, dass *Ich und du Eins sind*, erscheinen meistens zunächst Erstaunen und Freude, später Ratlosigkeit, Skepsis und Ungläubigkeit auf den Gesichtern. Was hindert die Menschen, dieses Angebot Gottes als Wahrheit zu begreifen? Im Schöpfungsmythos der Bibel wurde der Mensch von Gott »nach seinem Ebenbild« geschaffen. Auch in anderen spirituellen Traditionen wird davon gesprochen, dass der Mensch in Wirklichkeit göttlicher Natur ist und die Aufgabe hat, diese auf der Erde zu verwirklichen.

Der Glaube an eine getrennte Existenz von Mensch und Gott und der daraus resultierende Schmerz, den auch die Religionen nicht lindern konnten, eher verstärkten, belastet und durchdringt noch die heutigen Befindlichkeiten so tief, dass der Mensch seine göttliche Natur nicht erkennt. *Sünden-Bewusstsein* im Westen und *Karma* im Osten halten ihn weiter in seiner Kleinheit und Unwürdigkeit fest. Balasai Baba weiß um diese Befindlichkeiten, und Er wäre nicht das höchste Schöpfungslicht, wenn Er sich davon beeindrucken oder zurückhalten ließe. Aus bedingungsloser Liebe macht Er ein überraschendes Angebot: »Gib mir all deine Traurigkeiten, deine Ängste und Probleme und nimm meine Glückseligkeit!«

Die Millionen Jahre alte Identifikation mit den Lasten, Überforderungen und dem Opferdasein auf der Erde macht es vielen kaum möglich, dieses Angebot wirklich anzunehmen und ohne Schuldgefühle glücklich sein zu können. Baba drückt das noch deutlicher aus in dem Wortspiel: »*Since we met Baba – no sins!*« »Seit wir Baba getroffen haben, gibt es keine Sünden mehr!« Gott sieht nur die Vollkommenheit und Göttlichkeit des Menschen, Sünde und Schuld sind menschengemachte Illusionen, die aufgegeben werden können durch die Erkenntnis der eigenen göttlichen Größe. Nur in den Gedanken und Gefühlen der Menschen geschieht die Trennung von Gott, Gott selbst hat sich nie getrennt. Balasai Baba wird nicht müde, jedem Einzelnen jederzeit die eigene göttliche Vollkommenheit zu zeigen, bis das Bewusstsein bereit ist, sich mit der Göttlichkeit Gottes zu verbinden, das eigene Unvollendete loszulassen und sich der totalen Hingabe an das göttliche Licht zu überlassen. Das erfordert Mut und die Mithilfe der göttlichen Gnade.

Es ist sicherlich kein Zufall, wenn die Besucher von Balasai Baba fast ausschließlich aus dem deutschsprachigen mitteleuropäischen Europa kommen. Dieser Teil der Erde hat im zwanzigsten Jahrhundert durch zwei Weltkriege, die Leid und Zerstörung in jede Familie trugen, einen grundlegenden Bewusstseinswandel erfahren. Die Erfahrung von Vergänglichkeit und Zerfall aller materiellen Sicherheiten hat die Gemüter der Menschen (besonders der Nachkriegsgenerationen) geöffnet für die Werte, die alle Menschen verbinden: für liebe- und respektvolle Umgangsformen in Familie und Beruf, für Solidarität mit hilfsbedürftigen Nachbarn und benachteiligten Bevölkerungsschichten, für einen pflegenden Umgang mit der Natur und den Ressourcen, für die Verbundenheit und Abhängigkeit allen Seins. In vielen jungen Menschen lebt eine starke und ernsthafte Verantwortung für die

Zukunft des Planeten und der Menschheitsfamilie, und so reagieren manche verwirrt, wenn Balasai Baba die Runden nicht für tiefe, ernste, spirituelle Gespräche und Belehrungen nutzt, sondern Tee trinkt, singt, tanzen lässt und dazu Witze und Wortspiele macht. Erst nach einer Weile des zunehmenden Wohlbefindens sind sie vorbereitet für eine der wichtigsten Botschaften Balasai Babas: »Nichts ist ernst! Das Leben ist Spaß und Spiel. Wichtig ist nur das Ziel: die Verschmelzung mit Gott!«

Balasai Baba spricht nicht über die kosmischen »unsichtbaren« Hintergründe Seiner Arbeit.

Das *Yantra* wurde während einer Abendrunde im September 1998 von einem hinduistischen Schriftgelehrten den Devotees vorgestellt. Jeder Inder weiß, dass ein Yantra das sichtbare geometrische *Kleid* der kosmischen Form einer Gottheit ist. Baba selbst hat damals nicht viel dazu gesagt, aber seine schützende Kraft betont.

Balasai Baba will alle alten Mauern und Trennungen auflösen. Es ist paradox – nur dadurch, dass Balasai Baba im All-Tag mit Seinen Devotees ganz auf die menschliche Stufe heruntersteigt, mehr noch, den Devotee in dessen Tiefen begleitet und wieder herausführt, kann Er »unerkannt« sein göttliches Licht in das Bewusstsein der Menschen einfließen lassen.

Welch praktische und konkrete Formen Balasai Babas *Lichtarbeit* annimmt, zeigen die vielen Ehrungen, die öffentlich aushängen. Manche Besucher reagieren bestürzt bis verstört und unterstellen menschliche Eitelkeit: »Hat Gott das nötig?«, fragen sie. Es handelt sich bei den meisten Würdigungen um Ehrendoktortitel europäischer und indischer Universitäten, die verliehen wurden für Verdienste um den Weltfrieden und soziale Gerechtigkeit. Dass ein Avatar selbst Universitätsdiplome erwirbt, hat es noch nicht gegeben. Baba selbst ist an all diesen Ehrungen, Diplomen und Ausbildungen nicht interessiert: »Das mache ich nur, damit ich der Menschheit noch besser dienen kann und um den jungen Menschen ein Vorbild zu sein, dass sie beruflich auf eigenen Füßen stehen sollen und gleichzeitig der Gesellschaft und Gott damit dienen können!« Das ist eine Erklärung auf der physischen Ebene, aber selbst der kleinste, flüchtigste und scheinbar nebensächlichste Kontakt zwischen Gott und Mensch dient immer auch der spirituellen Transformation. Aktivitäten, die für einen Avatar ungewöhnlich sind, müssen noch einen anderen Hintergrund haben.

Das jetzige Zeitalter wird geprägt durch seine Schwerstofflichkeit sowohl der Materie als auch des Bewusstseins. Die Ehrungen und Diplome Balasai Babas werden von Institutionen verliehen, die das heutige wissenschaftliche Denken, Forschen, Lehren und Lernen repräsentieren. Die Grundlagen des heutigen akademischen Denkens sind noch die Paradigmen von schwerstofflicher Sichtbarkeit, Messbarkeit und Beweisbarkeit.

Balasai Baba repräsentiert als kosmische *Sieben* das Schöpfungsbewusstsein: Alle Schöpfung hat ihren Ursprung im Licht, im Klang, in den feinstofflichen Energien. Wenn Balasai Baba Ehrendoktorate entgegennimmt, eigene wissenschaftliche Diplome erwirbt, zur Ausübung eines bürgerlichen Berufs berechtigt ist, wirft Er damit seine göttlichen *Licht-Anker* von Weisheit und Wissen in die Bereiche der Erden-Wissenschaften, der Bildung und der irdischen sozialen Gerechtigkeit: »Die Sieben wird sich erfüllen, wenn die Göttlichkeit das Erdenmenschliche mit dem Gott-Gleichen vereint.« (*Yantra Schöpfungsbuch der QUELLE*, 2003, S. 221).

Die heutige Zeit wird in vielen spirituellen Traditionen das *Kaliyuga* genannt, das *Dunkle Zeitalter*, in dem sich die sozialen, gesellschaftlichen, familiären und menschlichen Werte auflösen. Geistiges Leben hat keine Bedeutung mehr, jeder kämpft gegen jeden. Obwohl in den verschiedenen Traditionen die Angaben über Beginn und Ende schwanken, ist man sich einig, dass der Tiefpunkt dieses Zeitalters erreicht ist.

Die Erneuerung der Schöpfung durch die Verbindung der feinstofflichen Lichtwelten (der drei Kreise) mit der schwerstofflichen Erdenschöpfung (den vier Kreisen) ist eine der kosmischen Aufgaben von Balasai Baba, des Avatars der heutigen Zeit. Es ist das erste Mal in der

Geschichte dieses Planeten, dass Gott den Menschen für die Erneuerung der Schöpfung als Mitschöpfer einlädt: »Gott und Mensch werden offen zusammenarbeiten auf der Erde, dem göttlichen Spielbrett der Schöpfung.« (*Yantra Schöpfungsbuch der QUELLE*: S.40)

* * *

Spätsommer 2005 – Es dauerte einige Tage, bis ich gemerkt hatte, dass während des morgendlichen Sitzens etwas grundlegend Neues eingetreten war. Offenbar ist unser Mind nur in der Lage, das im weitesten Sinne Bekannte und Erwartete zu verarbeiten. Jedenfalls brauchte es einige Zeit, bis Gehirn und Erinnerungsvermögen die ganz andere Art zu sein erfassen und erinnern konnten. Die vorangegangenen kurzen Erlebnisse von *Glückseligkeit* waren wie Wegweiser zu diesem *Raum*, der nicht mehr im physischen Körper lag. Ebenso verzögert, wie mein Gehirn sich weigerte, den Vorgang aufzunehmen, zögerte ich, das Erlebte aufzuschreiben, weil es mein bisheriges Erleben mit seiner begrenzten Fähigkeit zur Glückseligkeit bei Weitem überstieg. Es war nicht das erste Mal, dass ich innere Erlebnisse oder Erkenntnisse, die mir etliche Nummern »zu persönlich« oder »zu groß« erschienen, lange Zeit in mir verschloss, um vielleicht später nur eine kurze Notiz bei dem entsprechenden Datum zu machen.

Mit den Füßen im göttlichen Ozean

Ich habe mehrfach beschrieben, wie durch die gesteigerte Konzentration auf Mantra und Form von Balasai Baba die Aufmerksamkeit sich schließlich vom Körperbewusstsein löste und anstelle von Schmerz nur Ruhe und Frieden waren. Gewöhnlich wurde ich nach ein bis zwei Stunden wieder in die Welt der normalen Sinneswahrnehmung zurückgezogen. Ich fand mich in unveränderter Stellung auf meinem Platz sitzen, hatte also nicht geschlafen.

Auch an diesem Tag begann das Sitzen mit der bekannten Schmerzphase, und mit der Steigerung der Konzentration auf die göttliche Form wurde der eigene Körper schließlich »vergessen«, aber anstatt in die bewusstlose Dunkelheit zu sinken, blieb ein »helles« Bewusstsein in einem *Raum*, der raumlos und zeitlos war – ohne Gedanken, Gefühle, Schmerzen, Körperempfindung, Bewegung. Nur Stille, lebendiger Friede, eine Leere, die gleichzeitig *Alles* war. Augenblick und Ewigkeit – dasselbe. Da war niemand, keine Person, kein Ich, kein Werden, keine Worte, keine Wünsche oder Strebungen, nur schwerelose, gleichbleibende Glückseligkeit, die sich all dessen SELBST-BEWUSST war. Wo mich vorher schmerzlose, gnädige Dunkelheit umfangen hatte, war jetzt helles, schwebendes, klares Bewusstsein, aber neu, in der irdischen Sphäre nicht gekannt. Ein leeres Bewusstsein, leer von allen bekannten Sinnesreizen, Gefühlen und Gedankeninhalten, gleichzeitig höchste Lebendigkeit und Vollkommenheit, alles an seinem Platz, die Fülle schlechthin. Nichts war zu wünschen, zu erleben, zu planen, keine Zeit, keine Zukunft, keine Trennung, Einheit, ewiges Sein.

Es waren etwa zwei Stunden vergangen, als ich auf die Uhr schaute, nachdem die Tendenzen des Körpers diesen wieder in die physische Welt gezogen hatten. Der Mind erfuhr wieder das Nacheinander der Zeit, Bewegungen, Laute, Willensimpulse. Es war gerade noch Zeit für die Morgenbhajans, und meine Aufmerksamkeit wurde von den Tagestätigkeiten in Anspruch genommen.

In der darauffolgenden Zeit wiederholte sich die Erfahrung dieses anderen *Seins* jeden Morgen – nach jeweils etwa einer halben Stunde Konzentration löste sich der Schmerz auf und an seine Stelle trat ruhende, leuchtende Glückseligkeit (es gibt keine zutreffenden Adjektive), die dem irdischen Körper unbekannt war. Das vertraute ruhelose und handelnde Alltags-Ich gab es in diesem Zustand nicht, aber es war auch kein Zustand der Auflösung in einem verschwommenen All, dazu war dieses Bewusstsein zu klar. Jeden Morgen fand ich mich selig in der Unendlichkeit des Seins, der Einheit wieder. Es dauerte einige Zeit, bis ich mich anschließend fragte, welchem *Ich* vergönnt war, in der Ewigkeit des göttlichen Ozeans zu planschen. Fest stand, es war nicht das bekannte Ich, das an einen Körper gebunden war. Aber auch das *neue Ich* hatte ein Sein und existierte, es war nicht wesenlos. Dieses Ich im Zustand der Meditation tauchte nach einer gewissen Zeit wieder in das Ich des Körpers unter. War es das, was man das SELBST nannte? War es das, was das ICH BIN genannt wird, der göttliche Wesenskern des Menschen in seinem ewigen Lichtkörper, nicht umgeben von den Hüllen des Erdenkörpers? Dieses ICHBIN war Teil der Leere, war Teil der Ruhe und Stille am Ort seiner Geburt aus der Göttlichkeit.

In den Rückblicken tendierte ich dazu, dieses Bewusstsein das ICHBIN zu nennen – es erstreckte sich in die Unendlichkeit des Seins und berührte den Saum des göttlichen Kleides, ohne dass die Individualität dabei verloren ging. Aber über irgendeine *Schnur* musste der Kontakt zum Alltagsbewusstsein wieder hergestellt werden können, sonst hätte ich mich nicht früher oder später wieder in der physischen Gegenwart befunden. Über die gleiche Verbindung mussten sich auch meine Erfahrungen dem physischen Gehirn mitteilen – ein wahrnehmendes, an ein Nervensystem gebundenes Ich gab es in dieser Dimension nicht. Trotzdem konnte ich mich deutlich erinnern und es mir selbst mit Worten beschreiben.

Niemand erfuhr etwas von meinen morgendlichen himmlischen Bädern, ich überließ mich anschließend dem Alltagsgeschehen und vergaß tagsüber alles. Selbst zu Baba sprach ich kein Wort. (Später bedauerte ich das zutiefst, womöglich hätte sich alles anders entwickelt.)

Die Sitzübungen gingen während der Runden von Baba weiter wie immer. Manchmal zeigte Er mir *thumbs up* oder nickte mir bestätigend zu. Aber wer war ich, dass ich ihn nicht fragte, wo oder wer dieses ICHBIN war? Das sagte ich mir später im Rückblick. Das ICHBIN kannte keine Worte, und die Art von Glückserfahrung hatte auch nichts mit dem bekannten körperlichen Glücks-Gefühl zu tun, das jeder Mensch mehr oder weniger häufig erfährt, sondern war ein bis dahin unbekannter, höchst intensiver Zustand von lichtvollem SEIN, der erst dann endete, wenn das Körperbewusstsein sich wieder einschaltete. War dieses BEWUSSTSEIN etwas, das den Körper und die gesamte physische Welt durchdringt, das aber nicht erfahren werden kann, solange Gehirn und Nervensystem vorwiegend auf die materielle Welt konzentriert sind? Diese Fragen kamen mir erst viel später, zunächst einmal staunte ich nur jeden Morgen über das Unerwartete und Unbegreifliche, badete in himmlischem Frieden und Glückseligkeit und überließ mich dann den Ereignissen des Tages.

* * *

Spaghetti mit Tomatensoße

In der Schule wurde es mit dem neuen »Dreiergespann« komplizierter, als ich mir blauäugig vorgestellt hatte. Wir waren alle über sechzig, meine Mitstreiterinnen kamen aus anderen Berufen, und sich in diesem Alter noch mit lebhaften Kindern abzugeben und ihnen sogar noch etwas beibringen zu sollen, sah nur aus der Ferne romantisch aus. Die Schulleitung ging wie immer auf unsere Wünsche und Bedürfnisse ein, machte uns die besten Stundenpläne und war bei jeder pädagogischen Schwierigkeit bereit mitzuhelfen, denn gesungene, getanzte und gemalte deutsche Kinderlieder und -reime machten vor allem aus den unteren Klassen schnell einen Hexenkessel, der sich erst mit der Zeit beruhigte. Aber da wir keine Prüfungen ablegen mussten, und kein *Soll* zu erfüllen war, hätten wir eine entspannte Zeit haben können (so wie Baba es uns riet), wenn nicht die verschiedenen Vorstellungen und Ansprüche an uns selbst gewesen wären. Meine Unterrichtszeit verteilte sich auf den Unterricht in den oberen Klassen und die Hospitationen und praktischen Demonstrationen in den Klassen meiner Kolleginnen. Mit den größeren Schülern sprach ich über *Essen und Trinken* in Deutschland, es ging um Nahrungsmittel, Speisekarten, Rezepte, Tischsitten usw.

Beim Üben, wie man im Restaurant etwas bestellt, und der Aussprache von »Schwarzwälder-Kirschtorte,

Kartoffelsuppe, Schokoladenpudding, Spaghetti mit Tomatensoße« kam natürlich das sinnliche Erleben zu kurz, und es war klar, dass eine praktische Kostprobe die graue Theorie ergänzen musste. Hilfreiche Besucher aus Deutschland brachten echte italienische Spaghetti mit, die Tomatensoße wurde mit indischen Zutaten gekocht. Die Ankündigung löste Begeisterung aus und die Schulküche kochte an einem Nachmittag zwei Riesentöpfe mit Nudeln, die auf zehn Eimer (im Speisesaal werden in Indien Reis, Soßen und Gemüsecurry aus Eimern ausgegeben) – im Freien auf Hockern postiert – verteilt wurden, um sechs pubertierende Klassen zu verköstigen.

Schon beim Vorbereiten war zu ahnen, dass alle wiederholten Absprachen die Disziplin betreffend in den Wind geredet waren. Zur besagten Zeit tauchten nicht nur die betreffenden Klassen auf, sondern die exotische Aktion hatte sich herumgesprochen und die doppelte Anzahl Schüler, dazu etliche Lehrer, umkreisten neu-gierig die Töpfe. Schon als die Ersten ihren Pappteller in Empfang nahmen, war klar, dass gegen die geballte Energie beim Ansturm auf die Eimer nur Schadensbegrenzung half. Mehrere umsichtige Schüler versuchten, Nudeln und Soße zu verteilen, wurden aber bald durch allgemeine Selbstbedienung verdrängt. Der Sturm auf die Eimer fand unter lautem Lachen und Johlen statt, wozu beitrug, dass die Schüler unerfahren waren, wie man glitschige Spaghetti mit den Fingern bändigt und zum Mund befördert. Die rote Farbe der Tomatensoße verteilte sich bald auf Gesichter, Hände und Kleider – mittlerweile waren auch Flaschen mit Tomatenketchup aufgetaucht. Man erging sich im Blutrausch. Dabei war das nur die indische Art zu feiern und Spaß zu haben. Wie oft hatte ich unbehaglich beobachtet, wie man sich beim *Holi*-Fest im Frühjahr genussvoll von Kopf bis Fuß mit Farben bespritzte. Manchmal nützte es dem Fremden, sich mit einer Münze »loszukaufen«. Die Töpfe waren nach kurzer Zeit leer, der Boden übersät mit grauen Spaghetti und Papptellern, aber alle waren vergnügt und schienen auf ihre Kosten gekommen zu sein. Niemand kam auf die Idee, dass die Tischsitten nicht der Vorstellung des Erfinders entsprachen. Außerdem hatten die Schüler keine Vorbilder. Vor allem, wenn es ums Essen ging, hatten selbst die Erwachsenen keine Geduld und drängten sich rigoros vor.

Am Schluss kamen etliche Schüler ganz unbefangen, bedankten sich erhitzt und fröhlich für die unerwartete Unterbrechung des eintönigen Schulalltags und zogen zufrieden und erfüllt in ihre Internatsräume. Diese rührende Geste löste meine Anspannung im Nu auf und ich vergaß sogar meinen schmerzenden Ellenbogen, denn beim Verteilen der Nudeln auf große Siebe war ich in der Küche auf dem glatten Boden ausgerutscht und der Länge nach hingefallen – ein Vorspiel für das Kommende? Einige der älteren Schüler halfen, die Ordnung wiederherzustellen, obwohl allgemein erwartet wurde, dass für diese Aufgaben das Reinigungspersonal zuständig war.

Im Allgemeinen wurden die Schüler nicht angehalten, Dreck und Unordnung zu vermeiden, um den Arbeiterinnen zum Teil unzumutbare Aufgaben zu ersparen. Auch pädagogische Gründe zählten nicht und vorsichtige Hinweise von uns Westlern stießen in ein Wespennest. Kastendenken und Tradition legten fest, welche Arbeit von wem erledigt werden musste. Die Schüler waren privilegiert, Kopfarbeit zu leisten und kostbare Zeit nicht mit »primitiver« Handarbeit zu verschwenden.

Meine Kolleginnen waren schon bei den Vorbereitungen skeptisch gewesen, wie konnte ich erwarten, ihnen mit diesem »Ausrutscher« einen pädagogischen Erfolg zu präsentieren? Die »Nudel-Aktion« war Mehrarbeit und auch Stress – war das nötig? Und war es wirklich sinnvoll, den Schulalltag so »aufzumischen«? Aber ich vertraute darauf, sollten auch in Zukunft die Schüler vom Unterrichtsinhalt kein Wort und keine Aussprache mehr erinnern, »Spaghetti mit Tomatensoße« würde allen im Gedächtnis bleiben!

* * *

Störten solche Methoden den Schulalltag? Verwirrten und verwöhnten sie die Schüler? Hatten sie zu viel Freiheit? Es gab noch kein negatives Feedback, im Gegenteil, die meisten Lehrer waren interessiert und hospitierten sogar manchmal. Sie waren gezwungen, jede Minute des Unterrichts für eine optimale Vorbereitung der regelmäßigen und schwierigen schriftlichen Tests und Prüfungen zu nutzen. Der Lernstoff war schon in den unteren Klassen in allen Fächern umfangreich und musste mechanisch gepaukt werden. Das ging nur mit Disziplin und straffen Methoden. Freizeit war ein Fremdwort. Nach dem Unterricht gegen vier Uhr standen zwei Stunden freie Bewegung auf dem Plan. Um diese Zeit tummelten sich alle auf den Spielplätzen und weiträumigen Sportflächen. Nach dem Abendbrot wurden Hausaufgaben oder *private studies* gemacht, dann ging gegen 21 Uhr das Licht aus. Wer bei den Prüfungen nach der zehnten Klasse gut abschnitt und einen hohen Punktedurchschnitt erhielt, hatte große Chancen, ein bekanntes College zu besuchen und nach dem Universitätsabschluss eine gute Karriere zu machen. Nach britischem Muster war in allen indischen Schulen die wichtigste Motivation, um den Ehrgeiz zu erwecken, das *ranking*. Wer innerhalb einer Klasse bei den Tests die höchste Punktezahl errungen hatte, wurde mit einem Anstecker ausgezeichnet, der ihn als »Erster« kennzeichnete. Die ersten drei jeder Klasse bekamen diese Ehrennadeln und wurden in Zeitungen und auf Plakaten bewundert.

Der jährliche *Children's Day* begann eine Woche vorher mit Wettbewerben und Ausscheidungen, um auf jedem Gebiet die Erfolgreichsten zu finden. Bei der Siegerehrung am Festtag war es dann langweilig zu sehen, wie gewöhnlich immer dieselben einen Preis nach dem anderen einheimsten und die Bühne mit so viel Trophäen verließen, dass zum Stolz der Eltern zwei Arme nicht reichten, um sie zu halten. Es war ein ungeschriebenes Gesetz, dass für die Beiträge auf der Bühne, sei es Singen, Tanzen, Theaterspielen usw., nur diejenigen ausgesucht wurden, die das Niveau der Schule am besten repräsentierten, pro Klasse etwa eine Handvoll. Das Gros der

Die Entdeckung des Ich

Schüler stand die ganze Schulzeit im Hintergrund und hatte keine Chance auf öffentliche Wahrnehmung und Anerkennung.

In Deutschland hatten sich bald nach dem Zweiten Weltkrieg die Unterrichtsmethoden grundlegend geändert, sie orientierten sich mehr an den Entwicklungsstufen des Kindes, legten Wert auf Sinnesschulung, Eigenaktivität und soziale Interaktion.

Eines Tages wurden für die Lehrer Seminare angekündigt, bei dem sie einen neuen Schulversuch kennenlernen konnten. Auch in Indien gab es Bestrebungen, das Lernen auf modernere Füße zu stellen, um es individueller, sozialer und kreativer zu machen. Alle Seiten, auch Lehrer und Eltern, sollten dadurch mehr Freude, Respekt, Kommunikation und Gerechtigkeit erfahren können.

Das Projekt stand unter dem Namen *I Discovery* (Die Entdeckung des Ich) und wurde von Madam N. vertreten, die nach eigenen Worten ihre Schulzeit als mittelmäßige Schülerin durchlaufen hatte und alle Frustrationen und Demütigungen kannte. Was sie so besonders machte, war nicht nur, dass sie eine engagierte, ausgeglichene Persönlichkeit mit großer fachlicher Kompetenz war, sondern dass sie eine Haltung verkörperte, der ich in all meinen Jahren in Indien noch nicht begegnet war: Sie kam jedem, ob Schüler, Lehrer, Arbeiter oder Vorgesetztem, auf »Augenhöhe« entgegen. Sie ignorierte die alles durchdringende, allgemein stillschweigend respektierte Hierarchie, auf der die indische Gesellschaft fußt: eine Hierarchie, die weniger mit der beruflichen Fähigkeit (wie in Europa) zu tun hat, sondern in die man hineingeboren wird, und die erst vereinzelt unter großen persönlichen Schwierigkeiten und Opfern verlassen werden kann. Alle Beziehungen, ob beruflich oder privat, fußen auf Autorität und Unterordnung. Eines Morgens während der Anfangsphase des Seminars wurde ein zu spät kommender Kollege vor allen von der Schulleiterin gerügt. Er setzte sich und schaute schuldbewusst zu Boden und zog sich innerlich zurück. Madam N. begrüßte ihn, drückte ihre Anerkennung an seinem Interesse aus, erklärte ihm, dass man gerade bei der allmorgendlichen Begrüßungsrunde war, in der jeder darlegen konnte, wie es ihm mit den neuen Erfahrungen gegangen war, und lud ihn ein mitzumachen. Damit hatte sie indirekt auch seine Selbstverantwortung angesprochen, ihm aber die Demütigung erspart.

Das Angebot, den Unterricht eigenständiger, kindgemäßer und lebendiger zu machen, regte das Engagement etlicher Lehrer an. Der Schulversuch erstreckte sich auf die ersten fünf Klassen. Die Kinder zeigten stolz die neuen Schulbücher mit Bildern und spannenden Geschichten, die die öden und abstrakten Texte ablösten.

Aber letztlich blieb »aus Rücksicht auf die Eltern« alles beim Alten: weder wurden das *Ranking*-System noch die nichtssagenden, jedoch für den Erfolg alles entscheidenden *pen and paper tests* abgeschafft. Die Chance für einen Unterricht, in dessen Mittelpunkt die Individualität des Schülers (und Lehrers) stand, wurde nicht genutzt. Man zog die Gewohnheit und Sicherheit der alten hierarchischen Ordnung vor. Auch Balasai Baba, der dem Schulversuch die Tür geöffnet hatte, mischte sich nicht ein, sondern überließ den Verantwortlichen die Entscheidungen. Verwirrte es die Kinder, wenn unser Ashramteam im westlichen Stil unterrichtete, also nicht nur der Theorie, dem Abprüfbaren, sondern dem praktischen, sozialen Üben, Tun und Erleben Raum gab? Die Antwort kam von den Kindern selbst, wenn sie sich begeistert verkleideten, wiederholt die kleinen Geschichten und Reime singen und spielen wollten. Die Frage war nur, ob man Geduld mit sich selbst hatte, das wirksame Verhalten herauszufinden, mit dem man verhindern konnte, dass die allgemeine Freude in Chaos und Geschrei unterging.

Wir hatten Zeit, niemand verlangte »Ergebnisse« von uns. Vielleicht war es nicht die Aufgabe selbst, denn jeder gab sein Bestes, sondern unsere spezielle Gruppendynamik, die die Schwere, warum auch immer, in jedem verstärkte. Aber das Unterrichten war eine Chance, in neuer Weise aktiv zu werden, neue Fähigkeiten kennenzulernen, mehr aber noch, alte Vorstellungen loszulassen und sich nicht selbst die Ergebnisse zuzuschreiben.

* * *

Das Verschlafen des Ich

Nach alter Gewohnheit suchte ich die Ursache für die latente Unzufriedenheit und Spannung zwischen uns bei mir, suchte Wege, jedem das Unterrichten zu erleichtern und ihm gerecht zu werden, setzte mich innerlich unter Druck, anstatt nicht noch mehr von mir zu fordern. *Die Früchte aller Handlungen Gott zu überlassen*, war vielleicht die wichtigste spirituelle Übung überhaupt, um frei von den eigenen Anmaßungen zu werden. Obwohl ich jeden Morgen nach kurzer Konzentration in göttlichem Frieden und zeitloser Glückseligkeit saß, gelang es mir nicht, mich auch während des Tagesgeschäftes auf die lebendige Wahrheit dieser göttlichen Erfahrung zu stützen, und in der Rolle des gelassenen Zuschauers das tägliche Spiel auf unserer kleinen Bühne zu genießen, wie Baba es empfahl.

Aus dem Nichts tauchten Gedanken auf, die mir vorgaukelten, was denn alle Meditation wert sei, wenn ich nicht einmal dazu in der Lage war, meinen Aufgaben auf der Erde gerecht zu werden.

Der Zweifel ging sogar noch weiter: War ich es dann überhaupt wert, jeden Morgen mit den Füßen im göttlichen Ozean zu planschen? Eines Morgens war die Müdigkeit (eine Infektion tat ihre Wirkung) so groß, dass ich nicht die Kraft fand, mich um fünf Uhr hinzusetzen. Sieben Jahre lang hatte ich mich trotz schwerer Krankheiten, Erschöpfung und fehlendem Schlaf jeden Morgen zur Meditation gesetzt, aber an diesem denkwürdigen Tag überließ ich mich der Versuchung und dem Schlaf mit dem dumpfen Gedanken: »Nur heute …«, obwohl ich in diesem Augenblick klar wusste, wie gefährlich die nur einmalige Unterbrechung der täglichen Routine war. Am nächsten Tag versicherte ich mir im Halbschlaf: »Nur noch einmal …«

Aber nie wieder setzte ich mich um fünf Uhr morgens zur Meditation, nie wieder wurde das geschäftige und besorgte Ich aufgehoben in die göttliche Leichtigkeit und Glückseligkeit des ICHBIN, nie wieder saß ich im himmlischen Frieden, nie wieder löste sich aus dem kämpfenden und belasteten Körper-Ich das ursprüngliche, Gott-gewollte und erschaffene Licht-Ich, wie es in Ewigkeit ist. Irgendetwas setzte meinen Willen außer Kraft. Gleichzeitig kämpfte ich nicht dagegen an und ließ es zu. Baba erzählte ich nichts und fragte Ihn nicht um Rat. Ich weiß, Er hätte mir geholfen. Mein innerstes Wesen war noch nicht bereit, Balasai Babas Angebot von der Göttlichkeit und Schuldlosigkeit der Seele anzunehmen.

Das war im Spätherbst 2005, nach sieben Jahren des allmorgendlichen meditativen Sitzens. Damals empfand ich den ungeheuren Verlust nicht. Nach ein paar Tagen überließ ich mich ohne Skrupel einem bewusstlosen morgendlichen Schlaf, und mit einer erschreckenden Selbstverständlichkeit rutschte ich in die alten Bahnen der »Normalität« zurück.

Eine Weile noch entschuldigte ich mich damit, dass Meditation nicht hilfreich sei, die Aufgaben auf der Erde besser zu erfüllen. Später warf ich Baba manchmal innerlich vor, dass Er während dieser Zeit kein Wort zu mir darüber verloren und mir keinen Rat gegeben hatte. Aber ich wusste, Baba mischte sich niemals von sich aus in die freie Entscheidung eines Menschen ein. Bei den abendlichen Runden mit Baba setzte ich die gewohnte Sitzübung fort, allein, um nicht müde zu werden und einzuschlafen. Aber seit einiger Zeit gestand man den Zuhörern mehr Bequemlichkeit zu: Ch. hatte die Idee, die Beine von den üblichen Plastikstühlen abzusägen, um für die Besucher bequeme, aber niedrige Sitzgelegenheiten zu schaffen, die nicht höher als Babas unbequeme Sitzkissen waren. Ich saß wie üblich bewegungslos auf meiner Decke, weil mich die Stühle sofort einschläferten, bis eines Abends Babas Bruder fragte, warum ich nicht saß wie alle anderen. Baba antwortete: »Sie macht ihr

Sadhana!« Nach dieser für mich peinlichen Entdeckung belegte ich am nächsten Abend sofort einen Stuhl und hatte, wie befürchtet, große Mühe, mich zu konzentrieren und wach zu bleiben. Alle Übungssituationen der letzten sieben Jahre lösten sich zur gleichen Zeit auf. Manchmal merkte ich mit Erschrecken, dass ich erleichtert war.

Nach einem Jahr ergab sich in einer Runde mit Baba, dass ich Ihm vom Ende meiner Meditation erzählte. »*Don't worry!*«, lächelte Er. »Mach weiter, ich helfe dir!« Ich versuchte verschiedene Anläufe, aber es gelang mir nicht, eine feste Routine aufzubauen. Dagegen hatten Zeitunglesen und Sudoku einen festen Platz in meinem Tagesablauf – unhinterfragt. Bei derselben Gelegenheit hatte ich meine »spirituelle Blindheit« erwähnt. »Nur ich weiß, wo ihr steht«, meinte Baba, »macht euch keine Gedanken darüber! Das ist meine Aufgabe! Fühlt euch niemals schuldig, denkt daran: Ihr seid göttlich! *Since Baba no sins!* (Bei Baba gibt es keine Sünden!)«

* * *

Das Vorbild der Eltern

23. Mai 2006 – Eltern von Avataren müssen außergewöhnliche Persönlichkeiten sein und werden hart geprüft, bevor sie einen Gott in seiner Kindheit und Jugend begleiten dürfen.

Wir sitzen abends mit Baba in der Singhalle in Hyderabad. Nach einem Gespräch über Maria und das Leben Jesu erzählt Baba von seiner Mutter: »Meine Mutter war eine Schönheit. Sie stammte aus einer reichen Familie. Ihr Vater hatte drei Frauen und zwei Kinder, wie eine königliche Familie. Neben meiner Mutter hatte er noch einen Sohn, der später Pilot wurde. Er selbst arbeitete bei den Briten als *mechanical foreman*, als Spezialist für technische Angelegenheiten, eine Art Ingenieur. Die Briten haben ihm ein reiches Leben mit eigenem Haus ermöglicht. Er hatte eine große mechanische Werkstatt mit mehreren Lastwagen. Er war glatzköpfig, trug einen Schnurrbart wie Hitler, Kakiuniform mit ledernem Gürtel und ein

Gewehr. Er führte ein striktes Leben mit militärischer Disziplin. Als meine Mutter neun Jahre alt war, nahm er sie auf seinem Motorrad mit zu einem Ausflug an einen See. Auf dem Weg kam ihnen eine Büffelherde entgegen. Ein Büffel scheute, das Motorrad musste ausweichen und kam zu Fall. Meine Mutter fiel mit dem Auge auf einen Stein, der sich in das Auge bohrte, den Augapfel nach innen drückte und Nerven und Blutgefäße zerstörte. Sie musste unendliche Schmerzen erleiden. Während dieser Zeit arbeitete ein junger Mann, der später mein Vater wurde, schon in der Werkstatt und zeigte sich als fähiger und zuverlässiger Arbeiter. Er war damals etwa vierundzwanzig Jahre. Weil der Vater meiner Mutter ihn schätzte, wollte er ihn gerne als seinen Nachfolger sehen und bot ihm seine neunjährige Tochter als Frau an. Wenn er zustimmte, würde er ihm zwei Lastwagen schenken – damals ein großes Vermögen. Der junge Mann stammte aus einer armen Brahmanenfamilie, deren Lebensinhalt nur aus Ritualen, Pujas und Mantren bestand. Zur Hochzeit kamen die Verwandten des Vaters. Zunächst verhielten sie sich sehr demütig und unterwürfig. Dann jedoch zeigten sie ihre Gier, indem sie den Bräutigam überredeten, dass der Schwiegervater ihm die beiden Lastwagen jetzt schon zur Hochzeit geben sollte. Der Vater der Mutter wurde darüber so zornig, dass er sein Gewehr holen ließ und alle – einschließlich des frischverheirateten Paares – hinauswarf, ohne ihnen eine Rupie Geld mitzugeben.

Jetzt war für das neunjährige Mädchen, das nur Rock und Bluse trug, der Ehemann gleichzeitig der Vater. Ohne Geld streifte das Paar durch die Wälder. Mein Vater zog meine Mutter wie ein Kind hinter sich her und trug sie auf seinen Schultern, wenn sie müde war. Wenn sie nicht mehr weiterkonnte, ließ er sie sitzen und versuchte Früchte und Trinkbares zu organisieren. Wenn er zurückkam, waren die Früchte fast ausgedörrt. Als meine Mutter mit zehn oder elf Jahren ihre erste Menstruation hatte, begann das Sexualleben. Meine Mutter wusste nicht, was das war, so unerfahren war sie. In diesen Jahren kamen sie nach Tiruvanumalai zu Ramana Maharshi. Meine Mutter saß oft auf seinem Schoß – sie war ja noch wie ein kleines Mädchen und betrachtete ihn mit seinen grauen Haaren als ihren Großvater. Meine Mutter hatte hier erstmals wieder so etwas wie ein Zuhause: ein Dach über dem Kopf, regelmäßiges Essen usw. Sie wäre gerne länger dageblieben, aber mein Vater wollte weiterziehen. Bevor sie gingen, sagte Ramana Maharshi zu meinem Vater, er solle seine Frau gut behandeln und versorgen, weil sie eine göttliche Inkarnation gebären würde. Ihr wisst, auf welche Weise das Paar dann nach Kurnool geführt wurde«, (auf einer Reise nach Hyderabad, wo sich das Paar niederlassen wollte, wurden sie all ihrer Habe beraubt. Der Lastwagenfahrer brachte die beiden bis nach Kurnool, wo sie im Shirdi-Sai-Baba-Tempel Unterkunft fanden). Nach kurzer Pause spricht Baba weiter: »Sie lebten im Schutz des Shirdi Sai Baba-Tempels. Mein Vater starb plötzlich, als meine Mutter dreiundzwanzig Jahre alt war. Sie saß da und begriff nicht, dass er tot war, sie dachte, er schliefe. Fünf kleine Kinder schrien nach Essen, und sofort tauchten auch fremde Männer auf, die die Situation ausnutzen wollten. Erst die Nachbarn machten ihr begreiflich, dass ihr Mann tot war. Selbst auf dem Weg zur Verbrennung realisierte sie noch nicht, was geschehen war.

Als Kind schwänzte ich oft zusammen mit meinen Freunden die Schule. Am liebsten hielt ich mich in Kirchen, Tempeln und Moscheen auf, nicht weil das heilige Stätten waren, sondern weil ich immer hungrig und auf der Suche nach etwas Essbarem war. In den christlichen Kirchen gab es gewöhnlich nichts, in den Moscheen gab es oft Süßigkeiten, am ergiebigsten waren die Hindutempel. Auch Gespräche über Gott und die Religionen interessierten mich nicht, ich wollte immer nur spielen. Am meisten zu essen gab es auf den Verbrennungsstätten, darum liebte ich es, da herumzustrolchen. Meine Mutter war natürlich entsetzt, weil die Orte als Unglück bringend galten. Solche Touren unternahm ich nie allein, wir waren immer mehrere Freunde.

Einmal saß ich mit einem muslimischen Freund an einem Moslemgrabmal. Mein Freund erzählte: *Gott ist groß, Ihm gebührt das Schönste und Kostbarste, er weiß alles, er ist überall, aber er kann uns auch bestrafen!* In dem Moment rutschte ein Stein vom Dach – mein Freund konnte mich gerade noch wegziehen, sonst hätte er mich getroffen! Ich war sehr beeindruckt und nahm es als einen Beweis, dass es Gott wirklich gibt.«

Angeregt zu dieser letzten Geschichte wurde Baba von einer Devotee, die erzählte, wie sie als Kind einen *Gottesbeweis* erlebte: »Eines Tages kam mein Großvater nach Hause und schimpfte und fluchte vor dem Kreuz. Das Kreuz, das schon jahrelang an derselben Stelle hing, fiel herab und der Korpus zerbrach! Das war für mich als Kind der Beweis, dass Gott existierte.« »Ich habe oft solche Beweise erlebt«, ergänzt Baba. »An einem muslimischen Grab wuchs ein Baum mit verlockenden Früchten. Ich kletterte auf das Grab, um von den Früchten zu pflücken, und sprang übermütig darauf herum. Plötzlich hörte ich eine Stimme und merkte bald, dass sie aus dem Grab kam: *Geh fort, dieser Platz gehört mir*! Ich weiß, dass es alle diese Dinge gibt! Bei einer Verbrennung beobachtete ich, wie eine Kokosnuss als Opferspeise für den Toten in den Fluss geworfen wurde. Ich lief am Wasser entlang, um die verbotene Frucht herauszufischen, glücklicherweise wurde die Kokosnuss ans Ufer geschwemmt. Bei dem Versuch, die Nuss mit einem Stein aufzuschlagen, habe ich mir schwer den linken Zeigefinger verletzt!«

Dass Baba in seiner Kindheit nicht sehr pietätvoll war, erzählt eine andere Geschichte: »Für die christlichen Nonnen durfte ich Süßigkeiten bei *Pulla Rheddy* (ein bekanntes Süßigkeitengeschäft in Kurnool) holen. Dafür belohnte man mich mit einer Süßigkeit. Die Nonnen trugen schöne Saris, gaben darüber aber einen unscheinbaren Überwurf und eine Kopfbedeckung. Dann nahmen sie ihr schwarzes Gebetbuch und den Rosenkranz und setzten ihr trauriges Gesicht auf. Eines Tages kam ich auf die Idee, den versiegelten Karton vorsichtig aufzumachen, eine zweite Süßigkeit herauszunehmen und ihn vorsichtig wieder zu verkleben. Als eine alte Nonne misstrauisch wurde, weil der Karton ihr auffallend leicht vorkam, schickte man mich nicht mehr!« Babas Mutter hatte es – bei Gott! – nicht leicht!

* * *

Akupressur *12. November 2006* – In diesem Sommer gab es in Andhra Pradesh eine Chikungunyafieber-Epidemie. Die aus Afrika stammende Krankheit wird durch einen Moskito übertragen und kann heftige Folgekrankheiten auslösen: langandauernde, schmerzhafte Gelenkschmerzen, Herzbeschwerden und mehr. Im Tempel wurden Menschen, die unter den Folgen litten, kostenlos von drei Spezialisten betreut, die sie mit Akupressur behandelten. Mr. S. kündigt mir schon morgens an, dass die drei mit mir sprechen wollen.

Nachmittags ruft mich der Gärtner in den Tempel. Einen der drei erkenne ich als unseren Schulpsychologen, einen sympathischen, aufgeschlossenen Kollegen. Seit längerer Zeit sehe ich ihn immer wieder im Ashram, wo er einige der Damen behandelt. Man fragt mich, wie ich zu Baba gekommen sei, dann einiges Politisch-Soziale, das mit der Frage endet, was ich als das größte Entwicklungshindernis für Indien ansehe. Meine ehrliche Antwort: »Das Kasten-System!«, lassen sie unbeantwortet stehen. Auf die Frage nach meinen Meditationserfahrungen antworte ich, dass ich vor einiger Zeit aufgehört habe. Dann soll ich die Augen schließen, mich in Meditations-Haltung setzen, tief einatmen und auf OM ausatmen. Sie sprechen etwas auf Telugu, und der Schulpsychologe sagt, dass sie *Prana*-Heiler seien, dass sie quasi in den Menschen hineinsehen könnten und so in der Lage seien, verborgene Schwierigkeiten und Krankheiten aufzuspüren. »Dabei muss man neutral sein! Niemand ist schlecht, niemand ist schuld daran, so wie er ist!« Dann sagen sie mir etwas über das *Sahasrara*-Chakra, und der Schulpsychologe tippt auf meinen Scheitel und sagt, ich solle mich auf den Punkt konzentrieren. Ich zähle die Atemzüge (immer bis sieben) und dann sagt sein Nachbar, ich solle mit dem Meditieren weitermachen: »Sie können dann das Schicksal der Menschen, ihre Vergangenheit und Zukunft sehen und segensreich als Heiler wirken. Balasai Baba hat uns geschickt, Ihnen zu sagen, wozu Sie ausgesucht (*selected*) sind!«

Das alles kommt unerwartet, es irritiert mich. Qualitäten als Heiler habe ich noch niemals gespürt und ich fühle mich nicht dahin gezogen, aber abends setze ich mich zur Meditation. Warum ich auch bei dieser Gelegenheit Baba nicht selbst gefragt und Ihm von dieser merkwürdigen Sitzung erzählt habe – schließlich beriefen sich die drei auf Baba –, ich weiß es nicht, und ich bin auch dadurch nicht motiviert, die regelmäßige Meditation wieder aufzugreifen.

Damit war das »Heiler-Thema« für mich beendet.

* * *

3. *Mai 2006* – Mittagsrunde mit Baba in Hyderabad. Eine neue Besucherin, die am nächsten Tag wieder zurückfliegt, teilt Baba ihre Überlegung mit, nicht jährlich für kurze Zeit zu kommen, sondern lieber alle drei Jahre: »Um nicht die Luftverschmutzung durch den Flugverkehr zu unterstützen!« Baba rät ihr, besser jedes Jahr zu kommen: »Auch wenn du verzichtest, wird die Luft- und Wasserverschmutzung nicht verbessert, zusätzlich wird durch die Verzögerung die Verschmutzung deiner Seele zunehmen!« »Aber Du bist doch überall! Warum muss ich dann hierher?« Baba antwortet mit einem Gleichnis: »In der Schweiz gibt es viele Kühe, nicht wahr? Die Kuh produziert die Milch mit ihrem ganzen Körper, aber nur an einer Stelle kannst du sie melken! Wenn du die Unterscheidungskraft hast, Gott in allem und jedem zu erkennen, dann hast du das göttliche Bewusstsein, dann ist Gott für dich überall. Aber so bist du auf dein Wissen und das der Leute angewiesen. Ich will euch eine Geschichte erzählen:

Ein Prophet hatte die Fähigkeit, mit Gott zu sprechen, und gab die göttlichen Botschaften direkt an die

Verschmutzung

Menschen weiter. Nach einiger Zeit sagten sie: Du erzählst uns vieles von Gott! Hast du ihn schon einmal gesehen? Wie sollen wir dir glauben? Der Prophet ging wieder auf den Berg, wo er mit Gott sprach und sagte: Gott, ich spreche zwar mit Dir, aber ich habe Dich noch nie gesehen! Ich bitte Dich, zeige Dich mir! Gott sagte: Mein Sohn, du hast das unaussprechliche Glück, mit mir sprechen zu dürfen, bitte nicht darum, mich auch sehen zu wollen! Der Prophet ließ aber nicht locker, und Gott zeigte sich ihm. In dem unendlich starken, intensiven und unerträglichen Licht verbrannte der Prophet sofort und mit ihm der ganze Berg. Das geschah, weil er auf die Forderungen der Menschen hörte. Wenn man das göttliche Ziel erreichen will, muss man gerade seinen Weg gehen! Es wird viele Schwierigkeiten, viel Kritik, Hindernisse und Unannehmlichkeiten geben, aber verfolge unbeirrt das Ziel und akzeptiere alles! Wer etwas gewinnen will, muss etwas loslassen!

Nach so vielen Leben bist du bei Gott gelandet – lass Ihn nicht mehr aus den Augen, gehe nicht ab vom Weg! Das Schicksal hat dich hierher gebracht! Mache dir Gott zunutze wie den elektrischen Strom, wo du nur den Schalter betätigen musst, um Licht zu haben. Fasst du an die Leitung, benutzt du Gott falsch, dann wirst du nur sterben, ohne dein Ziel erreicht zu haben!«

Baba gibt sich unendliche Mühe, ihr Herz und ihren Verstand zu erreichen, aber die Besucherin bleibt offensichtlich bei ihrem Entschluss. »Am Abend können wir weitermachen!« Baba steht auf: »Jetzt danke ich G. für die Gelegenheit, dass ich euch eine göttliche Botschaft geben durfte!« Alle klatschen. Baba wendet sich zum Gehen, dreht sich aber noch einmal um: »Ich selbst bin verschmutzt, weil ich den Entschluss gefasst habe, auf diese Erde zu kommen!« G. kam nicht wieder.

Einem anderen Besucher dieser Tage wendet sich Baba ähnlich strikt zu. R.: »Aus meinen Reinkarnationserlebnissen habe ich erfahren, dass ich alles bin! Schon als Kind wusste ich das!« Baba: »Es ist nicht wichtig, die Vergangenheit zu kennen. Lebe in der Gegenwart – da stehen Vergangenheit und Zukunft vor dir!« Der Besucher beharrlich: »Ich bin alles – auch Gott!« Baba: »Du bist vielleicht alles, aber du kannst nichts! Das ist der Unterschied!« R.: »Mit was soll ich mich beschäftigen, mit östlichem ayurvedischem Wissen oder der Alchemie des Westens?« Baba: »Halte dich gesund – physisch, seelisch, geistig. Putz die Zähne, sing Bhajans, stell dir Baba vor!« R.: »Bist du Gott?« Baba: »Ja, und du bist es auch!« R., nachdenklich: »Warum komme ich nicht schneller auf dem spirituellen Weg voran, damit ich dieses Bewusstsein kriege?« B.: »Das ist eine Sache der natürlichen Reifung! So wie Zehnjährige nicht heiraten können, muss man den richtigen Zeitpunkt abwarten, und der hängt ab von karmischen Voraussetzungen, von der karmischen Warteliste. Bis dahin mach deine spirituellen Übungen, führe ein diszipliniertes Leben und fälle eine starke Entscheidung!« Auch dieser junge Mann kam nicht mehr.

Beim anschließenden Singprogramm gähnt Baba schon um 23 Uhr, aber Er singt bis 2 Uhr: »Heute war ich müde und gelangweilt, aber ich wollte meinen täglichen Stundenplan nicht ausfallen lassen, darum tat ich meine Pflicht und sang einige Lieder für uns!«

* * *

11. Juli 2006 – Ein neuer Besucher, der ursprünglich geplant hatte, zu Sathya Sai Baba weiterzureisen, teilt Baba seine Entscheidung mit, die weitere Zeit im Ashram bei Balasai Baba zu verbringen. Diese Information ist der Anlass für eine spezielle Botschaft zu *Gurupurnima*, dem *Vollmond des Gurus* spät in der Nacht. Ohne näher auf den Besucher einzugehen, gibt Baba eine Schilderung vom Gesundheitszustand des betagten und gebrechlichen *Sai-Bruders*. Shirdi Sai Baba, Sathya Sai Baba und Bala Sai Baba werden auch die *Sai-Familie* oder die *Sai-Brüder* genannt, weil ihre Inkarnationen innerhalb nur eines Jahrhunderts unterschiedlichen Aspekten der Förderung von *Liebe und Menschlichkeit* gelten. Baba: »In diesem *Kali-*

»Die Aufgaben von Körper und Seele beenden«

Yuga kann der Mensch nur durch den Dienst am Nächsten die Einheit mit Gott erreichen, nicht durch Riten und Rituale. Die *Sai*-Linie steht dafür, dass die Einheit mit Gott nur über den selbstlosen Dienst erreicht wird. Um Nächstenliebe und Mitmenschlichkeit zu üben, muss man nicht hierherkommen, nicht mal eine Inkarnation kennen – beim Tod werden diese Menschen von den genannten göttlichen Wesenheiten in Empfang genommen.« Der Besucher ist irritiert von Babas realistischen Worten, die ihn erschrecken. Baba: »Ich sage die Wahrheit, und die ist bitter. Wenn ich etwas über seinen Körper sage, meine ich nicht den Geist – den *spirit* –, ich spreche nur über das Materielle. Jeder, auch die Inkarnationen, haben einen Körper, der altert, krank wird und stirbt. Aber wir kümmern uns nicht darum. Auch wenn ich krank bin, bin ich fit, wenn ich zu meinen Devotees komme! Ich sage die Wahrheit über den Körper!«

Ein anderer Besucher nutzt die wenigen Minuten bis zum Schluss für eine Frage: »Wie kann ich meine materiellen Aufgaben (Beruf, Familie) mit meiner spirituellen Entwicklung in Einklang bringen?« Baba: »Ich bin eine moderne Inkarnation. Ich lehre nicht, die Welt zu verlassen und sich in eine Höhle zurückzuziehen. Die Welt ist dual – Licht/Finsternis, Mann/Frau, Körper/Seele – ihr müsst für beides sorgen! Erst wenn die Aufgaben in der materiellen Welt beendet sind, könnt ihr euch ganz dem Spirituellen widmen. Warum sind die Permanenten hier? Sie haben Familie und Beruf zu Ende gebracht. Jeder hat eine Pension und ist selbständig. Darum können sie ungestört bei Gott sein und sich ganz auf ihn konzentrieren. Das ist der Grund für meine Inkarnation: Ich sorge dafür, dass ihr eure materiellen Aufgaben beendet. Jedem Jüngeren empfehle ich eine gute Ausbildung, ein Studium, einen guten Beruf, mit dem er der Gesellschaft und Gott dienen kann – dann seid ihr frei, um nur Gott zu dienen. Anders als die Tiere kann der Mensch sich einstimmen, um auf beiden Ebenen – der materiellen und der spirituellen – seine Aufgaben zu beenden und damit den Kreislauf von Tod und Wiedergeburt anzuhalten und mit Gott zu verschmelzen. Worauf ihr euch einstellt, das geschieht! Stellt euch auf Gott ein! Kümmert euch nicht um die Umstände, lebt ganz in der Gegenwart! Wie ihr das Leben gestaltet, so wird es. Auf weißem Papier entstehen verschiedene Farben, je nachdem, welche Farbstifte ihr wählt. Ich bin eine besondere Inkarnation, weil ich mit meiner Gnade beide Aspekte, materiell und spirituell, glücklich zur Vollendung bringe! Deswegen segne ich die verschiedenen materiellen Aspekte! Aber vergesst Gott dabei nicht!«

»Ich verdiene nicht viel und muss davon noch meine Altersvorsorge machen! Und heranwachsende Kinder sind kostspielig!«, gibt der Devotee zu bedenken. Baba: »Natürlich sollst du dich kümmern! Aber denke daran, du bist auch ein *spirit*! Ich bin ein Familiengott. Nehmt mich als Familienmitglied! Ich will, dass ihr auf beiden Ebenen fertig werdet! Ich weiß, wer ich bin! Ich bin Ich! Gott ist wie das Feuer – nutzt mich! Gott ist wie ein Supermarkt – man kann alles haben! Ich garantiere die Befreiung!«

Baba fährt fort: »Gott macht immer das Richtige. Es sieht zwar so aus, als ob ich zu nichts nütze sei, nichts weiß und nichts tue, weil ich mein Zimmer kaum verlasse, aber wenn ein Devotee in Gefahr ist, erscheint Gott und zeigt Seine göttliche Fülle, um ihn aus allen Schwierigkeiten herauszuholen« (Kurz zuvor wurde ein Devotee, der Selbstmord verüben wollte, im letzten Moment gerettet.) »Baba ist die erste Inkarnation, die das ausspricht. Keiner kennt die göttlichen Qualitäten, keiner weiß, was Gott denkt oder tut!« Baba wendet sich noch einmal dem ersten Besucher zu, weil der sichtlich noch nicht zufrieden ist: »Alle materiellen Körper unterliegen dem Altersabbau, werden krank und hinfällig. Wenn sich Avatare und göttliche Inkarnationen nicht an die Gesetze der Natur halten – wer sonst sollte sie respektieren?

Ebenso wie die Seele muss der Körper seine Aufgaben beendet haben, bevor *Befreiung* möglich ist. Was heißt Befreiung? Die Seele wird vom Körper befreit. Aber auch nach dem Tod sucht die Seele weiter nach dem Körper. Die Seele leidet, wenn der Körper sich von ihr trennt. Auch der Körper hat Schmerzen, als würde man sich eine Hand abschneiden. Der Körper braucht die Seele, die Seele braucht den Körper. Nur wenn jemand auf Gott ausgerichtet ist, ist der Tod schmerzfrei – weder Seele noch Körper leiden. Doch das ist selten und braucht 24 Stunden Gottesbewusstsein. Nur wenn lebenslang die Ausrichtung auf Gott geübt wird, zum Beispiel mit Hilfe des göttlichen Namens, ist ein schmerzloser Tod durch die göttliche Gnade möglich. Die Form und das Formlose sind nur mit der universellen Form verbunden, darum richtet euch nicht auf das Formlose aus! Der letzte Gedanke entscheidet über die Wiedergeburt. Wenn er auf Gott ausgerichtet ist, gibt es keine Wiedergeburt!« An diesem Abend segnet Baba die beiden Besucher besonders: »Ihr wart meine Instrumente, um für alle eine wichtige Botschaft zu geben!«

* * *

«*I am walking maximum on the earth*«

Ostersonntag, 8. April 2007 – Die Worte, mit denen Baba Seine Osterbotschaft einleitet, könnten auch einen Buchtitel abgeben, so *sweet and simple* fassen sie das Wesen Seines ganzes Erdendaseins zusammen. Jede deutsche Übersetzung würde das schlichte Bild nicht wiedergeben können, darum wurde darauf verzichtet. «*I am walking maximum on the earth* – vierundzwanzig Stunden täglich kümmere ich mich unentwegt um jede Kleinigkeit, um das Leben meiner Devotees materiell und spirituell glücklich und angenehm zu machen. Ich will meine Devotees glücklich zum Ziel führen, das ist die Verschmelzung mit Gott. *Sei glücklich* ist die schwierigste Botschaft für die Menschen, aber dafür bin ich selbst das Beispiel:

Sei glücklich, weil es so ist, wie es ist! Nehmt das Leben als eine Realität, die ihr hier auf der Erde das außergewöhnliche Glück habt, erfahren zu dürfen! Ihr habt nicht nur glücklich zu sein, überall müsst ihr versuchen, glücklich zu sein, selbst aus der Hölle müsst ihr noch das Glück herauspressen! Als Devotees sollt ihr nicht nur meinem Leben, sondern meinem Beispiel – meinem

Lebensstil – folgen. Selbst wer meint, keinen Gott zu brauchen – auf das Scheisshaus – das ist der Respektsname für das Klo! – kann niemand verzichten!« (Baba drückt mit diesem Vergleich aus: So wie eine gute Verdauung die Grundlage für eure Gesundheit ist, weil sie den physischen Leib von allen Gift- und Schlackenstoffen befreit, reinigen spirituelle Übungen Seele und Geist des Menschen.) »Wenn das Spirituelle verloren wurde – was hat das Leben dann noch für eine Bedeutung? Bleibt auf dem Weg, fügt euch keinen Schaden zu!«

Nach einer beschwingten und hochenergetischen österlichen Singrunde steht Baba zu später Stunde zum Segen auf: »Wir haben das Programm glücklich beendet und gehen zu Bett, um fit für morgen zu sein. Wenn sich jemand schlecht oder traurig fühlt – es gibt keinen äußeren Grund für Trauer oder Glück. Alles kommt nur von innen. Versucht wenigstens, glücklich zu sein! Nichts ist dauernd, nichts ist sicher. Kümmert euch nicht darum, was um euch herum vorgeht. *Don't fall into emotions, get spiritual promotions!*« (Das Wortspiel bedeutet: Fallt nicht in Emotionen, macht stattdessen spirituelle Fortschritte.)

Baba segnet alle und nennt alle Namen in der Reihenfolge des Alters: »Ich segne euch und alle Familienangehörigen für Wohlstand, die Verschmelzung mit Gott und für alles, was ihr wollt. Als spirituelle Menschen denkt optimistisch: Ich habe alles schon! Alles, um das wir bitten können, haben wir schon bekommen! Denkt immer daran, dass Glaube und Vertrauen größer sind als Gott! Seid zuversichtlich, das ist verpflichtend! Früher hieß es: Ihr müsst noch dieses und jenes tun, aber hier ist das anders: Ihr habt es schon! So sollten wir denken!«

Im Herbst desselben Jahres dürfen einige Permanente Baba auf eine Reise an die Westküste begleiten. Es ist Regenzeit, und wenn sich in den Bergen die Nebel auflösen, wird eine atemberaubend wilde, smaragdgrüne Landschaft sichtbar, in der sich uralte, abgelegene Tempel verbergen, die nur auf kleinen Nebenstraßen mühsam erreichbar sind. Mitte August brechen wir nach dem

Frühstück in Poona auf, unser Ziel ist ein in den nördlichen Bergen versteckter, seit Jahrhunderten verehrter Shiva-Tempel. Sehr schnell wird die Landschaft idyllisch, wir passieren unzählige einsame Wasserfälle, die in der Regenzeit beliebte Ziele für Wochenendausflüge sind. Von der jüngeren Generation werden die steilen und glitschigen Seitenstreifen für waghalsige Kletterabenteuer benutzt, die jedes Jahr tödliche Unfälle fordern. Für Indien ungewöhnlich sind romantisch anmutende Dörfer, wie aus einer »guten alten Zeit«, wo eine üppige Vegetation Wasser und Nahrung in Fülle anzeigt. Kleinere und größere Seen mit Teppichen von Lotosblüten und eine vielfältige Vogelwelt sind ungewohnte landschaftliche Eindrücke in einer meistens trockenen und unfruchtbaren Einöde.

Die kaum befahrene Straße steigt an, Nebel und Regen verzögern das Tempo, wir sind schon fast vier Stunden unterwegs. Der Verkehr auf der Straße nimmt zu und bald tauchen rechts und links zwischen den Bäumen schlammige Lichtungen auf, auf denen Hunderte von Autos abgestellt sind. Wir können nur mehr im Schritttempo fahren, denn auf der Straße bewegt sich eine in Plastiksäcken vermummte, kilometerlange Pilgerkolonne nur schrittweise vorwärts. Unser Tachometer zeigt etwa acht Kilometer an, als aus dem Nebel die Umrisse eines *Teastalls* auftauchen. Längst ist die Schlange neben uns zum Stillstand gekommen und die Pilger harren schweigend unter ihren Plastiksäcken in strömendem Regen aus.

Wir haben Glück: In der Nähe sind zwei Parkplätze für unsere Autos, der Weg durch glitschigen Schlamm und Morast, und damit die Gefahr zu stürzen, ist kürzer als befürchtet. Es ist empfindlich kalt und ein heißer Tee im dunstig-warmen Unterstand mit Blick nach draußen in den strömenden Regen lässt uns die Situation erfassen: Obwohl der kleine Tempel kaum fünfzig Meter entfernt ist, sehen wir keine Möglichkeit, uns ihm zu nähern. Die Schlange der Pilger wird in einer engen Absperrung geführt und ungezählte Ordungskräfte sorgen dafür, dass die Reihenfolge strikt eingehalten wird. Die Schlange rückt nur zentimeterweise vorwärts, obwohl, wie wir später sehen, der *Lingam* nur eine Sekunde berührt werden darf, bevor man weitergedrängt wird. Jeder schlürft seinen Tee und überschlägt in Gedanken die Zeit, die wir unter diesen Umständen hier zu warten haben.

Heute ist ein spezieller Tag, der Shiva geweiht ist. Alles nehmen die Menschen in Kauf, um der Kraft des Segens an diesem besonderen Tag und diesem besonderen Ort würdig zu sein. In westlichem Oberhemd, Jeans und Flip-Flops, alles durchnässt und ungemütlich, wird Baba hier nicht erkannt. Er leert sein Glas Tee, während Er die Ergebenheit und Opferbereitschaft der Pilger betrachtet: »Es ist nicht leicht, Gottes Darshan zu kriegen!«, sagt Er und Sein Blick drückt tiefe Berührung aus.

In dem Moment taucht ein Sicherheitsoffizier auf, der sich anbietet, uns an der Schlange vorbeizulotsen. Die Verantwortlichen winken ab, aber dann sind wir plötzlich »mit tausend Rupies dabei« und werden durch einen Nebeneingang in den vom Rauch der Öllampen schwarz gefärbten niedrigen Innenraum des Tempels geschoben, wo man aufpassen muss, nicht zu stürzen oder sich den Kopf anzustoßen. Alles geht so schnell, dass die Einzelheiten der Umgebung verschwimmen, nur, dass wir im nächsten Augenblick am silberbedeckten *Jyotir-Lingam*, den wir flüchtig berühren dürfen, vorbeigeschleust werden und wieder nach draußen stolpern.

Auf dem Rückweg gibt Baba eine kurze Botschaft über den Unterschied zwischen Gott und Guru, beziehungsweise zwischen Devotee und Schüler. Wie oft hat Baba schon betont, welche Gnade es für uns sei, dass Er als Guru gleichzeitig unser Gott ist. Mir scheint, heute will Er uns darauf hinweisen, wie gesegnet wir sind, dass wir im Gegensatz zu den Pilgern so bequem vierundzwanzig Stunden den göttlichen Darshan genießen dürfen. »Ihr habt Gott schon erreicht, aber manche sind Masochisten, sie wollen leiden, doch das ist eine Krankheit. Wenn alle Wünsche erfüllt sind, kann man Gott friedlich und glücklich erreichen. Ich segne euch!«

Am Abend übernachten wir in Poona im *Hotel Ritz*, einem alten Haus in gepflegtem englischen Kolonialstil.

Wir sind die letzten Gäste des Abends. Baba lacht und macht Witze mit den Angestellten, bis einer von ihnen sagt: »Du lachst und sprichst mit uns wie ein normaler Mensch, aber wir haben den Eindruck, dass Du ein großer Heiliger bist!« Baba weist auf uns: »Wir leben zusammen im Ashram des großen Balasai Baba. Mein Name ist Ramesh und ich bin Sein Devotee!«

Eine weitere Szene viel später, im Dezember 2015: Baba sitzt mit Seinen Besuchern zusammen, und als die Bhajanzeit näherrückt, steht Er auf mit den Worten: »Bis jetzt hattet ihr meinen Darshan, in einer halben Stunde werde ich euren Darshan haben!« Gott und Devotee auf einer Stufe – noch kein Avatar hat sich bisher so den Menschen gezeigt.

Für Baba bedeutet die zweiwöchige Reise mit täglichen längeren Autofahrten, Besichtigungen von mittelalterlichen Forts, Tierreservaten, zum Teil weit abgelegenen Tempeln, Touristenzentren usw. und dem jeweiligen abendlichen Wechsel in ein anderes Hotel eine für uns unvorstellbare physische Strapaze. Das Bedürfnis, durch Abwechslung, Unterhaltung und neue Eindrücke belebt und aktiviert zu werden, ist Ausdruck unseres menschlichen Körperbewusstseins, nicht jedoch eines Bewusstseins, das in der Einheit ruht. Nur um uns nicht zu enttäuschen, begleitet uns Baba auf allen Ausflügen, die für jeden verbunden sind mit ungewohnten körperlichen Anstrengungen. Das vierhundert Jahre alte Fort *Pratap-Gad* (Fort im Nebel) muss über rutschige, unterschiedlich hohe, grob und unregelmäßig behauene Stufen von bis zu einem halben Meter Höhe erstiegen werden. Diese Anstrengung verursacht Baba bis zum Ende der Reise Schmerzen.

Nach über zwei Wochen erreichen wir Ende August abends den Stadtrand von Hyderabad, wo wir die Nachricht bekommen, dass es vor einigen Stunden bei zwei Bombenanschlägen 34 Tote und unzählige Verletzte gegeben hat. Der *Lumbini-Park*, wo es 18 Tote gegeben hatte, liegt ganz in der Nähe des Ashrams.

Die Reise in die westlichen Berge war Balasai Babas letzte Reise. Seitdem hält Er sich nur noch in den kleinen, bescheidenen Zimmern seiner beiden Ashrams auf und geht nur die wenigen Schritte bis zum Auto, oder um Seine Devotees zu den Runden zu treffen. Obwohl Seine Füße weniger als bisher die Erde berühren, geht Er *mehr als maximum* auf diesem Planeten – eine Wahl, die Er als Avatar getroffen hat, um alle Wesen seiner Schöpfung gleichzeitig zu SEIN.

* * *

Kaliyuga Avatara

Große Seelen, die ihre eigene Göttlichkeit erkannt haben und jedes Wesen der Schöpfung als göttlich betrachten, sprechen gewöhnlich nicht über Gott. Unser Verstand ist Teil unserer biologischen Ausstattung, spiegelt die Entwicklungsstufen der Evolution, ist begrenzt auf das Erkennen unserer physischen Umwelt und dient der Orientierung und dem Überleben auf dem physischen Plan. Mit dem Verstand kann Gott nicht erfahren werden. Die spirituelle Reise des Menschen ist die Reise der Seele zurück in die Einheit mit Gott, zurück zum Ursprung, zu dem, was in vielen Traditionen die *Quelle allen Seins* genannt wird. Jeder Mensch hat bis dahin den Prozess der Evolution durchlaufen und nach dem Erwerb der menschlichen Gestalt alle Aspekte der Schöpfung in unzähligen *Rollen* des Reinkarnationsprozesses erfahren. Wenn der Antrieb des *Rades der Wiedergeburt* erschöpft ist, wendet die Seele sich dem Rückweg zu. Von diesem Gesetz, dass die Reise in die göttliche Einheit über viele Stufen erfolgt, die auf der Erde zurückgelegt werden müssen, ist kein Vollkommener Meister und kein *Sadguru* ausgenommen.

Die einzige Ausnahme ist der *Avatar*, »der den Evolutionsprozess überhaupt nicht durchlaufen muss, weil der Avatar jener höchste Stand Gottes ist, in dem Gott d i r e k t Mensch wird und als Gott-Mensch auf Erden lebt«, wie Meher Baba schreibt. (siehe: Meher Baba: »Der göttliche Plan der Schöpfung«, Lotos-Verlag, 2004,

S.236 bis 240) Avatar und Sadguru sind beide »gleichzeitig auf der Ebene des Niedrigsten bis zum Höchsten. Trotzdem besteht der wichtigste und einzige Unterschied darin, dass der Sadguru auf jener Ebene h a n d e l t und der Avatar auf jener Ebene d a z u w i r d.« Am Beispiel von *Krankheit* wird der Unterschied klar: der Sadguru »t u t s o, a l s s e i e r k r a n k«, er stellt seine Krankheit perfekt dar. Anders ist der Fall bei einem Avatar: der Avatar e r k r a n k t t a t s ä c h l i c h. Der Sadguru v e r h ä l t s i c h wie die Kreatur jener Ebene, der Avatar w i r d zur Kreatur dieser Ebene, und zwar zu allen zugleich.

Meher Baba fasst zusammen: »Und indem Er zur selben Zeit auf allen Ebenen und in allen Zuständen und über alle Ebenen und Zustände hinaus zu einem und allem wird, und diese i s t, ist der Avatar der E i n z i g e, der unendlich befähigt ist, allen Dingen, Kreaturen und der ganzen Menschheit zu ein und derselben Zeit einen S c h u b zu geben, der die Reifung des Bewusstseins beschleunigt. In Wirklichkeit ist G o t t A l l e s und ist in jedem. Der *Avatar* Gottes ist nicht nur Alles und in jedem, sondern er wird tatsächlich Alles und Jedermann.« (a.a.O.: S.238)

Aus diesem Grund konnte Baba einer Devotee, die sich wunderte, dass Baba alles von ihr weiß, sagen: »Ich denke nichts, ich weiß nichts, aber ICH BIN DU!«

Und diese Antwort kann Er allen Wesen geben: der Ameise, dem Schwein, dem Pferd, dem Baum ... Bei jedem Zusammensein mit Balasai Baba kann man erleben, wie genau Er auf die Gedanken eines Besuchers reagiert, die Emotionen und Wünsche eines anderen spiegelt und einem Devotee mit Rückenschmerzen empfiehlt, deswegen zum Arzt zu gehen, obwohl Ihm dieser nichts davon erzählt hat. Und der Satz: *I walk maximum on the earth!*, trifft auch in dem Sinne nur auf IHN zu, weil nur ER in allen Kreaturen auf der Erde geht.

1. November 2010 – Gartenrunde in Kurnool. Über Sein Avatar-Sein spricht Balasai Baba nur in Andeutungen: »Ich bin uralt. Seit Millionen von Jahren bin ich schon

»I walk maximum on the earth.«

auf der Erde. Gott ist immer da. Nur der göttliche Körper stirbt. Ob Rama, Krishna, Buddha oder Jesus – alles ist derselbe Avatar, Gott in menschlicher Gestalt. Ich nehme immer nur einen etwas anderen Körper an. Wenn ich einen menschlichen Körper annehme, übernehme ich gleichzeitig alle Bedingungen, denen der Körper unterliegt, auch Krankheiten und Schmerzen. Um die heiligen Inkarnationen zu erkennen, ist das innere Auge wichtig. Tausend äußere Augen sehen das nicht.«

Meher Baba schreibt: »Da Seine physische Anwesenheit inmitten der Menschheit jedoch nicht wahrgenommen wird, hält man ihn für einen gewöhnlichen, weltlichen Menschen. Behauptet er jedoch Seine Göttlichkeit auf Erden (…) wird er von einigen verehrt, die ihn als Gott akzeptieren, und er wird von einigen wenigen verherrlicht, die ihn als Gott auf Erden erkennen. Jedoch fällt dem Rest der Menschheit unweigerlich das Los zu, ihn zu verurteilen (…). So kommt es, dass Gott als Mensch, der sich selbst als der Avatar verkündet, es erleiden muss, verfolgt und gefoltert zu werden, von der Menschheit gedemütigt und verurteilt zu werden, um deretwillen Seine unendliche Liebe Ihn so tief hinabsteigen ließ …« (a.a.O.: S. 240)

Balasai Baba wurde in Kurnool, einer südindischen, ländlichen Stadt geboren. Die Mehrheit der Bevölkerung ist arm und ungebildet, religiös orthodox. Man folgt den religiösen Traditionen, und der Avatar vor der Haustür, der sich zudem mit Westlern umgibt, macht sich verdächtig. Baba wuchs in äußerster Armut auf, aber schon die Geschichten Seiner Kindheit sind voller wundersamer Vorfälle, die die Bevölkerung damals schon polarisierte in Devotees und Gegner. Der Natur der Gottheit ist es egal, ob sie erkannt wird oder nicht, gerade weil sie das höchste Licht verkörpert, als Projektionsfläche für die tiefsten Dunkelheiten zu dienen und sie herauszufordern (siehe: *Der moderne Gott*).

Schon als kleiner Junge, der nichts ernst nahm und in der Schule nur lachte, provozierte Er die Lehrer und Mitschüler. Er umgab sich mit Freunden aus den niedrigsten Kasten und achtete nicht auf deren religiöse Zugehörigkeit, das machte Ihm Schwierigkeiten in Seinem eigenen familiären hinduistischen Umfeld. Selbst Seine Mutter erkannte erst spät Seine Göttlichkeit, und nur ein bekannter Heiliger konnte verhindern, dass sie ihren Sohn nach hinduistischer Sitte verheiratete. Neben Seinen Studien verdiente Er für die Familie etwas Zubrot als Tanzlehrer – daran erinnert man sich hier noch –, verweist aber gleichzeitig verächtlich auf Seine niedrige soziale Stellung.

Balasai Baba hält bis heute nur eine öffentliche Rede im Jahr. In der Geburtstagsrede 2005 (Seine erste öffentliche Rede über die Bedeutung von Seva in der heutigen Zeit) wendet Er sich an die indischen Besucher: »Wenn ihr eure Kokosnüsse, Räucherstäbchen und Blumen in den Tempel bringt, holt ihr nur für euch einen Segen, Gott erreicht ihr damit heute nicht mehr! Wenn ihr aber eurem kranken Nachbarn eine Tablette gebt, nur auf diesem Weg erreicht ihr heute Gott! Gott will nur euren selbstlosen Dienst am Mitmenschen!«

Damit zog Balasai Baba den Menschen, die in dem Glauben an die alten Rituale aufgewachsen sind, den Boden ihrer Religion weg. In Indien ist man nur in der Familie füreinander da, der arme oder kranke Nachbar interessiert nicht. Baba fuhr fort und richtete sich jetzt auch an die Persönlichkeiten des öffentlichen Lebens auf der Bühne – Politiker, Schauspieler, Unternehmer: »Wer mir je auch nur eine Rupie für meine sozialen Projekte gegeben hat, der stehe bitte auf!« Das war ein offener Affront: Niemand erhob sich. Obwohl Baba den gleichen Appell an *Seva*, an selbstlosen Dienst für die Bedürftigen Jahr für Jahr wiederholt, Änderungen des allgemeinen Bewusstseins brauchen wie Evolutionsschritte ihre lange Zeit. Das Almosenwesen dagegen hat Tradition – an jedem *Guru*-Tag (traditionell jeder Donnerstag) gibt man den Reihen von Bettlern vor dem benachbarten Tempel ein paar Rupies, tut etwas für sein eigenes gutes Karma und stabilisiert so das alte System. Wohltätigkeitstrusts wie der *Sri Balasai Baba Central Trust* haben es in Indien schwer. Regierung und Banken versuchen per Gesetz, von der Wohltätigkeit zu profitieren. Als im Jahre 2009 nach der großen Flut, die die Stadt Kurnool drei Tage unter Wasser begrub, 300 000 Menschen evakuiert werden mussten und ihre Häuser verloren, und der *Balasai Baba Trust* sich anbot, mit einer Anzahl von neuen Häusern Hilfe zu leisten, hat die Regierung die Baugenehmigung verweigert. Kleine und große Schikanen.

Diese wenigen kleinen Beispiele sollen symbolisch aufzeigen, dass der Avatar im eigenen Umfeld nicht willkommen ist. Die Spitze eines Eisberges. Der Gegenwind in Indien ist scharf, auf der ganzen Welt ist es nicht anders. Der Lärm der meinungsmachenden Medien dringt in jeden Winkel. Baba spricht nicht darüber, als Avatar muss Er jede Situation akzeptieren, ohne sich zu rechtfertigen oder zu verteidigen.

Die Kuh ist in Indien heilig. Als Ernährerin hat sie die Menschheit durch die Evolution begleitet. Sie gilt als der Wohnsitz aller Götter und ist das Symbol für Wohlstand und Gedeihen. Heute, am Ende des *Kaliyuga*, steht sie nur noch »auf einem Bein« – die »göttliche Weltordnung« / Dharma hat einen wackeligen Stand. »Der Avatar ist stets Ein und Derselbe, weil Gott stets Ein und Derselbe ist – nämlich der ewige, unteilbare, unendliche Eine, der sich in Menschengestalt als Avatar manifestiert – als der Messias, der Prophet, der Buddha, der Uralte, der Höchste der Hohen. Dieser ewig eine und selbe Avatar wird von Zeit zu Zeit ... veranlasst, seine Manifestationen zu wiederholen, unter verschiedenen Namen und menschlichen Gestalten und an verschiedenen Orten, um die Wahrheit in verschiedenen Gewändern und verschiedenen Sprachen zu offenbaren ...« (Meher Baba, a.a.O.: S.241)

Gemäß der Überlieferung wurde Krishna getötet durch den Pfeil eines Jägers, der ihn in die Fußsohle schoss, weil er ihn für ein Reh hielt. Dieses Ereignis sieht man als den Beginn des Kaliyuga an. In der Form von Balasai Baba führt derselbe Avatar die Menschheit heute durch das Ende des Kaliyuga in ein neues Bewusstsein – die täglichen Erschütterungen und Zusammenbrüche von alten Strukturen und zukünftigen Visionen lassen noch einen langen Weg ahnen. Sein Verlauf wird davon abhängen, ob Gott als Mitspieler eingeladen wird.

* * *

Im Jahr 2008 setzen wir unser Schulprogramm in veränderter Zusammensetzung fort, eine Kollegin geht, eine neue kommt. In Kurnool und Hyderabad erscheint Baba regelmäßig, nur mit seltenen Ausnahmen, zur abendlichen Routine Seines Singprogrammes für die ausländischen Besucher. Unentwegt arbeitet Baba auf der materiellen Ebene an *Akzeptanz und Toleranz* unter uns Menschen und an *devotion and dedication* gegenüber Gott: »Macht eure Liebe weiter und größer, ohne persönliche Enge, die klammert, Stress und Enttäuschung verursacht – eine Liebe, wie die Natur sie vormacht!«

Shiva lacht

Naturgemäß sind die persönlichen Prozesse im Ashram heftig, und durch die göttliche Energie verstärkt, reagieren gewöhnlich die antisozialen Tendenzen und machen sich in heftigen Ausbrüchen Luft. Nichts kann bei Baba scheinheilig unter imaginäre Teppiche gekehrt werden. Bei tiefen und festgefahrenen Prozessen setzt Baba auch Brechstangen ein, um das seelische Erdreich zu lockern. Dabei sind die Ursachen unserer Charaktere und Konflikte gewöhnlich nicht in diesem Leben zu suchen, sondern in vergangenen Leben und treten nur in den Verkleidungen dieses Lebens auf. Genau das macht es so schwer, gegenseitiges Verständnis und Einfühlung, sprich Liebe zu zeigen.

Die Natur macht es uns vor: Der Jahresring eines Baumes bedeutet einen Zuwachs an Lebenskraft und Stabilität, die die Natur dem Baum zur Verfügung stellt, damit er seine Gaben immer freier in die Umwelt verschenken kann. Unsere *Liebeslebensringe* sind weniger freigiebig und werden nicht automatisch kräftiger. Erst nach langem Leiden werden manchmal die Verkleidungen von Opfer oder Täter abgelegt und die Akteure ruhen im Schatten der Liebe aus. Nur Babas unendlicher Geduld und göttlicher Gnade ist es zu verdanken, dass karmische Tendenzen, die sonst mehrere Leben zur Auflösung benötigt hätten, innerhalb eines Lebens beendet werden können.

Die echte Sehnsucht nach Befreiung lässt Baba immer zu harten Bandagen greifen, mit deren Hilfe Er die Wünsche und Tendenzen beseitigt, die das Rad der Wiedergeburt antreiben.

Ende August 2008, nach einem Singabend, gibt Balasai Baba eine Botschaft, in der Er in schlichten Worten das höchste göttliche Angebot macht, das Menschen je unterbreitet wurde, jedoch gesprochen mit einem Ernst, einer Eindringlichkeit und einem solchen Ausdruck menschlicher Hilflosigkeit, die ich nicht erinnere, jemals so von Ihm gehört zu haben:

»Fühlt euch wohl in eures Vaters Haus! Seid glücklich – BITTE! Keine Inkarnation ist so viel mit ihren Devotees zusammen! Nirgendwo erfahrt ihr so viel Nähe! Baba singt, spricht, isst, lacht zusammen mit euch. Manche, die erscheinen, sich aber wieder herumdrehen und gehen, können trotz ihrer Augen nicht sehen. Wenn du reich bist und das nicht erkennst, bist du geistig blind, bist du arm. Wisst wertzuschätzen, was ihr habt! Wenn ihr nicht zufrieden seid, ist selbst Gott hilflos. Fühlt euch wie im Elternhaus, entspannt hier, seid friedlich und glücklich. Gebt mir alle eure Sorgen und Nöte, ich gebe euch mein Glück und meinen Frieden. Ich teile alles mit euch – Liebe, Wohlstand und Armut. Wenn nur einer von eurer Familie mein hingebungsvoller Devotee ist, bekommt die ganze Familie den Segen – sogar die sieben vorangegangenen Generationen und die sieben zukünftigen! Lasst den Verstand ausgeschaltet, auch auf der materiellen Ebene ist er nicht nützlich, auf der spirituellen gar nicht! Öffnet euer Herz, stresst euch nicht selbst! Ich habe nur eine Bitte: Gebt mir in eurem Herzen einen Platz! Wenn ich einmal eingezogen bin, gehe ich nie wieder fort! Niemand – nicht die Polizei, nicht die Regierung kann mich daraus vertreiben. Wir sind für immer zusammen. *I talk with you, I walk with you*! Ich spreche mit euch, ich gehe mit euch! Wo immer ihr seid, ihr könnt mich hören, ich bin ständig da!«

Gott hat keine Sintflut über die Erde geschickt, hat nicht aus himmlischen Höhen gesprochen, hat keinen Bund im Zeichen des Regenbogens versprochen. Aus welchen Tiefen spricht Er, wenn Er solche Hilflosigkeit offenlegt und um einen Platz in den Herzen bitten muss?

1. Dezember 2008 – Noch ist Regenzeit. Die heftigen Monsungewitter biegen die Stämme und peitschen die Blätter. Bei der (unregelmäßigen) morgendlichen Meditation entsteht eine göttliche Sphäre, so zart und immateriell, dass selbst Gedanken und mental wiederholte Mantren darin schwer wie Backsteine wiegen.

Bei einer Routine-Blutuntersuchung wird bei mir ein hoher Nüchtern-Blutzucker festgestellt. Der Diabetologe, der viele internationale Zertifikate an der Wand hat, ist zuversichtlich und meint, in sechs Wochen sei alles vergessen. Indien ist das Land mit den meisten Diabetikern und die Fachärzte sind erfahrene Spezialisten, so glaube ich zumindest. Ein um Rat gefragter Devotee-Mediziner aus Deutschland tippt sofort auf Diabetes Typ I: »So, wie du aussiehst!« Noch sagt mir das alles nichts, aber ich erinnere siedend-heiß eine Begebenheit vor sechs Monaten. Ich war gerade aus Deutschland zurückgekommen, und Baba hatte alle Permanenten zum morgendlichen Tee gerufen. Seine erste Frage an mich war: »Hast du Blutzucker?« Blutzucker war das Letzte, was ich bei mir vermutete, hatte ich mich doch immer viel bewegt und gesund ernährt, außerdem fühlte ich mich fit und aktiv und antwortete im Brustton der Überzeugung: »Bestimmt nicht, Baba!«

Jedem anderen hätte ich geraten, sofort einen Checkup machen zu lassen, weil Baba niemals eine Frage umsonst stellt. Bei mir fiel die Frage sofort in den tiefen Brunnen des Vergessens – bis zu diesem Tag! Der Arzt verschreibt Tabletten, die nichts bewirken, wir setzen unser Schulpensum ohne Unterbrechung fort. Zwei Tage später kommt Baba von Hyderabad, gerade ist eine große Gruppe von fünfzig Devotees gekommen, die sofort zum Singabend empfangen wird. Irgendjemand muss Baba meine Diagnose »gesteckt« haben: »Ich habe gehört, du hast Zucker! Zum Lachen!« Und Er lässt ein Lachen ertönen, das nicht von dieser Erde ist, so überirdisch schaurig schallt es – Shiva, der sich hoch über den Gefilden der Menschen in den Eisregionen des reinen Bewusstseins über die Dummheit und Ignoranz der Menschen lustig macht. Und – während es mir kalt den Rücken herunter läuft – mit abgrundtiefer Verachtung (und Liebe): »Es ist dein eigener Fehler! Aber keine Angst, dein Gott ist da!«

Wie sollte dieser Gott meine Angst vertreiben? Klar, wessen Fehler sollte es sonst sein, aber was hatte ich getan? Sicherlich hatte ich lange Strecken des Lebens Verrat an meinem höchsten Selbst geübt, indem ich die *Süße des Lebens*, Glück und Lebensfreude, ungefühlt und unbedankt nicht dem seelischen Stoffwechsel einverleibte, und jetzt auf der physischen Ebene als Zucker ausschied, aber diese Erklärung überzeugte mich nicht wirklich.

Da die Medikamente nicht wirken, esse ich nur wenig und der Hunger ist mein ständiger Begleiter. Im April begleite ich meine Kollegin, die aus Visumgründen nach Sri Lanka muss, auf die Reise. Leider kann ich die Tage an dem herrlichen Strand nicht genießen, weil ich erstmals eine ungewöhnliche Erschöpfung und Müdigkeit empfinde. Zurück in Hyderabad schickt mich der Arzt sofort ins Krankenhaus, um auf Insulin umgestellt zu werden. Auch der Umgang mit Insulin will gelernt sein, aber nach einiger Zeit stellen sich annähernde Normalwerte ein. Den *Typ 1* hatte ich längst vergessen, bis ein Diabetologe in Deutschland den erforderlichen Test macht. »Sie sind ein klassischer Typ 1, alle drei Antikörper!«, eröffnet er mir das Ergebnis und stellt mich auf eine intensivierte Insulintherapie um. Zehn Monate nach der Diagnose fühle ich mich endlich gut versorgt und bin dankbar für die Errungenschaften und Technologien der modernen Medizin, die mir ein weitgehend normales Leben ermöglichen. Mein Arzt in Indien reagiert ärgerlich – kein Wunder, hier kennt man in diesem fortgeschrittenen Alter (ich war zu dem Zeitpunkt 66) keinen »Ausbruch eines Typ 1«

mehr. Das Schicksal hat sich schon etwas Perfektes für mich ausgedacht, damit ich meine karmischen Schulden begleichen kann – immerhin, zwei Drittel meines Lebens habe ich die Essensfreuden spontan genießen dürfen!

* * *

14. Januar 2009 – Bisher wurde Balasai Babas Geburtstag mit dem feierlichen Mitternachtssegen vom 13. Januar auf den 14. Januar, dem Zeitpunkt Seiner Geburt, eingeleitet. Er erschien dann entweder auf dem kleinen Balkon oder auf dem Tempelpodest, segnete unter Trommel- und Trompetenklängen und dem Lärm von Feuerwerksraketen die begeisterte Menge, etliche VIPs und Fotoreporter und warf fettig-süße Kuchen, die als gutes Omen galten, wenn man sie erhaschte. Nach einer guten halben Stunde haben sich Lärm und Aufregung gelegt und die auswärtigen Besucher sind auf dem Weg in ihre Hotels. Um fünf Uhr in der Früh beginnt das offizielle Programm mit einem Kirtan. Lampiontragend und bhajansingend zieht man durch die dunklen Straßen, die an diesem Feiertag schon von den Hausfrauen gefegt waren und mit farbenprächtigen und kunstvollen Mandalas geschmückt sind. In ganz Indien feiert man an diesem Tag *Sankranti*, das Fest der Wintersonnenwende.

>»*Jetzt singe ich die Lieder von morgen!*«

In diesem Jahr ist alles anders. Um Mitternacht ist der Ashram leer, bis auf die ausländischen Devotees und ein paar geschäftige Bühnenarbeiter. Ein paar Unentwegte singen *Happy Birthday*, was unpassend scheint, denn sie werden zur Ruhe ermahnt. Auch am nächsten Morgen seltsame Leere. Auf der Bühne steht nur Babas Thron – keine Stühle für Politiker, Schauspieler oder andere Würdenträger. Keine mantrenrezitierenden Priester, keine auf Schienen und Hebebühnen bewegten Fernsehkameras, nicht einmal die Heilige Flamme, die zu jeder offiziellen Veranstaltung gehört, steht vorbereitet an ihrem Platz. Wäre nicht die blumengeschmückte Bühne mit der Geburtstagsaufschrift, wäre es ein Tag wie jeder andere. Nach den Morgenbhajans nimmt Sri Balasai Baba im feuerroten Kleid auf Seinem Thron Platz und segnet alle. Immerhin steht plötzlich ein Rednerpult auf der Bühne und Mr. Rama Rao stellt wie jedes Jahr die sozialen Projekte des *Sri Balasai Baba Central Trust* vor.

Hannelore Biella von der *Universität der Welten* ist die Einzige, die offiziell eine Rede hält. Der kurze Text ist zunächst eine Danksagung an den Schöpfer Sri Balasai Baba, der den Menschen aus dem göttlichen Licht geschaffen hat. Die Göttlichkeit wurde jedoch zu menschengemachten Zwecken missbraucht und die Erde mit Krieg und Gewalt und anderen Formen der Macht überzogen. Im Laufe der Evolution wurde so unter den Menschen eine eigene verdrehte Wahrheit geschaffen, die von Gottesferne, Leid, Sünde und Schuld kündete, was in allen Kulturen bis tief in die menschliche Physis verankert wurde. Ihre Worte gipfeln in der Bitte: »Gott, nimm unsere menschliche Wahrheit und verwandele sie in Deiner göttlichen Wahrheit!« Dazu nickt Baba bestätigend. In diesen Sekunden macht Er das wohl größte Geburtstagsgeschenk, das je ein Schöpfer Seinen Geschöpfen gemacht hat: Er gibt die Zusage, die verdrehten Wahrheiten von Leid, Schuld und Sünde, die uralte menschengemachte Konzepte sind, in Seine umfassende göttliche Wahrheit hineinzunehmen und menschliche Verfehlung und Kleinheit im unendlichen und unvergänglichen Licht aufzulösen. Es geht dabei nicht mehr um Vergebung von Sünden, Tilgung von Schuld oder Ausgleich von Karma. Nichts muss mehr verbessert oder ausgebügelt werden – Liebe und Vertrauen sind das neue Evolutionsprinzip.

Im *Yantra-Buch* legt Balasai Baba den Weg für das *Entdecken der eigenen Göttlichkeit* frei. Neu ist, dass alle »Erdenreste und Erdenbindungen« mitgenommen werden: »So beende die Zusammenarbeit mit Sünde und Schuld …, mit dem Karma. Gib dich deiner Göttlichkeit hin.« (S.207) Der Mensch wird nicht »würdig« dadurch, dass »vorher« Sünden reingewaschen werden müssen, sondern seine Würde besteht in der Annahme des göttlichen Angebotes.

In fast allen Botschaften weist Baba auf dieses Thema hin – schon die Segensformel *Sei glücklich!* bedeutet die Abkehr vom alten Leidens- und Schuldkonzept. Sri Balasai Baba wurde in diesem Jahr 49 Jahre alt, was 7x7 entspricht. Zu diesem Zeitpunkt der Bestätigung der *7* gibt Er der Menschheit den eigentlichen Grund seiner Inkarnation preis: Dank Seiner unaussprechlichen Liebe den Menschen in Seine göttliche Größe zu erheben! Die Menschheit wird in eine neue Zeit geboren. Eine Zeit der Zusammenarbeit zwischen Gott und den Menschen? An den darauffolgenden Abenden setzt Baba überraschende Zeichen für das »Neue«.

15. Januar 2009 – Abendsingrunde. Baba materialisiert. Aus der hocherhobenen Hand regnet es goldene Tropfen. Sechzehn Ringe werden an die österreichischen und japanischen Frauen verteilt, in die westliche und östliche Welt. So ein Goldregen wurde nie gesehen. Babas Bruder Ramesh singt bis Mitternacht, danach übernimmt Baba das Mikrofon und verkündet: »Das Programm von gestern ist fertig, jetzt singe ich die Lieder von morgen!« Um 2.30 Uhr Uhr segnet Er die (teilweise) schlafenden Besucher. Zwei Tage später wiederholt sich der *Goldregen* für die österreichischen Männer. Gleichzeitig verkündigt Baba, dass eine europäische Universität Balasai Baba ehrenhalber zum *Doktor der Philosophie* ernannt hat. Nicht nur die Menschheit, auch Gott – als Mensch – wird geehrt. Am folgenden Abend regnet es zum dritten Mal Gold – wie um die Kostbarkeit von Babas Botschaft dieses Abends zu bestätigen: »Seid dankbar, dass ihr zu dieser Zeit geboren seid, um am göttlichen Spiel teilnehmen zu können!«

* * *

5. August 2010 – Als eine kleine Gruppe von Besuchern abends im Singraum Platz genommen hatte, zeigt Mr. M., Co-Sänger und Rechtsanwalt am Höchsten Gericht in Hyderabad, Fotos, die besonderes Erstaunen hervorrufen: Man sieht Balasai Baba in vorschriftsmäßiger

Avatar und Advokat

Anwaltskleidung: schwarzes Jackett und weißes Hemd mit Beffchen, dazu eine weiße Hose. Ein offizielles Dokument erklärt den Anlass: »Heute, am 5.7.2010, wurde Bhagavan Sri Balasai Baba Mitglied der Anwaltskammer von Andhra Pradesh.« Damit wurde Baba das Recht zugesprochen, in ganz Indien vor Gericht als Rechtsanwalt zu prakizieren. Balasai Baba hatte schon im Jahre 2003 Sein erstes Rechtsexamen gemacht, 2006 wurde er *Bachelor of Law* und hat Seine Ausbildung zum Rechtsanwalt 2007 mit der Referendarprüfung abgeschlossen. Heute wurde Er in einem letzten offiziellen Zulassungsverfahren vor dem *High Court* in Hyderabad als Anwalt bestätigt. Mr. M. als langjähriges Mitglied hatte Baba diesem höchsten Gremium vorgestellt.

Baba erinnert die Besucher des Singabends wieder daran, warum Er als Avatar es als seine Pflicht ansieht, nicht nur Seine spirituellen Aufgaben zu erfüllen, sondern auch in der materiellen Welt ein Beispiel zu geben:

»Die Tiere gehen nicht zur Schule und sie haben keine Universitäten und sonstigen Institutionen. Der Mensch teilt das Bedürfnis nach Essen, Schlafen, Sex und Angst mit den Tieren, aber darüber hinaus kann er lernen, und zwar ohne Altersbeschränkung. Ein Mensch, der in seinem Leben nichts lernt und der Gesellschaft nicht nützlich ist, hat sein Leben vergeudet. Das sage ich immer wieder den jungen Menschen und möchte ihnen persönlich dafür ein Beispiel sein. Ein sinnvolles Leben zu führen heißt, dass das spirituelle und das materielle Leben Hand in Hand gehen sollten! Seid nicht faul im Namen der Spiritualität! Wie es im Leben der Menschen bedeutende Tage gibt, zum Beispiel Hochzeiten und andere Familienfeste, ist der heutige Tag, an dem Mr. M. mich den Vertretern des Höchsten Gerichts vorgestellt hat, ein besonderer Tag für mich. Mr. M. hat mich den Vertretern des Höchsten Gerichts vorgestellt, das ist ein besonderes Ereignis, was das Verhältnis von Gott und Devotee angeht!« Was ist dieses besondere Ereignis? Zum ersten Mal hat ein berufserfahrener Devotee den Avatar als »Berufsanfänger« in die bürgerliche Arbeitswelt eingeführt. Balasai Baba hat die Rollen vertauscht und damit auch auf der physischen Ebene sichtbar gemacht, dass *Du und Ich eins sind*.

* * *

8. April 2011 – Runde mit Baba im Tempel von Hyderabad. Baba: »Gott hat keine Qualität, ist kein spezieller Charakter, hat keine Farbe, keine Grenzen, keine Eigentümlichkeiten. Niemand weiß, ob Gott tot oder lebendig ist. Er ist kein Mann, keine Frau, keine Tunte – gleichzeitig ist Er allgegenwärtig und allmächtig.«

Glück und Verschmelzung

Frage: »Wird das göttliche Bewusstsein, wenn es einmal da ist, im nächsten Leben verlorengehen?« Baba: »Jede Art von Bewusstsein, jede begangene Tat ist wie ein Same, den du in die Erde gibst. Alles wird im nächsten Leben wachsen, alles Positive wird wachsen, auch alles Negative. Jede Eigenschaft – nicht nur das göttliche Bewusstsein – wird größer werden, wie eine Geldanlage auf der Bank. Je mehr Geld du auf der Bank hast, umso größer sind die Zinsen. Alles multipliziert sich und wird immer mehr, nichts ist verloren.«

Frage: »Ist es möglich, noch in diesem Leben eins mit Gott zu werden?« Baba: »Das ist in einer Lebensspanne möglich und hängt von dem tiefen Entschluss und der Hingabe ab.« Frage: »Wie soll die Hingabe sein?« Baba: »Es darf keinen anderen Wunsch mehr geben als den: Ich will nur Dich, mein Gott! Es gibt nichts anderes mehr! Ich bin nichts! Aber nur einer von Millionen hat diesen Wunsch!«

Frage: »Um Eins mit Gott zu sein, ist es dazu nötig, wiedergeboren zu werden?« Baba: »Keine weitere Handlung ist nötig. Wenn die Wolle ins Feuer fällt, wird sie verbrannt, und es gibt keine Wolle mehr!«

Im Laufe der Jahre stellen viele Besucher die Frage, was man sich unter *Verschmelzung* und *Einheit mit Gott* vorstellen kann. Im Februar 2016 gibt Baba eine überraschende Antwort.

»Ende der 1980er Jahre kamen viele homosexuelle und lesbische Besucher zu mir. In Europa gab es für sie noch keine Heirat und keine legale Partnerschaft. Die Menschen waren damals noch verunsichert und fragten mich, ob ihre Beziehungen Sünde seien. Ich sagte ihnen: In meinen Augen ist es eine Sünde, wenn ihr euch nicht liebt! Wenn ihr nicht glücklich seid, ist das schlecht für euch! Gott gibt die Natur, die Blumen und Früchte, um die Menschen glücklich zu machen. Sonne, Wind, Wasser und Regen zeigen euch, wie man andere glücklich machen kann. Erreicht mich glücklich! Es gibt keinen anderen Weg! Ich weiß, das ist nicht leicht, wegen der negativen menschlichen Eigenschaften. Menschen sind gierig und geizig, sie haben nie genug. Aber denkt an die Ameise in der Zuckerdose, sie erstickt im Überfluss! Glücklich zu sein ist das größte Geschenk von Gott. Ich segne euch, um glücklich zu bleiben! Warum? Des Glückes wegen hat Gott die Natur erschaffen. Hier kann der Mensch das *augenblickliche Glück* (*instant happiness*) erfahren. Aber nach dem Tod kehren wir zu Gott zurück, woher wir gekommen sind. Wir haben nicht nur dieses Leben hier. Dieses Leben führt uns zurück in die Einheit mit Gott, zurück zur *ewigen Glückseligkeit*. Auf dem Höhepunkt jedes irdischen Glücksgefühls, sei es in der Liebe, bei jeder hingegebenen, konzentrierten Tätigkeit, beim intensiven Musikhören, beim erfüllten Spiel, gibt es Momente der Selbstvergessenheit. In diesen Momenten existiert kein Ich-Gefühl, kein Körpergefühl, kein Weltgefühl. Diese Sekunden der Selbstvergessenheit, also des höchsten Glückes – geben uns eine Idee, wie wir uns das *Verschmelzen mit Gott* vorstellen können! Auch wenn wir im Körper sind, können wir schon verschmelzen, dafür brauchen wir nicht zu sterben! Arbeit ist spirituell, ist Verehrung und Lobpreis, ist Schritte in Richtung Gott zu gehen, ist auch schon Verschmelzen mit Gott!«

* * *

Naturschauspiele

6. Oktober 2011 – Wieder ist *Dassara*, das neuntägige Fest, an dem neun Aspekte der universellen Göttlichen Mutter gefeiert werden. Schon in den Wochen vorher wird sichtbar, dass Baba die Energien im Ashram erhöht. Die Nerven liegen blank, aus geringsten Anlässen entstehen lautstarke Streitereien. Ein Besucher glaubt, mich wegen einer Kleinigkeit lautstark abkanzeln zu dürfen, und ich bin eine Stunde damit beschäftigt, Wut und Hilflosigkeit mental zu kontrollieren, aber umsonst. Ich bitte Baba um Hilfe, und sie kommt augenblicklich: das Bild eines ausbrechenden Vulkans taucht vor mir auf. Er spuckt unter starkem Druck Gas, Steine, glühende Lava, Feuergarben, und das gewaltsame Geschehen der Erde, das Aufbrechen der Erdkruste, das Herausschleudern und -fließen der Elemente spiegelt sich in mir als unmittelbare Entspannung. Ich beobachte, wie immer neue Lava hochgeschleudert wird, über die Abhänge in feurigen Bahnen ins Meer fließt, es raucht, zischt, brodelt. In Körper und Mind schaffen die Druck- und Entladungsvorgänge kraftvolle Ruhe. Ein Bild von hohen Wellen, deren Stärke weit draußen auf dem Ozean aufgebaut wird, sie pflanzen sich fort bis zur Küste, brechen sich tosend als grüne Wasserfront und laufen auf dem flachen Strand aus – auch hier Steigerung, Entladung, Ruhe. Die gewalttätigen Gefühle werden überwältigt von den atemberaubenden, kraftvollen, gewaltigen, befreienden Naturschauspielen. Sobald sich der Devotee in die mentale Szene schiebt, schaue ich in den Krater, in dem die Lava brodelt, »kreiere« einen neuen Ausbruch mit Funken- und Steinregen, unerschöpflicher Nachschub aus dem Erdinnern. Der Gefühlsschrecken verwandelt sich in die Kraft und überwältigende Schönheit der Natur. Das Wasserschauspiel steigert das Feuerszenario. Riesige Wellen brechen sich an scharfen Felsen, aufspritzender Gischt, Zusammenfallen, eine neue Welle, Gegenströmung. Gewaltige Kräfte arbeiten mit- und gegeneinander. Irgendwann wache ich auf, fühle mich erschöpft und muss gähnen, aber bin immer noch den saugenden und ziehenden Strömungen ausgeliefert, gleichzeitig unendlich frei von emotionalen Zwängen. Das Wasser zerstäubt am Felsen, flutet zurück, drängt in das entstehende Vakuum, die nächste Welle ... Das Ego überlässt sich der Wahrheit und dem Spiel der

Elemente und vergeht in ihnen ... Sind in dem Wirken der Natur alte Bewusstseinsebenen tätig, die in unseren Gefühlen überkommen sind? Viele große Dichter wussten um den Zusammenhang. Und umgekehrt – wie wirken sich die Kräfte unserer Emotionen in der Atmosphäre aus? Sind die Wirkungen chaotisch oder harmonisch?

* * *

Schlangen und Leitern

In den Jahren, wo Baba noch viele Stunden vor allem in der heißen Zeit mit den permanenten Devotees verbrachte, waren die Nachmittagsstunden unterschiedlichen Spielen gewidmet. Jedes Spiel mit Baba war immer ein Symbol für das Spiel des Lebens, und genau wie da musste jeder warten, bis er an der Reihe war, oder sich deutlich melden, wenn sein Vorgänger heimlich ein zweites Spiel mit Baba begann. Baba liebte *Mühle,* bei dem Er (mit eigenen Worten) die Steine setzte ohne zu denken, trotzdem gewöhnlich gewann. Er spielte aber auch zur Abwechslung das in Indien bekannte Kinderspiel *Schlangen und Leitern* (vergleichbar mit *Mensch ärgere dich nicht*). Der einzige Unterschied ist, dass man nur mit einem Stein spielt, so dass man auch kurz vor dem Ziel immer noch Gefahr läuft, auf den Anfang zurückzufallen. Auf den Leitern klettert man hoch, auf den Schlangen rutscht man wieder herunter. Das Spiel ist ein Bild für die spirituelle Reise, die zu jedem Zeitpunkt ein Weg »auf des Messers Schneide« ist, wie Baba oft sagte. Selbst kurz vor dem Ziel kann man noch auf den Nullpunkt zurückfallen. Besonders ein Unerfahrener unterschätzt die Gefahren, die von den Ego-Kräften auf der gedanklichen, emotionalen und der Willensebene ausgehen.

Meine Meditations- und Sitzübung war zu Beginn ein rein persönliches Experiment, um innerlich ruhiger zu werden und mich auf Gott zu konzentrieren, ohne Zielvorstellung. Im Laufe der Zeit bestimmte Baba die Dauer des Sitzens und die wichtigste Regel: absolute Bewegungslosigkeit. Mit tiefem Einatmen und langsamem Ausatmen zeigte Er (nonverbal), wie man die

Konzentration immer intensiver auf Mantra und Form fokussiert, um ganz allmählich die Störungen der Körperreaktionen auszublenden. Als mir nach sieben Jahren Sein anvisiertes Ziel – göttliche Glückseligkeit – zur täglichen Erfahrung wurde, ahnte ich erst unklar, dass Baba mich den kürzesten Weg zu dem größten Geschenk, das Gott geben konnte, geführt hatte.

War es meine freie Entscheidung gewesen, so plötzlich aufzuhören, oder musste ich geistigen, vielleicht auch karmischen Gesetzen gehorchen? Obwohl ich in den darauffolgenden Jahren die Freiheit von der täglichen Routine und die damit verbundene Bequemlichkeit eine Weile durchaus genoss, war diese Frage mal mehr, mal weniger präsent. Noch glaubte ich mir selber, dass mir die Meditation nicht helfen würde, die Herausforderungen des Lebens besser zu bewältigen, aber dieses Argument entpuppte sich mehr und mehr als Ausrede. Anders handeln konnte ich nur durch ein anderes Bewusstsein.

Meine Ungeduld hatte nicht zugelassen zu warten, dass das göttliche Bewusstsein allmählich die Ego-Ebene der Gefühle und Gedanken transformieren würde.

In den Jahren des Übens hatte ich mich nicht für Literatur interessiert, in der Bewusstseinszustände beschrieben wurden, die das alltägliche Tiefschlaf-, Traum- und Wachbewusstsein übersteigen. Die Freiheit vom Körper, von Gedanken und Gefühlen, von Raum und Zeit, die Erfahrung der absoluten Leere, von dem Frieden, »der jede Vernunft übersteigt«, eröffnete den *Allraum* der zeitlosen, ewigen göttlichen Glückseligkeit. Jeden Morgen konnte ich in den göttlichen Ozean eintauchen – darüber etwas lesen zu wollen, fiel mir nicht ein. Die lebendige Erinnerung verdämmerte allmählich, aber die Sehnsucht und der unumstößliche Wille waren nicht groß genug, um die Übungen wieder aufzunehmen – jetzt suchte ich nach authentischen Berichten erfahrener Meister. Klar und kurz fand ich meine Erfahrung beschrieben unter dem Stichwort *Samadhi* in dem von der Sathya Sai Vereinigung herausgegebenen *Spirituellen Wörterbuch Sanskrit-Deutsch* von Martin Mittwede:

»Samadhi tritt ein, wenn man alle Dualität hinter sich lässt, wenn der Meditationsinhalt verschwindet und man sogar sich selbst in seiner körperbezogenen Form vergisst, gleichzeitig aber bewusst bleibt. Der Samadhi-Zustand ist gekennzeichnet durch Glückseligkeit, Ausgewogenheit, Stille und Wachheit. Samadhi ist die Einheitserfahrung schlechthin und kann von jedem Menschen erlangt werden. Ohne Samadhi ist eine spirituelle Verwirklichung nicht möglich.«

Die spirituellen Schriften nennen den Bewusstseinsraum zwischen der dualen illusionären Welt und der Wirklichkeit Gottes den *siebenfältigen Schleier*. Jede dieser Stufen birgt unterschiedliche Fähigkeiten und Gefahren, bei denen die Führung durch einen Vollkommenen Meister notwendig ist. Auf jeder dieser Stufen können Reiz und Attraktion der neuen spirituellen Erfahrung so groß sein, dass sie mit dem Ziel verwechselt werden. Ein Yogi, der plötzlich levitieren kann, oder in der Trance Schmerzfreiheit erlangt und mit Nadeln und Messern demonstriert, dass selbst zugefügte Wunden nicht bluten – Fähigkeiten, die in der Mitte des Weges auftreten können –, kann die Massen beeindrucken, aber das Ego wird hoffnungslos aufgebläht und das hindert ihn, zur nächsten Stufe weiterzuschreiten. Jeder Meister warnt vor dem Erwerb solcher *Siddhis*, weil sie ein unüberwindliches Hindernis auf dem Weg sein können. Balasai Baba empfiehlt, sich nicht zu fragen, an welchem Punkt der spirituellen Entwicklung man sich befindet, um nicht neuen Illusionen zum Opfer zu fallen. Außerdem weiß nur der spirituelle Meister, welche der Bewusstseinsstufen wir schon in vergangenen Leben erreicht haben, weil kein erreichtes Bewusstsein jemals verloren gehen kann.

2. November 2011 – Baba: »Ich führe euch von innen, verdeckt und indirekt! Die Stufen des spirituellen Weges sind nicht wichtig – nur die Verschmelzung mit Gott!«
 Es hat lange gedauert, bis ich den Zustand, den ich täglich erlebte, mit dem Begriff *Samadhi* assoziierte. Ich

hatte gelesen, dass es verschiedene Samadhi-Erfahrungen gab und dass sie auf den höheren Stufen des »Pfades« auftauchten. Die Beschreibungen des *Nirvana* passten zu meinen Erfahrungen: Es ist »das Vergehen-in das absolute Vakuum des ursprünglichen Zustands Gottes«. (Meher Baba: *Der göttliche Plan der Schöpfung*, 2004 Lotos-Verlag, München, S.206.)

Den absoluten Vakuumzustand Gottes erleben wir täglich ohne Bewusstsein im Tiefschlaf. Im Samadhi-Zustand des Nirvana verharrt dieses Bewusstsein nicht mehr im Schlummer, sondern ist voll bewusst. In dem Stadium herrscht »nur das Bewusstsein absoluten Vakuums vor. Dieses Bewusstsein ist auch göttlich, es gehört nicht zur ILLUSION, sondern zur WIRKLICHKEIT. (…) Nirvana ist jener Zustand, in dem augenscheinlich GOTT NICHT IST. Dies ist der einzige Zustand, in dem »Gott nicht ist« und »Bewusstsein ist«. (Meher Baba, S.209)

Diese Erfahrung ist das, »…was Buddha betont hat. Später wurde das jedoch dahingehend missverstanden, als habe Buddha behauptet, dass es keinen Gott gebe … Da es niemals passieren kann, dass Gott nicht existiert, spielt Gott im Zustand des Nirvana die Rolle des Bewusstseins selbst.« (a.a.O.: S.209)

Dem Nirvana-Stadium folgt das *Nirvikalpa-Samadhi* mit der Erfahrung: ICH BIN GOTT, die Einzelseele (*Atma*) verschmilzt vollständig mit der Überseele, dem *Paramatma*. Das ist das Ziel und Ende der spirituellen Reise.

Meine Erfahrung war niemals die des *Ich bin GOTT*, aber es war das Bewusstsein des *ICHBIN*, des göttlichen Wesenskernes. Dieses *Ich-bin-Bewusstsein* blieb bestehen, bis die Körpertendenzen mich wieder ins alltägliche Wachbewusstsein zurückzogen, es war nicht von Dauer. Andererseits konnte ich mir, wann immer ich wollte, die Pforte dahin öffnen.

Immer mehr quälte mich das Rätsel, warum ich dieses größte göttliche Geschenk, die Pforte zum ICH BIN-Bewusstsein öffnen zu dürfen, nicht weiterhin genutzt hatte. Weil ich es nicht lösen konnte, schrieb ich

Baba einen Brief und fragte Ihn, welche Gründe es dafür gegeben hatte: war es meine eigene Bequemlichkeit, mein fehlendes Selbstwertgefühl, waren es karmische Gründe, die mir nur erlaubten, eine kurze Zeit im göttlichen Ozean zu plantschen, habe ich Gottes Geschenk (wie schon öfter) nicht annehmen können? War es eine Form von Missbrauch? Am nächsten Abend eröffnete Baba den Singabend mit den Worten: »Ich habe deinen Brief gelesen. *Don`t worry!*«

Einige Wochen später fiel mir plötzlich – wieder während des Singabends – eine überraschende Frage ein. Ich stellte sie Baba innerlich: »Hat etwas gefehlt?« Baba blickte vom Mikrofon auf, sah mich direkt an und nickte. Damit gab Er mir wieder eine Nuss zu knacken. Ich begann von vorne.

Meine ursprüngliche Motivation war, Erfahrungen mit Meditation und Konzentration auf Gott zu machen. Baba unterstützte mich und verfeinerte meine Technik. Im Laufe der Zeit wuchs der Energie-Level meines Körpers und die innere Beziehung zu Baba. Beim Darshan ging vom Brustbein ein physisch spürbarer Zug in Seine Richtung aus und oft kamen mir spontan die Tränen. Aber war das wirkliche Liebe zu Gott oder eine Folge yogischer Übungen? Hatte ich die kindliche, warme, schlichte Herzensliebe? Jetzt wurde es kompliziert. Je schwieriger und schmerzhafter das *Sadhana* wurde, umso mehr Angst stieg in meinem Körper auf (abgesehen davon, dass ich immer wieder nach dem Sinn fragte). Wenn Baba abends zur Runde rief und mir meinen Platz andeutete, bekam ich mehr und mehr Angst, ob ich an dem Abend die Übung auch durchstehen würde. Die Angst also wuchs – nicht die kindliche, vertrauensvolle Liebe. Um die ging es Baba. Oder hatte ich einfach vergessen, mich bei Baba für das unermessliche Geschenk zu bedanken? Und wie war es mit der Hingabe? Das Rätsel blieb bestehen.

Erst viele Jahre später kam mir der Gedanke, dass Baba selbst diese Pforte zur Glückseligkeit geschlossen haben könnte. Zu diesem Zeitpunkt war alle »Schmerzarbeit« vorbei und dem Angebot, mich, wann immer ich wollte, der göttlichen Glückseligkeit zu überlassen, hätte ich nach kurzer Zeit nicht mehr widerstehen können und wäre dem Sog der Meditation gefolgt bis zum Nirvikalpa-Samadhi. Von anderen Devotees wusste ich, dass Baba ihnen diesen Schritt nie erlaubt hatte, weil Er sie noch brauchte als göttliche Instrumente für Seine Erdenaufgaben. (Nirvikalpa-Samadhi bewirkt die Auflösung des physischen Körpers.) Aber meine Anstrengungen, dieses Rätsel zu lösen, hatte ich damals schon längst aufgegeben.

In der Osternacht 2012 hörte ich im Traum eine Stimme, streng und bestimmt: »Du musst wieder meditieren!« Babas Stimme erkannte ich nicht, aber sie hatte ihre Wirkung. Ich fing nicht sofort an, aber nach einigen Monaten war ich bereit, wieder die notwendige Routine aufzubauen. Seitdem meditiere ich regelmäßig. Das Sitzen macht keine Probleme, es scheint, das Schmerzkarma ist vorbei, ich nehme alles lockerer und lasse fünf auch gerade sein. Es dauerte lange Zeit, bis meine Gedanken wieder ruhig wurden und auf einem Punkt verweilen konnten. Inzwischen kenne ich den Unterschied zwischen diesen beiden Wegen: auf dem ersten Weg gab es nur die Alternative Schmerz oder Nicht-Schmerz.

 Als ich im Ozean des Schmerzes zu ertrinken drohte, klammerte ich mich an den einzig möglichen Rettungsanker: den Namen und die Form Balasai Babas. Die Schwierigkeiten lagen vor allem in meinen Zweifeln an der Sinnhaftigkeit dieses Weges. Baba gab mir genügend Zeichen und Hinweise, um während der Jahre, in denen ich glaubte, auf der Stelle zu treten, nicht aufzugeben. Etwa ein Jahr lang verschwand der Schmerz schließlich in einer gnädigen Dunkelheit. Dann kam immer deutlicher der Zeitpunkt, in dem in dieser Halb-Ohnmacht etwas geschah: Mein Bewusstsein suchte sich einen Weg in ein anderes Sein und tauchte schließlich in einer Welt wieder auf, die nur die göttliche Einheit von Frieden und Glückseligkeit kannte, in der die Widersprüche von Körper,

Gedanken und Emotionen keine Daseinsmöglichkeiten hatten.

Mit dem Fokus auf den Schmerz und dessen Unausweichlichkeit hat Baba mich den kürzestmöglichen Weg in die Erfahrung des SELBST der göttlichen Einheit geführt. Es war ein Weg auf der göttlichen Leiter. Manchmal stand ich länger auf einer Stufe, aber sie führte unaufhaltsam nach oben.

Jetzt meditiere ich ohne Schmerzen, obwohl ich wie immer mit gekreuzten Beinen sitze, einfach weil die Wirbelsäule aufrecht bleibt. Ein gleichmäßiger Atem, Babas Name und Form (immer mehr Seine Formlosigkeit) helfen, mich zu fokussieren und auf einen Punkt zu konzentrieren. Die Zeit ist etwa dieselbe wie früher. Ich erlebe Gedankenlosigkeit und Ruhe, in der alles zu einem Punkt zusammenfließt, aber keine totale Ich-Losigkeit – oft schwankt die Konzentration wie der Strom im Netz: die Geräte laufen noch, aber nicht mit optimaler Kraft. Manchmal bin ich um einen kleinen »Schmerz-Schub« dankbar: Er will mich ablenken und hilft mir so, das Mantra wieder so intensiv wie möglich zu fassen, mich auf jede Schwingung des Klanges zu konzentrieren, ihn wie mit einer Lupe so weit zu vergrößern, bis seine Einheit auseinanderfällt und schließlich ganz verschwindet. Damit ist auch der Schmerz wieder untergetaucht. Dieser Weg scheint mir ein längerer Weg zu sein. Es ist erstaunlich, wie erfinderisch der »springende Affe« Mind ist, um auch eine tiefe Konzentration noch zu stören, zum Beispiel mit Bildern, Farben, Gedanken, die sublime Körperreaktionen hervorrufen. Gefordert ist Geduld mit sich selbst, und ohne Wertung weiterzumachen. Heraufklettern und wieder ein Stück herunterrutschen – *Leitern und Schlangen*.

Das große Geschenk, das Baba mir auf Seinem Weg gab, ist nicht nur, dass jeder ein göttliches SELBST ist, das in der göttlichen Einheit jederzeit geborgen ist, sondern auch, dass die biologische Notwendigkeit jeder Körperzelle, auf einen bestimmten Reiz mit Schmerz zu reagieren, zu einem größeren Kontinuum gehört. Wenn die Seele den physischen Schmerz mit dem göttlichen *Anker* (zum Beispiel Name und Form) verbindet, transformiert sich der Schmerz in das, was er in Wirklichkeit ist – in die Freude und die Glückseligkeit Gottes, die jede menschliche Seele teilt. Heute weiß ich, dass der Weg von den ersten Meditationsexperimenten bis zum Schluss nur durch die göttliche Gnade möglich war. Niemals war ich der Handelnde, aber das wurde mir erst viel später bewusst. Für die gesamte Erfahrung bin ich Balasai Baba unendlich dankbar.

In den kommenden Jahren musste ich (und muss ich) noch etliche tiefe Täler durchwandern, wobei mich Baba als »Geber des bestmöglichen Schicksals« (*vishva vidhata*) immer begleitet. Zuletzt bereitete Er mich etliche Monate zuvor vor, indem ich beim Singabend immer wieder das Bibelzitat *Dein Glaube hat dich gerettet!* übersetzen musste, bis es schließlich auf mich selber zutraf. Unsere Aufgabe ist das Überwinden von Ängsten und Mutlosigkeiten, damit Gott helfend eingreifen kann.

Auf dem Weg mit Balasai Baba geht es um die letzte Stufe, das Ziel des Weges: den Schritt in die Einheit mit Gott. Alle anderen Stufen wurden schon in unzähligen Vorleben erreicht und sind nicht mehr wichtig. Warum sollte man sich also darum kümmern?

* * *

5. Januar 2012 – Singabend in Hyderabad. Der Trommler Mr. S. kommt später, weil er nach Ende einer Mondfinsternis noch eine Puja zuhause macht. Baba nutzt die Zeit und wendet sich einer weinenden Devotee zu, die gerade erfahren hat, dass ihre Lieblingskatze gestorben ist. »Wo ist sie jetzt?«, wendet sie sich verzweifelt an Baba. Der weiß, womit er ihren Kummer trösten kann und sagt: »Sie ist mit mir verschmolzen!« Die Devotee ist erleichtert: »Danke, Baba!« »Aber was wird mit meinen anderen Katzen?«, weint sie weiter. »Warum weinst du, dafür habe ich dir einen Kater gegeben!« Baba weist sie auf ihre neue Beziehung hin: »Sei glücklich!« »Aber was wird mit den

Die verschmolzene Katze

anderen Katzen«, insistiert sie weinend, »werden die auch verschmelzen?« (Sie unterhält ein Katzen-Asyl.) Baba schüttelt bestimmt den Kopf: »Unmöglich! Jetzt sage ich euch das *Göttliche und natürliche Gesetz*: Diejenigen, die die feste Absicht haben, mit Gott zu verschmelzen, und die große Sehnsucht haben und Anstrengungen machen seit hundertmillionen Jahren, nur die werden mit Gott verschmelzen! Das ist das Göttliche Gesetz! Und es wird nur durch die göttliche Gnade geschehen! Verschmelzung kommt nur nach vielen Stufen von Weisheit und Erleuchtung – das kommt nicht von heute auf morgen!«

Ich bin sicher, dass die Devotee das Gesetz kannte, dass nur ein Wesen in der menschlichen Form mit Gott verschmelzen kann, also wenn alle Evolutionsstufen durchlaufen sind. Ein Wesen auf der Tierstufe hat diese Möglichkeit nicht. Darum wird die menschliche Gestalt von den Wesen anderer Planeten und sogar von den Engeln beneidet, weil sie nur in dieser Form zu Gott zurückkehren kann und das auch nur auf einem Planeten im Universum – dem blauen Planeten Erde. Mit dieser Regel hat Baba natürlich auch die anfängliche Zusicherung, die Lieblingskatze sei mit Ihm verschmolzen, als Notfallhilfe entlarvt. Die Devotee wirkt wieder gefasster, weint nicht mehr und scheint die Konsequenzen des »göttlichen und natürlichen Gesetzes« zu akzeptieren. Genau im richtigen Augenblick betritt der Trommler die Szene.

In Indien sind während einer Sonnen- oder Mondfinsternis die Tempel geschlossen, und kein Priester macht zu diesen »ungünstigen« Zeiten ein Ritual. Baba ermuntert seine Devotees, das Gegenteil zu tun, zum Beispiel bewusst während der dunklen Stunden eine *Atma-Lingam-Puja* zu machen oder Mantren zu rezitieren, um die Lichtkräfte zu aktivieren. Aber der Trommler hält sich an die traditionellen Sitten: Erst, als die Mondfinsternis vorbei ist, macht er seine Puja. Als Puja-Wasser bringt er Wasser vom Ganges, das hier als besonders heilig gilt. Mit einem Blätterzweig besprengt er zuerst Baba, dann die übrigen Musiker, schließlich alle Besucher mit dem segenspendenden Nass. Baba: »Das ist ein Beispiel, dass für den hingegebenen Devotee alles von selbst kommt. Für den Inder ist der Ganges das höchste Ziel! Für uns kommt der Ganges zu uns!« Er segnet den Trommler für seine Pflichterfüllung.

Baba fordert zum Teetrinken auf, dem heute alle besonders gern nachkommen. Als die Süßigkeitenteller kreisen, betritt ein älteres indisches Ehepaar den Raum, Verwandte von Baba. Er segnet beide und stellt sie vor: »Sie haben heute Hochzeitstag. Dazu hat Madam L. mir eine CD gewidmet, aus der sie heute singen will!« Aus Erfahrung wissen einige, dass diese Gesangsvorführungen eine *never-ending story* sind … Die ältere Devotee singt nicht unbedingt schön, aber hingebungsvoll.

Baba setzt bald Sein gelangweiltes Gesicht auf und verstopft mit dem Zipfel seines Taschentuches das rechte Ohr, mit einem Bonbon das andere. Unterdrücktes Lachen. Aber Babas Erfindungslust läuft erst an. Aus dem Taschentuch (hinter den Ohren festgesteckt) wird der Schleier einer glutäugigen Araberin, die ihre betörenden Blicke in die Runde wirft. Dann das Gegenprogramm: Das weiße Tuch liegt über dem Gesicht, beim Einatmen wird das Tuch eng an die Haut gesaugt, die Erhöhungen und Vertiefungen des Gesichtes treten lebendig-unheimlich hervor, beim Ausatmen bewegt sich ein leerer Schleier – gruselig, gespenstisch. Als Baba das Häubchen einer Krankenschwester faltet, sich auf den Kopf setzt und alle Verrichtungen mit der Sorgfältigkeit und Betulichkeit einer Schwester ausführt, löst sich die Beklemmung in befreiendes Lachen. Danach wird Baba zum professionell menschenfreundlichen protestantischen Geistlichen, das Tuch zum Beffchen, unter dem Arm ein Buch als Bibel. Beim Geschäftsmann wird das Tuch zur Krawatte. Baba schließt die imaginären Manschettenknöpfe eines westlichen Oberhemdes, dazu der undurchdringliche, blasiert-routinierte Blick. Spielerisch und ohne Worte hat Baba ein tiefes Geheimnis demonstriert: Hinter allen Erscheinungen steckt Gott!

Die CD ist noch längst nicht zu Ende und die Devotee singt unbeirrt weiter. Es wird spät und die Teekanne ist längst leer, aber Baba unterbricht sie nicht und nickt ihr jedesmal freundlich zu – ein Teil der Besucher ist längst eingenickt –, auch hier mischt Er sich nicht ein und respektiert die Wünsche der Menschen: »Alles, was mir mit Liebe gebracht wird, muss ich annehmen!«

* * *

Goldfisch in Babas Aquarium

Meine Mutter war schon im hohen Alter von 86 Jahren, als ich 1999 als Permanente zu Balasai Baba zog. Nachdem ich sie durch zwei schwere Operationen begleitet hatte und sie wieder auf eigenen Füßen stand und ihren Haushalt mit der gewohnten Aktivität und Selbständigkeit bewältigte, konnte ich meine Koffer packen und mit ihrem Segen nach Indien übersiedeln. Nie hat sie mir ein schlechtes Gewissen gemacht oder mich zurückgehalten, sie wollte, dass ich glücklich bin. Obwohl in einem streng katholischen Elternhaus aufgewachsen, kümmerte sie sich nur bei Hochzeiten oder Todesfällen um die Riten der Kirche. Über Gott wurde nicht gesprochen, meine Mutter richtete ihr Leben praktisch und pragmatisch auf die Notwendigkeiten des äußeren Lebens aus. Seit sie 80 war, musste ich jährlich die Listen derjenigen korrigieren, die bei ihrem Tod nur eine Nachricht bekamen, und derjenigen, die persönlich zum Beerdigungskaffee eingeladen werden sollten. Als sie im Sommer 2015 die Erde verließ, waren von den 85 Namen nur noch etwa 5 übrig …

Erst spät konnte ich sehen, dass sie zeitlebens ein höchst spirituelles Leben geführt hatte. Nicht nur, dass viele Jahre im Flur ihrer Wohnung ein gerahmtes, einfaches Kalenderbild hing, das wie in den südlichen Ländern üblich, die leere Öffnung für den Sarg zeigt, der in die Friedhofsmauer eingelassen wird – davor ein blühender Fliederbaum: ein wunderbar schlichtes Bild für die Ewigkeit und das Geheimnis von Tod und Auferstehung. Solange es ihr Augenlicht erlaubte, las sie die Bücher über Baba, korrespondierte sogar mit einer Autorin und hörte interessiert meinen Erzählungen zu. Sie wusste, dass, wenn sie etwas Wichtiges – sei es Geld oder Schlüssel – verlegt hatte und es unerwartet vor ihren Augen wieder auftauchte, sie gestürzt war und die Schmerzen oder Herzprobleme nach kurzer Zeit plötzlich verschwanden, wenn überraschend dringende Hilfe auftauchte, immer Baba der Nothelfer war. Es war ihr wichtig, Ihm ihre Dankbarkeit zu zeigen, und sie rief mich jedes Mal an, wenn sie Baba eine großzügige Summe überweisen wollte.

Weimarer Zeit und Zweiter Weltkrieg hatten nicht zugelassen, dass ihre beruflichen Wunschträume erfüllt wurden, trotzdem ergriff sie ohne Zögern und Selbstmitleid die sich anbietenden Alternativen, sich dem Fluss des Lebens anpassend. In ihrem 102 Jahre langen Leben habe ich sie nie klagen hören! Ihre begnadete Lebenshaltung drückte sich in ihrem Standardsatz aus: »Es hätte schlimmer kommen können!« Damit ging sie zufrieden und tatkräftig zur Tagesordnung über. Später fand ich ihre Haltung, das Dasein schlechthin zu akzeptieren, in Babas Lehren wieder: durch den Vergleich mit Menschen, denen es schlechter geht, kann man lernen, das eigene Leben wertzuschätzen. In allen schweren Situationen, ob bei Todesfällen (zweimal musste sie den Tod ihres Mannes erleben) oder bei Krankheiten, immer nahm sie ihr Schicksal mit großem Optimismus an und es wuchsen ihr daraus die Kräfte, die Zukunft zu meistern. Nie hätte sie es ausdrücken können, aber hinter ihrem ganzen Tun standen die Worte: *Dein Wille geschehe!* Welches Leben könnte spiritueller sein?

Nach dem Abitur verließ ich das regnerische Westfalen und ging in Richtung Süd-Westdeutschland in sonnigere Gefilde. Meine Mutter suchte sich eine neue Aufgabe: Sie ließ sich zur Lehrerin ausbilden, war bei allen Schülern beliebt und unterrichtete 12 Jahre – bis zum Tode meines Stiefvaters (dem ich zeitlebens dankbar war, denn er hatte nach Kräften für mich gesorgt).

Von Kindheit an hatte ich das Bedürfnis, für meine Mutter zu sorgen und Verantwortung zu übernehmen. In diesem Leben konnte ich keine Ursache dafür finden, durfte aber in den Jahren bei Baba erkennen, dass unsere

Beziehung, die, wie oft bei Mutter und Tochter, nicht immer einfach war, auf mehrere gemeinsame Leben zurückging. Als meine Mutter 93 Jahre alt war, musste ich die schwere Entscheidung treffen, sie in eine Institution zu geben, die mehr Hilfestellung garantierte, etwas, was sie bisher nicht annehmen wollte. Ihre Sehkraft hatte nachgelassen und Demenzerscheinungen machten ihr Leben schwer. In Indien lebte ich in zunehmender Sorge um ihr Wohlbefinden, was meine Konzentration auf Baba störte. Ich »wusste« zwar, dass Er alles zu ihrem Besten regeln wird, aber das tiefe Vertrauen, sie völlig loszulassen, hatte ich damals nicht, und es brauchte noch etliche Jahre, ehe ich sie ganz in Seine Hände geben konnte.

Eines Mittags kurz vor meinem Abflug nach Deutschland hatte sich meine Unruhe in einen panikähnlichen Zustand gesteigert. Es war Mai, der heißeste Monat. Das Fenster meines Zimmers in Hyderabad ging nach Süden, und gegen die Dauersonne hatte ich einen dunkelgrünen, dichten Stoff gespannt. Das Zimmer war vollkommen abgedunkelt, aber an einer Stelle bahnte sich ein einzelner Sonnenstrahl seinen Weg durch den dunklen Raum. In einem Regal hatte ich die neueste Ausgabe der *Balasai News* mit dem Titelbild nach vorne aufgestellt. Auf dieses Titelbild fiel der Sonnenstrahl und malte exakt einen Kreis um die Worte »Gott sorgt«. Ich war zu Tränen gerührt und erleichtert und meine Panik verwandelte sich augenblicklich in tiefe Dankbarkeit. Mit Babas Hilfe fand ich die richtige Institution mit einer kleinen Wohnung, die sofort bezogen werden konnte. Babas Hände waren überall im Spiel. Eine kleine Küchenzeile stellte sich neu als sehr kostspielig heraus und ich ging in einen kirchlichen Secondhandshop, wo ich eine neuwertige kleine Küche fand für den Bruchteil des Ladenpreises. Der Handwerker, der die Küche einbauen sollte, war überrascht: »Diese Küche habe ich erst vor ein paar Wochen aus der unteren Wohnung ausgebaut!« Jetzt wusste ich endgültig, dass meine Mutter hier am richtigen Platz war. In der neuen Wohnung fühlte sie sich wohl und genoss ihre Selbständigkeit und das leichtere Leben.

3. Dezember 2011 – Am Singabend sagt Baba zu mir: »Deine Mutter wird bald 99. Sie kommt jetzt schneller auf mich zu, aber ich habe sie für 100 gesegnet! Ich brauche deine Erlaubnis!« (Eigentlich fragte Baba mich: »Bist du bereit, die Bindung an sie aufzugeben?«) »Sie ist ganz in Babas Händen!«, antwortete ich. Vor dem hundertsten Geburtag bestätigte Baba noch einmal Seinen Segen: »Mein Segen ist mächtiger als Gott!« Ich wollte innerlich wissen, auf was ich mich nach dem Geburtstag einstellen sollte – wäre es besser, bei ihr zu bleiben, oder konnte ich nach Indien zurückkehren? Baba erriet meine Gedanken und sagte: »Aber so schnell will ich sie nicht haben. Sie bekommt noch einen Bonus, vielleicht von einigen Monaten, vielleicht mehr.« Die Klarheit erleichterte mich. Der hundertste Geburtstag wurde ein gesegnetes Fest. Seit einiger Zeit erkannte sie mich nur in besonderen Momenten, aber an diesem Tag fühlte sie, dass die zahlreichen Besucher ihr zu Ehren gekommen waren. Sie machte den Eindruck der Gastgeberin wie in alten Zeiten, freute und bedankte sich, hörte den Reden zu und stieß mit Orangensaft an.

Baba erkundigte sich im Laufe des Jahres öfter nach ihrer Gesundheit, aber gegen Ende des Jahres 2012 sagte Er deutlich, was das Schicksal mit ihr vorhatte: »Deine Mutter denkt nicht an den Tod, nicht an das Leben, aber sie lebt. Ich segne sie für 101! Ich habe noch keine Lust, sie mit mir verschmelzen zu lassen, sie soll friedlich leben. Wenn sie einen Tag zu wenig lebt, muss sie aus karmischen Gründen zurückkommen!« Im Frühjahr 2012 bekam sie eine schwere Bronchitis – ihr gesundheitlicher Schwachpunkt. Ich hatte mehrfach den spastischen Husten erlebt, der die Bronchien verkrampfte und sie in Atemnot brachte. In dieser Situation konnte ich sie nicht entspannt »in Babas Händen lassen«, ich kannte die dramatischen Situationen, die mit Erstickungsanfällen einhergingen, und betete zu Baba, ihr die notwendige Hilfe zu schicken. Außerdem hatte ich Angst, dass sie ihr Karma nicht beenden könnte, wenn sie jetzt plötzlich ginge. In dem Augenblick stand vor meinem inneren Auge ein zutiefst tröstliches Bild: ein quicklebendiger Goldfisch schwamm in einem runden Aquarium, das von Babas Armen gehalten wurde – ich wusste, meine Mutter würde gesund – und sie blieb es das ganze Jahr. Kurz vor ihrem 101. Geburtstag änderte sich der Gesundheitszustand drastisch: Sie aß und trank nicht mehr und schlief nur noch.

5. Juni 2014 – Baba bestätigt: »Ihre Zeit ist gekommen. Lass alles in meinen Händen. Jetzt wird es leicht und schmerzlos für sie sein. Später nicht mehr! Sie wird mit mir verschmelzen wie dein Vater. Sie hatte ein gutes Leben. Es ist Zeit. Warte auf die Nachricht, dann werden wir sehen!«

8. Juni 2014 – Ein Anruf: Man hat keine Hoffnung mehr. Gestern war ihr Geburtstag. Seit Tagen ist sie teilnahmslos, hat aber keine Schmerzen.

Abends gibt Baba Darshan und kommt herunter in den Tempel. Er verteilt *Vibhuti* an alle. Die Besucher nutzen wie immer die Gelegenheit, um ihre Sorgen und Wünsche mitzuteilen und von Baba segnen zu lassen. Baba streut mir eine große Portion in die Hand: »Der Doktor kommt – hier, deine Medizin!«

10. Juni 2014 – Meine Mutter isst und trinkt wieder. Baba: »So wird es weiter sein! Jetzt singe ich ein Lied für deine Mutter!« Seit langer Zeit nutzt Baba die letzte halbe Stunde des Singabends dazu, Seine Lieder entweder einzelnen oder mehreren Devotees zu widmen, oder auch deren Partnern, Eltern oder Freunden zuhause. Damit ist immer ein besonderer Segen verbunden. Zwei Tage später:

Baba: »Gibt es Neuigkeiten?«
»Nein, sie isst und trinkt gut!«
»Wird sie zwangsernährt?«
»Nein, sie isst allein, aber sie ist schwach und muss zum ersten Mal im Rollstuhl sitzen.«
Baba: »Langsam wird es Zeit, dass ich mich um sie kümmere. Ihr seid beide gesegnet. Mach dir keine Sorgen.«

Wie ein ganz normaler Arzt fragt Baba nach dem Zustand des Patienten. Baba nutzt jede Situation, um mit dem Devotee ein Gespräch zu führen, wie es unter Menschen üblich ist. Wissentlich stellt Er sich unwissend, um die menschliche Gesprächsebene nicht zu verlassen und wie ein Partner zu kommunizieren. Dem Außenstehenden mag das künstlich vorkommen, aber gerade darin zeigt sich eine göttliche Qualität der universellen Liebe: Gott wendet sich mit der größten Hingabe seines Mensch-SEINS jedem Menschen unterschiedslos zu. Göttliche Allmacht und Allwissenheit bleiben im Hintergrund, ohne trennend oder erschreckend zu wirken und wieder ein »Oben« und »Unten« herzustellen. Diese liebende Hingabe Gottes, der sich nur als Mensch zeigt und in deren Bann auch die jeweils »unbeteiligten« Zuschauer hineingezogen werden, ist unter Menschen nicht bekannt und hat tiefe heilende und lösende Wirkungen. Die Gesundheit meiner Mutter stabilisiert sich weiter, sie spricht, antwortet, lacht und genießt die Ausfahrten im Rollstuhl. Am nächsten Singabend sagt Baba: »Für denjenigen, der wirklich an Gott glaubt, gibt es keine Hindernisse, Schwierigkeiten, Probleme. Gott sorgt für alles! Für denjenigen, der wirklich an Gott glaubt, dem kann kein Übel etwas anhaben, dem geschieht nichts, denn Gott beschützt ihn immer!« Dabei beschreibt Er mit beiden Armen einen Kreis, das soll heißen: 24 Stunden am Tag ...

29. Juni 2014 – Ich erzähle Baba von meinem Wunsch, nach Deutschland zu fliegen.

»Warum? Es ist nicht dringend, in der noch verbleibenden Zeit arbeitet deine Mutter ihr Karma auf. Dann muss sie nicht mehr wiederkommen. Sei nicht traurig – lass es in meinen Händen!« Eigentlich bin ich froh, denn im August geht mein Visum zuende, außerdem habe ich seit Mitte Mai die Aufgabe, meine Freundin durch ein umfassendes Gesundheitsprogramm zu begleiten, mit verschiedenen CTs, speziellen Herz- und Gefäßuntersuchungen, dazu müssen die Ergebnisse der medikamentösen Therapie abgewartet werden. Was in Deutschland mühsame Terminabsprachen und Monate an Zeit gekostet hätte, kann hier in zwei Wochen erledigt werden und bleibt finanziell im Rahmen. Ihr Visum läuft etwa um die gleiche Zeit ab, und wir haben den gleichen Zielflughafen, wo sie abgeholt werden kann. Ich bin froh, sie begleiten zu können, denn allein kann sie sich nicht mehr orientieren.

Vor dem Flug lädt Baba uns nach dem Singabend zum Tee ein. »Wann kommst du zurück? Mitte Oktober? Komm schneller! Wirf einen letzten Blick auf deine Mutter, dann geh – hast du verstanden? Sie wird friedlich und ohne Schmerzen sterben, das ist das Höchste, was sich alle Heiligen und Weisen wünschen!« Meine Freundin segnet er mit hilfreichen medizinischen und praktischen Hinweisen für ihren Weg, dann materialisiert Er jedem von uns einen Ring und verabschiedet uns mit vielen Handküsschen und »Bussi auf Bauchi«. (Baba hat von einer permanenten, langjährigen Devotee perfekt bayrisch gelernt.)

Ich wusste, es würde auch ein Abschied von meiner Freundin werden. 15 Jahre hatte uns Baba unseren Weg bei Ihm gemeinsam gehen lassen. In allen Krisen hat Er uns koordiniert, praktische Anregungen zu *Akzeptanz und Toleranz* gegeben und nie toleriert, wenn unsere Beziehung auseinanderzufallen drohte. Dabei sollten wir es uns immer so angenehm wie möglich machen. In einer besonders kritischen Phase wurden wir »verdonnert« (was es bei Baba eigentlich nie gab), uns mindestens eine Stunde am Tag bei Kaffee und Kuchen und anderen Köstlichkeiten zu treffen: »Das ist eure Pflicht!« Baba sprach nicht über die eigentlichen Gründe, aber damit war klar, dass es um karmische Ursachen ging. Baba gab uns die Chance, sie in diesem Leben auszugleichen. In solchen Beziehungen regnet es nur in Ausnahmesituationen rote Rosen und ich gab Baba oft Anlass zu ungeschminkten Rückmeldungen. Wie oft versuchte Er jedoch mit Humor und rührender Zuwendung die Quadratur des Kreises unserer unterschiedlichen Temperamente mit den gleichen Empfindlichkeiten und Ego-Strukturen zu lösen! Seine Liebe floss in einem unaufhörlichen Strom auf uns nieder und ich fragte mich immer wieder, warum wir nicht ebenso leicht, selbstverständlich und natürlich dasselbe tun konnten. Meine Freundin Ch. war das beste Instrument, das Baba mir zur Seite stellen konnte, um meinen Charakter zu erkennen – was ich sah, war nicht immer schmeichelhaft.

12. August 2014 – Es ist Nachmittag, als ich das Schlafzimmer meiner Mutter betrete. Sie liegt wach im Bett, erkennt mich, freut sich und isst mit Appetit den Kuchen, den ich ihr reiche. Die nächsten drei Wochen sind ein großes Geschenk von Baba. Es werden die schönsten, die ich in den letzten Jahren mit meiner Mutter verbringen konnte. Neu und überraschend ist, dass sie, im Rahmen ihrer Demenz, verständlich spricht, spontan auf Situationen und Fragen reagiert, viel lacht, wie immer alles genießt und bei unseren Ausfahrten im Rollstuhl Bäume, Blumen und Menschen wahrnimmt. Alle Betreuungskräfte bestaunen die überraschende Veränderung. An einem Freitagmittag – sie schläft friedlich – werfe ich den »letzten Blick«. Die Zeit, die Baba mir eingeräumt hatte, ist um Etliches überschritten. Neben dem Schmerz steht der Trost, dass ich sie in den göttlichen Händen geborgen weiß – der Goldfisch in Babas Aquarium … Baba musste die übergroße beiderseitige Abhängigkeit zwischen meiner Mutter und mir mit diesem außergewöhnlichen Schritt durchtrennen, sonst wäre das ein Hindernis für die Verschmelzung mit Ihm geworden, was mein größter Wunsch für sie war. Das gute Befinden hält weiterhin an und am Ende des Jahres sagt Baba: »Ich kann ihr nicht helfen zu sterben!«

Im März wieder eine schwere Erkältung. Die Waage des Vertrauens senkt sich zugunsten der Angst und Baba reagiert deutlich ironisch. Mit den Worten: »Depperte zu den Depperten!«, koordiniert Er mich mit einer Devotee, die zu ihrem Glück nur englisch versteht und über diese »Schublade« ärgerlich geworden wäre. Kurz vor dem 102. Geburtstag überkommt mich urplötzlich eine starke Sehnsucht, meine Mutter noch einmal zu sehen. Ihr Bild fließt mit dem Bild Babas zusammen und für einen kurzen Augenblick erfüllt mich eine Liebe, die unbekannt in ihrem grenzenlosen Mitgefühl ist. Jetzt verstehe ich, warum Menschen mit der Kraft dieser Liebe, die nur göttlich sein kann, auch die schwerste Krankheit lächelnd bewältigen. Eine Weile klingt dieses Erlebnis nach.

Ich teile Baba meinen Flugtermin mit, wissend, dass Er mich schon hat Abschied nehmen lassen. »Hast du Stress?«, erkundigt Er sich. Obwohl ich bisher nie Flugprobleme hatte, ist mir diesmal der Gedanke, Nächte auf Flughäfen und in Fliegern zu verbringen, ein unerträglicher Horror und ich bejahe. »Cancele sofort den Flug!« Eine ungewöhnliche Antwort, denn Baba ließ bisher abgeschlossene Buchungen nie widerrufen. Am Abflugabend sitze ich entspannt im Singraum. Eine Besucherin stellte eine Frage: »Wenn wir Baba kennen, haben wir dann kein Karma mehr?« Baba: »Das stimmt nur dann, wenn man sich g a n z Gott hingegeben hat. Wenn nur noch in allem Gott existiert, wenn nur noch der Gedanke herrscht: Ich bin nichts, Du bist alles, alles ist von Dir und geht zu Dir zurück! Nur Baba zu kennen ist nicht genug. Totale Hingabe setzt geistiges Bemühen voraus, dazu helfen die Formen der Verehrung und Konzentration. Wenn wir glauben, dass Er uns immer rettet, wird es so sein. Der Glaube ist größer als Gott! Wenn ihr volles Vertrauen habt, sehne ich mich danach, euch zu segnen!«

Wenn ich das Auf und Ab von Vertrauen und Angst bei mir sehe, war totale Hingabe (*total surrender*) wohl ein bisher nicht erreichter Wunsch … Am nächsten Mittag bekomme ich den Anruf meines Sohnes: »Deine Mutter ist heute Nacht gegangen. Sie ist friedlich eingeschlafen!« Ich hätte sie nicht mehr lebend gesehen. Nun ist ihre Reise zu Ende – in Gott.

* * *

Der Tropfen und der Ozean

Seit alten Zeiten sind der *Tropfen* und der *Ozean* Bilder für das Bewusstsein der Menschheit: der *Ozean* symbolisiert das Bewusstsein der Einheit mit Gott und seiner Schöpfung, der *Tropfen* steht für die Trennung des Menschen aus dieser Einheit.

Nach Jahrtausenden der Evolution ist heute der selbst-bewusste, unabhängige, individuelle Mensch das Ziel aller Erziehung und Bildung. Jedes Schulkind lernt, dass jeder Mensch bis in die Genstruktur eine einzigartige, unverwechselbare, unteilbare Persönlichkeit ist, und niemand möchte in der anonymen, wesenlosen Masse untergehen. Die Menschenrechte, egal, ob sie überall verwirklicht sind oder nicht, sind ein äußerer Ausdruck für die allgemeine Akzeptanz des Schutzes der Würde und Freiheit des Individuums. Das Wissen, dass die Seele göttlich ist und nach der Einheit mit dem göttlichen Ozean verlangt, ist dem allgemeinen Bewusstsein in diesen Zeiträumen verlorengegangen, übriggeblieben ist die Wahrnehmung des *Ichs* (der Seele) als *mein Körper*, als ein von den anderen getrenntes Objekt mit seinen Wünschen und Bedürfnissen.

Ein Kokon der Absicherungen dämmt die Angst um das Wohlergehen des Körpers und schneidet die Seele von jeder ernährenden Quelle ab. Eine der Hauptaufgaben eines Avatars wie Sri Balasai Baba ist es, diesen Kokon von Angst aufzulösen, dem Einzelnen seine göttliche Größe zu zeigen und ihn in die Einheit mit Gott zurückzuführen. In allen spirituellen Traditionen wird beschrieben, dass der Sinn der Schöpfung, das heißt der Illusion (*Maya*), darin besteht, dass erst durch die Trennung von der göttlichen Einheit die Möglichkeit geschaffen wurde, dass der Einzelmensch sich dieser Trennung b e w u s s t wird und in völliger Freiheit den Weg zurück in die Einheit findet. Durch das Leiden, das das Erlebnis der Trennung mit sich bringt, sind viele Menschen heute bereit, den »Weg zurück« zu suchen. Einem Avatar oder Vollkommenen Meister als Führer zu begegnen, ist darum die größte Gnade. Als Medium oder Katalysator für diesen Prozess wählt Sri Balasai Baba der Avatar in seiner Weisheit eben den Stoff, der den Angstkokon bildet und mit dem der Mensch sich hauptsächlich identifiziert: das Geld – analog dem homöopathischen Prinzip: Gleiches heilt Gleiches. Unter diesem Aspekt kann man sehr gut verstehen, dass es Sri Balasai Baba nie um »das Geld«

geht, wenn Er uns Seine sozialen Projekte ans Herz legt, Ihm geht es immer nur um die Bewusstseinsarbeit am Einzelnen. Die immer zu erneuernden biologischen Bedürfnisse des Körpers (Essen, Schlafen, Sex) suggerieren dem Einzelwesen, vom Mangel bedroht zu sein. Balasai Baba gibt immer wieder die Chance, an einem Bewusstseinsexperiment teilzunehmen: Will ich weiter im Bewusstsein des Mangels leben oder die göttliche Fülle erfahren, die eines jeden Erschaffenen Geburtsrecht ist?

Seit einigen Jahren überweist eine Devotee, deren finanzielle Möglichkeiten nicht groß sind, den Erlös dessen, was sie im Rahmen ihrer Arbeit mit Kindern und einer Frauengruppe macht, aus technischen Gründen auf mein Konto. Im Rahmen meines »Visa-Urlaubs« checkte ich erst gegen Ende meines Aufenthaltes mein Konto in Österreich. Der Automat zeigte mir den Endstand, ohne dass ich die einzelnen Kontobewegungen einsehen konnte. Zu meiner Überraschung zeigte der Kontostand ein leichtes Plus, obwohl er meinen Berechnungen nach beträchtlich im Minus hätte sein müssen. So hatte ich mich wohl getäuscht und stellte keine weiteren Nachforschungen an. Zurück in Hyderabad lud Baba gleich zu einem Singabend ein und zeigte mir die internationale Handgeste für Geld. Ich verstand gar nichts – mein Konto war mittlerweile wieder im Minus und ich hatte nichts Nennenswertes vorzuweisen. Am nächsten Tag öffnete ich seit längerer Zeit wieder mein E-Mail und las, dass der Ehemann besagter Devotee, der Baba noch nie persönlich gesehen hat, mir eine größere Summe zugunsten von Babas Projekten überwiesen hatte. Auch er hatte nach neuen Quellen für Hilfe gegraben und an seinem Geburtstag statt der üblichen Geschenke um Spenden für Baba gebeten. An diesem Abend machte Baba beim Singabend wieder die berühmte Handgeste. Ich musste lachen und sagte: »Baba, ich wusste überhaupt nichts davon!« Baba antwortete schmunzelnd: »Aber ich wusste es!«

Viele reagieren darauf mit dem berühmten Sprichwort vom »Tropfen auf dem heißen Stein«. Es ist eine pessimistische Metapher, die das Unscheinbare als wirkungslos ansieht. Die göttliche Sicht ist jedoch anders: in jeder *Gabe* sieht der Kosmos (Balasai Baba) nur die *Hingabe*, sprich die Liebe. Die (hier: finanzielle) Gabe ist nur der »Briefumschlag«, das Transportmittel für das, was allein zählt: die Hingabe. Und genauso, wie der Kosmos jede Gabe registriert, reagiert er auf die in ihr enthaltene Hingabe mit dem größten Segen. Vor einigen Monaten bewegte C. beim Singabend scheinbar absichtslos einen Briefumschlag in seinen Händen. Baba fragte, ob etwas darin sei. C. antwortete achselzuckend: «Nichts!« »Schade«, bemerkte Baba, »wäre etwas darin gewesen, hätte der Absender den 1000-fachen Segen dafür bekommen!« Das ist ein kosmisches Gesetz, nicht die Willkür eines Gottes in Menschengestalt. Der langen Rede kurzer Sinn: Es geht Sri Balasai Baba um nichts weniger als das Geld, es geht um die Befreiung des Einzelnen von den Abhängigkeiten an die materielle Welt hin zum Vertrauen in die Einheit alles Seienden.

28. Mai 2015 – Beim Singabend begrüßt Baba eine Gruppe Devotees, die am Vormittag beim *Seva* in einem Krebskrankenhaus der Regierung in Hyderabad mitgeholfen hatte, das Mittagessen zu verteilen. Die indischen Devotees bereiten zweimal im Monat ein vollständiges Menü mit Reis, Gemüsecurry, Dhal, Joghurt und Bananen vor, um es einmal an die ambulanten Patienten, ein andermal an die bettlägerigen Kranken zu verteilen. Abgesehen von der besseren Qualität werden damit die Angehörigen entlastet, die den Kranken versorgen müssen. Die Regierungskrankenhäuser sind nur für die medizinische Behandlung zuständig, alles andere liegt in den Händen der Verwandten. Vorher werden Bilder von Baba verteilt und das Essens-Mantra gesprochen. Wenn die Besucher zurückkommen, sind sie schockiert bis nachdenklich über die Bedingungen, denen die Kranken hier ausgesetzt sind. Seit vielen Jahren findet dieser *Seva* statt, und Baba spricht nach langer Zeit wieder darüber: »Wir dienen von verschiedenen Ecken und das geht nur mit Hilfe der Devotees. Für euch ist es ein großer Segen, dass ihr

Gott helft, den Armen zu dienen. Es gibt Millionen von Blumen, aber nur wenige erreichen die Lotosfüße Gottes, durch unseren Dienst seid ihr eine herrliche Blumengirlande! Nur das, was wir den Bedürftigen geben, geht mit uns über den Tod hinaus und wird ein Guthaben auf unserem kosmischen Konto. Wer mit einem Ziegelstein zu Babas Projekten beiträgt, bekommt ein Schloss im Himmel, dazu den Segen aller Bedürftigen – ein großer Berg von Segen!«

Das Thema »Geld« ist bei vielen Besuchern ein Tabuthema, zu viele Geschichten kennt man aus den Medien, wo habgierige Gurus ihre Opfer geschickt abhängig machen, um ihnen dann das Geld aus der Tasche zu ziehen, dabei selbst ein Doppelleben führen. Babas Leben ist auch hier ein offenes Buch: Sowohl in Kurnool als auch in Hyderabad lädt Er die Besucher in Seine Privaträume ein. Überall ist der Platz begrenzt. Im Singraum in Kurnool steht neben den Stühlen für die Besucher und den Plätzen für die Musiker (Babas geschnitztes Sofa muss auch für die Feierlichkeiten an Mahashivaratri und am Geburtstag herhalten), dem üblichen Kunstblumenschmuck und einigen ausgesucht schönen Messingstatuen von Shiva und Parvati (Shakti), Ganesha, Krishna, Tara, Durga und Tripura Sundari – Babas Bett. »Bei Baba gibt es keine Privatheit« – Seine Antwort, wenn jemand ein privates Gespräch haben möchte, gilt auch für Ihn selbst. Der Weg in den Singraum in Hyderabad lässt den Blick frei in die anderen Wohnräume – nirgendwo ein Anzeichen von Luxus. Im Gegenteil, kein Besucher möchte die kühlenden Bodenfliesen seines Zimmers mit dem hässlichen braunen Linoleumbelag in Babas Wohnung tauschen. »Ich diene meinen Devotees in ihren Häusern, aber lebe in meinem eigenen Haus. Noch niemals habe ich eine Rupie für mich angenommen. Man versorgt mich mit dem Notwendigsten, was ich brauche. Man bringt mir zu essen und die nötige Bekleidung – ein paar Dhotis und die Roben für den öffentlichen Darshan.« Bekommt Baba ein Handy oder Taschenradio, benutzt Er es eine Weile, um es dann zu verschenken. Baba fährt mit dem

Auto Seines Managers, Er selbst hat keins. Vor Jahren war es ein tiefer Wunsch eines hingebungsvollen Devotees, Ihm ein repräsentatives Auto zu schenken. Auch der Hinweis von Baba, dass das Geld dringender für die sozialen Projekte gebraucht würde, hielt ihn nicht davon ab. Die Folge war, dass wegen fehlender Papiere das Auto nicht freigegeben wurde, und eine horrende Summe an Flughafengebühren kostete. Die offiziellen Gelegenheiten, bei denen Baba das Auto benutzte, konnte man an einer Hand abzählen, die übrige Zeit stand es unter einer Plastikplane verborgen. Verkaufen konnte man es nicht. Der Avatar kümmert sich nicht um Seinen Körper. Anders als bei jedem Menschen, den karmische Gründe in ein nächstes Leben zwingen, nimmt Er freiwillig das Gefängnis des Körpers an, um die Wirklichkeit Gottes in der Welt der Illusion zu bezeugen. Essen und Trinken müssen Ihm gebracht werden, sonst vergäße Er es. Wenn Er nicht einmal an dem Erhalt Seines Körpers interessiert ist, wie sollte Er an etwas wie *Sicherheit* und *Bequemlichkeit* interessiert sein? Eben das ist aber das Hauptinteresse des Menschen heute. Sicherheit, Bequemlichkeit, Komfort, körperliches Wohlergehen. Erfindungen auf technischem Gebiet wurden ursprünglich gemacht, um der Menschheit Erleichterung und Befreiung von den Schmerzen und der Mühsal der körperlichen Arbeit zu schenken. Heute gehorchen Erfindungen den Gesetzen des Wettbewerbes und des Marktes, orientieren sich an den Bedürfnissen der Sicherheit und Bequemlichkeit und versklaven den Menschen erneut. Wirtschaft und Werbung suggerieren die Bedrohung durch Mangelszenarios und treffen jeden an seiner empfindlichsten Stelle.

In diese Welt kommt ein Avatar, der sagt: »Wenn ihr mir helft, den Armen zu dienen, dann geht dieser Dienst mit euch über die Todesschwelle und euer investiertes Geld steht als Guthaben auf eurem kosmischen Bankkonto!« Jemand, der in die Ängste über seine bedrohte materielle Sicherheit verstrickt ist, wird für sein Geld einen möglichst sicheren irdischen Platz suchen und ein »kosmisches Bankkonto« für eine krankhafte Phantasie halten. Gott weiß, dass auf der Erde vor allem das Geld der Garant für Sicherheit ist. Ein Klebstoff, dazu gemacht, das Sorgen-Mangel-Karussell anzutreiben und es immer tiefer in die Illusion der Trennung und der Abhängigkeit zu ziehen. Dagegen ist die einzige Sorge des Avatars »die Beseitigung des Sich-Sorgens«. (Meher Baba: *Darlegungen über das Leben in Liebe und Wahrheit*, Frankfurt 1996, S.296).

Die für unseren Verstand unfassbare universelle Liebe ist in Balasai Baba als lebendige Substanz anwesend, wie der Nektar in der Blüte, das Harz im Baum, das Salz im Meer. Viele Besucher sind überrascht und verstehen nicht, warum sie vor Rührung in Tränen ausbrechen, wenn sie Balasai Baba zum ersten Mal gegenübertreten. Die heilende, erfüllende Wirkung dieser Liebe teilt sich unmittelbar mit und vereint, was sich getrennt fühlte, weil Göttlichkeit sich unmittelbar in Göttlichkeit wiedererkennt. »Ich liebe euch mehr als Millionen von Müttern«, sagt Baba und wieder übersteigt es unsere Fassungskraft.

Mit dem Wiedererkennen des ureigenen Wesens im Spiegel der Göttlichkeit des Avatars tritt eine geheime chemische Reaktion in Kraft, die den Klebstoff, der an die duale illusionäre Welt kettet, allmählich auflöst. Als Gott im Kleid eines Menschen lehrt Er uns spielend, lachend, singend, das Ziel der Einheit mit Gott erinnernd. Er ist Vater, Mutter, Schwester, Freund, Kind, Mann und Frau – Alles. Er »will« nichts von uns, nur: *Sei glücklich* und *Sei du selbst!* Er segnet jeden, eingeschlossen die ganze Familie, auf der materiellen Ebene für Gesundheit und Wohlstand und übernimmt die Verantwortung für Entwicklung des Anhängers auf der spirituellen Ebene. Wie unter Freunden stellt Balasai Baba in den gemeinsamen Runden eine Beziehung der Gegenseitigkeit her, die ein einmaliges und unerhörtes Angebot ist.

Baba will klarmachen: Wir sind alle eins! Ich bin nicht entfernt von euch! Du bist kein Bettler, du bist ein Engel, du bist göttlich! Viele Devotees reagieren spontan, wenn sie das Glück erlebt haben, dass nach einer Augenoperation ein alter Mensch wieder sehen kann, oder sie von der

Begeisterung von Schulkindern berührt sind, die sonst keine Chance hätten, eine Schule zu besuchen. Da kein Zweifel aufkommt, dass Spenden nicht in eine kostspielige Verwaltung fließen (nur Balasai Baba und Sein Manager Mr. Rama Rao kontrollieren die sozialen Projekte), sind sie bereit, regelmäßig eine Summe zu überweisen. Von Anfang an (1990 begann die Arbeit der *Free Clinic*, bald folgten die Augen-Camps …) lag die Entwicklung aller sozialen Projekte in der finanziellen Verantwortung der Devotees. Man muss sich klarmachen:

Gott gibt sich ganz in die A b h ä n g i g k e i t vom Devotee, der durch seine Einsicht und Verpflichtung seinen Teil übernimmt, damit die E i n h e i t des Wirkens realisiert werden kann. Balasai Baba lädt den Devotee ein, göttlicher Mitarbeiter zu werden. Das gibt es in keinem anderen Ashram Indiens. Die Abwendung von den eigenen Sorgen hin zu den Sorgen der wirklich Bedürftigen verwandelt den »Klebstoff« Geld in eine Energie, die die Gegensätze zum Ausgleich bringt, das eigene Mangel-Denken auflöst zugunsten der Fülle auf dem Weg in die Einheit. Immer wieder schafft Balasai Baba Fakten in Form von sozialen Projekten mit allen finanziellen Verpflichtungen und stellt es dem Devotee frei, ob er sich daran beteiligen will: »Wenn ich Geld habe, kann ich die Projekte aufbauen, ist keines da, muss ich sie herunterfahren. Nur die Menschen haben den Segen oder den Verlust. Gott gewinnt nichts und verliert nichts.« Würden die Devotees nicht reagieren, wäre der Avatar unter Umständen vor dem Gesetz persönlich haftbar. Baba handelt jedoch wie jemand, der weiß, dass er nicht allein ist. Balasai Baba macht keinen Unterschied zwischen der materiellen und der spirituellen Welt. Beide sind für ihn zwei Seiten e i n e r Münze. Mit dem Angebot der freundschaftlichen Zusammenarbeit im Hier und Jetzt, gibt Balasai Baba ganz konkret die Chance, die Trennung zu überwinden und schon auf der physischen Ebene den göttlichen Ozean zu erreichen. »Kein Gott ohne Engel und keine Engel ohne Gott.« Die Tropfen sind der Ozean. Jedes Treffen beschließt Balasai Baba mit den Worten:

»Ich segne euch in allen Aspekten, dem materiellen und dem spirituellen, und dass ihr das Ziel des Lebens – die Einheit mit Gott – erreicht!«

* * *

Aerobic für Körper und Seele

21. Februar 2016 – Das «Vorprogramm» des eigentlichen Singabends dient der Unterhaltung vor allem der jungen Besucher, die seit etwa zwei Jahren immer regelmäßiger kommen. Die meisten sind spirituell sehr offen, aber durch das übergroße Angebot auf dem spirituellen Markt ohne Anleitung und ohne Ziel. Fast die Hälfte des Singabends wird von der jungen Generation gestaltet, es scheint, dass Baba sie nicht mit indischen Liedern überfordern und langweilen möchte. Für eine Devotee, die sehr eifersüchtig reagiert hat, weil Baba gestern ihre Freundin gelobt hatte, materialisiert Baba die ersehnten Ohrringe. Sie rezitiert eines ihrer schönen Gedichte zum Lobe Babas und bekommt viel Applaus und Anerkennung. Eine andere Gruppe hat ein kleines Gesangsprogramm vorbereitet. Während des Liedes vom *Kleinen grünen Kaktus* zeigt Mme. Shakuntala Baba eine kleine orangene Handtasche, die sie von ihrem Besuch aus Amerika mitgebracht hat. Baba hängt sie geziert über die Schulter, kramt einen imaginären Lippenstift mit Spiegel heraus und zieht sich gekonnt die Lippen nach, bürstet Wimpern und Augenbrauen, pudert sich, richtet die Haare, prüft alles im Spiegel, packt wieder ein, setzt sich in Positur, indem Er den Dhoti bis über die Knie zieht, ein Bein über das andere schlägt und jetzt mit gelangweilt-auffordernd em Blick sein Publikum betrachtet. Nach zwei Sekunden verhüllt Baba Seine Diva-Beine und gibt die Tasche zurück: »Fertig mit dem amerikanischen Programm! Ihr seid alle Embryos für mich, egal, ob jemand ein Präsident ist oder nicht – Embryos in Babas Bauch! Baba passt immer auf euch auf!«

Jetzt beginnt das Disco-Programm, in das sich die jungen Leute mit Begeisterung stürzen. Die Musik (meistens von einem Handy) scheint der letzte Schrei, alles, was man hört, sind hämmernde Bassrhythmen, und die letzten Reserven werden singend und tanzend mobilisiert. Viele hopsen ekstatisch und verrenken sich, andere stehen wie in Trance schlafwandlerisch auf einer Stelle. »Eine halbe Stunde Bewegung ist gut für die Gesundheit!«, begründet Baba die Tortur. »Die junge Generation ist anders. Sie wurde schon in eine belastete Umwelt hineingeboren und ist darum schwächer. Früher war alle Nahrung biologisch, heute sind Wasser, Erde und Luft verschmutzt und zum Teil durch die Chemie vergiftet. Dazu kommt ein krankmachender Lebensstil mit viel Stress.« Am nächsten Singabend unterbricht Baba das übliche Tanzprogramm: »Es ist wichtig, dass alle Körperteile gelockert und bewegt werden, um Stress, Verspannungen und Depressionen zu lösen – rhythmisch und diszipliniert!«

Balasai Baba gibt die erste Aerobic-Stunde Seines Lebens. Die Besucher ordnen sich in Reihen und zu einer passenden Musik zeigt Baba, wie man die Gelenke lockert, die Schultern rotiert und hebt, den Kopf kreisen lässt, Hand- und Fußgelenke in alle Richtungen bewegt, den Oberkörper nach rechts und links beugt, die Hüften schwingt – als ehemaliger Tanzlehrer ist Er bis in die Fingerspitzen beweglich. Beim Üben wird es still, jeder konzentriert sich – und schwitzt. Babas junge Nichte, pummelig, aber beweglich und aerobic-erfahren, setzt das Programm professionell fort, bis alle erschöpft auf ihre Stühle fallen. »Ab morgen macht Jaya Bala jeden Nachmittag eine Stunde Aerobic mit euch – Bewegung ist wichtig! Disziplin hält den Körper gesund: Darum haltet einen guten, disziplinierten Tagesrhythmus ein: wechselt regelmäßige Arbeitszeiten, Schlafenszeiten, Essenszeiten und Zeiten für Entspannung miteinander ab – auch Sex gehört dazu, weil es entspannt! Essen, schlafen, Sex und Angst teilt der Mensch mit den Tieren!«

Das war das Jugend-Tanzprogramm. Jeden Abend erkundigt sich Baba nach den Fortschritten des Aerobic-Programms und stellt überraschend die Frage: »Wie übersetzt man Aerobic?« Man einigt sich auf »Sauerstofftherapie.« »In der Natur ist alles gegründet auf Klang

Baba in weißer Geburtstagsrobe mit der Rose
als Symbol der »Unio Mystica«

und Stille«, leitet Baba Seine folgenden Ausführungen ein und zeigt, wie man still und aufrecht sitzt, langsam tief einatmet, den Atem eine Weile hält, dann wieder langsam ausatmet. Das wiederholt Er mehrere Male: »Das ist auch eine Form von Aerobic, unser Blut wird mit Sauerstoff aufgeladen, der ganze Körper wird kräftiger, die Lungen werden gereinigt, der Kopf wird ruhig!« Die Nichte bekommt klare Anweisungen, wie sie nach der Aerobic-Stunde diese spirituelle Form des Aerobic – Meditation mit *Pranayama* – üben soll: Auf die lange Ausatmung wird langsam 27-mal OM SRI BALASAI RAM gechantet – Klang und Stille. Manche nehmen vor allem wegen der Meditation teil – Baba ist ein listiger Lehrer.

* * *

Das Lachen des Geistes

Babas kleines Sofa im Singraum ist nicht nur Konzertpodium, sondern auch Lehrstuhl und Weltenbühne. Hier werden göttliche und weltliche Liebeslieder auf höchstem musikalischen Niveau gesungen, hier erteilt Balasai Baba Botschaften, die den Devotees mit all ihren Sorgen und Wünschen als Lebenshilfe und Orientierung dienen, und hier werden als »göttliche Komödie« alle Themen aufgeführt, die die Menschheit von Anbeginn an beschäftigen. Balasai Baba geht der Unterhaltungsstoff nicht aus, weil Er von den Zweigen des Lebensbaumes pflückt, auf dem alle Ereignisse sprießen, die in Märchen, Sagen, Mythologien und der realen Welt je erzählt wurden. Balasai Baba erfindet die Geschichten und spielt alle Rollen, aber keine berührt ihn. Er ruht in der göttlichen Einheit und steht jenseits der Welt der Dualität.

Das Universum ist das Produkt von Gegensätzen, von Dualitäten: die motivierende Kraft hinter der dualen Schöpfung ist ursprünglich der Wunsch Gottes, sich Seiner selbst bewusst zu werden: *May I be many!* (Möge Ich viele sein!) Darum ist der stärkste Motor jedes Geschöpfes seine Wunschnatur.

»Wenn ihr eure Wünsche tötet, tötet ihr Gott in euch!«, sagt Balasai Baba, denn auf dem Grund jedes Wunsches lebt der Drang, sich zu fühlen, zu erkennen und zu erschaffen. »Ich segne alles, was ihr euch wünscht, als würde ich mich selbst im Spiegel sehen.« Er weiß, dass Wünsche natürlich sind und wir sie haben werden, solange wir verkörpert sind. Der Wunsch nach Wunschlosigkeit oder Verschmelzung mit Gott ist selbst ein starker Wunsch!

Balasai Baba gliedert die Welt nicht in Gegensätze und Polaritäten: Die Unterschiede von gut und böse, falsch und richtig, obszön und gesellschaftsfähig, schön und hässlich, Mann und Frau usw. existieren für ihn nicht. Er zeigt uns die Schöpfung als Kontinuum, in dem jeder Zustand, jede Erscheinung gleich wertvoll sind und die gleiche Aufmerksamkeit verdienen – die Grundlage der Universellen Liebe.

Weil wir normalerweise nie Gelegenheit haben, einem Menschen zu begegnen, der Worte frei ohne Wertung verwendet, kommt es ungefähr einem Blick auf die Rückseite des Mondes gleich, wenn man Balasai Baba erlebt, den keinerlei gesellschaftliche Tabus binden, der sich keinem Verhaltenskodex anpasst und dabei doch immer die Verständnisgrenzen der Umgebung respektiert.

Beobachtet man Balasai Baba genau, merkt man, dass Er Worte wie Musik verwendet, als Rhythmus und Klang, dass Er niemals in eine Bedeutung verhakt ist und jenseits unserer Welt von *Name* und *Form* bleibt. Mit jedem Wort spielt Er unschuldig wie ein Kind. An einem Abend bezeichnet Er einen Besucher mit »Vogelspaß«, merkt aber, dass dieses Wort nicht genau passt. Daraufhin experimentiert Er kurz mit den Wortklängen und verbessert sich dann: »Spaßvogel!«

Balasai Baba will alles, was verborgen ist, öffnen, alles herausziehen, was versteckt, alles aussprechen, worüber nicht gesprochen wird, um die manipulierende Macht der Dualität, die nur das Ego stärkt, zu brechen.

Das gesamte Arbeits- und Unterhaltungsprogramm inszeniert Balasai Baba nur aus dem Grund, um uns die Masken der Identifikationen mit der Welt der Gegensätze abzunehmen, hinter denen wir unsere Wahrheit verbergen. Da wir uns gewöhnlich weder unserer Identifikationen innerhalb der illusionären Dualität noch unseres göttlichen Selbst bewusst sind, ist dieser Prozess zunächst zutiefst verwirrend. Balasai Baba steigt mit uns »hinunter« auf die Ebene, wo die falschen Selbstbilder entstehen, und führt den Besucher in den schmerzhaften Prozess der Selbsterkenntnis ... einen Prozess, der sich immer wieder unmittelbar auflöst im Lachen – in das Lachen des Geistes, das von der höheren Warte der Einheit allen Seins den Weg in die Akzeptanz der Widersprüche und in die Selbstliebe öffnen kann.

Balasai Baba verbindet, was wir in Gedanken und Gefühlen als Gegensätze trennen, und ordnet sie wieder in das Kontinuum der Schöpfung ein.

Balasai Baba führt Seine Anhänger auf dem Weg der Dualität und empfiehlt *Akzeptanz*, *Toleranz* und die schwere Übung des *Sei glücklich!* als Seine Kunstgriffe, die den Weg bequemer und breiter machen und die Hindernisse einebnen. So nimmt das Bewusstsein eine Haltung der Non-Dualität an und kann die verwirrenden Eindrücke der Gegensätze (*Samskaras*) abgeschwächt erfahren. Die Erscheinungen dieser Welt können damit an Macht verlieren, durch zu starke Identifikationen zu binden. Alle Seiten der Dualität sollten nicht ignoriert, sondern gelebt werden.

»Die nobelste Beschäftigung deines Geistes ist es, die Werke Deines Schöpfers zu studieren.« (Siehe: *Die universelle Botschaft*) Balasai Baba lehrt nicht den Rückzug von einer Schöpfung, die »nur« Illusion oder *Maya* (Täuschung) ist. Die duale Welt ist das Angebot Gottes, den Weg zurück in die göttliche Einheit »bewusst« gehen zu können. Als »Schatten« Gottes ist die Schöpfung zwar vergänglich, gleichzeitig jedoch ist sie eine Realität, in der Gott präsent ist. In ihrer Schönheit und ihren Wunderwerken ist die Herrlichkeit des Geistes offenbar.

Die unendliche Kette von Reinkarnationen ist ein Versuch der Seele, sich von der Gefangenschaft durch die Last der Bewusstseinseindrücke aus unzähligen vorhergegangenen Leben in der menschlichen Form zu befreien.

Das Ziel ist die vollständige Leerheit des Bewusstseins von dualen Eindrücken. Da dass Bewusstsein jedoch ausschließlich an die seit Urzeiten gelebten dualen Muster gebunden ist, kann es sich weder während der wiederholten Erdenleben davon befreien, noch während der Zeit zwischen zwei Geburten, wenn es versucht, in den Bewusstseinszuständen von *Himmel* bzw. *Hölle* die Gegensätze auszugleichen.

Man stelle sich eine Waage mit zwei Schalen vor, in denen jeweils die Lasten von gut und schlecht verteilt sind. Wären die Schalen perfekt im Gleichgewicht, hätte das Bewusstsein seine Aufgabe in der Dualität vollendet.

Damit wäre nach einer unendlichen Abfolge von Zeitläufen endlich der ursprüngliche Wunsch der göttlichen Seele, sich selbst als b e w u s s t in der Überseele zu erfahren, in Erfüllung gegangen und sie könnte mit Gott verschmelzen.

Sobald jedoch noch ein geringes Ungleichgewicht da ist, sei es der »guten« oder »schlechten« Tendenzen, ist das Bewusstsein immer noch damit beschäftigt, Dualitäten auszugleichen, und sucht die Erlösung in einem neuen Leben – hinzu kommt, dass es das Ausmaß seines eigenen Ungleichgewichtes nicht kennt.

Das Bewusstsein kennt nur sich selbst, sein eigenes kleines Ich, und ist daher gezwungen, bis in alle Ewigkeiten um sich selbst und die Gebundenheit an die grobstoffliche Welt zu kreisen.

Nur eine Instanz außerhalb seines Systems kann es retten.

Nach unzähligen Leben, wenn das Bewusstsein des Spiels der Gegensätze müde und überdrüssig ist, sucht es den »Fluchtpunkt«, der unberührt von der dualen Welt ist, und betritt den spirituellen Pfad. Das Bewusstsein nimmt die Position der Zentralperspektive eines Bildes ein und erfährt, dass damit die unterschiedlichen Motive, Personen und Farben zu einer vollkommenen Einheit verbunden werden, in der alles an seinem Ort perfekt ist.

Es hat erkannt, dass nur mit der Hilfe Gottes (eines vollkommenen Meisters) der Schleier der Dualität entfernt werden kann, der die Seele trennt vom Bewusstsein: ICH BIN GOTT! Ein anderes Wort für das oft unerwartete Heraustreten aus dem dualen Bewusstseinssystem ist *Erleuchtung*.

Wenn die Einheit allen Seins plötzlich und unmittelbar erfahren wird, weil der Mind sich aus der Verstrickung mit der dualen Welt löst, tritt er ein in die Freude des göttlichen Geistes – und lacht – das Lachen des Geistes über eine Welt, deren Wirklichkeit als göttliches Spiel sich jetzt offenbart.

Die zwei Schalen der Waage entsprechen der Bedeutung der hellen und dunklen Hälfte des *Yin und Yang*-Symbols. Balasai Baba ließ mich zu Beginn meiner spirituellen Reise (siehe Kapitel: »Ich bin Alles!«) diese beiden Hälften vor dem inneren Auge sehen, und ich konnte beobachten, wie sie von fern aufeinander zustrebten, und spürte die magnetische Kraft, mit der sie sich gegenseitig anzogen. Mit einem »hörbaren« Klicken glitten sie weich ineinander und bildeten die vollkommene Einheit von Dunkelheit und Licht. Es gab keine Unregelmäßigkeit, beide Seiten entsprachen sich exakt. Das Bild des hellen und des dunklen Vogels (aus der gleichen Zeit) hatte die gleiche Bedeutung: es zeigte die Einheit der Gegensätze. Schon damals gab Balasai Baba in diesen Bildern das Versprechen, die letzten Gegensätze des Bewusstseins auszugleichen …

Vor dem Umbau des Tempels in Kurnool stand Balasai Babas Sofa am Kopfende in einer größeren Nische. An einer Ecke dieser Nische stand eine Statue, die in ganz Indien wohlbekannt ist und die man in fast allen Shiva-Tempeln findet: Shiva als *Ardhanarishvara* – die rechte Hälfte ist männlich, die linke weiblich. Rechts sieht man die Hälfte eines männlichen Shiva-Kopfes mit der Mondsichel und dem Wasserstrahl der Ganga in den Haaren, das Dritte Auge auf der Stirn, einen muskulösen Oberkörper mit dem Dreizack in der rechten Hand, das Tigerfell um die Hüften, das nach vorn schreitende rechte Bein. Die andere Hälfte des Kopfes zeigt das große Auge eines lächelnden Frauengesichtes mit dem *Bindu* auf der Stirn, den weichen Faltenwurf eines Gewandes, das die üppige Brust verbirgt, die durch einen Gürtel betonte Taille, die ausschwingende Hüfte und ein ruhendes Bein – ein vollkommener Ausdruck des göttlichen, androgynen, bipolaren Wesens Shivas, das untrennbar mit der eigenen weiblichen Hälfte (Shakti) verschmolzen ist. Die sich gegenseitig durchdringenden maskulinen und femininen Aspekte der Schöpfung werden in perfekter Neutralität und als Einheit der Gegensätze dargestellt. Shiva als Ardhanarishvara repräsentiert darüber hinaus die Idee der Einheit aller Gegensätze im Universum. Gott ist Alles, jenseits von Dualität.

Die Mystiker des Westens wussten um das gleiche Geheimnis und nannten es *coincidentia oppositorum* – Zusammenfall der Gegensätze. Auf einem Seiner schönsten Bilder hält Balasai Baba in weißer Geburtstagsrobe eine rote Rose vor Sein Herz – das uralte Zeichen der *unio mystica*, der mystischen Einheit.

Und was ist mit dem Lachen?

Baba nennt die Singrunde »Musiktherapie mit Segen«. Die meiste Zeit wird gelacht. Wie beim Singen wird beim Lachen ausgeatmet. Der Körper befreit sich von Stress, Sorgen, Verspannungen, scheidet ungesunde Seelenschlacken aus. Lachen ist die schnellste, billigste und wirksamste Medizin für Körper und Seele und spielt darum in Babas »Reinigungsprogramm« die größte Rolle.

Lachen ist seelische und körperliche Entgiftung, verändert die chemischen Prozesse des Körpers, erfrischt und lässt die Welt mit dem weitwinkeligen Blick des Geistes sehen. Wie eine große Schaukel schwingt das Lachen von Pol zu Pol, verharrt nirgends, streicht weich über die Gegensätze hinweg und verbindet Himmel und Erde. Lachen ist Einübung in göttliche Freude – schon hier! Nur der Mensch kann lachen – das Lachen des Geistes macht ihn zum göttlichen Ebenbild.

2. Oktober 2011 – Baba spricht über das Verhältnis von Körper und Seele:

»Ich habe nur einen kleinen Körper, aber eine Riesenseele. Damit arbeite ich. Körper und Seele sind füreinander da und bilden eine Einheit, gleichzeitig sind sie unabhängig voneinander.

Mein Körper ist wie eine leere Bananenschale. Er lässt die Seele durchscheinen. Die Seele leuchtet, aber sie ist unberührt vom Körper. So sind Körper und Seele in vollkommener Übereinstimmung.

Ich segne euch für das Ziel des Lebens: die Einheit mit Gott.«

Mit diesen Worten entlässt Balasai Baba Seine Anhänger fast jeden Abend. Sein Körper ist »eine leere Bananenschale«, unberührt von allen Dualitäten.

Unser menschliches Körpersystem mit dem körpergebundenen Mind ist durchdrungen von Konditionierungen, Abhängigkeiten, Identifikationen und Dualitäten, die das wahre göttliche SELBST verdunkeln. Es lehnt die Hälfte der Schöpfung ab, weil ein *Ja* immer das Gegenteil von einem *Nein* bedeutet.

Balasai Baba kennt nur das JA zur gesamten Schöpfung, das die Universelle Liebe in allem spiegelt. Sein lebenslanges Arbeitsprogramm ist die Hinführung Seiner Devotees zu diesem unhinterfragten JA zu allen Erscheinungen: der Körper als »leere Bananenschale« lässt dann das Licht der göttlichen Seele ungehindert in die Welt strahlen.

4. März 2015 – Singabend in Hyderabad. Nach Fragen zu Papst, Bibel, katholischer Kirche gibt Balasai Baba folgende Botschaft:

»Wir alle stammen von Adam ab. In der Bibel steht, er habe gesündigt. So lehrt es die katholische Kirche und spricht von der Erbsünde. Jeder ist danach ein Sünder. In der Bibel stehen Geschichten, sie sind menschengemacht. Religionen sind Wege zu Gott, aber menschengemacht. Gott ist daneben, darüber, darunter, Er ist nicht die Religion. Ich sage, niemand ist ein Sünder, weil er Sex macht, sonst wären wir alle nicht hier.

Egal, ob homosexuell, oder lesbisch oder was auch immer – Liebe ist Liebe, Sex ist ein Teil davon. Nur bei der universellen Liebe spielt Sex keine Rolle.

Gott ist Glückseligkeit – Er hat alles geschaffen, auch den Sex, damit ihr glücklich sein könnt.

Wenn wir das vergängliche Glück zurückweisen, weisen wir Gottes Liebe zurück. Alles, was er uns gibt, ist zu unserem Besten.

Aber bleibt nicht bei dem vergänglichen Glück stehen, geht weiter zum andauernden Glück, das ist die Verschmelzung mit Gott.

Ich bin der Spiegel: Schaut in mich wie in einen Spiegel. Wenn ihr lacht, lache ich. Wenn ihr weint, weint der Spiegel. Wenn ihr einen Schritt auf mich zugeht, komme ich hundert Schritte auf euch zu. Ich reflektiere alles, was ihr macht.

Ich bin der Regen. Egal, ob Christen, Muslime oder Hindus – alles sind Menschen. Wenn da ein Dorf ist, in dem Christen, Hindus und Muslime wohnen, geht mein Segen wie der Regen auf alle gleichermaßen nieder. Jeder bekommt den gleichen Segen – ob arm oder reich, gut oder schlecht – ich mache keine Unterschiede.

Ich bin der Verbrecher: Ich segne immer das, was jemand will. Gleichzeitig bin ich die Polizei, die den Verbrecher festnimmt und das *Dharma* (Rechtschaffenheit) aufrechterhält.

Ich bin der Autor des göttlichen Spieles, ich bin das Papier, auf das ich die Dialoge schreibe. Gleichzeitig bin ich der Regisseur der Aufführung und spiele zusätzlich alle Rollen. Darüber hinaus bin ich alle Zuschauer des Spieles.

Ich bin Alles und Nichts!«

* * *

Form ist Leere und Leere ist Form

Gate, gate, paragate, parasamgate, bodhi, svaha.
»Gegangen, gegangen, ans andere Ufer gegangen, gänzlich hinübergelangt – ERWACHEN!«
(*Herzsutra* – tibetisch-buddhistische Tradition)

Auf den indischen Märkten wird bei fertigen Girlanden am Schluss das Ende mit dem Anfang verknüpft – so

Nach dem Abenddarshan steigt Baba im Tempel
die Stufen zu den Devotees hinab.

auch hier: die zwei letzten Bilder der Girlande schließen an Motive des Anfangskapitels »Du bist bei Gott« an und betrachten sie aus der Perspektive 19 Jahre später, empfinden sie noch einmal im Detail nach.

Nach meiner Ankunft in Indien (1997) sehe ich Balasai Baba vier Tage später erstmals abends im Tempel von Kurnool.

Wegen einer fieberhaften Infektion komme ich später, und Baba sitzt schon auf seinem Sofa. Durch den Fieberschleier scheint mir das Kleid gebauscht und in allen Farben schimmernd, eine stille, ernste, hoheitsvolle Erscheinung. Dann erhebt Er sich und schreitet entspannt und lächelnd die Treppenstufen hinab – klein und zart, wie ein Kind, die traditionelle schmale, orangefarbene Robe berührt den Boden. Der rechte Arm zeichnet eine elegante kreisende Bewegung in die Luft, und man sieht in der Hand eine hellgraue Substanz. Ich sitze am Mittelrand und fühle mich wie unter einer Glasglocke, als Er direkt auf mich zukommt, mir *Vibhuti*, die graue Asche, in die Hand rieseln lässt und etwas sagt, was ich nicht mehr erinnere. Meine Augen folgen der ruhigen Gestalt. Der Tempel ist voll mit Besuchern, die sich den Segen des Festtages – es ist *Gurupurnima* – holen wollen. Baba geht ohne Hast von einem zum andern, gibt Vibhuti, erteilt dem nächsten mit leisen Worten einen Ratschlag, nimmt ein Kleinkind auf den Arm, streicht vorsichtig Vibhuti auf dessen Stirn, segnet den folgenden, der seine Füße berührt. Alles geschieht in äußerster Stille. Ich bin nicht fähig, viele Details zu behalten, aber etwas prägt sich mir tief ein: die Haltung, mit der Sri Balasai Baba Seinen Dienst tut, unterscheidet sich grundlegend davon, wie sie von Menschen angenommen werden könnte. Baba begegnet jedem konzentriert und lächelnd wie einem altbekannten Freund. Jeder bekommt das, was er braucht, nicht mehr und nicht weniger. Egal, ob es eine ärmliche alte Frau ist, mit der Er lacht, ihre Hand hält, bis sie vor Glück weint, oder einem jungen Mann zu einer Prüfung Mut zuspricht, bis dieser vor Dankbarkeit Babas Hand mit seiner Stirn berührt; immer scheint Er das tiefste Bedürfnis des Besuchers zu kennen. Wenn Er sich zu den Menschen, die am Boden sitzen, herunterneigen muss, gleicht es einer Verbeugung. Babas Bewegungen sind schlicht, dabei fließend und ohne jede Hast, nichts ist übertrieben oder geschieht wegen eines äußeren Eindrucks. Auch dem letzten Besucher wendet sich Baba zu wie dem ersten: ohne jede Müdigkeit, mit voller Hingabe, die keine Zeit kennt. Spielt hier jemand eine »Rolle«? Erfüllt jemand seine »Pflicht«? Nichts davon trifft zu. Hier gibt es keine persönliche Absicht, die Aufmerksamkeit auf sich lenken will – das Göttliche geschieht einfach, ohne jede Ankündigung. Hier spricht nur die ureigene Natur, die innere Wahrheit: eine Liebe, die nicht unterscheidet, die bedingungslos alle einschließt. *Menschen* sind zu solcher demütigen Größe nicht fähig. Der Atem des Geistes impulsiert alle Abläufe und zeichnet den »Entwurf« für jede Bewegung und jedes Wort, jeden Gesichtsausdruck.

Balasai Baba, der das Opfer auf sich genommen hat, einen Körper anzunehmen, unterwirft sich den Gesetzen der geistigen Welt und ist ihr vollkommenes Instrument. Er kennt keine Identifikationen mit den vergänglichen und getrennten Objekten der Welt, den illusionären Werten der Gesellschaft und daraus resultierenden Abhängigkeiten und Emotionen, sondern sagt von sich: »Ich weiß nicht, ob ich einen Körper habe, nicht einmal, ob ich tot oder lebendig bin. Ich lebe ganz in der Gegenwart und habe in fünf Minuten vergessen, dass ich gerade Tee getrunken habe.«

Im *Jetzt* zu leben bedeutet, in der Ewigkeit zu leben, in der zeitlosen Glückseligkeit Gottes. Wer hätte Balasai Baba jemals gestresst gesehen, hektisch oder unter Zeitdruck? Oder aufgeregt, besorgt, geängstigt und ungeduldig?

Balasai Baba schreitet die Stufen zu den Menschen hinab. Gott in Seiner Herrlichkeit wird zum Diener des Lichtes und der Menschen. Wie ein Kind liefert Er sich ihnen aus, absichtslos und rein. Der Klang des formlosen Lichtes wirkt in jeder Geste, die in der Berührung nicht den Körper meint, sondern »die Seele streichelt«, wie Baba es später ausdrücken wird. Der Klang wirkt in der Stimme, die, zärtlich und klar, dadurch zu Tränen rührt, dass sie in Resonanz die eigene tief verborgene und ungewusste Göttlichkeit zum Klingen bringt. Der Klang wirkt in Seinem Blick, in dessen Liebe sich das gesamte Schicksal des Menschen in Vergangenheit, Gegenwart und Zukunft zu offenbaren scheint.

An diesem Abend bin ich sprachlos und gedankenverloren – ich sehe nur Bilder, die ich nie vergessen werde.

Nicht nur die menschliche Form Balasai Baba, auch die Körperform jedes Menschen ist erbaut vom Geist, ist aus dem Geist (der einen Wirklichkeit) geboren, ist Werkzeug des Geistes und darum selber Geist. Balasai Baba betont immer wieder: »Form und Formlosigkeit sind dasselbe. Materie und Geist sind eins!«

»Sowie der Geist ein Gefäß benötigt, um darin abgefüllt zu werden, benötigt der göttliche Geist einen Körper, um darin zu verweilen. Der Geist ist Gott. Also ist auch der Körper, in dem er wohnt, Gott!« (aus: »Seid glücklich!«, Botschaft der Göttlichen Inkarnation Sri Balasai Baba, Überlingen 2007, S.157)

> »Die Wogen sehen aus wie Wolken …
> und die Wolken wie Wogen.
> Ich muss einen Fischer suchen,
> der mir sagt, wo das Meer ist.«
> (japanisch)

Jeder hat schon beobachtet, wie sich bei bestimmten Wetterbedingungen die ruhige Wasserfläche eines Sees und sich friedlich spiegelnde Wolken durch einen plötzlich aufkommenden Sturm in gewaltigen hochdramatischen Bewegungsschauspielen mischen und jede gerade noch mögliche Orientierung in Chaos fällt.

In japanischen Zen-Klöstern wird Novizen (sie tragen den Namen »Wolken-Wasser«) empfohlen, sich das

Wasser als Lehrmeister zu wählen. In ihrer Schulung werden sie den dramatischsten Situationen ausgesetzt, um zu lernen, unabhängig und angstlos von allen körpergebundenen Erfahrungen zu werden. Nur so kann die Seele ihre ureigene Freiheit erfahren und schließlich selbst zum Ozean werden.

Wo bei Menschen Emotionen, Identifikationen und Abhängigkeiten die Reinheit des Seelenspiegels trüben, breitet sich bei Balasai Baba der klare Spiegel des formlosen Lichtes aus, der reinen bedingungslosen Liebe, im Sanskrit: *Jyoti-Svarupa* – Verkörperung des höchsten (Schöpfungs)-Lichtes. Von nichts berührt, dient die stille, klare Oberfläche dieses göttlichen Lichtozeans den Menschen als Spiegel, um sie schauen zu lassen, dass jeder Mensch hinter allen Dunkelheiten seiner Seele göttlich ist.

Auf dem Weg unserer wiederholten Erdenleben durch das Chaos von Licht und Dunkelheit (unserem Mind fehlen dafür die Unterscheidungsmöglichkeiten), von »Wogen und Wolken«, sucht die Seele schließlich einen erfahrenen »Fischer«, der als Wegweiser in die Einheit des göttlichen Ozeans dient.

Eines Tages hörte ich zufällig, wie eine permante Devotee einem Besucher erklärte, dass Balasai Babas Arbeit vor allem der Auflösung unserer karmischen Hindernisse gelte.

Diese Arbeit geschah für mich etwa 16 Jahre lang »unter dem Schleier der Dualität«. Balasai Baba hielt die uralten karmischen Themen unter dem Gewand des aktuellen,«normalen« Alltagslebens verborgen und ließ sie sich dort entwickeln. Mir fiel nicht auf, wie lange und heftig meine Gefühlsreaktionen – Ängste, Schmerzen, Panikattacken, Schuldzuweisungen, Krankheiten, bei banalen Anlässen waren. Niemals wäre mir die Idee gekommen, dass meine extremen inneren Reaktionen der Spiegel der karmischen Last war, die ich in der Welt hinterlassen hatte. Das »Ego« musste in diesem Leben selbst alles Leid erleben, was es jemals ausgesät hatte, es trug nur die Ernte heim ... Im Rückblick darf ich erkennen, welchen sanften Heilungsweg Gott uns führt, wenn durch Seine Hilfe die Berge der alten Egostrukturen, deren Energie noch gegenwärtig ist, abgetragen werden dürfen.

In der Zeit um *Mahashivaratri* 2016 wischte Baba schließlich die letzten Reste auf meiner Seelentafel aus – diesmal »unverdeckt«, das heißt, die vergangenen Rollen und mein inneres Wesen lagen offen ausgebreitet vor Herz und Verstand. Der Blick war nicht mehr an die dualen Muster von »gut« und »böse« gebunden und ich konnte in allen Rollen die Verflochtenheit, Balance und Einheit der Gegensätze des göttlichen Spieles erkennen als notwendigen Beitrag zur Entwicklung des Menschheitsbewusstseins.

Als Baba zusätzlich von einigen noch unbekannten Rollen den Schleier entfernte, lebten in Schmerz und Abwehr die alten Identifikationen wieder auf, aber die Strömung des Ergebens und Sich-Ergebens hatte schon zu seiner erlösenden Kraft gefunden und so konnten auch die letzten Masken und Kostüme abgelegt werden. Herz und Verstand konnten nur Zeuge sein, wie auf dieser Ebene die karmische Auflösungsarbeit bestimmt war von der Ergebenheit der Seele in den göttlichen Willen. Dazu stellte mir Baba Menschen zur Seite, die das Wissen hatten, welchen geistigen Beitrag ich selber dazu tun konnte und musste. Von den machtvollen Folgen des alten Karmas, das noch auf dem Grund meiner Seele lagerte und das die Rückkehr der Seele in die göttliche Einheit verhinderte, wusste ich vorher nichts, nur »dass mein Erlöser lebet …«

»Ich führe euch in die Tiefen / eures Nichtlichts, damit ihr / mein Licht erkennt. / Indem ihr mit mir / in die Tiefen eures Erdenlebens steigt, / nähert ihr euch / der Glückseligkeit, die ich/ euch bringe.« (Yantra Schöpfungsbuch der Quelle, S.144)

Egal, ob die Zeiten »leicht« oder »schwer« waren, ob Himmel oder Hölle (wie Baba mir schon zu Beginn ankündigte), alle waren Geschenke der göttlichen Liebe, den Weg in die innere Nähe zu Gott frei zu machen bis zur endgültigen Rückkehr der Seele in die göttliche

Heimat. Nur das zählt. Während all dieser Jahre war ich für jede Minute dankbar, die ich in der Gegenwart von Balasai Baba verbringen durfte.

* * *

Epilog

Die Nacht ist angebrochen und hüllt die Welt in samtene Dunkelheit. Die zweite Hälfte des Jahres ist weit fortgeschritten, Orion steigt auf und wird später über den Zenit schreiten. Die Geräusche des Tages sind verstummt, nur die Palmen rascheln im lauen Wind, ab und zu zwitschert ein Käuzchen. Im Fluss bricht sich das Mondlicht in unzähligen flimmernden Wellenpunkten. Die Schatten der großen Fledermäuse tauchen auf und verschwinden lautlos.

Im Tempelhof von Kurnool warten die Besucher auf Baba, die roten Teppiche sind schon ausgerollt und Er müsste längst unter ihnen sein. Einige laufen Runden um den Tempel, andere stehen in kleinen Gruppen zusammen, wieder andere sitzen auf der Flussmauer. Plötzlich Seine Stimme vom Tempeldach: »Gleich komme ich zu euch herunter!« Er sitzt rittlings auf der Mauer, die das flache Tempeldach umgibt, entspannt den Rücken an ein Mauerstück gelehnt. Erst jetzt werden die Umrisse der kleinen Gestalt sichtbar.

Dann singt Baba – eine der Melodien, die weit ausschwingen, ohne Anfang und ohne Ende sind, nicht zu einem Grund(-ton) zurückkehren, kein Ziel haben, eine Melodie, weder traurig noch heiter, keine menschliche Stimmung ausdrückend. Sie kreist um einen Zentralton, schwingt auf, fällt wieder ab und verebbt, um wieder neu aufzusteigen und herabzugleiten. Zeitlosigkeit umfängt das Gemüt, es taucht ein in den Frieden eines wunschlosen Seins. Die hellen Klänge strömen über die Bäume des Gartens, schwingen über das Flußbett und die Häuser der Schlafenden, die Wellen der Melodie weiten sich in den Umkreis und in die Unendlichkeit des Alls. Die Seelen der Schläfer, jetzt vom Körper und den Sorgen und der Mühsal des Tages befreit, lassen sich, ihrer Sehnsucht folgend, mitnehmen, um einzutauchen in den göttlichen Ozean ihres Ursprungs, wo sie in Klang und Licht baden. Wenn der Schläfer erwacht, fühlt er sich erfrischt und gekräftigt, ohne zu wissen, wo er im Schlaf gewesen ist.

Keine fünf Minuten später erscheint Baba in Seiner Tür – vor dem Licht Seines Wohnraums ist nur der Umriss Seiner dunklen Gestalt sichtbar – der göttliche Ozean ist in Seine menschliche Form zurückgekehrt und sitzt mit uns, wie Er es seit mehr als dreißig Jahren getan hat und weiter tun wird ... bis diese Form wieder zum Ozean wird.

* * *

Darshan – der segnende Blick

Eines der letzten Portraits von Balasai Baba
im März 2017. Er legte seinen Körper im Ashram von
Hyderabad am 27. November 2018 ab.

Die universelle göttliche Botschaft

Meine lieben Verkörperungen der göttlichen Liebe:

Das Universum ist die Schöpfung der göttlichen
Barmherzigkeit und Gnade.
Nur im Unendlichen ist Seligkeit und Wonne –
es gibt keine Seligkeit im Endlichen, Vergänglichen.
Die edelste Beschäftigung deines Geistes ist es,
die Werke deines Schöpfers zu studieren.
Das Geheimnis des Lebens kann nur erfahren werden,
wenn du es in all seiner Fülle lebst.
Das Universum wird ganz und gar zu deinem Eigentum,
wenn du begreifst, dass es eine Schöpfung der
Liebe ist – der universellen Liebe.
Schwierigkeiten können nur überwunden werden,
wenn die Verwirrungen des Herzens
aufgelöst sind.
Wähle deshalb den Weg der Ergebenheit, der Weihe
und der absoluten Hingabe an Gott.
Sei glücklich, mache andere glücklich und erreiche
mich glücklich.
Singe meine Namen so lange und so weit es dir
möglich ist.

Ich bin mit dir, und ich werde dich zum
ewigen Ziel geleiten.
Ich segne euch noch einmal, möget ihr in allen
Aspekten Erfolg haben. Seid glücklich.

Bhagavan Sri Balasai Baba

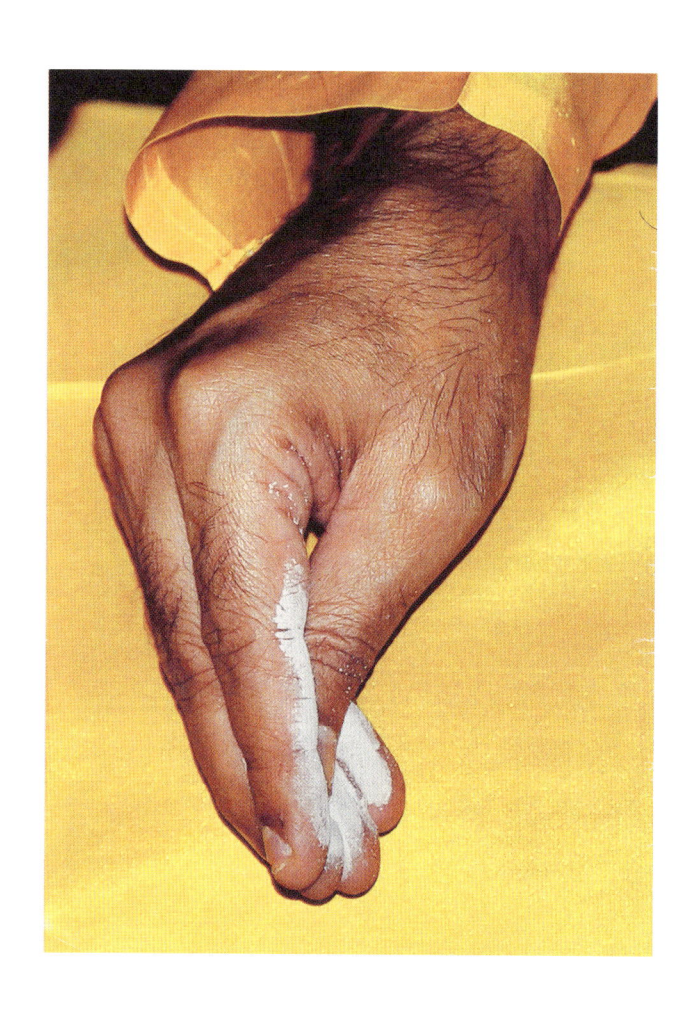

Babas Hand mit »Vibhuti«, der heiligen Asche

Dank

… gilt zunächst meinem Sohn Peter, der mich 1997 zu einer Reise in den Ashram von Sri Balasai Baba einlud. Nur dadurch konnte ich in diesem Leben dem Avatar begegnen.

Für das erste Feedback zum Aufbau, Inhalt und Stil des Manuskripts konnte ich zwei Devotee-Freundinnen gewinnen, deren kompetenter Blick erstmals ordnend eingriff. Mein herzlicher, freundschaftlicher Dank richtet sich an Angelika Schuhmacher und Andrea Meixner-Vossbeck.

Zu den Geburtstagsfeierlichkeiten im Jahr 2015 beauftragte mich Balasai Baba, Ihm das noch vorläufige Manuskript auf der Bühne zu überreichen. Damals wurde auch Dr. Heinz Liesbrock, der das Buch kurz zuvor kennengelernt hatte, von Ihm persönlich beauftragt, die Produktion des Buchs und sein Erscheinen zu betreuen. Mit seiner Hilfe geschahen die nächsten wichtigen Schritte.

So fand ich in der Lektorin Silke Kleemann eine Beraterin, die auf den ungewohnten Inhalt mit tiefem Verständnis und Respekt einwirkte. Ich erlebte sie als eine »Mitarbeiterin«, die sich berühren ließ, dabei jedoch immer den objektiven Blick bewahrte. Sie war die »Übersetzerin«, die dem Leser die Lektüre so verständlich und angenehm wie möglich machen wollte. Allen Details wandte sie sich mit ihrem von Herzen kommenden Engagement zu. Mit ihrer Geduld und dem bis zum Schluss wachen Interesse wusste ich das Buch immer in besten Händen.

Mit dem Kontakt zu Ingo Offermanns erwies Heinz Liesbrock dem Buch einen weiteren großen Dienst. Als bekannter Buchgestalter fand Ingo Offermanns für alle

Aspekte der Ästhetik des Buchs eine überzeugende Lösung. Zurückhaltung und Prägnanz sind die Merkmale seiner Gestaltung. Von der Wahl des Papiers über den Satzspiegel, der an den Goldenen Schnitt angelehnt ist, bis zum Titelbild, das den Betrachter direkt in den Klangraum des Buchs führt, sind alle Details als Gesten zu sehen, die auf den Inhalt weisen: den Klang der Schöpfung. Mit »Namaskar« danke ich beiden für ihren Dienst an Balasai Baba.

Heinz Liesbrock hat von Beginn an mit viel Umsicht alle Notwendigkeiten im Auge behalten, um das Buch in die Welt zu bringen. Ihm gilt der Dank, dass wir es nun in Händen halten dürfen. Sein Verdienst wird getragen von der eigenen Verpflichtung als Künstler und von dem festen Willen, den Auftrag Sri Balasai Babas zu erfüllen.

In diesen Dank schließe ich auch Eva Reiter für ihre großherzige Unterstützung bei der Realisierung des Buchs mit ein.

Ulrike Gadenne im Winter 2019

Atma-Lingam, geboren von Sri Balasai Baba in einer Mahashivaratri-Nacht.

Anmerkungen

1. In diesem Buch bezeichnet der Begriff »Mind« die Gesamtheit der menschlichen mentalen Vorgänge und Zustände: Denken, Intellekt, Empfinden, Emotionen, Wahrnehmen, Vorstellen usw. sowie deren unbewusste Anteile. Der menschliche Mind ist eine Errungenschaft der Evolution zur besseren Anpassung an die physischen Verhältnisse und ihre Bewältigung. Er ist gebunden an Gehirn und Nervensystem und nur fähig, die Dualität der physischen Welt zu erfahren. Im deutschen Sprachgebrauch gibt es keinen entsprechenden Ausdruck und darum wird »Mind« gewöhnlich mit »Geist« übersetzt. In diesem Buch steht das Wort »Geist« jedoch für das göttliche erschaffende Feuerprinzip des Geistes, jenseits der Dualität, unabhängig von Zeit und Raum, diese erst erschaffend. Durch spirituelle Bewusstseinswege kann der Mind die Dualität überschreiten und in die Sphäre des Geistes eintreten – die Einheit mit Gott. Der Mind stirbt mit dem Tod des Körpers, der Geist ist ewig, unsterblich und unzerstörbar.

2. Gemäß der Yoga-Physiologie wird der physische Körper von einem Netz von 72.000 (die Zahl variiert) feinstofflichen Kanälen durchzogen, durch die der Körper mit Lebensenergie (Prana) versorgt wird. Die drei Hauptkanäle Pingala, Ida und Sushumna fließen entlang der Wirbelsäule bis zu den Nasenlöchern. Pingala – mit der Sonne assoziiert – fließt durch das rechte Nasenloch, Ida – mit dem Mond assoziiert – durch das linke. Normalerweise ist nur einer dieser beiden Kanäle aktiviert, dann ist das Nasenloch offen und der Luftstrom fließt frei, das andere Nasenloch ist gleichzeitig blockiert. Nach 1-2 Stunden wechselt die Aktivität zum anderen Nasenloch. Der Hauptkanal Sushumna fließt zentral entlang des Wirbelsäulenkanals. Im durchschnittlichen Menschen wird die Lebensenergie nur zu einem Bruchteil aktiviert, die übrige aufgestaute Energie wird Kundalini genannt und symbolisch dargestellt durch eine schlafende Schlange, deren Kopf die Sushumna verschließt. Ziel von Meditation und Atembewusstsein ist es, die Energie in Ida und Pingala zu deaktivieren und damit beide Nasenlöcher zu öffnen. In dem Moment, wo sich das blockierte Nasenloch öffnet, spürt man ein feines Knacken. Die aufgestaute Pranaenergie (Kundalini) kann jetzt durch Sushumna entlang des Wirbelsäulenkanals bis zum Scheitelchakra fließen und sich mit Shiva (kosmisches Bewusstsein) und Shakti (kosmische Schöpfungskraft)

vereinen. Damit ist der Meditierende von allen Bindungen befreit und tritt ein in die Sphäre der göttlichen Glückseligkeit.

3. Es schien, dass sich während der vielen Jahre des bewegungslosen Sitzens und Meditierens die Physiologie des Sehens veränderte, denn es geschah nicht nur einmal, dass sich die Farben in hellere und dunklere Grautöne verwandelten. Ich wusste, dass die Farben nicht zu den Qualitäten der physischen Welt gehörten, sondern zusammen mit den Frequenzen der Düfte und Klänge zu den Eigenschaften der feinstofflichen ätherischen Welt. Was bei diesen Gelegenheiten mit meinen Augen passierte, wenn leuchtende Farben zu stumpfen Grautönen wurden, kann ich nicht sagen, aber es schien, als könnten die Sinnesrezeptoren nicht mehr an den physischen Oberflächen der Objekte andocken.

4. Joachim-Ernst Berendt schreibt in seinem Buch *Nada Brahma – Die Welt ist Klang* ausführlich darüber.

5. *Acht Verse über Tripura Sundari*, Sri Ramakrishna Math, Mylapore, Chennai, 2007

Glossar – Begriffe aus dem Sanskrit und aus dem indischen Alltag

Adi Dakshina Murti – Shiva als Weltenlehrer der Weisheit und des Wissens

Adi Parashakti – allerhöchste göttliche Manifestationskraft, Adi= Anfang, Ursprung; parashakti= höchste Kraft, Mutter des Universums

Advaita – Nicht-Dualität, Seele (Atman) und Paramatman (Überseele) sind wesensmäßig eins

Akasha – Raum, Äther, das feinste der fünf Elemente

Ananda – Glückseligkeit als göttliche Qualität

Annapurna – die Nahrung Spendende, der ernährende Aspekt der Göttin

Arati – Feuerzeremonie

Ardhanarishvara – Shiva in halb männlicher, halb weiblicher Gestalt, Symbol der Bipolarität des menschlichen Körpers und des Universums

Ashram – Aufenthaltsort eines Heiligen, Zentrum, Ort einer spirituellen Gemeinschaft

Atman – wirkliches Selbst, dem Menschen innewohnende Göttlichkeit

Atma Lingam – Symbol des formlosen, alles durchdringenden Selbstes

Avatar – Herabkunft der göttlichen Wirklichkeit in einem menschlichen Körper in die Welt der Illusion

Bala Tripura Sundari – die ewig junge schöne Herrscherin über die drei Welten

Bindu – Punkt, Same des Universums in seiner unmanifestierten Form, in dem Shiva und Shakti auf immer vereint sind

Bhajan – Lobgesang

Brahma – Schöpfer, Teil der Trinität *Brahma*, *Vishnu*, *Shiva*

Brahman – das Allumfassende/Universelle, formloses, absolutes Prinzip, unpersönlicher Aspekt Gottes

Brahmamuhurta – Stunde des Brahman, besonders günstig zur Meditation: zwischen 3 und 6 Uhr vor der Morgendämmerung

Buddhi – Weisheit, Unterscheidungskraft

bhukti-mukti-marga – Genießen-Befreiung-der rechte Weg; der Weg des weltlichen Genießens und gleichzeitig der Befreiung

Carromboard – indisches Brettspiel, eine Art Fingerbillard

Chakra – Rad, Kreis, feinstoffliches Energiezentrum

Chamundaya – Aspekt der göttlichen Mutter, die in Chamundi Hill in der Nähe von Mysore verehrt wird

Chapati – ungesäuertes Fladenbrot

Darshan – Segen durch das Ansehen einer heiligen Persönlichkeit

Dasara – Fest zu Ehren der neun Aspekte der Göttin, auch: *Navaratri* (neun Nächte)

Dhaba – Straßenimbiss/Restaurant

Dhal – Linsengericht

Dharma – Ordnung, Verhaltensregeln, höhere Lebensführung, göttliche Weltordnung, Gebot Gottes

Dosa – eine Art Pfannkuchen, wird mit Chutney und Sambar gegessen

Dhoti – traditionelles Untergewand der Männer

Dhuni – eine Art ewiges Feuer

Diwali – Lichterfest, auch *Dipavali,* Ende Oktober/Anfang November

Durga – auf einem Löwen oder Tiger reitend, der kämpferische Aspekt der göttlichen Mutter. Anders als alle anderen Shaktis hat sie kein männliches Gegenstück, sie wurde erschaffen, indem alle Götter ihre Kräfte vereinten, und ist darum die »Unbesiegbare«.

Ganas – Truppe von Halbgöttern, Diener Shivas, Außenseiter der Gesellschaft

Ganesha – der elefantenköpfige Gott, Sohn von Shiva und Parvati, Gott des Anfangs (auch der Schöpfung) und Beseitiger aller Hindernisse.

Ghee – geklärte Butter, wird bei Opferritualen benutzt, wichtige Zutat für die beliebten Ghee-Sweets

Gopuram – südindischer Tempelturm

Guru – spiritueller Meister, »Führer aus der Dunkelheit«

Gurupurnima – Feier zu Ehren des *Gurus*, in der hellsten Vollmondnacht des Jahres

Haarathi – Feuerzeremonie, auch *Arati*

Hanuman – Heerführer der Affen, hingebungsvollster Devotee von Rama

Ida, Pingala, Sushumna – die drei Hauptnadis (feinstoffliche Kanäle), die bei der Erweckung der Kundalini eine Rolle spielen

Idlis – flache weiße Küchlein aus Urdubohnen und Reis

Jiva – Mensch, Seele, die im Körper wohnt

Jyotir-Lingam – Shiva in seiner leuchtenden Form. Die 12 Jyotirlingam-Tempel sind Orte, wo Shiva mythologisch als Feuersäule erschienen ist.

Kadamba-Wald – mythologischer Aufenthaltsort von Tripura Sundari, der göttlichen Mutter, Name für das Universum

Kaliyuga – dämonisches Zeitalter, eisernes Zeitalter, die gegenwärtige Zeit. Kalis Ziel (Aussprache: Kalli, nicht zu verwechseln mit der Göttin *Kali*, Aussprache Kaali) ist die Trennung der Seele von Gott

Karma – Tat, Handlung, Aktivität; kosmisches Prinzip von Ursache und Wirkung, wobei die Folgen unserer Taten auf uns zurückfallen

Krishna – Avatar, lebte vor etwa 7000 Jahren, im Epos *Mahabharata* wird seine Geschichte dargestellt. Die Belehrungen, die er seinem Schüler Arjuna auf dem Schlachtfeld über die Unsterblichkeit der Seele gibt, bilden den Inhalt der *Bhagavatgita*, des heiligen Buches des Hinduismus.

Kundalini – göttliche Energie der Shakti, die man sich symbolisch in Form einer Schlange mit dreieinhalb Windungen am unteren Ende der Wirbelsäule schlafend vorstellt und die beim »Erwachen« aufsteigt bis zum Scheitelchakra. Dort erfolgt die Vereinigung von Shiva und Shakti, d.h. die Befreiung von allen Dualitäten.

Laddu – indische Süßspeise in Kugelform
Lingam – eiförmiges Symbol für die Formlosigkeit Gottes, ovale Form/Säule
Mahashivaratri – großes Fest zu Ehren Shivas in der Nacht des dunkelsten Neumonds des Jahres im Februar/März
Mandala – symmetrische geometrische oder florale Form, Schutzzeichen
Mandir – Tempel, heiliger Ort, Gebetshalle
Manmatha – Liebesgott, auch *Kama*
Mantra – heiliger Gesang, Klangsilbe, Gebetsformel
Maya – Kraft, die die Illusion der Dualität hervorruft, der »Schatten Gottes«
Moksha – Befreiung, Einheit mit Gott
Mrdanga – indische Doppelkonustrommel, auch als *Khol* bekannt
Mukti – Befreiung
Nadabrahma – *Nada*: der Klang, *Brahma*: der Schöpfer, Klangrepräsentation von *Brahman*, OM
Nama Mala – die »Girlande der 300 göttlichen Namen«, die zweimal am Tag im Ashram von Balasai Baba während der Bhajanzeit rezitiert werden
Namaskar – Grußform, Verneigung mit vor der Brust gefalteten Herzen, tiefere Bedeutung: Ich grüße den Gott in dir!
Nandi – ein Stier, das Reittier Shivas
Nirvana – Zustand der Befreiung, jenseits der Dualität und Wiedergeburt; wörtlich »verlöschen«
Nirvikalpa-Samadhi – Samadhi ohne Sinnestätigkeit, höchste Form der Einheitserfahrung
Paduka – Schuh, Fußabdruck eines Heiligen als Gegenstand der Verehrung
Paramatman – höchstes Selbst, höchstes *atman*, die Allseele
Pradakshina – rituelles Umschreiten eines Heiligtums im Uhrzeigersinn, wobei man sich auf Gott konzentriert
Pranayama – auf den Atem gerichtetes Bewusstsein
Prasadam – Gott geopferte Nahrungsmittel, z.B. Früchte oder Nüsse
Puja – Opferhandlung
Puranas – klassische heilige Schriften des Hinduimus über das göttliche Wirken auf Erden
Puri – Fladenbrot
Rama – lebte vor etwa 20 000 Jahren, erster Avatar in Menschengestalt, seine Geschichte wird im Epos *Ramayana* erzählt
Rasam – scharfe Suppe am Schluss der Mahlzeit
Rishis – Seher, Weise, die u.a. die göttlichen Offenbarungen der Veden in menschlicher Sprache auf die Erde brachten
Sadguru – wahrer Lehrer/vollkommener Meister, der die Erleuchtung erlangt hat
Sadhana – spirituelle Praxis
Sambar – südindische Suppe/ Soße auf Basis von Linsen und Tamarinde
Sankalpa – Entschlossenheit, göttlicher Wille
Sankranti – Fest zur Wintersonnenwende, gleichzeitig Erntedankfest, am 14.

Januar, dem Geburtstag von Sri Balasai Baba
Sannyasin – Mensch, der der Welt entsagt hat und besitzlos lebt
Sanskaras – Prägungen vergangener Leben, die das Denken, Empfinden und Handeln bestimmen, und somit auch das Bewusstsein des Individuums einschränken, auch *Samskaras*
Satsang – Gemeinschaft, Kontakt mit weisen/heiligen Menschen, Gespräch über Gott
Satya – Wahrheit
Seva – selbstloser Dienst, Hingabe als Ausdruck der Verehrung Gottes in allen Wesen
Shakti – Kraft, Macht, dynamische Manifestationskraft; Name der Gattin Shivas, göttliche Mutter
Shanti – Frieden
Shiva – höchstes kosmisches Bewusstsein; gehört in dieser Bedeutung nicht zur Trinität *Brahma, Vishnu, Shiva*
Shiva – Güte, Freundlichkeit
Siddhi – Erfolg, auch paranormale Fähigkeiten
Simhasana – »Löwenthron«, Name für Babas Sitz im Tempel. Der Löwe ist ein Sonnensymbol, Balasai Baba wird als das höchste Licht verehrt.
Sloka – Strophenform/Versmaß der altindischen Epik
Shri Yantra – eine Kombination von neun Dreiecken, vier Shiva-Dreiecken und fünf Shakti-Dreiecken, die sich gegenseitig durchdringen, eines der ältesten und machtvollsten Yantras
Sundara – Schönheit
Tablas – zwei koordinierte Trommeln, unentbehrlich zur Begleitung von indischer Musik
Tapas – Hitze, spirituelle Disziplin, Askese
Telugu – Sprache von Andhra Pradesh/Telangana, »das Italienisch Indiens«
Tripura – die drei Welten
Tripura Sundari – die ewig Schöne und Jugendliche, Beherrscherin der drei Welten. Tri=drei, pur= Welt, sundari= schön. Symbol für die drei *gunas* (= Qualitäten der Erscheinungswelt: Ruhe, Aktivität, Trägheit), Mutter der Schöpferdreiheit Brahma, Vishnu, Shiva, die drei Bewusstseinszustände: Wachbewusstsein, Traumbewusstsein, Tiefschlafbewusstsein, die Dreiheit von Denkkraft, Unterscheidungskraft und Gedächtnis, und allen anderen Dreiheiten.
Vibhuti – heilige Asche
Vijaya Dasami – Zehnter siegreicher Tag, der letzte Tag des Dasara-Festes
Vina – indisches Saiteninstrument, »Königin der Instrumente«
Vishnu – Erhalter der Schöpfung, Teil der Trinität *Brahma, Vishnu, Shiva*. Jeder Avatar ist ein Aspekt Vishnus.
Yantra – eine energetische, geometrische Form
Yoga – Vereinigung, Verbindung, Übungen zum Kontakt mit dem Selbst; Unterformen z.B. Hatha Yoga, Kriya Yoga, Bakthi-Yoga, Jnana-Yoga, Karma Yoga

Personen- und Ortsregister

BALASAI BABA (bala= ewig jung, Sai= Mutter, Baba= Vater) Avatar, geb. 14.1.1960 in Kurnool, Andhra Pradesh

CHLADNI, FRIEDRICH 1756–1827, als erster Physiker der Neuzeit griff er die alte Lehre von den Klangschwingungen des Weltalls auf

HYDERABAD Großstadt in Südindien, Hauptstadt von Andhra Pradesh / Telangana, mit einem der beiden Ashrams von Balasai Baba

KURNOOL Stadt in Südindien, Geburtsort von Sri Balasai Baba. Der erste Ashram Balasai Babas befindet sich dort.

MEHER BABA 25.2.1894 bis 31.1.1969 in Poona, wird als Avatar verehrt, lehrte 44 Jahre schweigend, zunächst mit Hilfe einer Buchstabentafel, später nur noch durch Gesten

RAMANA MAHARSHI berühmter indischer Heiliger, 30.12.1879 bis 14.4.1950

SATHYA SAI BABA 23.11.1926 bis 24.4.2011, Avatar, geb. in Puttaparthi, Andhra Pradesh

SHIRDI SAI BABA 1838–1918, einer der größten Heiligen Indiens, wird von Hindus und Moslems verehrt. (Shirdi Sai Baba, Sathya Sai Baba und Balasai Baba werden auch die »Sai-Brüder« oder die »Sai Familie« genannt, weil sie die gemeinsame Aufgabe haben, Liebe und Menschlichkeit in der Menschheit wieder zu erwecken.)

TUNGABHADRA einer der zwölf heiligen Flüsse Indiens, fließt durch Kurnool. Balasai Babas Ashram liegt direkt an seinem Ufer.

Literaturverzeichnis

BABA, MEHER *Darlegungen über das Leben in Liebe und Wahrheit: die Unterweisungen eines universalen Weisheitslehrers*. Frankfurt/Main 1996: Fischer Taschenbuch Verlag

BABA, MEHER *Der göttliche Plan der Schöpfung: eine spirituelle Kosmologie*. Aus dem Englischen von Stephan Schuhmacher. München 2004: Lotos Verlag

BERENDT, JOACHIM-ERNST *Nada Brahma – die Welt ist Klang*. Frankfurt/Main 1983: Insel Verlag

BIELLA, HANNELORE UND SOLTMANN, MARIE LUISE *Yantra – Schöpfungsbuch der QUELLE*. Merzhausen 2003: Das Zentrum der Quelle

»Seid glücklich!«: Botschaft der göttlichen Inkarnation Sri Balasai Baba, notiert von seinen deutschen Devotees. Hrsg. Sri Balasai Baba Central Trust, Kurnool. Neufahrn 2004: Balasai Verlag

KAPLEAU, PHILIP *Die Drei Pfeiler des Zen*. Aus dem Englischen von Brigitte D'Ortschy. München 1987: O.W. Barth Verlag

KOMMANAPALLI, GANAPATHI RAO *Balasai – Der moderne Gott*. Neufahrn 2004: Balasai Verlag

MITTWEDE, MARTIN *Spirituelles Wörterbuch Sanskrit-Deutsch*. Dietzenbach 1997: Sathya Sai Vereinigung e.V.

SHARMA, J. ANJANEYA *Die Girlande aus Rosen*. Aus dem Englischen von Regine Wolke. Neufahrn 2003: Balasai Verlag

SRI RAMAKRISHNA MATH *Sri Shankaracarya, Ashtakam, Acht Verse über Tripura Sundari*. Mylapore, Chennai, 2007

SRI SHANKARACARYA (788–820) *Saundarya-Lahari*. Chennai 2008: Ganesh and Co.

TIGUNAIT, PANDIT RAJMANI *Tantra unveiled*. Honesdale, Pennsylvania 2007: Himalayan Institute Press

ZANGL, BERNIDA *Göttliche Diamanten – Gesammelte Wortschätze der göttlichen Inkarnation Sri Balasai Baba*., Neufahrn 2006: Balasai Verlag

Impressum © Ulrike Gadenne

Gestaltung und Satz Ingo Offermanns; *Lektorat* Silke Kleemann, München; *Druck* Druckerei Kettler, Bönen

Abbildungen Umschlag vorn »Wasserklangbild OM« © Alexander Lauterwasser; Umschlag hinten © Kathrin Weinzierl; Umschlag innen © Helmut Wiesbauer; S. 22 und 422 © Christian Ross; S. 421 und 424 © Gerhard Schittenhelm; S. 427 © Annemarie Czierbus; alle anderen: © Balasai Baba Central Trust

Printed in Germany

Vertrieb R.G. Fischer Verlag
www.rgfischer-verlag.de
Erste Auflage
ISBN 978-3-8301-1835-0

Bibliografische Information der Deutschen Nationalbibliothek: Die Deutsche Nationalbibliothek verzeichnet diese Publikation in der Deutschen Nationalbibliografie; detaillierte bibliografische Daten sind im Internet über http://dnb.dnb.de abrufbar.